도서출판 대장간은
쇠를 달구어 연장을 만들듯이
생각을 다듬어 기독교 가치관을
바르게 세우는 곳입니다.

대장간이란 이름에는
사라져가는 복음의 능력을 되살리고,
낡은 것을 새롭게 풀무질하며, 잘못된 것을
바로 세우겠다는 의지가 담겨져 있습니다.

www.daejanggan.org

당신의 빛을 비추소서

평화, 선교, 예배를 위한 비전

윌라드 M. 스와틀리 지음
최봉기 · 최태선 옮김

당신의 빛을 비추소서

지은이   윌라드 M. 스와틀리
옮긴이   최봉기 최태선
초판발행 2016년 1월 4일

펴낸이   배용하
편집   배용하
본문디자인 윤순하
표지디자인 박민서
등록   제364~2008~000013호
펴낸곳   도서출판 대장간
       www.daejanggan.org
등록한곳 대전광역시 동구 우암로 75~21
편집부   전화 (042) 673~7424
영업부   전화 (042) 673~7424전송 (042) 623~1424
분류   종교 | 기독교 | 평화

ISBN   978~89~7071-365-6 03230

 값 18,000원

| 차례 |

역자 서문 · 최태선 / 7

추천사 · 마르바 던 / 13

서문 / 15

서론 / 18

1부 • 평화 증언을 위한 성서적 기초 / 23
   1장 · 샬롬-희년: 평화실천을 위한 성서의 소명 / 25
   2장 · 예수와 평화, 폭력 / 43
   3장 · 평화와 폭력 그리고 바울 / 65
   4장 · 평화의 일꾼: 땅의 소금과 세상의 빛 / 81

2부 • 평화 증거와 선교에서 나타나는 심각한 문제들 / 101
   5장 · 모든 권세 위에 뛰어난 그리스도의
         주 되심에 대한 그리스도인의 증언 / 103
   6장 · 그리스도인과 전쟁에 사용하는 세금의 납부 / 140
   7장 · 성서와 이스라엘: 두 가지 해석과 더 많은 해석 / 168

3부 • 평화, 선교, 예배 / 199

    8장 · 선교에 관한 성서적 관점 / 201

    9장 · 평화의 복음으로서의 복음 / 216

    10장 · 예배로 가능해지는 평화실천과 선교 / 234

    11장 · 요한계시록으로 드리는 평화와 선교의 예배 / 262

4부 • 마무리 / 281

    12장 · 결론 / 283

    13장 · 부록 / 286

    후주 / 294

    참고문헌 / 329

    인명색인 / 341

역자 서문

평화맹

　부모가 부부싸움을 너무 심하게 하자 그것을 보고 있던 초등학생 자녀가 싸움을 하려면 교회에 가서 해야지 여기서 싸우면 어떻게 하냐고 부모들을 힐책했다는 이야기를 들은 적이 있습니다. 이야기를 듣고 웃는 사람도 있겠지만 그리스도인인 저로서는 그야말로 가슴이 찢어지는 이야기입니다. 하지만 너무도 적확한 사실이기 때문에 할 말은 없습니다. 그러나 다만 슬퍼하며 지나칠 수는 없는 일입니다. 그렇게 된 이유가 무엇인지를 각자의 위치에서 깊이 생각해야 할 것입니다. 저는 그 이유가 평화맹 때문이라고 생각합니다.

　평화맹이라는 말은 생태맹이라는 말에서 힌트를 얻어 만들어 본 말입니다. 생태맹이란 생태계에 대해 무지한 것을 일컫는 말입니다. 따라서 평화맹이란 평화에 대해 무지하다는 것을 일컫는 말입니다. 한국 기독교, 특히 개신교의 비극은 평화의 복음을 듣고 말하면서도 정작 그리스도인들이 평화맹이라는 사실입니다. 개신교 그리스도인들에게 평화를 말하면 그들은 수상한 눈초리로 말한 이를 바라봅니다. 그리고 곧 이어 평화를 말하는 이에게 이단이라는 꼬리표를 달아 경원시합니다.

　참으로 안타까운 현실이 아닐 수 없습니다. 평화의 왕으로 오신 예수 그리스도를 믿는다는 이들이 정작 평화의 왕의 의미와 그분이 전하고 행하신 평화의 복음에 대해 무지하고 나아가 복음의 핵심인 평화의 나라인, 하나님 나라의 문외한이라는 사실은 도무지 이해할 수도, 설명할 수도 없는 아이러니입니다. 그렇다면 평화를 모르는 그리스도인들이 싸움꾼이 된 것은 어쩌면 당연한 일입니다. 짧지만 평화에 대한 이야기를 하고 싶습니다.

평화를 호흡하는 그리스도인

1948년 세계 보건 기구는 건강을 "건강이란 질병이나 불구가 없을 뿐만 아니라 신체적 정신적 및 사회적으로 완전한 안녕상태"라고 정의한 바 있습니다. 단순히 질병이 없는 상태를 건강하다고 보는 협의의 관점을 넓혔다는 점에서 건강에 관한 광의의 정의라고 할 수 있습니다. 여기에서 우리가 확인할 수 있는 것은 정의를 어떻게 내리느냐에 따라 관점과 대처방안이 현저하게 달라진다는 점입니다.

평화 또한 마찬가지입니다. 평화에 대한 정의를 어떻게 내리고 생각하느냐에 따라 평화에 대한 관점과 대처방식이 현격하게 달라집니다. 평화에 관한 정의는 협의와 광의가 아니라 부정적인 평화와 긍정적인 평화로 나누어집니다. 평화에 대한 부정적인 정의는 "전쟁 부재"입니다. 그것을 부정적인 정의라고 말하는 것은 평화를 그렇게 정의하는 것이 여러 부정적인 측면을 가질 뿐만 아니라 부정적인 결과를 초래하기 때문입니다. 부정적인 평화에 관한 이해는 취약점을 가지고 있고 그것이 곧 드러나게 된다는 의미입니다. 무엇보다 이러한 평화의 이해는 전쟁의 부재를 평화로 규정함으로써 모든 현상유지와 국가체제의 모든 상태를 긍정해 줍니다.^{과도한 공권력,} ^{독재, 인권 침해, 빈부격차 등}

이에 반해 평화에 대한 긍정적인 정의는 "평화가 사회정의를 지배하는 상태, 즉 삶을 위한 능력과 수단이 공평하게 분배되는 상태"를 말합니다. 이 정의가 의미하는 바는 갈등을 일으키는 파벌들이 한 체제로 통합되는 상태를 말하며 상반되는 파벌의 이해가 합의점을 찾아 파벌의 이해가 지양되는 상태를 말합니다. 상반되는 이해를 가진 파벌들이 합의점에 도달하거나 한시적이라도 도출된 합의가 유지되는 것은 결코 쉽지 않은 일입니다. 따라서 긍정적인 평화가 세상에서 실현되기란 쉽지 않은 일입니다.

기독교적 평화 이해는 이러한 일반적이고도 학문적인 평화의 이해와는 다른 관점을 세상에 제시합니다. 다시 말해 부정적인 정의이든 긍정적인 정의이든 그것은 인간의 관점에서 본 평화의 정의입니다. 하지만 기독교적 평화란 하나님의 관점에서 본 평화의 개념이기 때문에 근본적으로 인간의 관점과 다를 수밖에 없습니다. 그래서 신약 성경에서는 세상의 평화와 하나님의 평화를 구별하고 있습니다. 그럼에도 불구하고 교회사 속에서는 자주 이 둘이 혼돈되었고, 점차로 세상의 평화가 현실적이라는 이유로 하나님의 평화를 압도하거나 하나님의 평화를 이상화시켜 경원시 하도록 만들었습니다. 신앙의 자유와 평화를 위해 공산당을 박멸해야 한다고 주장하는 오늘날의 한국교회의 입장은 그 한 예가 될 것입니다.

특히 전쟁부재라는 부정적인 평화의 정의에 의해 이루어지는 평화를 부분적으로라도 하나님의 평화로 이해하려는 모든 시도는 신성모독에 해당하는 중대한 과오입니다. 사도 바울이 로마서에서 하나님의 나라는 의와 평강과 희락 다시 말해 정의와 평화와 성령 안에서 누리는 기쁨 속에 있다고 말한 바와 같이 기독교적 평화이해는 그 내용적으로 긍정적인 평화, 곧 사회적 정의의 상태와 더 깊은 관련을 맺고 있습니다.

하지만 하나님 나라가 최종적으로 완성되는 것은 인간의 노력에 의해서가 아니라 하나님에 의해서입니다. 그래서 그리스도인들은 주기도에서 가르쳐주고 있는 바와 같이 "나라이 임하옵시며"라고 기도해야 합니다. 그런 의미에서 긍정적 평화의 주장자들이 말하는 평화 역시 인간에 의한 평화이므로 기독교적 관점에서는 완전한 평화가 될 수 없습니다.

기독교적 평화 이해는 하나님 나라와 관련하여 이해되어져야 합니다. '이미'와 '아직'의 긴장 상태에 있는 하나님 나라와 마찬가지로 기독교적 평화 이해에서는 평화를 하나의 '과정'으로 이해해야 합니다. 여기에서 '과정'이란 평화 그 자체라는 목표를 향한 지속적이고, 항구적인 과정이 아니라 세계의 모든 차원과 영역들에서 하나님의 나라와 그의 의의라는 목표를 지향하려는 끊임없는 항상 새로운 모든 노력과 시도를 의미합니다.

평화을 과정으로 이해하는 것은 평화를 극소화로 이해하는 것이기도 합니다. 하나님 나라와 인간의 진정한 인간됨에 반하는 요소들을 극소화 하는 것이 곧 기독교적 평화의 의미입니다. 여기서 극소화란 지속적 감소를 통해 제로에 도달하는 것이 아니라 영원히 제로에 수렴하는 과정입니다. 접합이 아니라 수렴이라는 말을 사용하는 것은 완전한 완성이 그리스도의 재림과 함께 이루어질 것임을 믿으며 또한 그때까지 인간의 노력 또한 계속되어야 함을 의미합니다. 그러므로 극소화란 항상 새롭게 시작될 수 있다는 영원한 가능성을 말합니다.

하나님 나라에 모순되는 현상으로서의 결핍은 폭력, 가난, 억압 그리고 불안입니다. 인간 사이에서 나타나는 폭력, 인간 외적인 자연에 대한 폭력, 인간에 의한 인간과 자연의 착취, 여기서 생기는 가난, 억압 그리고 불안이 우리 삶의 정황과 관련하여 나타나는 성경이 말하는 죄의 결과물들입니다. 하나님과의 관계가 깨어진 인간들에게 인간 자체로서 극복할 수 없는 결핍의 현상인 것입니다. 인간을 짓누르고 있는 이러한 것들로부터의 해방이 곧 복음이 약속하는 해방이며 그리스도인들이 추구해야 할 하나님 나라와 하나님 나라의 정의입니다. 따라서 기독교가 말하는 평화란 하나님 나라와 하나님의 정의의 실현이며 그것은 곧 폭력, 가난, 억압, 불안의 극소화입니다.

극소화라는 것은 일종의 긴장상태 혹은 최선의 노력을 염두에 둔 의도적 선택입니다. 현실이란 언제나 상대적이거나 의도하지 않은 반대급부라는 대가를 요구합니다. 그것을 극복할 수 있는 방법은 인정하는 것입니다. 인정하지만 그 자체를 극소화하기 위해 최선의 노력을 기울이는 것, 그것이 바로 전능하지 않은 인간이 가능한 완전해질 수 있는 차선책으로서의 최선입니다. 또 그것만이 악순환을 끊어낼 수 있는 유일한 해결책이기도 합니다. 폭력, 가난, 억압, 불안은 여전히 있습니다. 다만 그것들을 극소화하기 위해 기울일 수 있는 모든 노력을 경주하는 것입니다. 또 가난을 극복하기 위해 폭력이 조장되거나 억압이 불안을 증폭시키는 것과 같이 극소화가 자체 모순되는 현상을 최소화할 수 있는 균형잡힌 시각을 제공하기도 합니다.

기독교 신앙은 폭력, 가난, 억압, 불안의 종식을 소망합니다. 하나님께서 그 온전한 종식을 가져오실 때까지 그리스도인들은 폭력, 가난, 억압, 불안과 투쟁하여야 합니다. 그 투쟁은 세상의 방식이 아닌 하나님 나라의 방식이 되어야 한다는 것 또한 자명한 사실입니다. 산상수훈은 그것을 말해주는 대표적 예입니다. 십자가라는 그리스도의 사랑은 그것이 가능함을 보여주는 영원한 표상입니다. 그리고 유무상통하며 평화의 공동체를 이루었던 초대교회 성도들의 삶의 모습은 이 세상 한 복판에서 평화의 나라인 하나님 나라가 존재할 수 있음을 말없이 증언합니다.

그리스도인들은 평화의 나라인 하나님 나라로 부르심을 받은 평화의 사람들입니다. 그 평화는 막연하고 현실과 동떨어진 추상적이고 신적인 평화가 아닌 구체적 현실 속에서, 또 일상의 삶 속에서 그리스도인의 삶을 규정하고 판단하는 구체적인 근거이며 또한 지향해야할 목표입니다. 그것은 다만 그리스도인 개인의 덕목으로서가 아니라 기독교라는 종교 자체가 세상의 소망이며 빛이라는 근거를 구체적으로 세상에 보여주는 가시적인 징표입니다. 그리스도인에게 평화란 물고기에게 있어서의 물과 같습니다. 평화를 호흡하는 그리스도인. 우리가 명심해야 할 그리스도인의 정체성입니다.

평화맹에 대한 처방

월라드 M. 스와틀리는 평화, 선교, 그리고 예배의 주제를 독특하게 통합합니다. 스와틀리는 평화와 선교를 예수의 복음의 핵심에서 가장 중요한 하나님의 선물로 봅니다. 이 책이 평화맹인 한국의 그리스도인들에게 평화에 대한 통찰과 복음에 대한 새로운 지평을 열어줄 것이라고 생각합니다. 너무도 귀중한 일이 아닐 수 없습니다.

그동안 한국교회의 부흥을 말하며 여러 움직임과 현상들이 있었지만 열매로 드러난 것은 더러운 일이 더 많았습니다. 이제 성령의 새로운 바람이 일기를 소망합니다. 평화 운동입니다. 평화 도모입니다. 평화 짓기입니다. 한국교회가 마침내 성령의 열매들을 목격하게 될 것입니다.

평화를 이루는 사람은 복이 있다. 하나님이 그들을 자기의 자녀라고 부르실 것이다. 아멘!

최태선

추천사

월라드 스와틀리에게서 당연히 이와 같은 책이 나올 것이라고 기대했던 사람들이 있을 것이다!

스와틀리는 헌신적이고 예리함을 지닌 훌륭한 학자이다. 그는 또한 친절과 온화함, 관대, 경건함을 지닌 탁월한 사람이기도 하다. 그의 소명과 성품이 이 책 전체에 스며 있다.

이 책은 역사적 평화 교회로 하여금 새로운 열정으로 그들의 전통을 되찾기를 촉구하고 또한 모든 그리스도인들이 평화야말로 신약성서 메시지의 중심이라는 사실을 발견하도록 자극하려고 출간되었다. 스와틀리가 이전 책의 부제에서 주장한 것처럼 모든 그리스도인은 "신약성서 신학과 윤리학"에서 잃어버린 평화를 자각할 필요가 있다.

내가 그를 처음 만나고 수년 전 그의 저서를 읽은 이후 그를 존경해왔지만 이 책이 그의 입장을 철저하고 신실하게 제시함으로 말미암아 그에 대한 존경은 한층 고조되었다. 책의 각 부분마다 추구하는 목적을 아주 훌륭하게 달성하고 있기에 우리들은 스와틀리가 지난 40년 동안 제자도와 가르침에서 지녀왔던 은혜를 누리는 기쁨을 가질 수 있게 되었다.

책의 첫 번째 부분은 신약성서 안에 있는 예수와 바울의 우선적인 언약인 평화를 철저하게 입증함으로 기초를 다졌다. 이 부분은 매우 엄밀하고도 포괄적이어서 평화실천peacemaking이 복음 메시지의 선택이 아닌 필수적인 특징이라는 것을 그 누구도 의심할 수 없게 한다. 하나님께서 우리 모두에게 위임한 화해 사역을 강조하지 않는 주류를 주장하는 소위 복음적인 교회 교인들은 이와 같은 그리스도의 존재와 교훈을 이루는 결정적인 내용들을 어떻게 상실하게 되었는지에 대해서 이상하게 생각할 것이다.

두 번째 부분은 오늘날 평화 증언을 위한 매우 중요한 문제들을 다룬다. 여기에서 스와틀리는 이미 우리 안에 품고 있는 질문들을 묻기도 전에 선견지명을 갖고서 대답한다. 특별히 주목할 만한 것은 로마서 13장에 대한 그의 해석과 그가 이스라엘에게 주어진 성서적 언약에 관한 문제를 다루는 제3의 방법을 찾고 있다는 것이다. 나는 특별히 정부가 돈을 범죄적인 전쟁과 폭력을 위해 사용하는 것을 용서하지 못하면서도 세금을 지불해야 하는 것에 대해서 어떻게 해야 하는가를 개인적인 예로 보여준 것에 감사한다.

이 책의 세 번째 부분은 부제인 평화, 선교, 예배에 관한 세 주제를 쉽게 끊기지 않는 견고한 줄로 함께 엮어 놓았다. 처음부터 스와틀리는 각 장 끝마다 우리들로 하여금 평화의 하나님께 다가가도록 하는 예가 될 만한 자료들을 통해서 예배에 대해 생각하게 한다. 그런데 그는 여기에서 올바른 예배야말로 예수의 성품을 닮아가게 하는 핵심적인 진리임을 명백히 하면서 결국은 그러한 예배가 선교와 평화실천으로 분명하게 이끌어 갈 것이라고 한다. 왜 교회들은 종종 복음주의를 사회적 행동에서 분리시켜왔나? 우리는 하나님의 우주적인 화해와 그 속에의 참여에 관한 메타내러티브라는 큰 이야기를 필요로 한다.

스와틀리는 우리들이 그 이야기를 보다 진지하게 배울 수 있도록 돕고 그 속에 보다 깊게 참여하도록 설득한다. 그의 노련한 가르침에 늘 감사하는 마음이다. 나는 이 책이 역사적으로 평화 증언을 위해 살기도 하고 죽기도 한 교회들을 더욱 강하게 하고 그러한 소명을 깨닫지 못했던 교회와 그리스도인들에 대해서는 도전이 되기를 기도한다.

Marva J. Dawn

*Unfettered Hope and Joy in Divine Wisdom*의 저자

서문

지난 40여 년 동안의 나의 강의 경력에서 평화실천peacemaking과 평화신학에 대한 성서적 기초는 늘 관심거리였다. 해를 거듭하면서 학생들은 나의 지속적인 연구에 기여하는 방법으로 함께 했다. 이와 같은 여정에 도움을 준 많은 사람들에게 감사를 표한다. 수년 동안 나는 "성서 내에서의 전쟁과 평화" 과정을 가르치는데 나의 동료, 구약학 밀라드 C. 린드Maillard C. Lind 교수, 나중에 벤 C. 올렌버거Ben C. Ollenburger 교수와 함께 했다. 그들과 함께 했던 강의를 기억하고 고무적이었던 경험을 소중히 여긴다.

이 책은 나의 평화와 평화실천 연구『평화의 언약: 신약성서 신학과 윤리에서 상실한 평화』Eerdmans, 2006에 대한 연장선상에 있다. 평화의 언약은 평화와 전반적인 신약성서 정경에 나타난 관련된 주제들을 해설했다. 그 책은 신약성서 신학과 윤리 과목을 위한 보조 교재로 구상되었다. 이 책『당신의 빛을 비추소서: 평화, 선교, 예배를 위한 비전』은 좀 더 넓은 독차층을 지향하여 초점을 넓혔다. 중간에 초점을 둔 세 이슈는 심지어 역사적 평화교회마저도 동의하지 않는 것이다.

지난 5년 동안 특별한 강의나 기고했던 것들을 그대로 수록한 장들이 여럿 있다. 예를 들어 제2장과 3장은 2004년 새크라멘토 심포지움에서 유대인, 무슬림과 함께 했던 "평화와 폭력에 영향을 준 종교적인 문헌들"에서 기독교의 목소리를 대변했던 내용이었다. 각 종교마다 각각 한 사람의 학자가 말했고 나는 "평화주의"적 관점에서 초대되었다. 나는 그 때에 대부분의 기독교가 주장하고 있는 "정당한 전쟁"just-war의 입장을 대표하지 않고 기독교의 출발인 예수의 직접적인 교훈을 대표하는 평화주의적 전통 입장에서 말한다고 나의 강의를 소개했다. 제4장과 5장은 새로운 내용이지만 존A. 랩John A. Lapp이 편찬한 『깨어진 세상의 평화 일꾼들』Peacemakers in a Broken World(Herald Press, 1968) 책 속에 들어 있는 나의 논문과 올리버 바클리 Oliver Barclay가 편찬한 『전쟁과 평화주의』Leicester, UK: Inter-Varsity Press, 1984 안에 앨런 크라이더Alan Kreider와 함께 쓴 논문에서 이끌어냈다. 각주 22~27에 의해 지지된 토론에서 대표되는 제5장에서 나는 앨런에게서 많은 도움을 받았다. 제7장에서는 첫 부분에 1975년 중동 연구 여행에서 비롯된 것임을 밝혔다. 내용은 그 당시에도 그러했지만 오늘날에도 여전히 고통스러운 문제를 다루고 있다. 제8장은 대부분 사도행전에 기초한 선교 확장에 관한 1980년 Mission Focus 논문을 각색했다. 제9장은 『평화의 복음』Covenant of Peace 제1장에서 가려낸 것으로 풀러신학대학Fuller Theological Seminary에서 은퇴하는 윌버트 쉥크Wilbert Shenk 교수를 위해 Festschrift에 기고한 논문이다. 제10장은 새롭게 나의 생각을 다듬어 정리한 것으로 그 내용은 대부분 이 책의 부제 평화, 선교 그리고 예배를 조합하여 구체화시켜 발전시킨 것이다. 예배와 정치 관계에 관한 중요한 주제도 여기에서 나왔다. 제11장은 지난 20년 동안 회중들에게 종종 사용한 주제였다. 계시록에 관한 회중 성서공부에서 비롯된 이 주제는 1984년 롬바르드 메노나이트 교회에서 처음 시작되었다.

나는 『크리스채너티 투데이』Christianity Today 칼럼, "Reflection"에 수집된 인용문 때문에 리처드A. 카우프만Richard A. Kauffman에게 많은 빚을 졌다. 그 내용들을 일일이 밝히면 다음과 같다. 제2장 도입부문 Yancey 인용문은 2004년 11월 76호에서, 제3장 도입부문 Meier와 Willimon/Hauwerwas 인용문은 2003년 5월 60호에서, 제5장 도입부문 Nouwen 인용문은 2005년 3월 74호에서, 제4장 도입부문 Bonhoeffer 인용문은 2002년 1월 62호에서,

그리고 제6장 도입부분 Fenelon 인용문 역시 2002년 1월 62호에서 각각 취하였다. 수년 동안 매월 이렇게 수고한 리챠드에게 깊이 감사하는 바이다.

나는 또한 이 책 뒤에 나오는 색인목록을 위해 효과적으로 도움을 준 Mary와 신중한 편집으로 책 내용을 크게 개선한 헤랄드 출판사의 Michael Degan에게 감사한다.

이 책의 목적은 역사적 평화 교회와 다른 전통 안에 있는 사람들 모두가 기독교 신자로서 평화와 선교에 대한 헌신을 강화하기 위한 것이다. 보다 폭넓은 그리스도인 가족들이 이와 같은 이해와 헌신을 지닐 수 있도록 초청하는 바이다. 나아가 이 책은 평화실천peacemaking과 선교, 예배 간의 불가피한 관계를 보여주고자 했다. 그리스도인의 삶은 여러 경험의 단면들이 하나의 종합을 이루고 있다. 평화-선교-예배의 삼각 다리 하나하나는 명료성과 열정 면에서 상호 보완적이다. 야고보 서신은 행함이 없는 믿음의 문제에 대해서 말한다. 이 책은 선교와 예배가 없는 평화, 평화와 예배가 없는 선교, 평화와 예배가 없는 선교에 대해서 말하고자 한다. 신약성서 신학적 전망에서 각자 다른 두 가지 면을 보강한다. 복음의 평화-선교에 참여하고, 성령의 능력 안에서 하나님과 예수 그리스도를 예배함으로 형제자매가 연합하여 우리 함께 "화평케 하는 일을 하자."롬14:19참조

하나님의 영광을 찬양하며….

서론

나는 2005년 봄 캘리포니아 파사데나 메노나이트 교회 주일학교 교실에서, 그 교회 회원인 탐 올리버가 성서공부를 통해 자신과 아내 패트리샤와 어떻게 전쟁 참여가 옳지 않다는 것을 믿게 되었는지에 대해서 말하는 것을 들은 적이 있다. 그로 인해 그는 많은 대가를 치러야만 했다고 말했다. 자신의 군 경력을 중단시키고자 제대조치를 신청했기 때문이었다. 고등학교를 다니던 17세 때에 ROTC를 통하여 군에 연결되어 육군에 입대한 이후 장교로 취임, 중위에 진급되어 있었던 당시 그의 목표는 군인 생활을 끝내고 예비군에서도 제외되는 것이었다.

당시 군 생활 5년째 되던 해에 그와 패트리샤는 자신들의 삶 속에서 하나님의 인도하심을 위하여 성서를 읽고 있었으며 특별히 성서의 도덕적 교훈과 관련하여 예수가 자신들의 생애 속에서 어떤 의미를 지니는지를 알고자 했다. 그들은 예수 그리스도의 복음에 헌신하고 있는 그리스도인으로서 탐이 군을 떠나야만 한다는 확신에 이르게 된 것이다. 그렇게 결심했을 때에 그들이 느끼고 예측할 수 있었던 것은 이렇게 "어리석은" 입장에 서는 대가로 매우 외롭게 될 것이라는 점이었다. 그들은 역사적인 평화 교회의 전통에 대하여 아무것도 알지 못하고 있었다. 펜실베니아를 여행했을 때에야 비로소 그들은 혼자가 아니라는 것을 발견하게 되었다. 그들은 아미쉬 그룹 전체가 군에 입대하지 않고 있다는 것도 알게 되었다. 몇 주 후에 오하이오 플레인시에 있는 초이스라는 서점에서 아미쉬에 관한 문헌들을 보고 메노나이트에 대해서도 알게 되었다. 그들은 일 년여 동안 아미쉬와 메노나이트와의 관계 속에서 살았다. 노스캐롤라이나 애쉬빌 메노나이트 교회 목사는 그들에게 NISBCO양심적 병역거부자들을 위한 국내 종교간 봉사위원회와 양심적, 종교적 이유로 군 면제를 청원하는 단계를 요약한 그 기관의 설명서에 대해서 말해주었다.

로스앤젤레스로 돌아와서 교회를 찾았고 마침내 스탠리 그린이 당시 목사로 있던 훼이스 메노나이트 교회를 발견했다. 1991년 탐의 다음 단계는 종교적인 신념을 이유로 군 면제를 신청하는 것은 주저하면서도 용기를 필요로 하는 작업이었다. 이렇게 함으로 그가 징역형에 처해질 수도 있음을 알고 있었기 때문에 매우 괴로운 시간이 아닐 수 없었다. 그는 마침내 군 면제 신청을 위해 필요한 서류를 작성하여 제출했다. 진행과정은 약물 테스트, 정신심리학적, 의학적 테스트를 비롯하여 여러 군관계자들과의 인터뷰 등을 포함했다. 스탠리 그린 목사는 이 과정에서 탐을 도와 때로는 그와 동행하기도 했다.

그가 어떻게 이러한 확신에 이르게 되었는가를 듣고자 하는 인터뷰에서 한 장교는 이렇게 말했다고 한다. "여기에 있는 우리들 중 아무도 전쟁을 좋아하는 사람은 없지만 전쟁이 필요할 경우도 있다는 것을 알아야 하네. 그리고 그 전쟁에 참여하는 것이 바로 시민의 의무라네." 그의 인터뷰는 1991년 페르시아 걸프만 전쟁이 매우 긴박한 사태에서 조지 H. W. 부시 대통령이 기념적인 "모래 위의 전선"을 선언하기 바로 며칠 전에 있었다. 그 다음 6개월 동안 탐은 아무 소식도 듣지 못한 채 기다려야만 했다. 이렇게 지체되는 동안 불안해하면서 탐은 부정적인 응답, 면제 청원서의 거절과 동시에 곧 바로 징역형에 처해질 것을 염려하기도 했다. 군에 있는 동안 탐은 "네가 만약 군 면제를 신청하면 감옥에 가게 되고 말 것"이라는 말을 종종 듣기도 했다. 인사 담당자는 해결책에 대해서 아무런 언급도 없었다. NISBCO 매뉴얼을 알게 된 사실에 감사하지만, 그는 그 어떤 결과도 예측할 수가 없었다. 결국 종교적 신념이라는 관점에서, 그리고 그가 평화교회 전통 교회의 회원이 되어 자신의 신념을 제시한 복잡하고 힘든 정황에서 6개월의 침묵 끝에 명예롭게 군에서 제대조치를 받을 수가 있었다. 탐과 패트리샤 그리고 스탠리는 놀라워하는 한편 감사하지 않을 수 없었다.

그 이야기를 듣고 나는 곰곰이 생각해보았다. 메노나이트 교회와 그 외에도 폭넓게 평화교회 전통을 따르는 교회의 남녀 젊은이들이 성서적인 양심에 기초하여 진정으로 전쟁에 반대하고 있을까? 탐과 패트리샤가 했던 것처럼 과연 이들도 성서를 철저히 공부하고 있을까?

교회의 가르침과 상담에 신뢰를 두고 있을까? 평화교회 전통에 속한 회원들은 지금까지 500여년에 이르는 동안 이러한 신념으로 인해 때로는 박해를 받고 이리저리 옮겨 다니면서 전쟁에 참여하는 것을 반대해온 교회에 주어진 유산이 무엇인지를 깨닫고 있을까? 징집명령이 내려진 때에도 개인적인 신앙과 평화교회 전통에서 군 입대의 예외를 허락해준 정부에 감사하고 있을까? 평화교회의 전통은 미래의 세대에도 보존되어야 할 귀중한 유산이 아닐 수 없다. 이와 같은 정황에서 나는 이 책을 쓰게 된 것이다.

이 책의 1부에서는 예수의 길을 따르고자 하는 하나님의 언약의 사람들로서 성서에서 자신의 정체성을 발견하는 성서의 가르침에서 출발하고자 했다. 이는 평화를 실천하는 일은 선택적인 것이 아니라 필수적인 교회의 사역으로 제시했다. 평화와 평화를 실천하는 일은 교회 사명으로 물려받은 유산인 것이다. 이 책 또한 두 주제가 독립적인 것이 아닌 본질적으로 연결되어 있는 선교에 초점을 맞추었다.

제2부는 교회의 평화와 헌신적인 사명에 도전하는 이슈들, 이를테면 정부에 대한 기독교인의 증언, 전쟁을 위해 사용되는 세금, 이스라엘과 하나님의 약속의 땅들에 대한 성서적 가르침을 문제시 했다.

제3부는 교회의 선교를 위한 성서적 기초에 우선적인 초점을 두었다. 사

도행전과 바울 서신들 모두는 초대 교회 특별한 성령의 역사로 말미암은 선교사역을 이야기로 기록하고 있다. 바울은 그리스도에 대한 증언과 새로운 교회의 창설과 그 교회들을 하나님과 예수 그리스도에 대한 예배로 인도하는 것에 초점을 두는 삶을 살았다. 이 책의 10장은 이들에 관한 것이다. 우리들은 이들 평화, 선교, 예배에 대한 세 가지 강조가 어떻게 하나의 삼겹줄로 엮어지는지를 관찰하게 될 것이다. 그 줄은 평화의 하나님, 하나님의 선교Missio Dei, 영과 진리 안에서의 하나님과 예수 그리스도에 대한 진리에로 우리들을 연결시키고 있는 예배인 것이다.

이 책의 제목은 시편 43장 3절에서 나와서 책의 세부 제목을 구성하는 내용으로 확장되었다. 이 책에서 사용된 성서번역은 킹제임스역KJV, 표준역 RSV, 새표준역NRSV이다. 시편 43장 4절은 보냄sending을 보완하는 끝마무리로 적합하다고 본다.

이 책을 작은 그룹을 위한 교재로 사용할 수도 있을 것이다. 네 파트로 나누어진 첫째 파트를 책의 서론으로 사용하고 그 핵심이 되는 평화, 선교 예배에 관한 성서적, 신학적 질문들을 참여자들이 알게 하면 좋을 것이다. 참여자의 관심에 따라 7장이나 10장을 두 과정으로 정하고, 마지막 과정은 학생 그룹에 의하거나 위한 혹은 공부하는 그룹의 졸업예배가 되게끔 할 수도 있을 것이다.

1부
평화 증언을 위한 성서적 기초

당신의 빛을 비추소서

1장
샬롬-희년: 평화실천을 위한 성서의 소명

"내가 하나님 여호와께서 하실 말씀을 들으리니 무릇 그의 백성,
그의 성도들에게 화평을 말씀하실 것이라…의와 화평이 서로 입 맞출 것이라."

시편 85:8~10

"화평하게 하는 자는 복이 있나니
그들이 하나님의 아들이라 일컬음을 받을 것임이요."

마 5:8

"하나님나라는 오직 성령 안에 있는 의와 평강과 희락이라…
그러므로 우리가 화평의 일과 서로 덕을 세우는 일을 힘쓰나니."

롬 14:17,19

[그리스도는] 우리의 화평이신지라.
둘로 하나를 만드사 원수된 것 곧 중간에 막힌 담을 자기 육체로 허시고….
이 둘로 자기 안에서 한 새 사람을 지어 화평하게 하시고
또 십자가로 이 둘을 한 몸으로 하나님과 화목하게 하려 하심이라
원수된 것을 십자가로 소멸하시고."

엡 2:14~16

"화평하게 하는 자들은 화평으로 심어 의의 열매를 거두느니라."

약 3:18

성서는 평화와 관련된 언어와 비전으로 넘쳐 있다. 감동과 희망, 심판과 약속 혹은 명령의 언어들도 마찬가지이다. 샬롬shalom은 평화에 해당되는 히브리어로 구약성서에 250여 번 정도 사용되고 있다. 샬롬은 완전, 복지, 조화, 평화, 구원, 정의 등 매우 다양한 의미를 지닌다. 샬롬은 언약적인 신실함을 포함하기도 한다. 샬롬에 해당하는 그리스어 에이

레네eirene는 그리스도인 공동체, 성령의 열매, 다가오는 삶의 희망 등을 의미한다. 샬롬은 종종 한 사람이 다른 사람의 복지에 대해서 물을 때에도 사용된다.창29:6, 37:14, 43:27; 출18:7; 삼상10:4,17:18, 22, 25:5, 30:21; 렘15:5, 예루살렘의 샬롬, 38:4 어느 한 사람의 복지에 관한 질문은 건강한 삶에 필요한 모든 것, 즉 건강, 안녕, 행운, 공동체의 응집력, 친척 관계와 그들의 상태, 질서를 위해 필요한 모든 것 등을 포함한다.1)

영어 번역은 샬롬을 번영으로도 했다.시30:6; 사54:13 샬롬은 또한 도덕적 의미를 함축한다. 샬롬은 기만과 반대 된다.시34:13~14; 렘8:22~9:6 샬롬은 하나님과의 관계와 동료 인간과의 순수한 관계를 의미하기도 한다. 어떤 방법으로든 다른 사람을 속이거나 상하게 하는 것, 언약을 어기고 이기적인 삶을 사는 것은 공동체의 샬롬을 빼앗는 것이다. 하나님과 언약 관계 속에 있는 인간으로서 우리들은 평화를 찾고 추구하도록 소명을 받았으며시34:14; 벧전3:11, 동시에 평화를 하나님의 선물, 하나님의 은혜를 통하여 경험할 수 있는 보배로 여기게 되었다. 샬롬은 하나님의 뜻이자 하나님의 백성을 위한 선물이다.

바울에게서 볼 수 있듯이 그리스도인들은 편지를 쓸 때에 "네게 은혜와 평화가 함께 하기를"하고 시작한다. 그리스인들의 인사 "은혜"charis와 히브리인들의 인사 "평화"shalom는 그리스도인의 삶에서 일어날 수 있는 모든 내용을 보호하는 우산과도 같다.

나는 여기에 다음의 세 가지 제목으로 평화실천peacemaking을 위한 성서의 소명을 제시해보고자 한다.

1. 성서의 소명은 우리에게 하나님에게서 오는 샬롬의 비전을 제공한다.
2. 성서의 소명은 하나님의 영에게서 오는 샬롬을 위한 열정을 제공

한다.

3. 성서의 소명은 예수 곧 섬기는 메시아의 샬롬을 위한 전략을 제공
한다.

여기서 공동으로 사용하고 있는 동사 "제공한다"에 주목해보자. 샬롬은
하나님의 사람들을 위한 하나님에게서 오는 선물, 즉 성서 드라마에로의
소명과 임무이기도 하다.[2] 샬롬은 하나님의 백성들이 받은 선물이자 임무
Gabe and Augabe이다. 이 임무는 곧 우리의 소명이기도 하다.

하나님에게서 오는 샬롬에 관한 성서적 비전

인간은 "거룩한 형상"으로 지음 받았다.창1:26~27 각 사람들은 잠정적으
로 하나님, 즉 모든 피조물 위에 있는 거룩한 임재를 반영한다. 모든 사람
들이 각자 서로를 하나님의 임재를 잠정적으로 반영하는 존재로 여길 때에
샬롬에 관한 피조물들의 비전이 채워진다. 우리가 다른 사람들을 대하는
태도는 곧 하나님을 대하는 태도와 같아야 한다는 말은 심판과 관련하여
인자께서 하신 말씀이다.마25:31~46 모든 인간의 생명은 그 생명이 잠정적으
로 이 땅에 임하시는 하나님의 이미지와 마찬가지로 거룩한 것이다.

막간. 하지만 하나님의 형상 안에서 한 인간으로 지음 받은 남자와 여자
는 그 형상의 역할을 거부하고 "하나님처럼" 되고자 했다. 오만과 불복종한
마디로 죄은 하나님의 선한 피조물의 샬롬을 폭파시켰다. 인간은 "하나님처
럼" 되고자 했으며 하나님의 지배를 자기 자신의 지배로 대치하고 하나님
의 형상이기를 거부하며 자신의 간계와 음모를 따라서 "하나님과 함께" 놀
고자 했다. 인간은 관계를 단절하고 하나님의 샬롬과 에덴을 파괴해버리
고 만 것이다.

우리는 우리 자신들의 아벨을 미워하고 죽였다. 바벨탑을 쌓고 펜타곤의

건물 벽이 각각 다른 방향을 가리키듯 다섯 개의 문자는 각각 다른 의미를 지니게 되었다. 이유도 없이 사람을 죽이고 아무런 자비도 베풀 줄도 모르는 늙은 라멕처럼 우리의 문명은 방어무기, 폭탄, 잠수함, 탄도미사일, 핵탄두 등을 만들어 내고 있다.

늙은 라멕처럼 바로 우리는 살인하고 나서도 악기를 타며 노래한다. "라멕이 아내들에게 이르되 아다와 씰라여 내 목소리를 들으라 나의 상처로 말미암아 내가 사람을 죽였고 나의 상함으로 말미암아 소년을 죽였도다. 가인을 위하여는 벌이 칠 배일진대 라멕을 위하여는 벌이 칠십칠 배이리로다 하였더라."창4:23~24 라멕은 그의 문명, 즉 도시, 야금, 즐거운 음악으로 안전을 확보하고자 한다. 가인과 마찬가지로 우리도 쌓여있는 핵탄두로 말미암아 염려할 것 없다고 말한다.

인류는 아담, 가인, 라멕 그리고 바벨의 길로 이어졌다. 죄의 오만으로 인해 세계는 자신의 잠정적인 파괴의 늪으로 빠져버리고 말았다. 하나님과 함께 놀자고 했던 것이 인류 자신의 대학살의 전조가 되고 만 것이다. 현대사 속에서는 한꺼번에 마흔 곳에서 전쟁이 진행되기도 했다.

막간의 결론: 이스라엘의 조상 아브라함은 모든 나라들에게 축복의 통로가 되도록 소명을 받았다. 그러나 그 축복이란 도대체 무엇인가? 아브라함의 순종에 기초하여 하나님께서 그에게 주신 하나님의 의가 바로 그것인가? 의는 샬롬에 이르는 수단이요, 둘 다 삶에서 나타나도록 한 하나님의 선물이다. 아브라함의 의는 평화의 왕 멜기세덱 증인에게 바치는 십일조요 경의처럼 샬롬의 접대에 해당하는 것이었다.창14:18 예루살렘에 본부를 둔 의의 왕 멜기세덱은 평화샬롬의 주춧돌예수이다. 믿음의 조상 아브라함은 의와 샬롬의 원형 앞에서 경배한 것이다. 신앙으로 말미암은 의로운 삶의 목표는 바로 세상을 위한 샬롬이었다. 어쨌든 과연 멜기세덱은 누구였나? 아브라함은 누구에게 경배한 것인가? 히브리인들에게 예수 그리스도는 엄밀

하게 완전한 경외와 고난으로 복종을 배운 멜기세덱의 제사장 직분과 연결되어 있다.[히5] 이처럼 예수 그리스도는 "평화의 주춧돌"인 "의의 왕"의 직분을 따른 절차를 이은 영원한 제사장 자격을 지니신 분이시다.[히7]

샬롬은 하나님의 견고한 사랑, 신실하심, 의, 정의의 열매이다. 의미론상의 샬롬은 다음의 내용으로 구성된다.

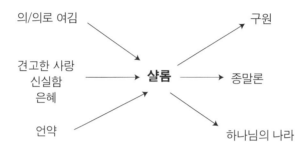

구약성서의 핵심구절은 "인애와 진리가 같이 만나고 의와 화평이 서로 입맞추었으며"[시85:10], "의와 공의가 주의 보좌의 기초라 인자함과 진실함이 주 앞에 있나이다"[시89:14] 등이다. 하나님 자신의 도덕적 속성에 기초하고 언약적인 관계에 뿌리를 내린 샬롬은 하나님나라가 완전히 이루게 될 미래를 위한 구원과 희망을 약속한다. 예언자적 부담은 정의를 통해서 샬롬을 확립하는 것이다. 정의는 바로 의의 실천이다. 예언자 미가와 이사야는 하나님의 백성이 정의를 행하고 삶 속에서 하나님의 의를 살기를 기대한다. 이사야 2장 1~4절은 토라를 정의의 기초라고 말한다. 미가서 6장 8절은 정의를 주 하나님께서 요구하시는 것으로 특징짓는다. 정의나 친절, 겸손이 없으면 어떤 최선의 예배 의식도 받아들여지지 않는다.[6:6~7] 신명기 16장 20절 역시 마찬가지이다. "너는 오직 공의만을 따르라. 그리하면 네가 살겠고."

구약과 신약에서 샬롬과 비교되는 정의에 관한 언어적 영역은 다음과 같

이 전개된다.[3]

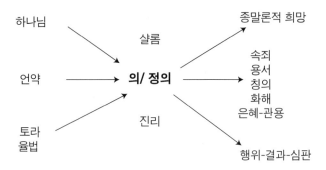

왼편에 있는 하나님과 언약, 토라가 가리키고 있는 것은 구약 성서 안에 있는 정의와 공의의 기초이다. 샬롬과 진리는 정의의 위아래에 나란히 병행한다. 오른편에 있는 종말론적 희망, 구원의 다양한 이미지, 그리고 행위–결과/심판은 정경적인 궤도상 구약 안에서 작용하며 신약 안에서 절정에 이른다. 이와 같은 기초나 정황이 없다면 정의는 믿을 수 없는 하나의 애매한 목표가 되고 말 것이다.

희년 규정은 실제적인 삶에서 정의를 보장한다. 안식일, 안식일 제도, 희년 등 이 모두는 정의로운 하나님의 의로운 샬롬을 활성화시킨다. 기본적인 형태면에서 안식일 제도, 안식과 희년은 하나님의 정의의 표현이다. 인간적인 목적에서 안식일은 주인과 마찬가지로 종들이 쉴 수 있게끔 한다.신 5:12~14 안식일 규정은 종들에게 새로운 주인을 선택할 자유를 주며출 21:1~6 경제적인 평등을 이룰 수 있도록 빚을 탕감한다.신15:1~6 가장 기본적인 정의에 대한 보장은 희년에 재산을 되돌려 주는 것이다. 이와 같은 특별한 규정에 덧붙여 이스라엘인의 삶을 위한 사회적 법제화는 가난한 사람들과 과부, 고아 그리고 낯선 이방인들을 위한 공동체의 책임을 부과한다.출 22:21~24, 23:9~11, 레19:9~10, 25:25~28, 35~55, 신15:4~11, 23:24~25, 24:19~22 매 3년마다 지불하게 되어 있는 십일조는 소유가 없는 레위인들과 고아, 과부 그리고 이방인들을 위한 것이었다.신14:28~29, 26:13 더 나아가 이러한 책임들은 모두 이스라엘을 향한 하나님의 언약에 근거한다.레25:17,38; 출23:9b,13

성서는 인류를 위한 종말론과 관련된 이야기이다. 믿음과 사랑은 의와 정의를 향하여 소망을 갖는 삶을 살도록 한다. 예수는 하나님나라가 가까이 왔다고 선포하였다. 하나님의 샬롬은 그리스도 안에서 가까이 임하였다. 믿음은 의를, 사랑은 정의를 그리고 공의로운 정의는 샬롬을 생산한다.

평화 일꾼들을 위한 성서의 소명은 우리에게 하나님에게서 오는 샬롬에 관한 비전을 제공한다.

하나님의 영에서 오는 샬롬을 위한 열정을 제공하는
평화실천을 위한 성서의 소명

예수의 예언적 사역에 관한 누가의 서론에 대한 관찰:

> 주의 성령이 내게 임하셨으니
> 이는 가난한 자에게 복음을 전하게 하시려고
> 내게 기름을 부으시고 나를 보내사
> 포로 된 자에게 자유를 눈 먼 자에게 다시 보게 함을 전파하며
> 눌린 자를 자유롭게 하고
> 주의 은혜의 해를 전파하게 하려 하심이라 하였더라
> 이에 예수께서 그들에게 말씀하시되
> 이글이 오늘 너희 귀에 응하였느니라 하시니 눅4:18~19,21

누가복음에서 여러 차례 강조하고 있는 것들이 마가복음, 마태복음에서

도 발견되고 있으며 희년의 내용이 강조되고 있는 마리아의 찬가에서는 낮은 자가 높아지고 배고픈 자가 배부르게 되며1:52,53, 예수의 침례에서는 왕의 섬김을 요청하고3:22, 세속적인 사회, 정치적 용어로서 왕에 대한 유혹을 거절하시는 예수4:1~13, 제자도에의 소명12:49~14:35, 검에 대한 거부감22:25~46, 특히 주의 기도11:3~4에서 죄의 용서와 빚에 대한 탕감은 바로 희년 규정에서 자주 사용되고 있는 것들이기도 하다.

누가는 가난한 자에 대한 예수의 축복과 부자를 향한 저주를 강조하고 있다.6:20,24 누가복음과 사도행전은 예수의 희년에 대한 이해로 출발한다.눅12:16, 18:18~30, 19:1~10 예수를 따르는 사람들은 재산 공동체를 실행했다. 이로 인하여 그들 가운데는 "궁핍한 자가 없었으며"행2:45~46, 4:32~34, 과부들의 물질적 궁핍이 해결되고6:1~6, 안디옥 교회는 구호금을 예루살렘에 있는 가난한 자들에게 보냈다.11:27~30; 갈2:10 예수와 초대교회는 토라와 예언자들이 명령하고 있는 대로 가난한 자와 궁핍한 자를 돕는 일을 계속 했다.4)

누가복음은 희년의 정의에 입각한 그리스도인의 비전과 어울리는 다른 것들을 강조하고 있는데 예수의 제자들 가운데 갈릴리에서 온 여인들, 이를테면 엘리자베스, 마리아, 안나 등과 마르다, 마리아 그리고 무덤에서의 여인들의 괄목할 만한 역할8:1~3, 소외당하고 버림받은 자들을 받아들이는가 하면 용서받은 창녀, 예수의 메시아 공동체로 돌아온 탕자7:36~50, 15, 사마리아인과 이방인들을 하나님나라 안으로 환영하시는 예수를 소개한다.

구약성서의 비전과 희년 정의에 대한 예언적 윤리는 예수의 가르침과 행위 안에서 완성되는 것을 보게 본다. 가난한 자는 하나님나라를 유산으로 받고 눈먼 자는 보게 되고 소외된 자들이 환영을 받으며 하나님나라의 정의가 이루어진다.5) 구약성서에서 샬롬-정의를 위한 예언자적 열정은 하나님의 소명과 성령의 기름부음에서 생겨난다. 왕들은 "기름부음 받은 자"들이다. 왕의 임무와 성령의 능력 안에서의 소명이란 무엇인가? 이 문제 관해서는 시편 72편과 83편을 보라. 시편 72편은 왕을 정의를 행하는 즉 "가난한 백성의 억울함을 풀어주며 궁핍한 자의 자손을 구원하며 압박하는 자를 꺾는"^{시편72:4} 하나님의 충성스러운 아들이라고 부른다. 시편 82편은 지상의 신적인 왕들을 정확히 위에서와 같은 정의를 행하는데 실패함으로 저주한다. 이사야 11장은 주의 영이 그 위에 임하는 "이새의 줄기에서 나오는 싹" 즉 메시아의 일을 요약하고 있다.

"그의 위에 여호와의 영 곧 지혜와 총명의 영이요

모략과 재능의 영이요 지식과 여호와를 경외하는 영이 강림하리니…

그의 눈에 보이는 대로 심판하지 아니하며 그의 귀에 들리는 대로 판단하지 아니하며 공의로 가난한 자를 심판하며 정직으로 세상의 겸손한 자를 판단할 것이며…공의로 그의 허리띠를 삼으며 성실로 그의 몸의 띠를 삼으리라"^{사11:1~5}

이와 유사하게 이사야 32장의 핵심구절은 샬롬-평화를 의의 열매라고 하며 42장은 "땅에서의 정의"를 성령으로 기름부음 받은 주의 종의 일이라고 한다.

보라 장차 한 왕이 공의로 통치할 것이요

방백들이 정의로 다스릴 것이며…

마침내 위에서부터 영^{RSV는 성령}을 우리에게 부어주시리니

광야가 아름다운 밭이 되며 아름다운 밭을 숲으로 여기게 되리라.

그 때에 정의가 광야에 거하며 공의가 아름다운 밭에 거하리니

공의의 열매는 화평이요 공의의 결과는 영원한 평안과 안전이라.^{사32:1,15~17}

내가 나의 영을^{RSV는 성령}그에게 주었은즉 그가 이방에 정의를 베풀리라.

그는 쇠하지 아니하며 낙담하지 아니하고

세상에 정의를 세우기에 이르리니 섬들이 그 교훈을 앙망하며 ^{사42:1b, 4}

먼데 있는 자에게든지 가까운데 있는 자에게든지^{사57:19} 정의와 평화를 가져오는 소명과 과제는 인간을 위한 하나님의 구원에 새로운 비전과 새로운 국면을 전개한다. 과거의 "전쟁은 끝나고^{사40:2 RSV}, 평화의 아름다운 복음이 임박한다. ^{사52:7} 사명은 포괄적이며 근원적이고^{사61:1~2}, 그러한 사명은 고난을 요구한다. ^{사53}

샬롬을 위한 열정은 하나님 자신 즉 그분의 영에서 온다. 우리가 주의 영의 회복을 구할 때마다 거기에는 예언자적 기준에 반^反하는 갱신을 시험하는 절박한 필요, 즉 정의의 영인데 마태는 택한 종 예수라고 언급하고 있다. ^{마12:19~20NEV; 이사야42:2~4a에서 인용}

그는 다투지도 아니하며 들레지도 아니하리니

아무도 길에서 그 소리를 듣지 못하리라

상한 갈대를 꺾지 아니하며 꺼져가는 심지를 끄지 아니하기를

심판하여 이길 때까지 하리니^{마12:19~20}

정의가 없는 샬롬은 이사야 40장에서 55장에 이르기까지 소개한 주의 섬김 곧 예수를 조롱하는 것이다.

정의를 위한 예언자적 열정은 의의 사회적인 면을 의미한다. 그것은 가난한 자를 위한 하나님의 관심의 단면이다. 호세 미란다^{Jose Miranda}가 그의 영감이 넘치고 선동적인 책, 『마르크스와 성서』에서 지적한 것처럼 정의를 위한 구약성서의 용어 정의^{mishpat}와 공의^{tsdaqah}는 같은 의미로 사용되고 있고, 동의어-대구법으로 34번이나 함께 등장하고 있는^{예를 들면, 시33:5, 72:1~2;}

잠2:9, 8:20; 사5:7b, 32:5~6, 54:17, 60:17b 그리고 스가랴에서 자주 등장한다 두 어원shpt과 tsdk 은 다른 곳에서 32번 함께 사용되고 있다.[6]

예언자적 윤리의 "황금률"인 아모스는 "오직 정의를 물같이, 공의를 마르지 않는 강 같이 흐르게 할지어다"[5:24]라고 선포한다. 미가의 고전적인 요약도 이와 비슷하다.

> 사람아 주께서 선한 것이 무엇임을 네게 보이셨나니
>
> 여호와께서 네게 구하시는 것은 오직 정의를 행하며 인자를 사랑하며
>
> 겸손하게 네 하나님과 함께 행하는 것이 아니냐? 미6:8

이사야 또한 이스라엘의 왜곡된 가치관을 슬퍼하면서 노골적인 익살과 반어법적 시 병행구로 거룩한 기준을 선언한다.

> [하나님께서] 그들에게 정의mishpat를 바라셨더니 도리어 포학mispah이요
>
> 그들에게 공의tsedaqua를 바라셨더니
>
> 도리어 부르짖음tse'aqah이었도다! 사5:7b

정의를 위한 예언자적 열정은 아브라함 헤셸에 의해서 잘 요약되고 있다.

> 존재와 형성, 질료와 형상, 정의定意와 예증에 대한 시작도 끝도 없는 문제를 다루는 대신 예언서의 독자는 과부와 고아, 부패한 재판과 시장 상황에 대한 화법 속에 몰입된다. 화려한 마음의 궁전을 지나는 길목을 보여주는 대신 예언자들은 우리를 슬럼가로 데리고 간다. 세상은 자만과 아름다움으로 가득한 곳이라고 하지만 예언자들은 치욕적이라고 하며 마치 전체 세상이

슬럼가인 것처럼 절규한다…우리들에게 사업에서의 속임수, 가난한 사람들을 착취하는 불의한 행동은 대수롭지 않게 여겨지고 있으나 예언자들에게는 하나의 재앙으로 여겨졌다. 우리들에게 불의란 사람들의 복지에는 해가 되며 예언자들에게 그것은 실존에 대한 치명상이 된다. 우리들에게 에피소드는 그들에게 재앙이요 세상에게는 위협이 된다.[7]

평화실천에 대한 성서적 소명이 제시하는 예수 그리스도 안에서의 샬롬을 위한 전략

예수 그리스도는 지상의 샬롬 즉 "땅에서는 평화!"[눅2:14]를 위한 하나님의 열정의 역사에로의 성육이시다.[8] 성령으로 기름부음을 받은 메시아로서의 예수는 가난한 자에게 좋은 소식을 전하시고, 갇힌 자를 놓아주시며, 눈먼 자를 보게 하고, 억눌린 자를 자유하게 하는 사역을 시작하셨다.[눅4:18~19] 예언적인 정의의 거대한 흐름이 이제 희년 정의의 선포와 행동에서 나타나게 된 것이다. 예언자적 비전은 예수 안에서 성육신 되었다.

그분은 인간에 대한 사랑을 종교적인 율법들로 대체한 것을 고발하셨다.

그분은 성전을 깨끗이 하시고 이방인의 권리를 방어하셨다.

그분은 메시아를 억압적인 권력과 동일시한 베드로를 나무라셨다.

그분은 따르는 사람들에게 검이 아니라 십자가를 지라고 하셨다.

그분은 제자들 앞에 십자가, 어린이, 종의 이미지를 제시하셨다.

> 예수께서 불러다가 이르시되 이방인의 집권자들이 그들을 임의로 주관하고
> 그 고관들이 그들에게 권세를 부리는 줄을 너희가 알거니와
> 너희 중에서는 그렇지 않을지니
> 너희 중에 누구든지 크고자하는 자는 너희를 섬기는 자가 되고

너희 중에 누구든지 으뜸이 되고자 하는 자는 모든 사람의 종이 되어야 하
리라.

인자가 온 것은 섬김을 받으려 함이 아니라 도리어 섬기려 하고

자기 목숨을 많은 사람의 대속물로 주려 함이니라. 막10:42~45

예수는 평화를 위한 것들을 거부함으로 말미암아 예루살렘평화의 주춧돌을
보고 우셨다. 그분은 시기와 이기적인 증오, 종교와 군사적인 힘의 악을 스
스로 짊어지시고 십자가에 못 박히시며 말씀하셨다. "저들을 사하여 주옵
소서 자기들이 하는 것을 알지 못함이니이다"눅23:34라고 말씀하셨다. 바울
은 예수의 죽음 안에서 "통치자들과 권세들을 무력화하여 드러내어 구경
거리로 삼으시고 십자가로 그들을 이기셨느니라"골2:15라고 선언하였다. 십
자가는 이렇게 죄를 죄로 드러낸다. 십자가는 정의와 공의의 종이신 예수
와의 직면에서 악이 행한 것들을 드러낸다.

그러나 하나님의 전략은 십자가에서 중단되지 않는다. 거룩한 종, 예수
를 통하여 하나님은 주관자들과 권세들을 예수의 십자가와 부활을 통해서
무장을 해제하고 만천하에 드러내실 뿐만 아니라 그분의 신실한 종을 옹
호하신다. 행3:13~15,26 하나님의 전략은 세상 안에 있는 그리스도의 생명과
몸인 새로운 공동체, 교회를 창조하심으로 계속된다.

하나님의 전략은 종의 섬김과 부활의 능력 모두를 포함한다. 우리들
의 소명과 과제는 정의로 섬기는 것이며 하나님의 은사는 능력으로 역사
한다.

메시아 대망과 어우러지는 샬롬과 에이레네

에이레네Eirene, 희랍어로 평화라는 뜻 역시 광범위한 어원적 의미를 지닌다.9)

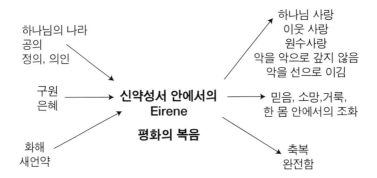

여러 핵심적인 예언자적 본문들이 지상에 정의와 평화를 가져오실 메시아의 오심을 예측한다. 메시아 오라토리오에 나오는 몇 개의 잘 알려진 구절들은 이사야 9장 1~7절, 11장 1~9절, 40장 1~11절슥9:9~11; 미4:1~5; 사52:7과 비교 등이다. 이사야 52장 7절은 잘 알려져있을 뿐만 아니라 예수의 사역을 요약하기 위하여 신약성서에 인용된 이래 가장 중요한 구절이 되고 있다. 두 본문사52:7,10; 행10:34~36을 나란히 병행시켜보도록 하자.

좋은 소식을 전하며 평화를 공포하며 복된 좋은 소식을 가져오며 구원을 공포하며 시온을 향하여 이르기를 '네 하나님이 통치하신다' … 여호와께서 열방의 목전에서 그의 거룩한 팔을 나타내셨으므로 땅 끝까지도 모두 우리 하나님의 구원을 보았도다	베드로가 입을 열어 말하되 내가 참으로 하나님은 사람의 외모를 보지 아니하시고 각 나라 중 하나님을 경외하며 의를 행하는 사람은 다 받으시는 줄 깨달았도다 만유의 주 되신 예수 그리스도로 말미암아 화평의 복음을 전하사 이스라엘 자손들에게 보내신 말씀

가장 중요한 "평화를 공포하며/화평의 복음을 전하사"라는 이사야 52장

7절과 사도행전 10장 36절은 헬라어 번역으로 같은 의미를 지닌다. 헬라어로 이 둘은 모두 "평화의 말씀을 전하다"euangelizisthai eirenen라는 뜻이다. 명사, 복음gospel은 선포 혹은 설교의 구두 행위로 이미 동사 안에 들어와 있다. 에이레네Eirene는 동사, 설교하다의 목적어이다. 제3부 9장에서 이와 관련된 내용을 좀 더 상세하게 그리고 그 중요성에 대해서 말하게 될 것이다. 우리가 잃어버리지 말아야 할 중요한 점은 두 언약이 평화와 선교를 서로 나눌 수 없도록 연결시키고 있다는 것이다. 이사야 예언은 "땅 끝까지도 모두 우리 하나님의 구원을 볼 것"이라고 말한다. 이는 선교의 열매이며 이 구절은 또한 예배를 함축하기도 한다. 문맥 속에서 사도행전 본문은 소외된 사람들이 나라들과는 병존할 수 없는 탁월한, 심지어는 전복적인 메시아 예수 안에서 하나가 되는 새로운 평화의 나라의 기초를 세우는 베드로의 "게티스버그 연설"이라고 할 수 있겠다.

베드로는 이방인 군사 장교인 고넬료가 예수에 의해 시작되는 하나님나라에 합법적으로 참여하는 기본법을 선언한다. 여기서 주목할 것은 로마 군대의 도덕성을 승인하는 것이 아니라 증오하는 로마 사람이 비록 거절하기는 했지만 베드로를 존경하여 "그의 무릎을 꿇었음"을 인정하고 있다는 점이다.행10:25,26 적이 구원받은 것이다. 유대인과 이방인이 그리스도의 주 되심에 대하여 함께 허리를 굽힌 것이다. 예수는 "만유의 주"이시다!행10:36 메시아의 복음을 "율법의 마침"롬10:4이라고 했듯이 "마침"telos이 의미하는 매혹적인 동일한 의미가 군사의 힘의 종결을 보여준 것이다. 정치적인 면에서 "마침"은 완성을 의미한다. 아브라함이 멜기세덱에게 절한 것처럼 고넬료도 로마의 힘을 대표해서 예수에게 엎드려 절한 것이다.

이 책의 다음 장들은 진정한 예배가 선교와 평화실천에 주는 의미 안에서 새로운 메시아적인 "하나님의 전"을 세우게 될 것이다.

결론

> 그는 우리의 화평이신지라 둘로 하나를 만드사
> 원수 된 것 곧 중간에 막힌 담을 자기 육체로 허시고^{엡2:14}

> 너희는 유대인이나 헬라인이나 종이나 자유인이나 남자나 여자나
> 다 그리스도 안에서 하나이니라.^{갈3:28}

샬롬을 위한 성서적 전략은 1) 하나님의 의로운 사랑으로 말미암은 정의에 영감 받은 섬김의 삶, 2) 완전한 종이신 예수에 대한 신실함으로 말미암아 대가를 치러야하는 제자도, 3) 하나님의 부활의 능력으로 옹호 받는 것이다.

> 이를 위하여 너희가 부르심을 받았으니 그리스도도 너희를 위하여 고난을 받으사 너희에게 본을 끼쳐 그 자취를 따라오게 하려 하셨느니라. 그는 죄를 범하지 아니하시고 그 입에 거짓도 없으시며^{벧전2:21~22}

성서적 전략은 우리로 하여금 메시아이신 예수 안에서 모두 연합하여 정의와 평화의 종이신 예수를 따르도록 선교의 사명으로 부르는 것이다. 그것은 결코 모두를 협박하는 제국주의적 권력이 아니며 이러한 독특한 증거를 사람들에게 하지 못하게 하는 잔혹한 죄도 아니다. 그보다 성육신은 예수를 따르는 것이야말로 우리를 예수 그리스도 안에서 하나님의 샬롬의 일을 위해 우리들의 삶을 내어주도록 하는 것임을 가르쳐준다. 우리는 십자가를 통하여 그리스도의 평화의 실천을 증언하는 성육화를 지속하도록 부름 받는다.

우리가 이 보배를 질그릇에 가졌으니

이는 심히 큰 능력은 하나님께 있고

우리에게 있지 아니함을 알게 하려 함이라

우리가 사방으로 우겨 쌈을 당하여도 싸이지 아니하며

답답한 일을 당하여도 낙심하지 아니하며

박해를 받아도 버린바 되지 아니하며

거꾸러뜨림을 당하여도 망하지 아니하고

우리가 항상 예수의 죽음을 몸에 짊어짐은

예수의 생명이 또한 우리 몸에 나타나게 하려 함이라

우리 살아 있는 자가 항상 예수를 위하여 죽음에 넘겨짐은

예수의 생명이 또한 우리 죽을 육체에 나타나게 하려 함이라. 고후4:7~11

이와 같은 샬롬의 비전, 열정, 전략을 통하여 하나님의 희년 평화의 정의와 공의는 이사야 52장 7, 10절과 사도행전 10장 36절의 연관 속에서 입증된 것처럼 지상으로 확장될 것이다. 제9장에서 이러한 연관성과 예수께서 성취하신 이사야 52장 7~10절의 비전인 선교, 복음, 하나님나라의 중요성에 대해서 살펴보고자 한다.[10]

신앙의 확인

인도자: 우리는 평화가 하나님의 뜻이라는 것을 믿습니다. 하나님은 이 세계를 평화로 창조하셨으며 하나님의 평화는 우리의 평화이며 온 세계의 평화이신 예수 그리스도 안에서 가장 완전하게 드러내셨습니다.

모두: 성령이여 우리를 인도하사 폭력과 전쟁을 직면하고 있는 상황에서

정의를 행하고 화해를 이루며 무저항을 실천하는 평화의 방법으로 그리스도를 따르게 하옵소서.

인도자: 예수를 따르는 자로서 우리들로 그분의 평화와 정의의 사역에 참여하게 하소서. 그분은 평화를 실천하고 정의를 추구함으로 우리가 받을 축복으로 우리를 부르십니다.

보조자 1: 우리로 온유하신 영 안에서 의를 위해 박해를 기꺼이 받을 수 있도록 하옵소서.

보조자 2: 그리스도의 제자로서 우리는 전쟁을 준비하지 않으며 전쟁 혹은 군 복무에 참여하지 않고자 합니다.

인도자: 동일한 영 안에서 예수께서 우리에게 힘이 되게 하옵소서.

보조자 1: 원수를 사랑하게 하시며,

보조자 2: 복수하기 보다는 용서하게 하시며,

보조자 1: 올바른 관계를 지니게 하시며,

보조자 2: 폭력을 저지르지 않고 악에 저항하게 하옵소서.

인도자: 우리는 은혜로우시며 평화로우신, 매일매일 선으로 악을 이기게끔 인도하시는, 우리들로 하여금 평화로운 하나님의 통치에 대한 영광스러운 희망을 갖게 하시는 하나님께 우리들의 최고의 충성을 드립니다.

---

* Mennonite Mission Network (Newton, Kan., and Elkart, Ind)에 의해 2003년 3월23일, 미국 메노나이트 교회 주보에 실린 내용으로 이는 Confession of Faith in a Mennonite Perspective 22조에서 허락을 받고 발췌하였음.(주11)

2장
예수와 평화, 폭력

예수께서 죽음에서 자신을 구원하신 분께 기도할 때에
그분은 자신이 구원 받으신 것이 아니라
세상의 구원을 이루셨다.
– 필립 얀시, Christianity Today 기고문에서 –

대부분의 그리스도인들은 전쟁을 조건적으로 받아들일만한 것으로 간주한다. 나는 평화주의자로서 기독교 전통에서는 소수의 목소리에 해당한다. 아미쉬, 브레드렌, 후터리안, 메노나이트, 퀘이커가 공유하고 있는 역사적 평화교회 전통은 신념 면에서 다양하나 평화에 헌신하고 폭력을 반대한다는 점에서는 모두 공통적이다. 개별적으로 교회의 회원 모두 다 개교회의 입장 특히 전쟁을 금한다는 가르침과 실천에서 교단의 입장을 선택하는 것은 아니다.

이들 그룹들은 퀘이커를 제외하고 국가와 교회를 분리시키고 비록 전부는 아닐지라도 대부분이 전쟁을 포기하고 전쟁에 참여하지 않는 16세기 근원적인 개혁자들, 아나뱁티스트에서 기원한다. 나는 이 평화 교회 전통을 배경으로 하지만, 나의 인용문들은 이들 그리스도인 그룹의 저자들에게만 제한시키지 않을 것이다. 현대 기독교 학자들 가운데 많은 사람들이 평화교회 견해와 조화롭게 신약성서 본문을 해석하고 있기 때문이다.

기독교 신앙을 위한 기초 문헌은 신약성서이다. 그러나 기독교 신앙을 위한 성서는 히브리 성서 혹은 타나크Tanak: Torah, Nevi'im, Kethuvim = 율법, 예언서, 기록들라고 부르는 구약성서를 포함한다. 이 장에서는 신앙의 설립자이신 예수 그리스도를 밝히고자 한다. 비록 기독교 성서 중 신약성서에 대부분 제한되지만 때로는 기초적인 권위를 지닌 구약성서를 인용하기도 할 것이다. 대표적인 한 가지 예는 베드로전서 3장 9~12절로 예수의 말씀의 메아리와도 같다. "악을 악으로, 욕을 욕으로 갚지 말고 도리어 복을 빌라." 3:9 여기에서 베드로전서는 주님의 권고를 실증하고 권위를 인정하여 강화하기 위해 시편 34편 12~16a절LXX 역본에서는 시편33:13~17을 인용한다.

> 그러므로 생명을 사랑하고 좋은 날 보기를 원하는 자는
> 혀를 금하여 악한 말을 그치며 그 입술로 거짓을 말하지 말고
> 악에서 떠나 선을 행하고 화평을 구하며 그것을 따르라.
> 주의 눈은 의인을 향하시고 그의 귀는 의인의 간구에 기울이시되
> 주의 얼굴은 악행 하는 자들을 대하시느니라 하였느니라. 벧전3:10~12

사실 신약성서는 인용, 신학, 구조형식에서 구약성서에 많은 빚을 지고 있다.[1]

나는 기독교 신앙의 설립자에 관심을 가지면서 사복음서마태, 마가, 누가, 요한복음와 나머지 23권의 신약성서를 구분하는데, 이들 중 7~13권은 바울에 의해 기록된 것이다. 학자들에게 따라 다양함 그리스도인들은 교회에 의해 약간 다른 견해도 있기는 하지만 거룩한 계시로서의 권위를 지닌 신약성서 27권 전부를 신앙과 삶을 위한 정경과 권위로 인정한다. 다음 두 세기에 걸쳐 널리 사용되고 받아들여진 사도성1세기에 사도 중 하나로 인정받아 기록된은 이단들에 대항하여 믿음을 방어하고, 박해 가운데 성서가 보존되도록 하였다. 이 모든 것은 어떤 책이 정경으로 승인되는가에 중요한 역할을 했다.[2]

이 장에서는 사복음에 의한 예수의 가르침을 소개하고자 한다. 제3장은

바울과 다른 신약성서 기자들의 교훈에 초점을 두고자 한다. 신약성서의 다양성을 강조한 신약성서 비평학자들에 의해 종종 간과되고 있는 결정적인 내용 가운데 하나는 신약성서 전체에서 일관되게 나타나는 평화/평화 실천에 관한 문제이다.[3]

문맥 안에서 예수의 교훈을 이해하기 위해서 우리는 예수께서 그분의 행동과 언어가 신학적 또는 도덕적인 측면에서 추상적으로 들리지 않았던 사회정치적 정황 속에서 살고 가르쳤던 것을 고려하지 않으면 안 된다. 오히려 복음 이야기는 1세기 배경을 고려하여 읽을 때에 예수의 삶과 죽음, 부활의 정치적 성격을 반영하고 있음을 알 수 있다.

예수: 정치적 왕. 복음서의 묘사에 의하면 예수는 "유대인의 왕,"[마2:2] "왕좌의 권한을 내려놓은" 분[눅1:52]이시다. 그분의 침례는 왕권의 획득으로[막1:11b; 시2:7 왕의 시편]여겨지고 있다. 그분이 받은 시험은 왕권에 대한 대안으로 자리매김한다.[마4:1~10] 예수는 정치적 개념을 사용하여 하나님나라의 임박한 도래와[막1:15] 사회질서를 전복시키는 사회정의의 희년 윤리를 선포하셨다.[눅4:18~19] 예수는 열심당인 제자들을 선택하셨다. 시몬은 열심당이고[행1:13] 유다는 강력한 후보이고 베드로·야고보·요한 역시 열심당일 가능성이 있다. 그분은 "당신은 메시아이시다"[막8:29]라고 말하는 베드로의 고백을 받아들이셨으며 대제사장에 의해서 재판받을 때에 자신에 관한 그와 같은 고백을 부정하지 않으셨다.[막14:61~62, 비교 15:25~26]

유대인 지도자들은 예수를 사람들에게 세금을 내지 말도록 말하거나 자신을 왕이라고 주장하여[눅23:2] 정치적 전복을 꾀하였다고 빌라도에게 재판받도록 넘겨주었다. 그분은 열심당원들을 처형하는 방법이었던 십자가형으로 죽임을 당했다. 그분의 십자가 명패에는 "유대인의 왕"이라고 기록되었다.[눅23:38] 그리고 그분의 부활에 의해서 왕적인 메시아이며 최고의 주님으로 예우되었다.[행2:29,36]

예수: 평화의 왕. 예수의 탄생은 "땅에서는 기뻐하심을 입은 자들 가운데 평화로다!"라는 천사들의 합창을 울려 퍼지게 하였다.눅2:14 그분이 받으신 침례는 고통 받는 예언자적인 종으로서의 소명을 예고했다.막1:11; 사42:1 고난 받는 종의 노래 그분이 받으신 시험 속에서 그분은 유대인들이 대중적으로 기대하고 있는 정치적 메시아 됨을 거부했다. 그분의 제자 가운데는 로마 식민통치하에서 세리였던 마태도 포함되어 있었다.마9:9; 행1:13 희년선포에 기초한 하나님나라 설교의 요지는 군사적인 정복에 대해서는 아무런 언급이 없이 다만 유대인들의 메시아 대망의 인자하신 성향만을 확인하였을 뿐이다.

그리하여 그분은 부랑자들, 심지어 사마리아인들과 이방인들을 하나님의 사랑과 은혜눅15; 요한4로 환영한다. 그분은 자신의 제자들에게도 그들의 이웃뿐 아니라 그들의 적들까지도 사랑하도록 가르친다.막8:31~37 인간의 아들로 오신 메시야는 고통 받고 죽어야하기에막8:31~37 그분은 베드로가 가진 메시아 관에서 정치적 야심을 알아보고 그것을 사탄적이라고 하셨다. 예수의 수난 중에, 빌라도는 세 번이나 예수에 대해 어떠한 혐의도 찾을 수 없다고 선포한다.눅23:4,14,22 십자가에서, 예수는 말한다. "아버지 저들을 사하여 주옵소서. 자기들이 하는 것을 알지 못함이니이다."눅23:34 부활을 통해, 예수는 사람들의 죄를 사하는 메시아와 구주로 인정받는다.행 2:36~38

예수에 대한 이러한 두 가지 관점에서 볼 때, 예수를 비정치적이거나, 통상적인 의미에서 "정치적"으로 간주하는 것은 잘못이다. 존 하워드 요더John Howard Yoder는 저명한 그의 저서 『예수의 정치학』에서 예수가 새로운 정치를 탄생시켰다고 주장하는데, 이것은 도널드 B. 크레이빌Donald B. Kraybill 의 말에 의하면, "전복된 나라"4)이다.

산상수훈

예수는 말한다, "화평하게 하는 자는 복이 있나니 그들이 하나님의 아들이라 일컬음을 받을 것임이요."마5:9 그리고 예수는 " 하늘에 계신 너희 아버지의 아들"로서의 징표로 "너희 원수를 사랑하라"고5:44 명한다.

산상수훈은 가난한 사람들에게 하나님의 축복을 약속한다. "축복"은 하나님이 사용하시는 은혜와 소망의 단어이다. 산상수훈 전체는 "복음"이며, 영적으로 가난하고, 삶이 애통하고 온유한 자들, 의에 주리고 목마른 자들, 자비하고, 순결하며 의를 위하여 핍박받은 평화주의자들, 곧 언약diatheke 5)의 백성에 대한 하나님 마음에서 오는 현재적인 동시에 미래적인 선물이다. 산상수훈마5:3~12은 온유하고 겸손히 하나님을 신뢰하는 자들에게 정확히 이 세상 어디에도 존재하지 않는 "행복"을 약속한다. 이러한 자들은 하나님을 경외하고 하나님의 친구 된 자들이다.시25:14

평화를 이루는 자들에 대한 예수의 축복은 적극적인 행동을 내포한다. 그것은 단순히 평화에 대해 생각하거나 악을 피하는 것이 아니라, 주도적으로 만들어가는 평화에 대해 말한다. 현재 평화를 이루는 일을 일컫기 위해 사용하는 "비폭력nonviolence"이라는 용어는 재고될 필요가 있다. 이 용어가 "무저항"처럼 아무 것도 "하지 않는" 것을 의미하기 때문이다. 오히려, 평화를 이루는 것, 원수를 사랑하는 것, 선으로 악을 이기는 것과 화해는 성서의 도덕의 정언적 명령이다.

일곱 번째 복은 예수의 가장 독특한 가르침인, 원수를 사랑하라는 그의 명령과 연관되어 있다.

> 너희에게 이르노니, 너희 원수를 사랑하며
> 너희를 박해하는 자를 위하여 기도하라.
> 이같이 한즉 하늘에 계신 너희 아버지의 아들이 되리니

이는 하나님이 그 해를 악인과 선인에게 비추시며

비를 의로운 자와 불의한 자에게 내려주심이라.

너희가 너희를 사랑하는 자를 사랑하면,

무슨 상이 있으리요.

세리도 이같이 아니하느냐?

또 너희가 너희 형제에게만 문안하면,

남보다 더하는 것이 무엇이냐?

이방인들도 이같이 아니하느냐?

그러므로 하늘에 계신 너희 아버지의 온전하심과 같이 너희도 온전 하라.^마
5:44~48

이 두 본문은 "하나님의 자녀"라는 정체성과 연결되어 있다. 산상수훈에서, 평화를 만드는 사람들은 "하나님의 자녀"로 일컬어진다. 그와 유사하게, 원수를 사랑하라는 명령에서 원수를 사랑하는 것은 "너희 하늘의 아버지"께서도 그러하기 때문이다. 그분은 의로운 자들에게나 불의한 자들에게나 모두 똑같이 햇빛과 비를 내려주신다.⁶⁾ 여기서 예수는 평화를 만드는 일을 하나님의 도덕적 성품과 연결시키신다. 자녀들은 부모들을 닮는다. 평화의 자녀가 되는 것은 예수를 따르는 사람들의 복음적인 정체성 표식이다. 여기에 하나님의 자녀됨의 특성을 반영하는 그리스도인의 소명헌장이 있다. 예수께서는 새롭고 근본적인 사고와 행위로 그들을 훈련하라고 제자들을 부르셨다. 복음서 이야기는 제자들을 위한 예수의 교리문답집에 해당한다.

우리들은 이렇게 일곱 번째 복평화를 만드는 자과 여덟 번째 복박해받는 자 그리고 박해를 받을 때조차도 원수를 사랑하라는 예수의 명령이 서로 매우 유사하다는 것을 보게 된다. 마태복음의 팔복의 형태에서 일곱 번째와 여덟 번째 복은 원수를 사랑하라는 예수의 명령의 어법과 말과 주제에 있어 강력한 친화성을 보인다. "화평케 하는 자는 복이 있나니 하나님의 자녀라 일컬음을 받을 것이요, 의를 위하여 핍박을 받는 자는 복이 있나니 천국이 이런 사람들의 것이니라."5:9~10 이와 같은 복들은 "원수를 사랑하고 너희를 박해하는 사람들을 위해 기도하라 그렇게 함으로 너희들은 하늘에 계신 너희 아버지의 자녀가 될 수 있다."라는 말씀과 유사한 것이다.5:44~45a 7)

평화를 만드는 자들에 대한 예수의 축복과 자신의 추종자들에 대한 원수를 사랑하라는 명령은 제자들이 생각할 수 없는 것을 행하도록 요청하신 것이다. 원수를 사랑하는 것은 인간의 한계를 뛰어넘는 것인데 원수들에 대한 인간의 자연적 반응은 기껏해야 관용이거나 일반적인 수준의 복수, 혹은 가장 기본적인 본능에 있어서 가능하다면 잊어버리는 것이기 때문이다. 원수를 친구로 대할 수도 있는 이러한 반응을 생각한다는 것은 거의 희박한 것이다! 그러나 이것이 바로 예수의 복음의 중심이다. 그것은 독특하게 빛난다.8)

우리가 하늘에 계신 아버지의 자녀라는 것을 우리는 어떻게 알 수 있을까? 16세기에서 기원한 아나뱁티스트로 알려진 기독교 전통 속에서 자신의 적의 생명을 구해주는 더크 빌렘스의 삽화는 예수의 길을 추구하고자 하는 사람들의 편에서의 행동에 대한 영감을 불러일으키는 상징이 되어왔다. 그 삽화는 빙판에서 살기 위해 도망가고 있는 빌렘스를 따라잡는 모습을 그리고 있다. 그를 좇는 사람이 빙판이 깨져 물에 빠졌을 때에 빌렘스는 그를 돕고자 돌아서서 그 박해자의 생명을 구해준다. 그리고 빌렘스는 그에 의해 체포되어 감옥에 갇히고 결국은 불에 태워 죽임을 당한다.9)

원수를 사랑하라는 예수의 명령은 종교들 가운데서도 특이한 것인가?

예수의 명령은 쿰란문헌에서 강조하고 있는 것과 민감하게 대조되고 있는데 쿰란 문헌에서는 의의 자녀들이 어둠의 자녀들에 대한 복수를 맡는다. 율법에 대한 열정을 이방의 정치적 억압에 대항하는 전투로 대체하는 마카비안 충성심과도 대조된다.

원수를 사랑하라는 예수의 명령은 독특한 것인가? 이는 기독교 이전의 유대주의와 병행하는가? 윌리암 클라센은 유대주의와 기독교가 하나님의 사랑의 관점이 두 종교에 근본적이며 하나님 백성의 관점에서 낯선 사람, 이방인 그리고 적들에 대하여 어떤 존재가 되어야 하고 어떤 행위를 행하여야 하는지에 대해서 밀접하게 연결되어 있다고 말한다.[10] 새로운 부분은 예수께서 평화의 사람들을 창조해내셨다는 것이다. 예수께서 "평화의 자녀들"을 함께 모으고 따르는 사람들을 그렇게 하도록 하신 것은마5:9; 눅10:5~6 사랑의 명령에 대한 새로운 표현이었던 것이다.[11]

예수의 명령이 독특하다는 관점에서 다른 견해도 있다. 유대인 학자 데이비드 플루서는 랍비 하나가 회중들에게 의를 사랑하고 죄인을 미워하지 말라고 가르칠 때에 예수의 "원수를 사랑하라는 명령은 신약성서 전체에서 그분의 입에서 나와 우리가 들을 수 있는 계명이라는 점에서 결정적인 특성"이라고 말한다.[12] 그 밖에 상호간의 사랑은 토라의 하나님과 이웃 사랑이라는 이중적인 사랑으로 확대되어 명령되고 있다.신6:5; 레19:18 사실상 이러한 이중적인 사랑의 명령, 그 중에서도 두 번째 부분은 신약성서 안에 널리 사용되고 있는 것이다.복음서와 바울, 야고보 서신에 [13] 플루서는 로마서 12장 14~21절에서의 바울의 도덕적 명령, 특히 20절의 경우, "만약에 너의 원수가 주리거든 먹이라, 만약에 목말라하거든 마실 것을 주라"를 '원수를 사랑하는 일관된 행동을 보여주라'라고 기교 있게 고쳐서 표현하고 있다.

헬라와 유대적 윤리 전통 모두는 예수의 명령이 독특하다는 것을 보여주는데 일치하고 있다. 양쪽 모두의 전통에서 어떤 종류의 복수를 하지 못하도록 한 것을 발견할 수 있다.플루타크, 무소니우스, 루퍼스, 잠25:21; 출23:4~5 하지만 원수를 사랑하라는 적극적이며 선취적인 명백한 계명은 예수에게만 있는 독특한 것이었다. 그분만이 레위기 19장 17~18절에 있는 세 개의 간결한 연속적인 명령을 원수 사랑을 포함한 이웃 사랑으로 확대하는 것으로 해석했다.14) 주전 200년부터 주후 100년까지의 여러 유대인 작품들을 검토한 뒤 고돈 제르베는 비록 적과 해코지 하는 자들에 대한 반응으로 선한 의지와 친절한 행동을 권고하는 내용들이 많이 있기는 하지만 "원수를 사랑하라는 명백한 권고가 초기 유대주의에게 있었다는 증거는 없었다."라고 말한다. 그러나 부상당한 자를 향한 '사랑'에 관해서는 이방인에 의한 사회정치적·압제적 상황이 아닌 지역과 개인적인 갈등에만 적용되고 있을 뿐이었다.12족장의 언약 15) 고대 세계와의 상호관계적인 사회과학적 분석으로부터 원수를 사랑하라는 예수의 명령을 고려하면서 알란 커크도 유사한 결론을 맺는다. "예수의 명령은 기존의 상호적인 모델에 맞는 것이 아니었다. 그것은 새로운 것이었다."16)

원수에 대한 친절을 베풀라는 권고를 "원수를 사랑하라"는 것과 동일한 것으로 확대 해석하고자 한다면 예수의 원수 사랑 명령은 결코 새로운 것이 아닐 것이다. 그러나 친절을 베푸는 것이 원수의 분노를 진정시키려는 노력과 같은 것이라면 그것은 단순히 신중함을 의미할 것이다. 이는 원수의 복지를 추구하는 사랑에 의해 배태된 적극적인 행동과 같은 것이 아니다.17) 이슬람과 관련해서도 동일한 특징이 적용된다. 이슬람 문헌 여러 곳에서 원수에게 친절을 베풀라는 말이 많이 나오지만 그것들이 원수를 사랑하라고 권고하지는 않는다.

원수를 사랑하라는 예수의 명령은 구체적인 동기와 더불어아버지의 자녀가 되며, 사랑 안에서 완전하며, 황금률을 따르라, 특별한 본보기로다른 뺨을 돌려대고, 5리를 더

가라 적극적인 반응을 나타내라는 것이다.박해자를 위해 기도하며, 너희를 미워하는
자에게 선을 베풀라 18)

무저항

예수는 자신을 따르는 자들에게 악을 행하는 자에게 저항하지 말고 악을
선으로 갚으라고 가르치셨다. 예수께서 말씀하신 핵심은 나중에 신약성서
저자들에게 의해 다음과 같이 들려지고 있다.

> 나는 너희에게 이르노니 악한 자를 대적지 말라 누구든지 네 오른편 뺨을
> 치거든 왼편도 돌려 대며 또 너를 송사하여 속옷을 가지고자 하는 자에게
> 겉옷까지도 가지게 하며 또 누구든지 너로 억지로 오리를 가게 하거든 그
> 사람과 십리를 동행하고마5:39~41

> 아무에게도 악으로 악을 갚지 말고…너희가 친히 원수를 갚지 말고…네 원
> 수가 주리거든 먹이고 목마르거든 마시우라…악에게 지지 말고 선으로 악
> 을 이기라롬 12:17, 19~21

> 악을 악으로, 욕을 욕으로 갚지 말고 도리어 복을 빌라 이를 위하여 너희가
> 부르심을 입었으니 이는 복을 유업으로 받게 하려 하심이라벧전3:9, 비교 살전
> 5:15

무저항과 평화주의자들의 견해를 위한 기본적 유형이 되는 이 구절들은
역사적인 평화교회의 전통에 의해서도 주장된다. 퀘이커 교도인 존 허거슨
은 마태복음 5장 39절을 "악한 자에게 맞서지저항하지 말라"여기서 악한 자는 누
구인가? 악마를 말하는 것인가? 좀처럼 알기가 어렵다 아니면 "악한 수단에 맞서지저항

하지 말라"라고 번역해야 하는 것인지 분명하지 않다고 말한다. 헬라어 본문에 충실한 나중 번역은 로마서 12장 21절과 일치한다. "선을 악으로 극복하기 위하여 악한 수단을 사용하지 말라."[19] 이 성서구절들은 사랑과 평화, 용서에 관한 예수의 가르침과 일치한다. 이들은 정치적인 정의에서 권력 사용과 전쟁에의 참여에 대한 그리스도인의 거부에 대한 기초를 제공해준다. 무저항은 구원교리에 있어서 본질적인 것이다.벧전2:21~23; 빌2:5~11, 14~15 [20] 악에 대하여 저항하지 말라는 예수의 가르침에 대한 해석학적 도전 중에 하나는 마태복음 5장 39~42절에서 다른 뺨을 돌려대라, 5리를 더 가라, 겉옷까지도 내어주라, 빌려주되 돌려받을 것을 기대하지 말라, 꾸고자 하는 자에게 주라고 하신 그분의 다섯 가지 충격적인 말씀을 이해하여야만 하는 것이다. 예수의 산상수훈과 실천하기가 불가능한 것처럼 보이는 이들 계명들을 들은 갈릴리의 군중들은 로마통치의 지배체제 하에 있는 사람들을 미워할 이유가 충분했으며 "그들의 땅을 빼앗고, 물건들과 심지어는 겉옷까지도 빼앗는 굴종적인 체제에 가슴에 사무치는 증오를 갖게" 했을 것이다.[21] 로마의 지배하에 있는 사람들에게 이들을 말씀하셨을 때에 다섯 가지의 "핵심적인 예"들은 예수의 청중들에게 적개심을 해제시키는 예기치 못한 반응을 의미했을 것이다.

　월터 윙크는 "저항하지 말라"antistenai라는 말은 폭력적으로 저항하지 말라는 것을 의미한다고 말한다. 그리고 가난한 자와 억압받는 자들이 자신들의 존엄성을 요구하고 억누르는 자와 눌린 자 사이의 새로운 관계를 위해 문을 여는 등 비폭력적인 저항의 형태를 예로 보여준다. 예수는 억압자의 무모함을 노출시키는 비폭력적인 충격적 전략을 명령하신다. 적은 "예기치 않은" 반응으로 인해 무장해제 당한다. 오른쪽 뺨을 손등으로 후려갈김으로 모욕하는 사람에게 다른왼쪽 뺨을 돌려 대라. 법정에서 너의 겉옷을 빼앗으려고 소송하는 자에게 네 속옷도 주고 거기에 벌거벗은 상태로 서

라. 로마 군인이 그의 짐을 지우고 일 마일을 가게하면 일 마일을 더 가주라. 이러한 반응들은 도망가거나 싸우는 대신 제3의 방법으로 상대방의 균형을 무너뜨리고 결국은 상황을 급진적으로 재정의하게 된다. 이와 같은 비폭력적인 저항은 상대방이 폭력을 자제할 것이라든가 아무런 희생도 없을 것이라고 보증하지는 못한다. 그러나 이는 "도덕적 이중 초점"을 사용함으로 적을 무장해제 시키는 새로운 패러다임을 만들어 내게 된다.[22] 윙크의 접근방식은 영감을 주고 도움이 되기는 하나 어떠한 "전략적" 행위도 "원수를 사랑하라"는 기준에 반해서 평가되어서는 안 된다.[23]

루이스 셔트로프Luise Schottroff는 예수의 가르침에 대한 확대 연구에서 악에 대항하지 않는다는 말을 원수 사랑과 지능적으로 연결시킨다.

> 마태복음 5장 38~41절은…폭력적인 사람에 대한 예언자적 판단과 마찬가지로 복수하지 말 것을 명령한다…하나님을 닮아가는 그리스도인들은 하나님의 적들을 그분의 자비로 직면하게 되어 있다…원수를 사랑하는 것은 하나님의 사랑으로 대함으로 폭력적인 사람을 하나님의 자녀로 변화시키고자 하는 것이다. 원수를 사랑한다는 것은 하나님의 주권에 접근하는 예언자적 선포와 같이 구체적으로 제시되고 있다.[24]

특별히 괄목할 만한 것은 그녀가 이와 같은 명령들을 신약성서 가르침, 이를테면 의와 자비에서 홀로 주권적인 하나님만이 악을 행하는 사람을 판단하신다는 등 다른 중요한 요소와 서로 연결시키고 있다는 것이다. 우리는 복수와 심판이 자비를 통해서 행악자의 마음을 변형시키는지에 대해서 알지 못한다. 우리들 인간의 과제는 단지 평화를 만들고, 기세를 꺾는 것이 아니라 생명을 부여함으로 도전할 뿐이다. 존 폴 레더락John Paul Lederach은 위협과 폭력과 죽음이 난무하는 니카라과, 소말리아, 그 외의 여러 다른 상황에서 평화를 만드는 경험을 해왔다. 이런 개입은 행복을 약속하지 않는다. 세상적인 행복은 팔복의 복에 대한 조잡한 해석이다. 존 폴은 단지 고통을 감내하는 인고를 통한 중재를 통하여 끔찍한 악과 폭력을 대하는 온유, 영으로 다가가는 화해에 대해서 기록하고 있다.[25] 이것이야말로 폭력을 무장해제하고 화해에 영향을 주는 평화를 만드는 것이다.

원수를 사랑하고 악에 대항하지 말라는 예수의 가르침은 동전의 양면과도 같은 것이다. 양쪽 모두는 평화를 만드는 사람이 되는데 기본적인 것이다. 예수의 설교를 다루는 누가복음의 기사는 이 둘 사이의 애매모호한 관계를 명백하게 말한다.

> 그러나 너희 듣는 자에게 내가 이르노니
>
> 너희 원수를 사랑하며 너희를 미워하는 자를 선대하며
>
> 너희를 저주하는 자를 위하여 축복하며
>
> 너희를 모욕하는 자를 위하여 기도하라
>
> 네 이 뺨을 치는 자에게 저 뺨도 돌려 대며
>
> 네 겉옷을 빼앗는 자에게 속옷도 금하지 말라
>
> 무릇 네게 구하는 자에게 주며 네 것을 가져가는 자에게 다시 달라지 말며
>
> 남에게 대접을 받고자 하는 대로 너희도 남을 대접하라
>
> 너희가 만일 너희를 사랑하는 자를 사랑하면 칭찬 받을 것이 무엇이뇨
>
> 죄인들도 사랑하는 자를 사랑하느니라
>
> 너희가 만일 선대하는 자를 선대하면 칭찬 받을 것이 무엇이뇨
>
> 죄인들도 이렇게 하느니라
>
> 너희가 받기를 바라고 사람들에게 빌리면 칭찬 받을 것이 무엇이뇨
>
> 죄인들도 의수히 받고자 하여 죄인에게 빌리느니라
>
> 오직 너희는 원수를 사랑하고 선대하며 아무 것도 바라지 말고 빌리라

그리하면 너희 상이 클 것이요 또 지극히 높으신 이의 아들이 되리니

그는 은혜를 모르는 자와 악한 자에게도 인자로우시니라

너희 아버지의 자비하심 같이 너희도 자비하라눅6:27~36

　이와 같은 가르침은 예수의 제자들에게 자신을 사랑하는 사람들만 사랑하는 사람과는 다를 것을 요청한다. 이는 바로 하나님의 성품을 드러내는 것이다. 사랑 안에서 완전한 것은 차별이 없는 사랑으로 하나님과 같이 되는 것이다.26) 로날드 사이더Ronald Sider도 비슷한 말을 하고 있다. "근본적인 면에서 하나님의 거룩함과 완전함은 그분이 그분의 적을 사랑하는 것에 있다. 그 분의 은혜로 그 분의 거룩함을 반영하고자 하는 사람들 역시 자신의 원수를 사랑하게 될 것이다. 십자가를 질 때에도 그렇게 할 것이다. 27)

　사랑의 적극성과 능동성을 강조함에 있어서 마태복음 5장 39절에 있는 무저항에 대한 예수의 가르침에 반드시 수반되어야 할 것에 대해 사이더는 예수는 "억압자에 대해 순종하는 수동성을 옹호하는 것"이 아니라고 말한다. 원수를 사랑하라는 그분의 명령은 "수세기의 폭력과 폭력적인 혁명을 요구하는 당대의 열심당원들에 대한 특별한 정치적 반응이었다." 28) 사실상 마태복음 5장 38~42절과 5장 43~48절은 소극적, 수동적 무저항에게 실마리를 주는 매우 중요한 연결구절인 것이다. 무저항은 모든 것을 내포하는 사랑에 대한 적극적인 명령인 것이다. "예수의 평화주의는…결코 수동적이지 않다.The pacifism of Jesus… is never 'passivism 29)

　더욱이 진정한 사랑은 악으로부터 움츠러들라는 것이 아니라 "악한 상황의 중심으로 들어가 그것을 고치라는 것이다. 사랑이 필요한 곳, 정말 사랑이 있어야할 곳은 바로 죄악이 있는 상황 한복판인 것이다.마11:19; 눅7:34 고돈 카우프만Gordon Kaufman은 사랑에 관한 세 가지 표현은 진리에 대한 증언, 죄 가운데 있는 이웃이나 적을 받아들임, 우리가 악이나 죄라고 생각하

는 것이라고 여기는 것을 선택하는 사람이나 사회를 저버리지 않는 것이라고 한다.마5:46~47; 롬5:10; 고후5:21; 요일4:10, 19 전쟁에 참여하는 것을 거부하는 것과 같은 명백한 모순은 계속 일어날 것이지만 전쟁에 참여하기를 선택한 개인이나 단체를 계속해서 사랑하고 받아들일 수는 있을 것이다. 사랑의 책임은 편지를 쓰거나 투표를 통해서 비록 무저항 평화주의가 그들의 종교적 헌신으로 인해 그러한 정치적, 군사적 행동을 전적으로 재가하거나 참여할 수 없을지라도 정치적 이슈에 대한 최선의 대안을 권하는 책임 있는 논의는 이끌어 갈 수 있을 것이다.30)

평화롭게 살라

예수를 따르는 사람들로서 우리는 다른 사람들과, 가능한 모든 사람들과 평화롭게 사는 것을 배울 필요가 있다. 예수는 자신들 중에 누가 가장 큰가라는 논쟁 중에 있는 제자들에게 강력하게 말씀하셨다. 마가복음에서 이와 같은 명령은 그의 메시아 견해와 제자도의 특성에 대한 확장된 가르침 가운데 있었다.막9:50 마가는 8장 27절~10장 2절에서 예수를 고난 받는 메시아와 제자들로 하여금 메시아의 군사적 정복 개념에서 고통 받고 죽임을 당하는 인자 개념으로 바꾸라는 충격적인 가르침을 관련짓도록 매우 구조적인 신중함을 보여주었다. 여기서 형성되는 핵심적인 이미지는 권력이나 특권, 어떤 자리를 추구하는 것과는 대조적으로 "십자가를 지고" "어린아이"를 가치있게 여기며 "종"으로서 사는 것이었다. 9장에서의 가르침을 포함하여 예수는 제자들로 하여금 "다른 사람과 화평하라"고 명령하신다.

잘 준비된 소금의 제물에 대한 이미지를 묘사하면서막9:49~50은 레2:13을 연상케 함 예수는 자신에게서 악과 야심적인 욕망을 제거하고 따르는 자들에게 다른 사람과 평화롭게 살 것을 요청하신다. 다른 사람들과 평화롭게 사는 것은 다른 사람과 더불어 누가 큰가에 대해서 논쟁하는 제자들의 단편적인 처음 모습과는 대조되는 것이다. 예수의 길을 걷는다는 것은 적대감을 버리고 "작은 자"를 해하지 않고 서로 평화롭게 살고자 노력하는 것을 의미한다.31)

검

예수는 검을 사용하는 것에 대하여 다음과 같이 가르치셨다.

> 이에 예수께서 이르시되 네 검을 도로 집에 꽂으라 검을 가지는 자는 다 검으로 망하느니라 너는 내가 내 아버지께 구하여 지금 열 두 영 더 되는 천사를 보내시게 할 수 없는 줄로 아느냐 마26:52~53

> 좌우가 그 될 일을 보고 여짜오되 주여 우리가 검으로 치리이까 하고 그 중에 한 사람이 대제사장의 종을 쳐 그 오른편 귀를 떨어뜨린지라 예수께서 일러 가라사대 이것까지 참으라 하시고 그 귀를 만져 낫게 하시더라 예수께서 그 잡으러 온 대제사장들과 성전의 군관들과 장로들에게 이르시되 너희가 강도를 잡는 것 같이 검과 몽치를 가지고 나왔느냐 눅22:49~52

예수의 사역 초기에 있었던 광야에서의 세 번째의 시험에서마4:8~10 예수는 온 세상을 주겠다는 마귀의 흥정을 거부하셨다. 체포되었을 때에 자기를 체포하는 로마군인들에 대항하여 자신을 보호하고자 12영이나 더 되는 천군천사들을 동원하는 것을 거부하셨다.32) 체포되기 직전 제자들을 향한 마지막 가르침에서 예수는 폭력을 너그럽게 받아들이는 것처럼 보이는 누가복음의 말씀을 하셨다. "이르시되 이제는 전대 있는 자는 가질 것이요 주머니도 그리하고 검 없는 자는 겉옷을 팔아 살찌어다."눅22:36 이 말씀은 제자들이 직면하고 있는 상황을 역설적으로 강조하고자 하신 은유적인 "풍자"였던 것이다. 그것이 결코 폭력을 용인하신 것이 아니라는 것은 나중 말씀에서 명확해진다. 다음 구절^{눅22:37}은 "범죄자 중 하나로 헤아림을 입었음이라"^{사53:12}는 말씀을 인용하여 성서를 성취하려는 이 말씀의 이유를 분명하게 하셨다. 베드로가 나중에 예수를 보호하고자 대제사장의 종의 귀를 베어버리기 위해 검을 사용하였을 때에 예수의 이를 반대하시는 반응은 아주 분명했다. "이렇게 하지 말라!"^{눅22:49~51} 게다가 잘린 귀를 고쳐주심으로 예수께서는 폭력적인 자기 방어를 행하고자 하지 않는 것은 분명하게 보여주신다.[33]

체포당하시고 재판 뒤에 십자가에 달리셨을 때에 비록 십자가 처형이 반역죄에 해당하는 것이었을지라도 아무런 방어를 하지 않으셨다.^{눅23:35} 이것은 검을 사용하지 말라는 말씀을 강화하고 평화를 이루고자 미워하지 말아야 한다는 유사한 가르침과 일치한다.^{마5:21~22, 15:18~20; 요일3:15}[34] 이 경우들과 다른 경우의 검에 대한 반응에서와 같이 폭력 사용의 거부의 뜻을 분명히 하신다.[35] 메시아로서 예수는 전쟁이나 군사적인 승리가 아니라 무저항과 평화를 위해[36] 마태복음 26:52절은 방어적인 검까지도 금하시는 "결정적이고 명쾌한" 본문이라고 할 수 있겠다.[37] 검의 사용을 금하시는 예수의 말씀과 연관이 있는 다른 두 본문이 있다. 요한복음 18장 36절, 빌라도 앞에서 재판을 받으실 때에 그분은 빌라도에게 다음과 같이 대답하셨다.

> 예수께서 대답하시되 내 나라는 이 세상에 속한 것이 아니라 만일 내 나라가 이 세상에 속한 것이었더면 내 종들이 싸워 나로 유대인들에게 넘기우지 않게 하였으리라 이제 내 나라는 여기에 속한 것이 아니니라 ^{요18:36}

바울은 "우리의 싸우는 병기는 육체에 속한 것이 아니요 오직 하나님 앞에서 견고한 진을 파하는 강력이라"고후10:4라고 선언했다.

두 본문 모두에서 예수와 그의 제자인 바울은 하나님나라에 대하여 말하면서 군사적인 힘이 아닌 다른 영역에서 악을 대항하여 싸우라고 말하고 있는 것이 분명하다. 바울이 신자들로 하여금 하나님의 무기로 옷을 입고 악마의 궤계에 맞서라고 요청한 사실도 같은 의미이다.엡6:10~18 하나님의 백성들의 수도인 예루살렘에 들어가려고 예수는 겸손한 왕처럼 나귀를 선택해서 타셨다.막11:1~10, 비교 왕상1:38 마태복음의 이 사건은 히브리 예언자 스가랴9:9~10의 평화관련 본문으로 해석되고 있다.

> 시온의 딸아 크게 기뻐할찌어다
>
> 예루살렘의 딸아 즐거이 부를찌어다
>
> 보라 네 왕이 네게 임하나니
>
> 그는 공의로우며 구원을 베풀며 겸손하여서
>
> 나귀를 타나니 나귀의 작은 것 곧 나귀새끼니라
>
> 내가 에브라임의 병거와 예루살렘의 말을 끊겠고
>
> 전쟁하는 활도 끊으리니
>
> 그가 이방 사람에게 화평을 전할 것이요
>
> 그의 정권은 바다에서 바다까지 이르고
>
> 유브라데 강에서 땅 끝까지 이르리라

이 본문을 인용하면서 마태복음은 예수께서 이방인을 무찌르고 정치적 억압에서 이스라엘을 무력으로 해방시키는 군사적 정복자로서의 다윗과 같은 메시아관을 받아들이지 않는다.21:1~16 마태복음은 이스라엘의 적을 무너뜨리는 정치적 승리의 다윗의 아들로서의 메시아적 희망을 변형시킨다.

예루살렘으로 들어가시면서 예수께서는 성전으로 가시고 거룩한 경내가 상업적인 물품거래지역으로 더럽혀진 것에 대하여 예언자적 행동을 취하신다. 예수는 두 가지 불의에 대해서 행동을[38] 취하신 것이다. 하나는 제물로 바쳐지는 동물들을 팔면서 자행되는 경제적 수탈터무니없이 비싼 값이며 특별히 가난한 자들의 희생제물인 비둘기가 언급됨, 다른 하나는 이방인들의 예배를 침해하는 불의이다. '그분은 성전에 들어갈 때 아무 것도 가지고 가지 못하도록 하지 않았음'을 지적하신다 성전을 이렇게 오용하는 것을 질책하시면서 예수는 "내 집은 만민의 기도하는 집이라 칭함을 받으리라고 하지 아니하였느냐 너희는 강도의 굴혈을 만들었도다"막11:17; 사56:7; 렘7:11로부터 인용라고 말씀하신다. 예수는 가난한 자들을 속인 것과 이방인들로 붐벼야할 예배처소를 상업적인 탐욕의 장소로 만든 것에 대하여 예언자적으로 맞서신 것이다. 어떤 이들은 예수가 여기서 폭력을 사용했다고 주장했지만[39] 자신의 예언자적 충돌을 강조했다는 것이 더욱 타당할 것이다..

예수의 가르침과 종종 대조되는 것으로 여겨지는 다른 관심사항은 예수께서 바리새인들을 저주하신 사건이 등장하는 마태복음 23장이다. 이는 예수께서 과연 적들을 사랑하셨는가 하는 의문을 갖게 한다. 대부분 마태복음을 연구하는 학자들의 이해는 바리새인들의 행위에 대한 예수의 저주는 모든 히브리 예언자들이 그러했던 것처럼이사야로부터 말라기까지 유대인 내부 비판으로 보아야 할 것이라고 말한다. 도날드 시니어Donald Senior는 이 점을 다음과 같이 잘 요약한다. "잘못된 것으로 판단되거나 반대자들 편에 대한 가차없이 날카롭고 과장된 언어는 이같이 유대 내부의 논쟁의 특징이었고 성서와 이 시대의 외경적 유대 문헌의 선례들을 가지고 있었다."[40] 위험은 그리스도인들이 그 상황에서 그와 같은 수사법을 표현할 때 발생한다. 그것은 정말로 사랑의 계명을 깨뜨리고 적을 만드는 행위이다. 유대 내

부적 논쟁으로 읽을 때에 마태복은 23장은 인종적 증오를 승인하거나 특별히 유대인을 차별하는 것이 결코 아니다. 마태복음 23장의 "화있을진저"는 예수 자신의 사람들, 특별히 모든 이스라엘에 대한 것이 아닌 지도자들에 대한 심판으로 예언자적 말씀의 특징으로 보아야 한다. 마태복음이 유대인 내부 비판으로 이해되어질 때에 종교적 지도자들에 대한 예언적 비판의 흐름에 걸맞게 된다. 이는 결코 예외적인 것이 아니다.[41]

이러한 면에서의 예수의 사역은 우리들에게 예언자적 비판의 역할을 사랑의 필수적인 표현으로 평가할 것을 요구한다. 서양문화에서 사랑은 "매력 있음being nice"을 의미해왔다. 하지만 이는 예수가 하나님과 이웃, 적을 사랑하라는 것에는 미흡한 것이다. 예수와 바울 모두는 우리들을 "자극"할 뿐만 아니라 또한 교정하고 변화시키고자 하는 방법으로 말하거나 행동하였다. 좀 가혹하게 보이는 만남의 중심에는 변화를 위한 요청과 용서하기 위한 준비가 되어 있다.예수의 경우, 마6:12~15; 눅7:36~50, 23:34, 24~47; 요8:1~11. 바울의 경우, 고후2:1~11, 7:2~16

예수의 강조를 요약하면,

*복수 대신 용서마6:14~15; 눅17:3~4, 23:34 [42]
*폭력 대신 고통 받을 준비마5:38~39
*탐욕 대신 나눔눅12:33~34, 18:22
*지배 대신 섬김눅22:24~27; 막10:42~45
*증오 대신 사랑마5:43~45; 눅6:27~31 [43]

이와 같은 예수 유형의 용서, 고통, 나눔, 섬김, 사랑의 행동은 2006년 10월 2일 10명의 펜실베니아 랑카스커 카운티에 있는 아미쉬 학교 소녀들을 사살한 이웃에 사는 찰스 칼 로버츠Charles Carl Roberts에 대한 반응에서 가장 확실하게 입증되었다. 칼럼니스트 다이아나 버틀러 배스Diana Butler Bas는 아미쉬의 용서의 실천이 어떻게 평화를 실현하였는지를 다음과 같이 자세하게 말하고 있다.

이 일은 한 주 동안 네 번에 걸친 공개된 전개과정을 통해서 드러났다. 맨 먼저 몇 명의 지도자들이 용서하려고 살인자의 아내 마리 로버트Marie Robert를 찾아갔다. 그 다음엔 피살당한 소녀들의 가족들이 마리 로버트를 자신들 자녀들의 장례식에 초대했다. 다음에는 아미쉬 가족들을 위한 위로금을 로버트 부인과 그 자녀들에게 나누어줄 것을 요구했다. 그리고 마지막으로 화해의 행동으로 30여명이 넘는 아미쉬 공동체의 사람들이 살인자의 장례식에 참여하였다. 나의 남편과 내가 이와 같은 행동의 영적 능력에 대해 말했을 때 나는 "이는 평화전통에 대한 놀랄 말한 증거다"라고 논평했다. 남편은 나를 바라보며 열정적으로, "증거라고? 나는 그렇게 생각하지 않는다. 증거란 과거에 해당한다. 그들은 과거의 어떤 것을 증거한 것이 아니었다. 그들은 능동적으로 지금 평화를 만들고 있는 것이다."라고 말했다.

이것이 바로 예수께서 우리에게 요구하신 평화를 만드는 것이다. 그렇다. 이러한 반응을 가능하게 만든 것은 공동체의 헌신이었다. 이러한 삶의 방법에는 공동체 일원의 개인적인 헌신 또한 요청된다. 영어권 전역을 동요시켰던 이러한 용서의 반응에 대한 관심은 구원자이시고 임마누엘이신 가장 높으신 분의 아들의 탄생에서 마리아의 노래가 선언하는 도치된 나라의 방식인 복음의 능력을 증명한다.

오라, 와서 함께 마리아의 예언의 노래를 함께 부르자

오라, 와서 마리아의 예언의 노래를 함께 부르자
정의로운 땅을 위한, 잘못을 바로잡는,
그래서 인간의 가치를 드러내는,
우리가 갈망하는 부와 결탁하지도, 그 품 안에서도 아닌,
다만 거룩한 통치 안에서 하나님이 주신 우리가 보유하는 형상을 나누며.

목동들이 귀에 들려온 "땅위의 평화"는 결코 환영이 아니라네.
천사들이 말씀에 응답하여 탄생의 승리를 노래하네.
여종 마리아는 결코 온순하지만은 않으니
죽음의 영역으로 들어오신 진정한 하나님
아직은 어린아이지만 죽음을 극복하고 통치하시네.

임마누엘, 하나님이 지금 여기 우리와 함께 하시다.
두렵고 떨리는 마음으로 하나님의 거룩하심을
따라 행하는 곳에 평화가 임하네
우리에게 나누어주신 하나님의 형상이 저들 가운데도 있으니
그리스도는 우리에게 전쟁의 애가를 부르는 우리의 적들과 하나가 되라
하시네.

3장
평화와 폭력 그리고 바울

> 그리스도인은 하나님의 용서를 이길 수 없다.
> 다만 용서를 형제와 자매에게 연장하기를 거부함으로 잃을 뿐이다.
> – John P. Meier, The Vision of Matthew –

> 로스앤젤레스에서 로드니 킹 기소뒤에 일어난 폭동에서
> 레지날드 데니는 그의 트럭에서 끌려나와 분노하는 무리에 의해 비참하게 맞았다.
> 고통에서 회복된 후 그는 자신을 공격한 사람과 대면하여
> 그들과 악수를 나누고 그들을 용서했다.
> 그 장면을 목격한 한 기자는 다음과 같이 썼다.
> " 데니씨는 뇌 손상으로 고통 받고 있다고 말했다."
> – William Willimon and Stanley Hauerwas의 『주여 우리를 가르쳐 주소서』에서 –

신약성서의 기록은 가능하다면 서로 그리고 모든 사람과 평화하라는 예수의 권면을 계속해서 쓰고 있다. 신자들은 서로 화해하고 평화를 추구하라는 권면을 받는다.롬12:18, 14:19; 고후13:11; 살전5:13; 딤후2:22; 벧전3:11; 히12:14 윌리암 클라센William Klassen은 신약성서에서의 "화해하라"는 본문을 연구하고 그러한 본문들을 범주별로 나누었다.[1]

평화의 출처

하나님의 평화	우리의 평화로서의 그리스도	하나님의 평화
롬15:33, 16:20, 고전14:33, 고후13:11 살전5:23, 빌4:9, 히13:20	엡2:14 **그리스도의 평화** 골3:15	빌4:7 **하나님으로부터의 평화** 딤전1:2, 요이3

윤리적 권면

하나님과 더불어 화평을 누리자 롬5:1	서로 평화를 누리자 막9:50c, 살전5:13, 롬 14:19, 고후13:11 **평화의 고리를 지키자** 엡4:3 **평화를 추구하라** 딤후 2:22, 벧전3:11, 히 12:14, 롬14:19	모든 사람과 평화를 누리며 살자 롬12:18, 히12:14

신자들은 평화하도록 부름을 받았으며고전7:15, 한 몸에 속한 자로서 평화의 고리 안에서 성령의 하나되게 하심을 유지하려고 모든 노력을 다해야 한다.엡4:3~6

평화의 하나님: 바울의 특징적인 기여

예수 그리스도의 사도로서 바울은 인간들이 자신을 대적할지라도 이들을 사랑하는 하나님이신 "평화의 하나님"이신 하나님에게 우리를 소개한다. 바울은 종종 "평화의 하나님"이라는 문구를 사용한다. 어떤 저자들은 이를 실제로 특이한 현상으로 지켜보고 간단하며 통찰력 있는 기여를 한다.[2] 이 구절은 바울 서신에 일곱 번, 히브리서에 한 번, 신약성서 밖에서는 단의 언약서 5장 2절[3]에 오직 한 번 나타난다. 그리고 네 번은 축도 안에 나타난다.[4]

- 롬15:33 평강의 하나님께서 너희 모든 사람과 함께 계실지어다. 아멘
- 빌4:9 너희는 내게 배우고 받고 듣고 본 바를 행하라 그리하면 평강의 하나님이 너희와 함께 계시리라

- 살전5:23 평강의 하나님이 친히 너희로 온전히 거룩하게 하시고 또 너희 온 영과 혼과 몸이 우리 주 예수 그리스도 강림하실 때에 흠 없게 보전되기를 원하노라
- 살후3:16 평강의 하나님이 친히 너희로 온전히 거룩하게 하시고 또 너희 온 영과 혼과 몸이 우리 주 예수 그리스도 강림하실 때에 흠 없게 보전되기를 원하노라

확신과 약속의 말씀 두 개가 더 있다.

- 롬16:2 평강의 하나님께서 속히 사단을 너희 발아래서 상하게 하시리라 우리 주 예수의 은혜가 너희에게 있을지어다.
- 고후13:11 마지막으로 말하노니 형제들아 기뻐하라 온전케 되며 위로를 받으며 마음을 같이 하며 평안할지어다. 또 사랑과 평강의 하나님이 너희와 함께 계시리라 거룩하게 입맞춤으로 서로 문안하라.

일곱 번째 말씀은 도덕적 선언이다.

- 고전14:33 하나님은 어지러움의 하나님이 아니시요 오직 화평의 하나님이시니라.

또 다른 "평화의 하나님" 축도는 히브리서에 있다. 마찬가지로 바울과 관련된 서신이다.

- 히13:20~21 양의 큰 목자이신 우리 주 예수를 영원한 언약의 피로 죽은 자 가운데서 이끌어내신 평강의 하나님이 모든 선한 일에 너희를 온전케 하사 자기 뜻을 행하게 하시고 그 앞에 즐거운 것을 예수 그리스도로 말미암아 우리 속에 이루시기를 원하노라 영광이 그에게 세세무궁토록 있을지어다. 아멘

바울이 "평강의 하나님"이라는 제목을 자주 사용하는 것은 매우 중요하다. "희망의 하나님"은 로마서에서 단 한 번 나온다.롬15:13 그리고 "사랑의

하나님"은 "평강의 하나님"과 연결되어 한 번 나온다.고후13:11 거룩한 속성을 강조하는 다른 유사한 구절은 바울 서신에는 없고 유대 문학에 "신뢰의 하나님"신32:4, "진리의 하나님"사65:16, 그리고 "영광의 하나님"시29:3 등이 나온다.5) 모서Mauser는 바울의 "평강의 하나님" 선택이 유대인들의 평화의 축도에서 경건하게 표현되는 곳을 반영하는 것과 같다고 지적한다.6)는 하나님의 활동하심에 대한 다른 표현의 특징은 그렇게 드러난다고 보지 않는다. 어떤 곳에서도 "진노의 하나님" 혹은 "심판의 하나님"이 바울 서신 속에서 하나님을 위한 제목으로 나타나지 않는다. 구약성서에 "전사로서의 하나님"이라는 특이한 표현이 있으며출15:3 하나님에 대한 이러한 표현은 바울서신이나 다른 신약성서에서는 찾아볼 수 없다.7) 바울에게 있어서 "평강의 하나님"을 선호하는 것은 큰 틀에서 신학의 열쇠이며 그의 중심교리에서 강조하고 있는 것은 평화를 누리는 것과 훨씬 더 많이 연결되었다.

바울의 복음euangelion은 실제로 그리스도 안에서 역사하시는 하나님은롬5:1 하나님과의 화목하라는 것이며롬5:1,8) 이는 인간이 하나님의 적일지라도 마찬가지이다.롬5:10 구원은 이전에 적대적인 사람들, 이를테면 유대인과 이방인 사이에서 평화를 이루는 것이다. 하나님과의 평화, 이웃 동료, 심지어는 적과의 평화가 예수 그리스도의 이중적인 선물이다. 골로새서에서 평화는 모든 피조물이 십자가의 보혈을 통해서 받는 우주적 차원을 지닌다.골1:20

바울이 시인하고 있는 것은 이중적인 복음의 실재로서 유대인이나 이방인 모두 예수 그리스도 안에서 선언된 하나님의 구원하시는 의의 수혜자라는 것과 하나님의 은혜로 이 선물을 받은 사람들이 속박하는 죄에서 변화되고 해방되는 것이다. 개인적으로 그리고 공동체적으로, 평화는 이 모든 거듭남을 총망라하는 열매이다. 바울 서신 대부분은 이와 같은 평화, 즉 그리스도를 통한 하나님과의 평화, 이전의 적들 사이에서의 평화를 이루어내는 것을 반영한다.

따라서 사도적 임무가 바울의 자의식적 소명의 중심에 있다는 것은 결코 놀랄만한 것이 아니다. 유대인과 이방인 사이에 평화를 이루게 하는 바울의 사도적 부름은 믿음에 의한 의의 교리를 가능하게 했던 것이다.[9] 의롭게 되는 것은 하나의 "사회적 사건"이다. "율법의 기능"은 "벽을 세우고 유대인과 이방인 사이에 적대감을 불러일으키는, 사람들을 분리시키는 것이었다.엡2:14~15 사회정치적인 면에서, 의롭게 된다는 것의 사회적 의미는 바울사상에서 핵심적으로 강조하고 있는 평화와 평화만들기에 본질적으로 연결된다. 그 논리적 귀결은 다른 인간의 생명을 취하는 것을 거부하는 것이다. 존 하워드 요더John Howard Yoder는 "나와 나의 적이 나의 노력이나 공로를 통해서가 아니라 나의 손으로 인간의 생명을 취하는 것을 금하고 하나로 연합하게 하는 것은 복음"이라고 말한다.[10] 대부분 프로테스탄트 해석이 믿음을 통하여 은혜로 말미암아 의롭게 되는 것에 율법을 덧붙이는 것을 부정적으로 강조하는 것을 의식하면서 페리 요더Perry Yoder는 샬롬에 대한 연구에서 속죄에 관한 장 뒤에 율법에 관한 장을 덧붙였다. 율법은 정의의 도구로서 적극적인 기능을 지닌다. 율법은 평화의 섬김 안에서 하나님께서 의롭게 여기시고 속죄하시는 일을 정당화시킨다.[11]

만약에 의롭게 되는 것이 어떤 형태로든 인간의 성취에 기초한다면 그것은 분열을 만들어내는 교리가 되고 말았을 것이다. 그러나 그것이 무엇보다도 우선적으로 예수 그리스도를 믿는 믿음에 그리고 우리를 위해 행하신 구원을 믿음으로 받는다는 것 위에 기초하였기 때문에 그 기초는 평탄하고 모든 사람이 동일한 길로 구원에 이를 수 있으며 바로 그 길로 아브라함 역시 의롭게 여김을 받은 것이다. "아브람이 여호와를 믿으니 여호와께서 이를 그의 의로 여기시고."창15:6 [12]

평화와 화해는 십자가 위에서 죽음을 당하신 예수 그리스도에 연결되어 있다. 이와 같은 하나님과의 평화, 이전에 소외되었던 유대인과 이방인을 연합시키는 평화를 분리시키는 다른 어떤 특징도 있을 수 없다. 죄인인 인간을 위한 예수의 죽음의 도덕적 중요성에 대한 로날드 사이더Ronald Sider의 통찰력 있는 주석은 하나님과 대적 관계에 대해서 다음과 같은 면에서 특별한 의미를 지닌다고 본다.

> 하나님과 적대관계에 있는 죄인을 위한 예수의 대리 죽음은 비폭력적 행위의 중심에 놓여있다. 이것은 성육신 하신 분이 하나님께서 가장 나쁜 죄인들까지도 사랑하시고 자비로우시다는 것을 알았기 때문에 죄인들과 교제하고, 이들의 죄를 용서하고 세상의 죄를 위해 죽어야 하는 자신의 사명을 완성했다는 것이다. 이는 또한 엄밀히 그분을 따르는 이들에게 원수를 사랑하라고 명령하시는 하나님에 대한 이해와 동일하기 때문이다. 그리스도의 대리 십자가에 관한 성서 이해를 실천하고자 하는 사람이 전쟁과 폭력문제에 관한 예수의 십자가가 지시하는 의미를 상실하고 있다는 것이야말로 이 시대의 비극이다. 그리고 평화주의나 비폭력을 주장하는 대부분의 사람들이 그리스도의 대리 속죄에 기초하지 않는 것 역시 비극이다. 말씀이 육신이 되신 분의 대리 십자가의 의미가 아니라 단순히 진리와 평화를 위한 고상한 순교자로 보는 나사렛 사람의 나약한 감상적 의미 안에서 속죄를 비폭력의 근거로 삼는 것은 심각한 이단이다. 십자가는 비록 그러한 면이 있다고 하더라도 "검의 약점과 어리석음에 대한 그리스도의 증언" 그 이상인 것이다. 사실…우리의 죄를 위한 죽음은 우주의 통치자가 자신의 희생적 사랑을 통하여 원수 된 자들을 화해하시는 자비로우신 아버지를 궁극적으로 보여준다.[13]

"평화의 하나님은 예수를 따르는 자들로 화해의 대사가 되고 복음을 위한 고난의 길을 따르고 평화를 만드시는 예수의 길을 행하도록 사명을 부여하신다.

화해의 수행자가 되어야 하는 신자의 임무는 예수 그리스도 안에서 하나님 자신의 선취로 시작되고 기초되고 힘을 얻는다. 이는 고린도후서 5장 17~21절의 다음과 같은 교차적 분석에서 분명해진다.

　a. 그리스도 안에서 새로운 피조물. 옛 것은 지나가고 모든 것이 새로워졌다
　　b. 이 모두는 그리스도를 통해서 우리와 화해하신 하나님에게서 온 것이다.
　　　c. 그리고 우리에게 화해의 사명을 주셨다.
　　　　d. 화해의 사명은 그리스도 안에서 하나님이 세상을 자신과 화해시킴으로 그들의 죄를 따지지 않으셨다.
　　　c'. 우리에게 화해의 메시지를 신뢰하게 하시며, 우리로 하여금 그리스도의 대사가 되게 하셨는데 이는 하나님께서 먼저 우리에게 다가오신 것이다.
　　b'. 우리는 그리스도를 대신하여 사람들로 하나님과 더불어 화해하라고 탄원한다.
　a'. 이로서 우리는 하나님의 의가 된다.[14]

각 교차 항은 "화해"katallasso의 말씀의 형태를 보여준다. 이와 같은 분석은 화해가 하나님에 의해서 시작된 것임을 분명하게 보여준다. 이들 교차 항은 각각 그리스도 안에서 하나님의 행위가 인간으로 하여금 하나님과 화해케 하며 하나님이 인간을 향한 거룩한 진노를 진정시킴으로서가 아니라 그 이후에 인간의 하나님과의 화해가 화해의 사역에 포함된다. 이처럼 인간은 그리스도의 화해의 사역을 대신hyper하는 대사이며 하나님은 우리 인간들을 통해 자

신의 호소를 이루신다. 다시 "하나님과 화목된다"는 이 호소 자체가 "그리스도를 대신한다는 것"의 기초가 된다. 그 과제는 그리스도 안에서 시작하신 하나님께 견고한 기반을 두고 있다. 모든 그리스도인들의, 평화를 만들고자 하는 노력은 그들의 정체성과 장기적으로 지탱할 수 있는 힘을 위해서 이 중요한 면을 잊어서는 안 된다.

신자들은 예수의 길을 따르는 자신의 헌신과 고난받는 종의 길을 모방하는 것에서 화해의 사역을 담당하라는 소명을 받았다. 제자도는 예수 그리스도와 동일시되고 그를 따르고 모방하는 것을 의미한다. 실제로 모든 평화주의 저자들은 이와 같은 주제를 강조한다. 존 하워드 요더John Howard Yoder는 이 제자도의 이미지들을 하나님의 본성과 예수의 삶에 연관시킨 후에 한 섹션을 "제자/참여자와 그리스도의 죽음"에 할애한다.

1. 사도로서의 존재를 의미하는 그리스도와 함께 하는 고통.고후4:10; 골1:24; 살전16

2. 거룩한 겸손을 공유함.빌2:3~14

3. 그가 사셨던 대로 당신의 삶을 드리라.엡5:1~2; 요일3:16

4. 지배 대신 고난 받는 종.마20:25~28; 막10:42~45; 요13:1~15

5. 그사 사셨던 대로 불평 없이 죄 없는 고난을 받아들이라.벧전2:20~21, 3:14~18, 4:12~16

6. 하나님나라를 전한다는 이유로 세상의 미움을 받아 그리스도와 함께 그리스도처럼 고난을 받으라.마10:37~42; 막8:34~38; 눅14:27~33; 요15:20~21; 빌1:29; 딤후3:12; 히11:1~12:5; 벧전4:13

7. 죽음은 죄의 권세로부터의 해방이다.갈5:24; 벧전4:1~2

8. 죽음은 예언자의 운명이다. 우리가 따르는 예수는 이미 예언자의 뒤를 따르고 있다.마23:34; 막12:1~9; 눅24:19~20; 행2:36, 4:10, 7:52, 23:14; 살전

2:15~18

9. 죽음은 승리이다. 골1:22~24; 골2:14; 계12:10~11, 비교 5:9~14, 17:14 15)

우리는 예수의 삶의 한 측면을 따르거나 모방하라고 들었다.

이처럼 모방의 개념이 주장하는 단 하나의 영역이 있지만 이것은 신약성서 문헌의 모든 요소에서 유지되고 더욱 더 두드러지게 다른 영역에 대한 유사점이 없기 때문이다. 이것이 바로 십자가의 구체적인 사회적 의미이며 대적과 권세와 관련된 것이다. 섬김은 지배를 대신하며 용서는 적대감을 흡수한다. 이처럼 그리고 이처럼으로만 우리는 "예수처럼 되라"는 신약성서 사상과 결합된다.16)

제자도는 그리스도의 속죄 업무와 연결된다. 그리스도인은 그리스도와 일치되며롬6:5,10~11; 고전4:9~13; 골2:12, 바울의 삶과 우리의 삶은 예수의 복제품으로 이해되는 것이 아니라 그에 대한 증언이다.17) 복음서의 본문들은마 5~7, 10:34~39 "나를 따르라"는 왕이신 예수의 부름을 선포한다.18) 요한계시록 역시 제자도와 속죄를 결합하는데 자신의 신실한 증언의 죽음순교을 통한 신자들의 승리가 왕이신 예수 자신의 증언과 죽음에서의 승리 때문에 보장되기 때문이다.19)

권세에 대한 증언

권세에 대한 예수 그리스도의 승리는 권세에 대한 그리스도인의 증거의 신학적 기초이다. 빌라도 앞에서 받은 재판에서 권세에 대한 진리를 말한 예수 자신의 패턴은 바울 서신에서 이에 대하여 강조하고 있는 내용들의 기초가 된다. 에베소서 3장 8~11절로부터, 존 하워드 요더는 유대인과 이방인들이 십자가의 평화에서 결합되는 바울의 이방인에 대한 선교는 하나님의 갖가지 지혜의 능력의 표출이자 선포라고 말한다. 이 새로운 방식, 이 새로운 창조는 "권세들의 견고한 지배가 끝났다는 것에 대한 표시이다.[20] 교회는 바로 자신의 존재 자체와 권세의 지배로부터의 해방으로 권세들에 대한 자신의 사역에 착수한다. 이 교회의 사역은 "권세자들에 대한 공격이 아니다. 즉 이것은 예수가 하신 일이다."[21] 요더는 "그리스도의 승리는 권세에 대한 도전을 구성하는 사회적, 정치적, 구조적 사실이라고 말한다… 그것은 그 속에서 우리들의 양심적인 참여와 양심적인 반대가 그 권위와 약속을 찾아낼 수 있는 우주의 본질과 역사의 의미에 대한 하나의 선언이다"라고 말한다.[22]

권세에 대한 그리스도의 승리의 가장 명시적인 묘사는 그분이 "통치자들과 권세들을 무력화하여 드러내어 구경거리로 삼으시고"라고 말하는 말씀이다.골2:15 이 본문의 구조는 2장 13~15절과 병행구를 이룬다. 그리스어 본문의 각 구절에서 a절과 c절이 분사적이며, b절은 한정적인 동사와 함께 서술적이다.[23]

2장 13절 a. 범죄와 육체의 무할례로 죽었던

　　　　　　b. 하나님이 그와 함께 살리시고

　　　　　c. 우리의 모든 죄를 사하시고

2장 14절 a. 우리를 거스르고 불리하게 하는 법조문으로 쓴 증서를

　　　　　　지우시고

　　　　　　b. 제하여 버리사

　　　　　c. 십자가에 못 박으시고

2장 15절 a. 통치자들과 권세들을 무력화하여

　　　　　　b. 드러내어 구경거리로 삼으시고

c. 십자가로 그들을 이기셨느니라

15절의 언어는 예루살렘 함락 후 유대인 포로들을 끌어내어 로마의 거리에 분산시킨 베스파시안 황제와 그의 아들 티투스^{AD 70년에 예루살렘을 파괴시}킨 장군를 상기시킨다.로마의 티투스 아치와 비교 본문은 십자가 위에서의 그리스도의 죽음이 패배한 권세임을 대중들에게 드러내 보여준 것임을 강조한다. 복음적인 관점에서 황제의 권세는 더는 승리가 아니다. 그리스도는 모든 권세 위에 승리자가 되셨다!

바울은 여러 가지 면에서 로마 황제가 스스로 선언한 로마의 평화에 대해서 알고 있다. 그의 많은 여행들은 로마의 길 때문에 가능했다. 복음은 로마의 통상을 통해서 확산되었다. 바울은 여러번 로마의 법에 호소하였다. 동시에 바울은 황제의 주장과 제국의 지방 행정을 위협한 복음을 위해 많은 고난을 견뎌냈다. 바울의 고난은^{고후 4:7~12, 6:4~5,8~10, 11:16~33 참조} 로마의 평화의 통치 내에서 일어난 것이었다. 바울이 사회적 구성과 서로를 위한 경제적 돌봄이 로마 세계의 제국적 장치를 가로 지르는 새로운 나라의 공동체 건설에 자신의 생명을 드렸기 때문에 그는 기꺼이 고난을 받았다. 신자들을 "새로운 인간 존재로 말하는 것엡2:15b은 로마 제국의 힘을 파괴시키고 대안적 사회와 경제, 정치적 질서를 지닌 삶을 제정하는 것이었다. 예수 그리스도의 복음적 평화 관점에서 로마 평화의 위장성이 마침내 드러나고 마는 것이었다. 로마의 평화에 관한 연구에서 클라우스 벵스트 Klaus Wengst는 로마 평화의 폭력성을 묘사하는 여러 가지 초기 자료들을 인용하고 있다. 게르마니와의 전쟁에서 로마 장군 게르마니쿠스는 그의 병사들에게 "학살하러 가라. 포로는 필요없다. 인종의 멸절만이 전쟁을 끝내게 할 것이다."라고 명령한다.[24] 로마의 유명한 역사가 타키투스^{AD 54~120}는 영국인 칼가쿠스의 입술을 빌려 위험한 로마인을 빈정대는 묘사로 "약탈자, 학살자, 도적에 대하여 그들은 이름을 잘못 붙였다. 그들은 모든 것을 파괴하고 그것을 평화라고 불렀다."라고 한다.[25]

로마의 평화는 억압을 통한 평화라는 맥락에서 바울은 하나의 반대의 평화 즉 다른 사람에 대한 지배를 거부하며 다양한 배경을 지닌 사람들을 그리스도와 연합된 평화로 통일시키는 평화를 주장한다. 이것이 로마 제국 내의 전복적인 세력이며 새로운 사회 질서를 약속하고 출발하는 바울의 대안적인 평화의 복음이다. 이 평화의 복음이 그리스도의 기름부은 사랑과 용서 그리고 보복하지 않는 방법을 배우는 인간의 새로운 사회 경제적, 정치적 창조의 출산이다.

바울은 다른 서신서 즉 히브리서, 야고보서, 베드로전서와 요한계시록에서처럼 지속적으로 예수를 지지한다.[26]

리처드 헤이스Richard Hays는 신약성서 전체가 평화, 평화운동, 화해를 옹호하고 있다고 주장한다. 즉, 신약성서는 평화를 얻으려는 폭력의 사용을 지속적으로 거부한다.

1. "그리스도와 한 몸을 이룬 교인들은롬12:5 복수를 하지 않는다.롬12:19 그들은 자신들을 박해하는 자를 축복하고 적들에게 복음을 전하며 악을 선으로 갚는다. 바울 서신서에 그리스도인들이 폭력을 사용하는 것을 지지하는 내용은 단 한 구절도 없다."
2. "폭력에 관하여 신약성서는 한 목소리로 그리고 광범위하고 강력하게 입장을 밝히는데 이는 그것이 복음의 핵심과 하나님의 근본적인 선택 목적에 일관되게 관련되어있기 때문이다."
3. "세상이 평화운동과 적을 사랑하라는 신약성서의 메시지를 믿지 못하는 이유는 대부분의 교회가 마찬가지로 믿지 못하기 때문이다… 오직 교회가 폭력의 방식을 포기할 때만이 사람들 역시 하나님이 의

미하시는 것을 알게 될 것이다. 폭력에 관한 신약성서의 가르침의 의미는 값 비싸게 평화의 길을 구현하는 예수를 따르는 이들의 공동체 안에서만 명백해질 것이다."[27]

헤이스는 모든 교단에서 폭력 반대 입장인 평화운동을 긍정하는 지도자들의 수가 늘고 있다는 것을 잘 보여준다. 이는 오늘날 보다 폭넓은 범위의 기독교 교회 안에서 "새로운 개혁"이 일어나고 있음을 의미한다. 청교도, 퀘이커, 웨슬리^{감리교}, 제자들, 예수 재림교회, 구세군, 오순절교 등 최근의 기독교 역사 속에서 평화를 강력히 주장하는 새로운 운동이 시작된 것이다. 이는 또한 예수의 평화에 대한 가르침이 톨스토이, 간디, 마틴 루터 킹과 한나 아렌트와 같은 도덕적 지도자들의 목소리를 형성하고 감동을 주며 힘을 부여했음을 의미한다.

신약성서는 비폭력을 요청하고^{헤이스, The Moral Vision}평화조성을 적극적으로 보완한다.^{Covenant of Peace에서 처럼} 나는 여기서 존 K. 스토너의 "모든 교회가 만일 평화 교회가 된다면 어떻게 될까?"라는 구호를 상기시켜 본다. 능동적인 평화운동, 혹은 "변화의 시도"[28]는 신약성서의 저자들과 마찬가지로 예수께서 가르치신 것이다. 이렇게 하는 가운데 우리는 적대감을 우정으로 변화시키고자 하며 예수의 길을 따름으로 아마도 자신의 생명을 담보로 추격해오는 적을 구해준 더크 빌렘스^{Dirk Willems}가 가졌던 용기를 가질 수 있을 것이다.

메노 시몬스는 예수 그리스도의 참 형제와 자매에 대해서 "그리스도로 말미암아 거듭났으며" "그분의 영과 본성을 나누어 가진 자"라고 말한다.

믿음의 분량에 따라서 준비된 사람들은 네게 있는 영원한 평화, 내가 너희에게 주는 나의 평화를 위해 인내하라고 제자들을 가르치신 영원하신 평화

"자신의 추격자를 구해주는 Dirk Willems"라는 제목의 연필 삽화는 Thielman J. van Braght 가 편집한 *Martyrs Mirror* 741쪽에 실려 있다. 이 책은 1660년도 본래 화란어로 출판된 것 을 요셉 E. 솜이 영어로 번역했다.(Scottdale, PA: Mennonite Publishing House, 1950)

의 임금의 뜻을 행하여야 할 것이다. 그분의 나라는 사랑과 연합, 평화 그리 고 풍성한 생명의 나라로 미워하거나 소란하고 피를 흘리며 쉼이 없고 멸망 하는 나라가 아니다. 우리는 평화 안에서 하나님의 부름을 받은 사람들이 다. 하나님이 요청하신 것처럼 하나님의 평화가 네 마음을 지배하게 하라. 평화를 만드는 사람들에게 복이 있어라. 바울은 하나님의 바라시는 바가 여 러분 모두를 믿는 가운데 기쁨과 평화로 채우시는 것이라고 말한다.

나의 사랑하는 친구들이여 나는 이 성서들이 예수 그리스도를 통해서 오는 내적 평화의 가장 중요한 부분에 대한 증거가 된다는 것을 알고 있다. 그의 마음속에 이와 같은 내적인, 그리스도인의 평화를 가지고 있는 사람마다,

하나님과 소란스럽고 배반과 폭동, 살인, 도둑질 혹은 이와 같은 행동에 동의하거나 참여하는 사람들이 세상에서 죄의식을 느끼지 않게 될 것이다. 왜냐하면 그 안에 있는 그리스도의 영이 악이 아닌 선, 파괴가 아닌 치유, 해가 아닌 건강을 추구하도록 하기 때문이다. 이러한 사람들은 가능한 한 어느 곳에서나 모든 사람들과 함께 평화롭게 살기를 추구하고자 한다. 그들은 모든 사람과 더불어 평화를 따르고, 그것 없이는 아무도 하나님을 볼 수 없는 거룩을 이룬다.히12:14 **29)**

"뮌스터의 혐오스러운 소란"으로부터 진정한 그리스도의 추종자들을 차별화시키면서 메노는 다음과 같이 썼다.

우리에게 나타나신 하나님의 은혜로 말미암아 우리는 우리의 칼을 쳐서 쟁기를 만들며, 창을 낫으로 만들고 우리는 영원한 평화의 왕이신 그리스도를 의미하는 포도나무 아래에 앉아서 더는 갈등이나 피를 흘리는 전쟁을 다루게 되지 않을 것이다.

우리는 다른 검이 아닌 그리스도 자신이 하늘에서 땅으로 가지고 오신 그래서 사도들이 영의 능력으로 부지런히 사용했던 주님의 입에서 나온 말씀을 알고 사용한다.히브리서 4:12에서 메노가 인용한 내용 **30)**

1549년 10월 프러시아에 있는 그리스도 안에서 사랑하는 형제와 자매들에게 메노는 다음과 같이 썼다.

너희는 모두 함께 평화의 하나님, 평화의 왕, 평화의 메신저에 의해 평화의 몸으로 평화의 말씀을 가지고 평화의 나라로 순전한 사랑과 은혜를 받고 부름을 받았는지 생각하라. 그러므로 그와 같은 동일한 길을 걸음으로 몸과 영혼이 분리되는 그 날에 그분의 은혜 안에서 너희의 하나님 앞에 확신과 행복한 양심으로 설 수 있기를 바란다.

평화의 주님이 그분의 평화를 모든 장소와 모든 방법으로 너희에게 평화를 주신다. 동일한 평화가 예수 그리스도 안에서 너의 마음과 생각을 지키시기를 바란다. 아멘.[31]

4장
평화의 일꾼: 땅의 소금과 세상의 빛

예수 그리스도는 십자가 위에서 모든 대적들과 화해하셨다.
우리도 이 평화를 모든 사람들에게 전하도록 하자.
−디히트리히 본회퍼, 자유에의 약속−

평화의 일꾼을 하나님의 자녀라고 말씀하신 산상수훈에서^{마5:9} 예
수는 그의 제자들을 땅의 소금, 세상의 빛이라고 부르셨다.^{5:13~16}
그리스도인 평화의 일꾼들을 땅의 소금, 세상의 빛이라고 하신 예수의 부
름을 어떻게 성취할 수 있을까? 하나님의 빛은 평화 만들기를 통해서 어떻
게 세상에 비치게 될까?

이러한 질문들은 연이어 다음과 같은 질문들을 제기한다. 평화의 메시지
와 사역이란 무엇인가? 하나님의 사람들은 그 사역을 어떻게 실행하는가?
이와 같은 사역은 현존하는 갈등들에 대한 평화로운 해결을 위해 정치적인
제도에 어필하는 것을 포함하는가? 하나님의 빛은 평화운동을 통하여 어
떻게 비치는 것일까?

이러한 질문들이 비록 어려운 것이기는 하나 성서의 다양한 가르침을 통
하여 우리를 적절하게 지도해주고 있는 것 또한 사실이다. 여러 가지 성서
의 가르침들이 기초가 되고 전망이 되어 대답을 제시해준다. 이러한 가르
침들은 예수의 성육신과 속죄의 의미, 교회의 본질과 사역, 그리스도인의
악에 대한 반응, 정부에 대한 관계와 전쟁을 포함한 도덕성에 대한 성서적
관점이 된다.

성육신

요한복음은 말씀이 육신이 되었다고 말하고[1:14], 그 말씀에서 "성육신"이라는 용어가 나온다. 라틴어로 incarne, 즉 육신으로가 파생한다 이렇게 말하는 데 있어서 결정적인 것은 예수께서 자신이 육신을 지니시고 시공간 속에서 인간과 더불어 사셨다고 하는 것이다. 가장 중요한 것은 그분이 십자가를 지시는 고난을 견디신 것이다. 이는 초대 교회에서 동의할 수 없는 주요 문제로서 영지주의라 불리는 이단에 빌미를 제공하기도 했다. 영지주의는 비록 그리스도인 됨을 주장하나 예수의 고난 즉 십자가의 예수를 받아들이지 못했다. 그들은 또한 예수께서 실제로 육신이 되셨다는 사실을 인정하지 않았다. 이와 같은 이단적 사상은 요한일서 4장 1~3절에서 "적그리스도"라고 지칭될 만큼 이미 신약시대에 왕성하게 일어났었다.

아마도 같은 이유로 바울은 자신의 복음 메시지는 "십자가의 복음"이라고 주장하고[고전1:18] 그는 "십자가에 달리신 예수" 외에는 아무것도 전하지 않기로 결정했던 것 같다.[고전1:23, 2:2] 바울의 신학적 기여가 다양한 범위의 주제와 관심을 포함하고 있지만 십자가의 복음이라는 핵심이 모든 서신에 두루 나타나고 있음을 알 수 있다. 비록 바울이 엄밀하게 "성육신"이라는 어휘를 사용하지 않았지만 그의 신학은 빌립보서 2장 5~11절의 고전적인 본문에서 선포하고 있는 것처럼 사실상 성육신적이다.

> 너희 안에 이 마음을 품어라 곧 그리스도 예수의 마음이니
>
> 그는 근본 하나님의 본체시나
>
> 하나님과 동등 됨을 취할 것으로 여기지 아니하시고
>
> 오히려 자기를 비워 종의 형체를 가지사
>
> 사람들과 같이 되셨고 사람의 모양으로 나타나사
>
> 자기를 낮추시고 죽기까지 복종하셨으니

곧 십자가에 죽으심이라

이르므로 하나님이 그를 지극히 높여

모든 이름 위에 뛰어난 이름을 주사

하늘에 있는 자들과 땅에 있는 자들과 땅 아래에 있는 자들로

모든 무릎을 예수의 이름에 꿇게 하시고

모든 입으로 예수 그리스도를 주라 시인하여

하나님 아버지께 영광을 돌리게 하셨느니라.

교회와 세상을 위한 그리스도의 의미를 반영할 때에 바울은 성육신은 수직과 수평적으로 화해를 의미한다고 주장하면서 "자신과 세상을 화해시키기 위하여 하나님은 그리스도 안에 계셨다"고 말하고 있다.고후5:17 에베소서 2장 14절에서 바울은 사람들을 갈라놓는 적대감의 벽을 헐어내시고자 육신이 되신 예수 그리스도는 우리의 평화라고 말한다.

예수께서 십자가 위에서 흘리신 피는 유대인이든 이방인이든, 모든 믿는 사람들을 죄의 노예에서 구속하시고 의롭게 여기시기 위한 속죄의 제물을 의미한다고 말한다.롬3:21~26, 7:14~8:6, 그리고 롬1~8 1) 그러므로 십자가에 달리신 메시야는 유대인이나 이방인이나 모두 그리스도 안에서 그리고 그리스도를 통해서 새로운 피조물이 될 수 있도록 모든 사람을 하나님의 사랑의 마음으로 이끄신다. 예수의 성육신은 수직적으로 그리고 수평적으로 모두 하나가 되는at-one-ment 속죄atonement에서 절정을 이룬다. 그리스도 안에 계신 하나님은 인간을 하나님 자신과 서로에게 화해시킨다.

성육하신 그리스도의 삶과 가르치심은 이처럼 우리들에게 우리 자신의 제자 됨을 위한 패러다임을 제공한다. 십자가의 고통을 통하여 예수는 면류관을 받으셨다.빌2:5~11; 히5:5~8, 12:2 예수의 전체적인 삶은 겟세마네와 갈

보리의 고통을 바라보셨으며 십자가의 피로 화평을 이루셨다.

예수의 승리는 쉽게 자동적으로 얻어진 것이 아니다. 그분의 사역 전반에서 예수는 메시아 됨으로 인한 하나님의 평화의 길에서 타협의 유혹을 받았었다. 세 가지 유혹들은^{마4, 눅4} 예수에게 메시아가 되는데 필수적인 십자가의 길에 대한 우회로로 제시되었다.²⁾ 예수는 그분의 사역 초기 광야에서 유혹들을 물리치셨다. 세 가지 유혹은 각각 메시아 사역 곧 평화를 위한 하나님의 방법에 타협안을 제시한 것이었다.

첫 번째 유혹에서 사탄은 예수로 하여금 돌로 떡을 만들려고 신적 능력을 사용함으로 배고픔을 만족시키라고 충동했다.^{마4:3~4; 눅4:3~4} 이와 같은 제안은 배가 고프신 예수에게 직접 호소한 것이다. 그러나 많은 성서학자들이 설명한 것처럼 유혹은 훨씬 더 깊은 의미를 지닌다. 이 유혹에서 예수는 어떤 종류의 메시아가 될 것인가라는 문제와 싸웠다. 대중들을 위한 빵을 기적적인 방법으로 제공함으로 인기 있는 왕이 되는 것은 결국 예수의 생애에서 진짜 선택사항이 되었다.^{요6:1~13} 예수는 빵을 만드는 이른바 복지 메시아가 될 수 있었다.^{6:14~15} 예수는 물질적인 만족을 추구하는 유혹을 결정적으로 거부하셨다. 모든 시대에게 그분은 하나의 본보기를 주신 것이다. "사람이 빵으로만 살 것이 아니라 하나님의 입에서 나오는 모든 말씀으로 살 것이다."^{신8:3에서 인용}

두 번째 유혹은 중교적 기초 위에 대중적 메시아의 지지를 얻음으로 십자가를 피할 수 있는 가능성을 지니고 예수와 마주 했다.^{마4:5~7; 눅4:9~12} 유혹은 메시아가 오면 성전 지역에 갑자기 나타난다는 고대 예언의 기대 형식으로 기록되어 있다.^{말3:1} 이러한 예언적 희망의 조명에서 예수는 메시아가 될 수 있는 다른 통로와 씨름해야 했다. 예수의 생애에서 예루살렘으로 들어가는 종려주일에 예수는 이와 같은 유형의 종교적 메시아 됨의 실현 가능성에 도달해 있었다. 예수는 과연 메시아가 되는 다른 통로를 따름으로 십자가의 길, 사랑과 평화의 길을 피하실까?

그러실 수 없었다. 예수는 하나님의 아들로서의 기대되는 특별한 능력을 가정하거나 대중들의 박수를 배제함으로 대중적이고 종교적인 지도자가 되는 유혹을 거절하셨다. 광야에서 그분의 대답은 이미 주어졌다. "너희 하나님을 시험하지 말라." 신6:16에서 인용 예수는 분명하게 순종에의 부름, 곧 십자가의 부름을 들으셨으며 그분은 어떤 종교적인 허울도 용납하지 않으셨다. 그분은 메시아 되는 다른 수단으로 성전의 대제사장이 되고자 하지 않으셨다. 오히려 그분은 고통 받는 사랑과 속죄하는 평화의 길을 품으셨다.

예수는 십자가의 대안으로 정치적 권세를 지닌 메시아가 되라는 세 번째 유혹을 받으셨다. 마4:8~10; 눅4:5~8 이 유혹은 매우 결정적인 것이었는데 우리들이 평화에 관한 질문을 논할 때마다 그러한 논쟁은 정확히 정치적 권력에 관한 질문에서 시작하는 것이었기 때문이다. 예수가 직면한 유혹은 사탄에게 경배하고 사탄을 예배함으로서 이 세상의 나라를 차지하라는 것이었다. 이는 땅의 방법으로 땅의 권력을 가지라는 유혹이었다. 예수는 당연히 거절하셨다. 그분은 사탄에게 떠나라고 명령하셨다. "사탄은 물러가라" 혹은 "떠나가라 사탄아!" 그리고 나서 그분은 "주 너의 하나님을 예배하고 오직 그분만을 섬기라"고 선언하셨다. 신6:13, 10:20에서 인용

이 모든 유혹들은 예수의 생애 가운데 일면에 집중된 것이었다. 예수의 종려주일과 성전 입성과 겟세마네 동산, 참조 요6:14~15 겟세마네 동산에서 예수는 십자가를 회피할 수 있는 다른 가능성과 싸우셨다. 그분은 12영이나 되는 천사를 불러 당신을 체포하러 오고 있는 세력들을 깨뜨려 무기력하게 만들 수 있다고 말씀하셨다. 실제로 그분은 로마의 권세와 싸워 패퇴시키실 수 있는 분이었다. 그분은 세상을 얻으실 수 있으셨으나 그러면 그분이 갈릴리 사역의 초기에 선언했던 막1:14~15와 그 외의 여러 곳에서 나라를 잃었을 것이다. 필

립 얀시는 이렇게 기록했다. "역사에서 입증되었듯이, 특별히 교회와 국가가 밀접하게 섞였을 때 교회가 국가를 얻는 것이 가능했고 그 과정에서 하나님나라를 잃었다."[3] 하나님의 아들로서 예수는 자신의 메시아 됨을 정치적인 형태로 나타낼 수 있는 특별한 위치에 있었지만 예수는 그러한 유혹에 빠지지 않으셨다.

마지막 유혹에서 예수는 어느 시대에나 사람들이 직면하는 매혹적인 대안을 거절하셨다. 그분은 물질적인 힘에 근거한 타협안을 거절하셨다. 그분은 종교적인 힘과 타협하는 것도 거절하셨다. 그분은 군사적인 권력과의 타협도 거절하셨다. 이 유혹들은 예수가 선택의 여지없이 십자가의 길 곧 고난과 평화의 길이자 화해의 길을 가시는 모습을 돋보이게 하였다. 이는 평화의 길이 예수께서 사시고 선언하신 복음의 기초 위에 있음을 분명하게 보여주는 증거가 된다.

이와 같은 유혹들은 기독교 신앙이 오늘날 직면하는 삶의 갈등과 연관된다.[4] 예수의 사역에서 있었던 모든 유혹들은 예수의 침례에서 선포되었던 신실한 아들이 되도록 한 하나님의 명령에서 벗어나도록 획책하는 영향력이 있는 것이었다. 예수께서 고난을 당하셔야 한다는 말을 했을 때의 베드로의 책망을 포함하여 다양한 형태로 타나난 이 모든 "유혹들"은 이스라엘을 로마의 지배에서 해방시키는 것까지도 군사적인 권력의 방법으로 예수를 빠뜨리려는 사탄의 노력들이었다. 이처럼 예수가 받으신 유혹들은 그 핵심이 정치적인 것이었다.

마태복음과 마가복음, 누가복음에 나와 있는 예수가 받으신 유혹들은 아들과 종, 사랑받는 자로서 침례 받으실 때에 확인된 직임에 예수가 신실하셨음을 입증해준다. 예수가 받은 유혹은 엄밀하게 그가 대적들을 향한 복수를 거부함으로 하나님의 평화 운동을 계속 유지하느냐 아니면 폭력으로 미래를 확보하고자 하느냐 하는 것이었다.[5]

사실 예수의 사역은 메시아적 희망을 성취하기 위한 하나님의 통치를 확보하는 질적으로 새로운 방법을 제공하는 것이었다. 예수는 열심당원 형태의 혁명이나 에세네파의 칩거형태 모두를 반대하신다. 그분은 제자들에게 "땅의 소금"과 "세상의 빛"이 되라고 요청하신다. "땅의 소금"이라는 이미지는 음식에 맛을 내는 맛소금이라기보다는 땅에 비료potash, 가성칼리와 관련이 있는 것 같다. 이러한 이미지는 하나님나라의 증거와 성장을 요구하는 것이지 기독교 국가적인 사회 보전을 의미하는 것은 아니라고 본다.6)

"땅의 소금"에 대한 관점은 "세상의 빛" 이미지와 잘 맞는다. 이스라엘을 "열방을 향한 빛"사49:6 되기를 요구한 이사야 본문의 중요성과 어울리게끔 예수는 자신을 따르는 자들에게 이와 같은 사역을 수행하도록 요청하셨다. 사복음서 모두는 독자들로 하여금 전체 세상 속으로 들어가는 사역을 깨달을 수 있도록 나름대로의 독특한 형태의 이야기를 지닌다.제10장 참조 국가적인 경계에 머무르지 않는 대 위임은 전 세계를 아우르는 것이었다. 선교에 대한 복음서들의 부름은 복음이 성령의 능력을 통하여 예루살렘으로부터 사마리아와 이방세계인 로마에 이르는 지역에 이르기까지 그리고 사도로서의 바울의 생애를 통하여 이방인에게까지 이르는 사도행전 속에서 성취된다.제8장 참조 요한복음에서 성육신 되신 예수는 십자가에 "오르시어" 모든 사람들을 자신에게 이끄셨던 것이다.요12:32

속죄

예수를 이해하는데 고려되어야 할 두 번째 분야는 속죄의 우주적 의미로서의 예수의 생애, 죽음, 부활 그리고 승천이다. 신약성서는 반복해서 악에 대한 예수의 승리에 대해서 말하고 있다.이 강조는 종종 승리자 그리스도의 속죄 견해를 요구한다.

복음서들마12:27~29; 눅10:18은 성육신과 사역 속에서 예수께서 사탄의 권세를 패퇴시키고 결박했다고 우리들에게 말한다. 누가복음 10장 18절에서 예수는 제자들에게 평안의 복음의 인사를 널리 가서 나누고 병자를 치유하며 하나님나라가 가까이 왔음을 전하라고 하시며 제자들은 마귀들이 그들에게 복종하는 것을 경험하게 되었다.[10:17] 예수는 이와 같은 선교를 다음과 같이 풀이하셨다. "사탄이 하늘로부터 번개같이 떨어지는 것을 내가 보았느니라."[눅10:18] 사탄은 메시아가 오심으로 그의 절대적인 권세를 상실했다. 바울은 예수께서 사망의 권세를 멸하시고 최후의 적을 패퇴시키심으로 따라서 모든 것의 주가 되셨다고 선언했다.[고전15:26,54~56, 비교 행 2:23~24,36]

악을 능가하는 예수의 승리는 정사와 권세들을 무력하게 만든 것에서도 나타난다.[고전15:24] 바울은 골로새서 2장 10절에서 예수께서 모든 정사와 권세의 우두머리가 되심을 인정한다. 이와 같은 용어는 일시적인 통치를 가리키지만 그 뜻은 그것이 전부가 아니다. 이와 같은 승리의 주장은 예수께서 그들 모두 위에서 주가 되신다는 의미이다. 이러한 관점은 그리스도인의 평화 증거와 책임을 이해하는 것과 결정적으로 관련된다. 다음 장에서 우리는 이에 대한 보다 결정적인 본문들을 살펴보고자 한다.[엡1:19~23; 롬8:35~39; 골1:15~18, 2:10; 고전2:6~8, 15:20~28; 벧전3:22] 이 본문들은 부활과 승천에서 예수께서 모든 것의 주 되심을 강조한다. 그분은 모든 것의 머리가 되신다. 에베소서에서는 예수께서 머리가 되시고 교회는 그분의 몸이며 이 두 영역의 밖에 있는 모든 권세들은 예수의 발아래 놓여 있는 그림을 보여준다. 그분은 모든 것 위에 계신 주님이시다. 교회는 그분의 주 되심을 인정하고, 알고, 고백한다. 세상은 이를 부인하고 있는 것이다.

모든 것 위에 예수가 주님 되시기 때문에 예수의 속죄는 여러 본문에서 주장하고 있는 것처럼[롬8:18~25; 엡1:10; 빌2:11; 골1:19~20; 계5:13] 보편적이며 우주적인 의미를 지닌다. 이 성서본문들은 예수의 생애와 죽음, 부활 그리고 승천을 통한 하나님의 목적을 궁극적으로 모든 것들을 그리스도 안에 통일시키시는 것이라고 선언한다. 이처럼 속죄가 보편적인 능력을 지닌다면 하나님은 모든 사람이 구원받도록 의도하신 것이다. 전쟁이 지속적으로 있는 곳에서는 그리스도인 형제자매 혹은 복음을 받아들일 수 있는 사람들 그래서 구원받고 침례를 받으며 그리스도의 몸으로 환영받을 수 있는 사람들이 죽게 되는 것이다. 결과적으로 전쟁의 이행은 직접적으로 교회의 통일과 예수의 대위임 모두에게 영향을 미치는 것이 되고 만다.

여기에서 나는 평화 증거를 위한 성육신의 의미에 대해서 탐구한 것을 요약하고자 한다. 평화 증언은 예수께서 물질과 종교, 군사력을 통하여 나라의 권좌에 오르라는 사탄의 유혹을 물리치심으로 가능해졌다. 평화는 오히려 십자가에 달리시고 하나님의 능력으로 부활하신 그리스도에 대한 복음을 선포함으로서만 온다. 복음과 십자가, 영광은 분리할 수 없는 것이다. 오직 십자가를 통해서만 우리들은 하나님과 이웃 사람들과 화해할 수 있는 것이다. 오직 십자가를 통해서만 영광이 주어지고 신실한 자들에게 하나님의 보상이 주어진다.[7]

그리스도 안에서 그리고 그리스도를 통하여 완성된 우주적 속죄의 사실에 기초하여 평화의 증거는 권고되는 것이 아니라, 선포되어야만 하고 정치적인 충고만이 아닌 그리스도의 이름으로 탄원하는 것이다. 그리스도의 속죄는 미래를 열고 예수를 따르는 자들이 행위와 말을 통하여 증거하는 것이다.

평화의 일꾼으로서 우리들의 소금과 빛의 사명은 사람들 가운데 평화와 화해, 선한 의지의 사실과 실제적 가능성으로 삶과 사회의 모든 영역으로 침투해 들어간다. 우리는 적개심, 갈등, 전쟁은 불필요하고 이는 동시에 그리스도의 사명을 철저하게 부정하는 것이라는 사실을 삶과 행동, 말로써 증거한다.

교회

교회는 무엇보다도 우선적으로 국제적이며 문화를 초월하는 공동체이다. 갈3:28; 엡2:11~22 그리스도 안에서의 한 몸으로서 교회는 그리스도의 나라가 궁극적으로 이 세상의 것이 아니라는 사실을 깨달음으로 민족주의를 배제한다. 요18:36 기독교 신자의 국제적인 가족 됨에 헌신하며 결합함으로 교회는 이 충성을 어떤 국가적 충성이나 책임보다도 우선적인 것으로 여긴다. 따라서 교회는 다음과 같이 고백한다. "우리는 어떤 인간의 권위보다도 하나님께 복종한다. 행5:29 교회가 하나의 국제적인 친족관계이기 때문에 교회는 전쟁에의 참여는 바로 이와 같은 보편적이고 초국가적 특성을 부인하는 것이라고 간주한다. 어떤 한 그룹의 그리스도인들이 다른 그리스도인 그룹을 대항하여 무기를 잡으면 이 두 그룹은 모두 카이사가 아닌 예수가 최고의 주인 되신다는 자신들의 믿음을 부인하는 것이 된다. 그들의 국가적 안전을 위하여 그리스도인의 신앙을 희생하게 되는 것이다.

초기 아나뱁티스트 지도자였던 미카엘 자틀러는 그리스도인이 그것에 대해 책임을 지는 삶의 두 가지 질서에 대한 토론에서 이 점을 특별하게 밝힌다. 새틀러는 한 질서는 아들 됨의 질서이고 다른 질서는 섬김의 질서라고 말한다. 그는 이들 두 복종의 수준을 하나는 "자녀적인" 것이라고, 다른 하나는 "노예적인" 것이라고 구분하다. 그는 비록 마가복음 10장 45절에서 "종"이라는 말이 전혀 다르게 사용되고 있지만 "섬김" 혹은 "종"이라는 용어를 의무와 법적인 요구를 이행하는 것을 지적하려고 사용한다. 새틀러의 사용법에 따르면 종은 법적인 의미의 수준에서 사는 반면 아들은 사랑과 복음적인 윤리 수준에서 산다. 이처럼 아들 됨의 질서는 법적인 섬김의 수준을 능가한다. "아들"은 보다 열등한 "종"의 역할을 위해서 자신의 소명을 상실해서는 안 될 것이다.8) 복음은 율법을 초월한다. 사실 새틀러는 법과 일시적인 정부를 역사를 위한 하나님의 전반적인 계획 내에서 합법적인 기능을 위해 일하는 것으로 보았다.

하나님의 주된 목적은 교회를 통해서 즉 하나님의 구속을 받은 아들과 딸들의 공동체를 통해서 성취된다.바울은 고후 6:18에서 딸들을 삼하 7:13~14에서 다 윗에게 주어진 왕권의 약속에 포함한다 아들과 딸의 공동체는 정부 내에서 덜 합법적인 기능을 수행하려고 그 소명이나 헌신이 방해받거나 희생당하지 않는다.9) 아들은 자녀로서 순종하며 종은 노예로서의 순종 즉 법에 따르는 순종을 하는데 이는 항상 사회를 유지하기 위한 일시적인 삶의 질서 속에서 복음이 전해지기 위해서 그리고 사람들을 위한 하나님의 일차적인 구원과 치유의 목적을 성취하기 위한 것이다.딤전2:1~4

따라서 그리스도인의 평화증언은 가능한 한 초국가적인 것이어야 한다. 현실적인 실제 용어로 말하면 교회는 북한과 남한, 이라크의 시아파와 수니파, 팔레스타인과 이스라엘을 막론하고 그 필요에 따라서 도움을 줄 수 있다는 의미이다. 모든 사람의 필요에 대한 우리들의 관심과 헌신은 군사적인 지역과는 상관없이 보편적인 것이다. 우리가 일시적인 정부들에 대해 목격자 진술을 할 때 가능한 양쪽 모두의 갈등에 대해 이야기할 필요가 있다.10)

현대 세계 속에서 이는 종종 바로 미국 정부에 제일 먼저 이러한 사실이 증언되어야 함을 의미한다. 많은 미국의 지도자들이 그리스도인임을 주장하지만 우리는 그들이 복음과 법적인 요구에 모두 소명을 지니도록 해야 할 책임이 있는 것이다. 세계의 모든 지도자들 가운데서 그들은 "의와 정의, 평등"의 길이 이해되고 실행될 수 있는잠2:9 최선의 가능한 질서가 무엇인지를 알고 시행하기를 추구해야만 한다. 아나뱁티스트인 메노 시몬스는 종종 아주 분명하고 강력하게 관료들을 향하여 경건한 시민 지도자들로서 성서의 도덕적 기준을 반영하여시7:1~7,12~14; 사32:1,16~17 자신들의 일을 어떻게 "보다 잘" 할 수 있는지에 대해서 말하곤 했다.

교회는 교회로서 현대 사회의 도덕적 문제들에 대해서 행동하고 말해야 한다. 복음에 충실한 교회로서 성장한 교회는 세상의 악, 이를테면 전쟁, 가난한 자에 대한 억압, 불평등, 불의에 관해서 복음의 입장을 견지해야 한다. 복음은 율법을 폐기하지 않는다. 대신에 복음은 우리로 하여금 율법의 참된 의도와 목적을 알게 한다.[11] 그리스도를 통해 "마음에 새겨진 율법" 렘31:33; 히8:10을 알고 있는 그리스도인들은 평화운동 속에서 사람들을 악에서 선과 정의를 진작시키는 가치에로 돌아서게 하는 율법에 영향을 주어야 한다.

그리스도의 몸에의 참여는 우리에게 가장 우선되는 소명이다. 결과적으로 그리스도인이 전쟁에서 무기를 들면 우리는 그분의 죽음과 부활을 모독하는 가운데 그리스도의 평화의 연합을 깨뜨리게 된다. 마이론 아우구스버거가 지적한 대로 "그리스도의 나라의 일원임을 승인하는 것은 그리스도와 그분의 나라에 대한 충성이 다른 모든 충성을 능가한다는 것을 의미한다. 이러한 입장은 민족주의를 초월하며 우리들로 하여금 무엇보다도 국가를 떠나서 그리스도를 함께 섬기는 자로 다른 동료 제자들과 하나가 되는 것이다."[12]

그리스도인의 전쟁 참여는 교회의 사명을 불구가 되게 하는 것이다. "우리는 그리스도를 위해서 죽은 사람을 죽일 수 없다."고 아우구스버거는 말한다. "우리는 하나님께서 구속하시고자 목적하신 사람의 생명을 취할 수 없다."[13] 적을 죽이는 것은 그가 회개할 기회를 박탈시키는 것이다. "복음적인 관점에서 그리스도인이 전쟁에 참여할 때마다 그는 그보다 더 큰 사명과 복음증거에 대한 자신의 책임을 포기하는 것이다…그리스도인이 세상을 변화시키는 방법은 무력으로 하나님과 반대하는 운동을 중지시키려는 생각보다 복음의 좋은 소식을 나누는 것이어야 한다."라고 아우구스버거는 계속해서 논한다.[14]

어떠한 국가적인 이유로도 그리스도인이 검을 잡음으로 하나님이 새로운 인간성과 관련된 평화를 나타내 보이도록 하시는 교회에 대한 하나님의 부름에 등을 돌릴 때에 세계선교는 한 세대를 후퇴하게 되는 것이며 항구적으로 신뢰하지 못하게 된다.[15] 이와 같은 현실은 무슬림들이 사는 이라크에서 분명하게 나타나고 있는데 이곳에서는 비록 빈약하기 짝이 없는 민주주의가 세워진다고 해도 서구의 기독교가 전쟁과 피흘림을 통해 결코 평화를 먼저 이행하지 않는다는 것을 보여주었던 것이다. 그들은 심지어 불구와 많은 사랑하는 사람들의 죽음, 수많은 고아와 난민을 양산한 전쟁의 렌즈를 통해서 민주주의의 모습을 바라보게 될 것이다.

전쟁을 거부함으로 교회가 그리스도의 몸 안에서 연합하고 "아들과 딸들"막10:42~45; 고후5:17~21의 섬김으로 화해를 보여줄 때에만 교회는 권세들에게 삶의 새로운 질서가 도래하였다는 사실을 증언할 수 있다. 적과의 화해, 평화운동은 예수 그리스도를 통해서 이미 일어난 것이다!

역사적인 평화 교회 전통 안에 있는 교회들은 중요한 과제와 도전 그리고 평화만들기, 비폭력 그리고 화해에 대하여 더 큰 그리스도의 몸으로 부풀게 할 수 있는 기회도 가지고 있다. 이러한 기회는 개인적인 관계, 공동체 활동, 다양한 종류의 에큐메니칼 모임 그리고 공식적인 에큐메니칼 구조 등 여러 현장을 통해 제시되고 있다. 독일 메노나이트 교회를 대표하는 페르난도 엔스는 2001~2010년을 국제적인 "폭력을 극복하기 위한 10년 구상"에 관한 그의 제안이 채택된 것을 절정으로 세계교회협의회WCC에 다수간 평화 교회가 참여했었던 것에 대해서 말하기도 한다.

제1차 세계대전의 거대한 황폐에 의해 박차가 가해져, 여러 국가의 교회들은 교회가 교회가 되어야만 하고 새로운 초국가적인 정체성을 수립해야만 한다는 확신을 협동하여 발전시켰다. 10년이 지난 1948년 암스테르담에서 세계교회협의회가 공식적으로 설립되었다. 최초의 교회 협의회 총회장인 빌름 A. 비서트 후프는 역사적 평화 교회들을 보다 "폭 넓은 에큐메니칼 가족과 함께 그들의 확신을 공유하려고" 초청했다. 그러나 지난 수년 동안에 역사적 평화 교회의 존재는 발칸반도 전쟁이 인간의 권리와 갈등저지, 외부의 간섭에 대한 선언문을 발표했을 때에 매우 특별히 중요한 의미를 지니게 되었다. 2001년 포츠담에서의 세계교회협의회에 의해 출발한 목표가 선한 것이기는 하였지만, 의무에 대하여 "위험한 상황에 직면한 사람들을 보호하고 돕기 위하여 무장병력을 사용한다"는 문구가 더해졌다. 따라서 역사적 평화 교회는 비록 이러한 간섭이 유엔을 통해서 일지라도 서방이 지배하는 의견이라고 보는 러시아 정교회와 더불어 정당한 전쟁을 전제하는 이러한 승인에 반대하기에 이르렀다. 결과적으로 역사적 평화교회 대표들은 위험에 직면한 사람들을 보호하기 위한 대안적인 방법들에 관한 연구 문헌을 준비했다. 2001~4년에 세계교회협의회는 2001년 선언문의 재고를 요청하는 다양한 그룹들에게서 여러 선언문들을 받았다. 2003년 역사적 평화교회 사람들은 스위스 비넨베르그에서 연구 문헌 안에 있는 다섯 개의 논쟁들에 관하여 작성한 하나의 선언문을 발전시키기 위하여 모임을 가졌다. 네 개의 중요한 문단 중에 그 첫 번째는 다음과 같은 것이었다.

> 역사적 평화교회 입장은 개인적인 자율성, 자유, 사유재산의 보호 혹은 언론과 결사의 자유와 같은 인권에 관한 협의적인 관점을 강조하는 견해와는 다른 총체적이고 사회적 정의의 관점을 제안한다. 언약적인 정의에 관한 성서적 전통은 사회적 단결, 종교 자유, 인권에 대한 종합적인 관점을 포함한다.[16)]

　역사적 평화교회에서 주요 직책을 가진 사람들에 의해 작성된 선언문은 교회가 평화를 추구하기 위해서는 사용되는 수단이 예수 그리스도 안에 있는 핵심적인 정체성을 부인해서는 안되며 평화의 목적을 성취하기 위해서는 평화로운 수단이 사용되어야 한다는 확신을 강조하고 있는 것이다. 오직 그렇게 할 때에만 갈등과 그 갈등에 간섭하고자 하는 양쪽 모두의 공동체를 위한 평화가 있을 것이다.

평화운동의 모습과 방법

하나님은 이스라엘을 "제사장 나라"가 되게 하셨으며출19:6 "열방을 위한 빛"으로 삼으셨다.사49:6 이스라엘을 위한 이러한 하나님의 부름에서 우리는 하나님께서 이스라엘이 모든 사람들에게 축복이 되는 이른바 모든 나라들에게 소금과 빛이 되는 방향을 배우게 된다.창12:3

출애굽기 21장 22~25절에서 눈은 눈으로 그리고 이는 이로라는 복수의 법은 실제로 적용된 것이다. 이는 하나님께서 이스라엘로 하여금 잘못한 사람은 동등한 양의 복수를 받게 하라는 것처럼 보여 질지도 모른다. 그러나 사실상 그들의 사회적 상황에서 이 명령은 복수에 제한을 두라는 것이었다. 이는 상해 자에 대해서 가해질 수 있는 복수의 양을 제한했다. 인간의 충동은 한 눈의 상처를 두 눈으로 복수하고자 하지만 거룩한 명령은 복수에 제한을 두었던 것이다.

구약성서의 후반에 있는 예언자들은 신약성서의 근원적인 사랑 윤리를 위해 길을 터주는 사회정의 윤리를 요청하고 있다. 그 핵심구절은 이사야 58장, 아모스 5장 21~26절, 미가 6장 1~8절 등이다. 이들 성서구절에서 예언자적 윤리는 이스라엘로 하여금 모든 공동체 관계에서 정의와 자비 그리고 사랑의 길을 추구하도록 도전한다. 이사야와 미가 예언자는 종전상황과 더불어 평화의 통치가 온 지구상에 나타날 것이라는 비전을 제시한다.사 2:1~4, 30:15, 31:1~3; 미가 4:1~7

이사야에 의해 선언된 이스라엘의 소명과 제자들을 향한 예수의 소명은 서로 분명하게 연결되어 있다. 글렌 스타센Glen Stassen은 아홉 개의 이사야서의 주요 성구 안에 타나나고 있는 일곱 개의 주제들이 동일하며 예수의 하나님나라 선언과 일치한다고 말한다.[17] 이들 주제들과 더불어 나는 가장 완전하게 발전된 복음과 일치시키고자 한다. 저자의 Covenant of peace Gospel-analysis 참조

이사야	예수: 하나님나라
1. 구원-구속	사복음서 전체
2. 의-정의	마태복음과 특별히 누가복음
3. 평화	마태, 요한 그리고 특별히 누가복음
4. 기쁨	누가복음
5. 하나님의 임재: 영과 빛	마태, 누가, 요한복음
6. 치유	사복음 모두 그중에서도 마가, 마태복음
7. 포로로부터의 귀환	마가, 마태복음

　　이들 주제들은 하나님께서 이미 부르시고 계속해서 교회를 향하여 부르시는 평화운동의 모습과 방법에 대해서 말한다. 세상 가운데 살면서 이와 같은 거룩한 행동과 덕성을 드러냄으로 예수 공동체는 세상 내에서 대안적인 동질성과 힘을 나타내게 된다. 예수의 새로운 공동체의 이와 같은 특성들은 세상 안에서 사명을 이행하는 힘이 된다. 초기교회는 세상 안에서의 하나님의 은사를 예수 그리스도의 이름으로 행2~5 참조 그리고 성령의 능력을 통해서 지속적으로 선포해왔다. 이와 같은 방법으로 교회는 그들이 살고 있는 곳에서 소금과 빛이 되었다.

　　초기 그리스도인들은 가난한 자를 도우려고 소유를 내놓음으로써 그들 가운데 가난한 자가 없도록 하는 매우 급진적인 나눔의 계획을 발전시켰다. 행2, 4 이와 같은 경제적인 나눔은 아시아 교회들에게서 기금을 모으고 생명을 무릅쓰고 예루살렘으로 그 기금들을 가져가는 바울의 결정에서도 계속되었다. 이렇게 함으로써 바울의 헌신은 그가 말한 바, 하나님의 다양

한 지혜가 교회를 통하여 "정사와 권세자"엡3:19, "통치자와 권위자"에게 알려지게 되었다. 주후 251년에 로마에 있는 교회는 과부와 가난한 자들을 돌보기 위한 대규모의 계획을 가졌다. 도시 전체에 산재해 있는 많은 가정교회들로 구성된 이 교회는 무려 1500명 정도를 지원하게 되었다. 코넬리우스 감독은 6명의 장로, 7명의 집사, 그 외의 다른 7명의 집사, 94명의 돕는 사람들과 더불어 가난한 자들을 볼보는 사역을 수행하였다.[18] 1세기의 이와 같은 몇 개의 사역 모델은 물질을 나눔으로 교회 공동체koinonia를 보강시키며 이러한 모델들이 어떻게 평화운동의 강력한 수단이 되고 신앙공동체와 그 범위를 뛰어넘어 소금과 빛이 되었는지를 보여준다. 교회는 부와 권력을 지닌 제국이 가난한 자들의 비참한 빈곤과 두려운 고통을 무시하고 유아들의 죽음을 방치하고 로마의 길거리 하수구에서 썩어가게 만드는 것에 대응했다.[19]

교회는 경제적인 나눔의 주제와 더불어 정치적 권위자들과도 맞섰다. 사도행전 3~5장에서 교회는 예수 그리스도의 복음에 충실하고자 시민불복종과 이로 인한 처벌을 받는 것을 두려워하지 않았다. 사도들은 "우리는 사람의 권위 보다는 하나님께 복종한다."고 선언하였다.행5:29 교회의 첫 순교스데반는 종교적·정치적 갈등 가운데서 일어났다.6:8~8:1 예수와 바울은 궁극적으로 모두 정치적인 반역, 폭동, 선동, 사회가 기대하는 현상유지를 거부했다는 죄목으로 저주를 받고 죽임을 당했다.

복음은 사실상 혁명적이다. 복음은 결코 사회구조의 현상유지에 머무르지 않는다. 복음은 복음의 추종자들에게 사회의 비윤리적인 기준에 항상 도전하는 급진적인 성실함을 요구한다. 실제로 신약성서는 사회·경제·정치적 정책에 비판적인 태도를 표방한다. 누가복음 13장 32절에서 예수는 헤롯을 여우라고 부른다. 마가복음 6장 18절에서 침례 요한은 헤롯이 그의 형의 아내와 결혼한 것을 꾸짖는다. 사도행전 22장 25절에서 바울은 로마

법정의 재판에 대한 의문을 제기한다. 사도행전 24장 25절에서 바울은 펠릭스와 더불어 "정의, 자기억제, 다가오는 심판"에 대해서 논쟁한다. 초기 교회는 기존의 사회 경제 정치적 질서와 구조를 직면하고 초월하는 사명을 진지하게 감당한다. 실용적인 이유나 어떤 뛰어난 정치 이론을 가졌기 때문이 아니라 엄밀히 말하면 예수 그리스도의 복음을 이해하고 있기 때문에 그러했다.

평화증언에 대한 목표는 모든 사람을, 심지어는 적을 포함하여 사랑함으로 그리고 "박해하는 사람을 위해" 기도함으로써마5:43~48; 눅6:27~36 "선으로 악을 이기기" 위한 것이었다.롬12:21 이와 같은 평화의 증거는 우리 주 예수 그리스도의 복음에 우리 자신들이 헌신하는 데에서 나온다. 복음 그 자체는 우리가 어떻게 말하고 어떻게 그것을 행해야 할지를 결정하는 기준이 된다. 복음의 충실한 증인이 되는 것은 실용적인 정책이나 효과적인 결과에 대한 질문보다 앞서는 것이다. 우리가 말하기를 선택하는 방법의 타당성은 그리스도인의 순수성과 그것을 말하는 사람과 그룹의 신실성에 달려 있다.

나는 이 책을 그의 부인과 함께 성서를 공부하는 과정을 통해서 미국 육군에 참여하는 것이 잘못된 것이라고 믿게 된 톰 올리브의 이야기로 시작했었다. 항소재판 위원회 앞에서의 그의 논쟁은 철저했고 설득력이 있었다. 우리는 그와 같은 논쟁을 들어준 재판 위원회에 감사하며 그의 입장에 대한 설득력과 발표를 인정하고 톰의 진실성을 순수하게 받아들여 감옥에 가지 않고 제대하게 해준 것에 감사한다. 이 이야기와 예를 들어 오순절 평화주의자 폴 알렉산더가 캘리포니아 산호세에서 열렸던 미국 메노나이트 총회 연설에서 했던 가이사가 아니라 예수가 우리의 주님이라는 우리의 믿음과 확신을 고취시켰던 말과 같은 유사한 이야기들에 귀를 기울이자.

정의와 평화에 관한 비전[*]

리더: 우리는 그리스도의 몸의 일부이다.

회중: 우리는 상처받은 세상에서 평화의 사람들이 되고자 자유로운 여행을 떠난 사람들이다.

리더: 우리는 하나님의 선물인 평화가 예수 그리스도의 복음의 중심임을 믿는다.

회중: 복음의 힘은 우리가 함께 기도하고 예배할 때에 우리를 변화시킨다. 복음의 힘은 우리의 가정과 일터, 학교 이웃 그리고 이곳 신앙의 가족 내에서 평화운동을 실천하도록 이끌어준다.

리더: 한 개인으로서 그리고 하나의 회중으로서 우리는 그리스도에게서 우리를 갈라놓는 세상적인 것에서 자유 한다.

회중: 예수처럼 우리도 공동체와 사회, 세상에서 소외된 사람들과 함께 함으로 우리 자신들의 생명과 특권이 위협받는 것을 개의치 않는다. 우리는 우리의 삶 속에서의 하나님의 통치의 표시로서 경제적 정의와 창조의 청지기직을 실천할 것이다.

함께: 하나님은 예수 그리스도의 제자가 되고 성령의 능력으로 은혜와 기쁨 그리고 평화의 공동체로 자라서 하나님의 치유와 희망이 우리를 통해서 세상에 흐르도록 하게 하기 위해 우리를 부르신다.

리더: 그리스도의 평화가 한 몸의 지체로서 평화를 위해 부름 받은 여러분들의 마음을 다스리시기를 원하노라.[*]

---

[*] 이 교독문은 아이오와 주 소재 시더휠스 메노나이트 교회에 출석하고 있는 제니퍼 데이비스 센시니그가 작성한 것이다.

2부
평화 증거와 선교에서 나타나는
심각한 문제들

주의 빛과 진리를 비추셔서 나를 인도하게 하소서

5장

모든 권세 위에 뛰어난 그리스도의
주 되심에 대한 그리스도인의 증언

적을 손님으로 만들어 형제·자매가 되고 그것을 온전하게 경험할 수 있는
자유와 두려움이 없는 공간을 만드는 것이 우리들의 소명이다.
—헨리 J. 나우웬, Reaching Out: The Three Movements of the Spiritual Life—

4장에서 나는 모든 권세를 극복한 예수의 승리야말로 권세에 대한 그리스도인 증거의 신학적 기초라는 사실에 대해서 말했다. 제5장에서는 그리스도인의 증거와 사명과 연루되어 있는 관점들을 다루고자 한다.

그리스도인으로서 우리는 국적이나 지위, 성, 심지어는 종교와 상관없이 모든 사람들에게 증인이 되어야 한다. 복음은 신약성서 곳곳에서 분명하게 보여주듯이 모든 사람들을 위한 것이다. 그러나 교회의 사명이 교회나 국가 제도 혹은 지역이나 주, 국가의 정부를 포함해서 이들 기관들 안에 있는 특별한 정치에 그리스도의 주 되심을 증언하는 것을 포함하는가?

이들 문제를 제기함에 있어서 출발점은 그리스도의 주 되심에 관한 논리적 보편성이다. 일단 이 요점을 파악하면, 우리에게 복음 증거가 면제되는 어떤 영역을 울타리로 가로막을 자유가 없다는 점이 분명해진다. 우리는 싸움이나 도망, 방어로 우리의 기독교 증언을 피해서는 안 된다. 모든 삶의 영역은 복음 증거가 필요하며 관련이 있는 지역이다.

더욱이 구약성서 예언자들은 정기적으로 심판에 관한 자신들의 예언을

국가 지도자들에게 행했다.^{렘1:4~10} 예언서는 구약성서의 5분의 1정도를
점유하고 있다. 게다가 어떤 예언들은 이방 나라들에게도 전달되었다.^사
^{13~24; 렘46~51; 겔25~32} 이와 같은 예언적 전통은 오늘날 국가들의 "권세"와
의 관계에 있어서 교회 역할을 유추해볼 수 있게 한다. 요한계시록은 바빌
론-로마의 심판을 정점으로 하여 "예수의 증언은 예언자의 정신"이라고
말한다.^{계19:10d} 이 장과 다음 장은 우리들로 하여금 예수에 대하여 예언자
적 증언을 하도록 요청할 것이다.

그리스도인의 정부에 대한 이해와 악에 대한 반응

로마서 12~13장에서는 두 가지 중요한 주제가 서로 연결되어 있다. 보
다 많은 부분의 논쟁이 악에 대한 그리스도인의 반응에 초점을 맞추고 있
는 반면 신자들이 정부의 권한에 어떻게 관계하여야 할지에 대한 매우 중
요하고 잘 알려진 권면이 악에 대한 반응에 대해서 가르치는 큰 주제 사이
에 놓여있다. 중간에 들어 있는 "내용물"은 "권세"에 관한 것이며 양쪽의
큰 주제는 악에 대한 그리스도인의 윤리를 말해준다.

안에 든 내용물은 존재하는 모든 권위와 권세는 기름부음^{KJV} 혹은 제도
화^{NRSV}된 혹은 하나님에게서 세워진 것이라고 말해준다. ^{헬라어 동사} tagma는
^{명령이라는 말에 더 가깝다} archai와 함께 이 말은 "정사와 권세" 혹은 "통치자와
권력자"로 종종 사용되고 번역된다.^{NRSV} 에베소서 1장 21절에서는 이 두
단어가 통치^{archē}와 권위^{exousia} 즉 권력^{dynamis}과 지배 혹은 주권^{kriotētos}에 덧붙
여졌다.

구약성서에서 "만군의 주"라는 구절은 신약성서에서 "힘"이라는 용어를
이해하는데 도움이 된다. "만군의 주"^{히브리어로} Yahweh Sabaoth는 구약성서에
자주 등장한다.^{시24:7~10, 46:7, 11, 84:1,3,8,12, 8:5~9, 102:21, 148:2; 사5:16, 6:3 1)} 이들
본문에서 Sabaoth는 헬라어로 dynameis로 번역되는데 "권력자의 주"라는

의미이다.[2] 히브리어 tsaba는 군사적 의무"를 의미하며,예를 들어 사 40:2 RSV에서는, "그 전쟁은 끝났다." NRSV에서는 "그 기간을 복무했다"로 하거나 "군사/군대"로도 하지만 하늘의 "군사"로도 사용된다.예, 단8:10 이들 중에는 Yahweh Sabaoth가 "하늘의 군사의 주"라는 의미를 지니기도 한다.[3]

Yahweh Sabaoth라는 이 중요한 단어는 다섯 가지의 의미를 지닌다. 1) 만군의 주는 성전 안에언약궤 위 거하시는데 그곳에서 거룩하신 분이 인간을 상한 심령으로 낮추신다.시8:1,3,12; 시6:3 2) "만군의 주"는 산에 있는 성전으로서의 "시온"과 관련되는데 "시온"은 사실 야웨의 거룩, 왕권, 절대주권, 하나님을 방패로시20:84 신뢰하는 언약의 백성들을 위한 안전과 방어를 의미하는 신학적 상징을 지닌다. 3) Yaweh Sabaoth는 근본적인 혼돈과 이집트라합, 그리고 하나님의 사람들을 억압하는 자사 14:22~27를 대항하기 위해 이스라엘을 대신하여 전쟁터에 나아간다. 4) Yaweh Sabaoth는 참화를 일으키는 적들에게서 이스라엘을 회복시킨다.시80:2~3,7,14,19 여기에서 만군의 하나님은 만군의 주와 동일하게 사용되고 있다 5) 만군의 주는 "나의 분노의 막대기"사10:5로 사용된 앗시리아일지라도 이스라엘을 황폐화시킨 적들을 대항하여 일어서시며 바빌론, 앗시리아 모두를 진멸하신다. 사14:22~27

구약성서의 특징과 연관된 것은 하늘의 회의 혹은 회합이다. 이와 같은 관련 속에서 만군은 보다 광범위하게 다른 "능력," 이를테면 천사시148:2 혹은 열방의 신들과 같은 의미로도 사용되는데 이들은 한 나라를 다스리는 신이 행해야 할 것 즉 "약한 자와 고아에게 정의를 행하고 천한 자와 가난한 자의 권리를 지키지 않았기 때문에시148:3 경멸당하였다.시148:5 오히려 그들은 불의하게 재판했던 것이다. 시148:2

하늘 법정에서의 모든 권력은 하나님의 목적을 섬기는 기능을 하도록 의도된 것이다. 그러나 어떤 권력은 하나님의 목적과 일에 반대하여 반항하기도 한다. 이것이 바로 사단의 이야기인데 그는 하나님을 반대하고자 자율성을 추구하였다. 사단에게 나중에 붙여진 이미지는 하나님을 오만하게 대항하는 반역하는 왕들로 묘사되고 있다. ^{사14}에서의 ˝바빌론의 왕, 그 중에서도 특별히 12~15절, 하늘에서 떨어진 ˝광명성˝ 루시퍼에서, 겔 2 특별히 12~17절에서 땅에 던져진 자만하는 왕인 ˝두로의 임금/왕˝ 이처럼 비록 정부 권력이 하나님의 기름부음을 받은 권력일지라도 그들은 하나님의 주권을 대항하여 거부하고 부인하고 반역할 수도 있었던 것이다. 이사야는 점쟁이^{마술}와 부맘몬, 병거와 말군사력을 쫓고자 주님을 저버린 이스라엘을 고발하여, "그들의 땅이 우상으로 가득 찼다."라고 말한다. ^{사2:6~8} 이에 "만군의 주"는 "자만하고 거만한 것들에 대항하는 한 날이 있을 것이라고 말씀하신다. ^{2:12} 우리 시대의 예를 들자면 독일 제3제국 당시 대학살의 공포와 연합군의 독일 폭격을 생각하지 않을 수 없다. 좀 더 가까이는 미국의 제국주의적 촉수가 히로시마와 나가사끼에 투하된 원자폭탄과 베트남과 이라크에서의 전쟁에서 드러내진다.

구약성서와 관련된 다른 인식은 하늘의 구름을 타고 오실 "인자"에 대한 모든 권력의 굴종에서 보인다. 그 핵심성서구절은 다니엘서 7장 13~14절이다.

> 내가 또 밤 환상 중에 보니
> 인자 같은 이가 하늘 구름을 타고 와서
> 옛적부터 항상 계신 이에게 나아가 그 앞으로 인도되매
> 그에게 권세와 영광과 나라를 주고⁴⁾
> 모든 백성과 나라들과 다른 언어를 말하는 모든 자들이
> 그를 섬기게 하였으니
> 그의 권세는 소멸되지 아니하는 영원한 권세요
> 그의 나라는 멸망하지 아니할 것이니라.

다니엘서 7장 27절에서 70인역 성서는 exousia와 archai를 일시적인 지배와 정부를 의미하는 것으로 같이 사용하고 있다. "나라와 권세exousia와 온 천하 나라들의 위세가 지극히 높으신 이의 거룩한 백성에게 붙인 바 되리니 그의 나라는 영원한 나라이라 모든 권세archai 있는 자들이 다 그를 섬기며 복종하리라." 여기서 지극히 높으신 이의 거룩한 백성은 인자의 주권을 공유한다. 이와 같은 호칭은 예수께서 자신의 역할과 사명을 의미할 때 사용하신 것이다. 미래의 심판과 주권과 관련해서 사용하신 것에 덧붙여서마 8:38, 14:62 예수는 그분의 초기 권위와 고난과 부활의 필요성을 의미하실 때에도 사용하셨다.8:31, 9:31, 10:33~34

구약성서 신학사상에 보여지고 있는 이들 거룩한 주권의 세 흐름은 신약성서 내 예수의 주 되심에서 절정을 이룬다. 주님으로서의 야웨와 주님으로서의 예수 사이의 연결은 호칭과 역할 그리고 양쪽 모두의 행동을 살펴볼 때에 나타난다.5) 신약성서는 예수를 에베소서 6장 12절에서 "통치자들과 권세exousiai and archai"로 번역한 일시적인 "정사와 권세" 위에 주권적인 권위를 지닌 주님으로 간주한다. 신약성서는 예수 그리스도의 주 되심을 모든 권세 위에 선포한다. 교회는 이를 알고 또한 인정한다.행2:23~36; 고전 2:6; 빌 2:9~11 예수 그리스도의 주 되심에 대한 이러한 고백은 타인을 파괴하고 가난한 자들을 짓밟으며 하나님이 기대하시는 정의mishpat 대신에 "피흘림"을 혹은 "의"tsedaqah 대신에 이사야가 이스라엘의 악에 대하여 빗댄사 5:7b 가난한 자들tse'aqah로 부르짖게 하는 나라들의 거만한 권세에 대하여 침묵할 수가 없음을 의미한다.

신약성서는 권력에 대한 반응과 상관없이 예수의 주 되심을 인정한다.골 2:10 예수의 부활과 승천 때문에 이들 권력들은 제한된 권세에 불과하며 어느 날 예수 그리스도의 메시아 주권 앞에 무릎을 꿇고 말 것이다.빌2:9~11 그리스도인들은 자신들의 윤리를 하나님나라의 실재와 예수의 주 되심에서 이끌어내기 때문에 그 실재를 따라 지금 살고자 해야만 한다. 신자들은 이처럼 일시적인 정부와 심지어는 사탄까지도 결국은 극복될 것이라는 인식과 희망, 확신을 가져야 한다. 저들은 이미 패배한 것이다. 예수만이 홀로 주님이시며 결과적으로 이는 그리스도인들로 하여금 정치적인 권세에 대하여 평화의 증인이 되게끔 한다. 국가는 궁극적인 권위를 지닐 수 없다. 그것은 일시적이고 결국은 쇠하여지고 말 것이다.

이와 같은 신학적 문맥 안에서 로마서 13장이 이해되어야 한다. 권력 그 자체가 선하다던가 악하다던가 하는 진술은 성서 그 어느 곳에도 없다. 로마서 13장과 다른 본문들은 신자로 하여금 권세들에게 복종할 것을 요청한다. 그러나 이는 제6장과 평화의 언약에서 다루는 세 가지 흐름의 강조 중에 하나일 뿐이다.6) 월터 필그림은 세 가지 다른 관계의 모델, 즉 복종바울서신과 비판적 거리두기예수와 복음서, 사도행전 그리고 억압과 박해를 견딤베드로와 계시록에 대해서 도움이 될 만한 내용을 기술한다. 로마서 13장 1~7절이 복종적인 자세에 대한 가장 분명한 진술이긴 하지만 필그림은 다음과 같은 6가지 문제점도 관찰할 필요가 있음을 올바르게 지적한다.

1. 로마서 13장은 모든 경우에 다 어울리는 국가에 대하여 발전된 기독교 교리를 제공하고자 하는 의도가 아니었다. 바울의 목적은 훨씬 더 제한적인 것이었다. 그는 무엇보다도 로마의 역사적 상황에 대해서 말하고자 했다. 그의 가장 중요하고 우선적인 목적은 적절한 행동에 관한 윤리적인 가르침을 통치자들에게 제공하는 것이지 국가의 성격에 대한 정치적 이론을 제시하려는 것이 아니다.
2. 로마서 13장과 다른 충성 전통은 어쨌든 하나님이 세운 것인 땅 위의 모든 정부들에 대해 무조건적인 지위를 주거나 그 결과로 무조건적으로 복종해야 하는 것으로도 사용될 수 없다…바울은 선에 반대되

거나 악을 저항하지 않는 정부에 관한 결정적인 문제를 말하려고 하지 않았다. 만약에 통치자가 정의를 위한 신성한 의무를 저버리거나 근본적으로 그들의 권력을 남용하거나 잘못 사용한다면 어떻게 될까? 로마서에서는 이 질문에 "방어적인 침묵"을 하고 있다.

3. 바울은 다른 곳에서 로마서 13장이 정치적인 직책을 지니고 있는 사람들을 향한 그의 전반적인 태도가 아니라는 증거를 제공한다. 바울과 초기 교회에게는 오직 한 절대주권적인 주님 곧 "예수 그리스도"가 계실 뿐이다.고전12:3, 8:5~6; 롬10:9 등 동전에 새겨진 대로 가이사는 신성한 아우구스투스임을 주장할 뿐이다. 바울은 이와는 달리 하나님과 주님을 주장한다. 로마 통치와 소위 로마의 평화에 대한 바울 자신의 경험은 결정적으로 혼합되어 있는 것이었다. 비록 태생적으로 로마시민이기는 하지만 그는 종종 로마의 통치가 가혹하고 잔인한 면이 있다고 느꼈다. 고린도후서 11장 23~33절에서 바울은 그가 받은 고통, 구타, 고문, 돌팔매질, 투옥, 유기, 성벽을 넘는 야간도주 등에 대해서 길게 예를 들고 있다. 유대인과 로마인 공직자들은 모두 이러한 행동들에 대해서 책임이 있었다…바울은 로마의 정의에 대해서 결코 순진하게 수긍할 수가 없었다.

4. 바울과 초기 교회에 그리스도인들의 진정한 시민권은 하나님나라에 속한 것이었다빌3:20…그 당시의 정부는 한낱 지나가버리고 말 구조에 불과한 것이었다.고전2:6; 고전 6:1~8에서 바울은 그리스도인이 정부구조에 참여하는 것을 반대하는 것처럼 보인다

5. 바울의 메시지의 중심은 "십자가에 못 박히신 그리스도"이다.고전 2:2; 갈 3:1 등…"십자가에 달리신 주님"에 대한 관련구절은 로마 권력의 부당성을 지속적으로 마음에 떠오르게 한다…바울도 그의 편지의 수신자들도 그들의 주님을 십자가에 못 박은 제국에 대해서 순진하거

나 아니면 감상적일 수가 없었던 것이다.

6. 마지막으로 그리스도인의 고난에 대한 바울의 이해를 살펴보자. 바울은 자신의 몸에 "그리스도의 고난"을 짊어진 것처럼 그리스도를 따르고 있었다.고후4:7~11; 갈6:17; 롬8:17; 빌3:10 이와 같은 고난은 그가 복음에 충실함으로 그리고 예수 그리스도로 말미암은 직접적인 결과였다.

월터 필그림은 다음과 같은 논의로 결론을 맺었다.

> 어느 순간에 바울은 그리스도를 위하여 각자 자신의 고통을 받아드리라고 권면하였다. 여기에서 그는 복종의 윤리를 호소하는 다른 신약성서 기록들과 연대한다. 그러나 우리가 볼 수 있었던 것처럼 이와 같은 충성 전통은 국가에 관한 신약성서의 사고 가운데 단 한 가지의 흐름에 불과한 것이었다. 점차 교회의 적이 되어가고 있는 정부에 관한 다른 목소리는 이와 같은 전통과는 아주 다른 형태의 저항을 권면했던 것 같다.[7]

내가 제안하는 보다 지배적인 정부에 대한 신약성서의 규범적 관점은 정사와 권력자들 위에 그리스도의 승리와 주 되심에 근거한 것이다.고전15:24~25; 엡1:19~23, 3:10; 골2:10,15; 벧전3:22 권력은 절대 권력을 박탈한다.골2:15 이와 같은 진리는 모든 정부를 그리스도의 주 되심이 완전히 인정될 때까지 악을 제한하고 선을 도모하도록 하는 일시적인 기능으로 제한하는 것이다. 이미 예수를 주로 고백한 신자들은 자신의 기본적인 방향을 생명으로 향하고 세속적인 권위가 아니라 그리스도 즉 무엇이든지 극복하는 사랑의 군대로서 최고사령관인 하나님에 의해서 행동한다.

로마서 13장은 또한 권세권위, NRSV을 하나님의 종이라고 말한다.롬13:6 그러나 이와 같은 진술은 헬라어를 바르게 번역한 "그들이 이 사실에 참여할 때"라는 구절에 의해서 즉각 입증된다. 이와 같은 입증은 권위의 행사가 평가되고 판단되는 기준에 초점을 둔다. 이와 같은 기준은 13장 3절과 4절 첫 부분에서 언급되어 있다. "다스리는 자들은 선한 일에 대하여 두려움이 되지 않고…그는 하나님의 선한 사역자가 되어 네게 선을 베푸는 자니라." 엄밀하게 이 점에서 그리스도인 평화 운동가는 현대의 특별한 정치적 가능성에서 선과 악의 상황적 의를 정의하는데 도움이 되어야 한다는 책임감을 느낀다. 우리가 이렇게 하는 것은 우리들의 희망을 정치에 두기 때문이 아니라 예수 그리스도를 따르는 사람들이 "선"과 "악"이 인간의 삶과 행동에 무엇을 의미하는지를 알아야 하기 때문이다.[8]

로마서 13장에서 정부가 정치적 영역에서 선한 기능을 다하는 것처럼 보일지라도 요한계시록은 정치적 권력을 하나님이 의도하시는 목적에 반항하고 왜곡시키는 것으로 묘사한다. 어떤 주석가들은 데살로니가전서 2장에서 일시적인 권력은 한 때 "불법의 억제자"로, 다른 때에는 매우 악마적인 "불법자"로 간주된다고 말하기도 한다. 이와 같은 해석과 상관없이 문제는 정부가 정적인 도덕적 용어로 기술되지 않고 있다는 것이다. 그것들은 단지 거룩한 목적에 더 좋거나 나쁘게, 더 혹은 덜 신실하다고만 한다. 이상적으로 정부는 복종과 존경, 그 주체와 시민 모두에게 세금지원을 요구할 뿐이다.벧전2:13~17 정부가 이러한 이상과 의도를 실현하느냐 하지 않느냐는 또 다른 질문이다. 만약에 실현하지 못한다면 그리스도인은 권위에 복종하는 한편결과가 어떠하든 간에 정부에 불복종 할 수도 있다는 것을 의미한다.아래 제6장에서 나의 hyoptasso에 대한 논의를 참조할 것 사실상 신자들은 그리스도의 주 되심으로 정부가 하나님의 목적을 알게끔 증거 할 의무와 책임감을 지니게 된다.

정부가 악의 억제만큼이나 악의 조장자로서 기능하기 때문에 그리고 그리스도는 악에 대한 최종적인 해답을 제시하기 때문에 그리스도인들은 정부의 권력에 대해서도 그리스도에 대해서 증거하도록 부름을 받는다.엡3:8~10 정부와 사회의 악에 대한 교회의 가장 중요한 책임은 복음의 화해의 실재를 입증하는 새로운 사회를 사는 것이다. 그 다음에 우리는 온전한 예수의 승리를 전할 수 있으며 그리스도는 이미 정복했고, 정복하고 있으며, 정복하게 될 것이다!

이것이 바로 로마서 13장 1~7절에서의 바울의 생각이다. 로마서 12장 9절~13장 10절의 주요 주제는 악에 대하여 어떻게 반응하느냐 하는 것이다.악이라는 용어가 여덟 번 사용되고 있다. 롬12:9,17에 두 번, 21에 두 번, 13:3,4,10에 각각 한 번씩 그리스도인은 악으로 악을 갚지 말고12:17, 선으로 악을 극복하고자 해야 한다.12:21, 비교 12:9, 13:3 선을 행하고 화해하고12:18, 이웃을 사랑하는 것이야말로13:7~10 그리스도인의 악에 대한 반응이어야 한다.9) 악에게 복수하는 것은 그리스도인에게 금지되어 있는데 이는 복수는 하나님께 속한 것이기 때문이며12:7,19, 13:4, 그리스도인은 단지 하나님의 진노의 종으로서 권위에 대하여는 "신뢰"로 위임할 뿐이다.13:4~5

그리스도인은 하나의 특성을 지닌 기독교 윤리로 부름 받으며 따라서 치안 사회를 필요로 하지 않는다. 그리스도인들은 악한 수단을 사용하여 악에 저항하지 않는다. 그리스도는 새롭고 더 좋은 저항 수단을 보여주셨다. 그리스도를 믿는 사람들은 하나님의 진노의 사역자들이 아니고이는 권위자들에게 맡기고, 단지 하나님의 화해하는 사랑의 사역자일 뿐이다.고후5:17~20 10) 바울은 그리스도인들이 사회적 악의 복잡한 상황에서 물러나라고 말하지 않았으며 바울 자신이 로마에 가고자 했던 것처럼롬15:22~29 그리고 가서 그리스도의 악에 대한 새로운 반응을 증거했던 것처럼 그렇게 해야 한다. 그렇게 함으로서 그들은 실제로 통치하는 자는 하나님, 즉 가이사가 아닌 그리스도가 주님이라는 사실을 통치자들에게 증거하게 될 것이다. 악에 대한 그리스도의 승리는 그리스도인의 반응을 안내할 것이다.

이와 같은 관점에서 원칙적으로 그리스도인들은 사회 속에서, 전투가 가장 치열한 곳에서 악에 저항하고 선을 위해 일하도록 부름을 받았다. 우리가 사용하도록 부름 받은 방법을 묘사하려고 우리는 아무런 행동도 하지 않는 극단에서부터 악을 무시해서 또 다른 극단으로는 악을 행하는 자를 죽이는 치명적인 폭력에 이르기까지 폭넓은 반응을 전부 지적해야할지도 모른다.[11] 어떠한 극단도 예수의 제자들에게는 받아들여질 수 없다. 왜냐하면 어떤 극단도 사랑과 일치하지 않기 때문이다. 아무런 행동도 없는 것은 악을 심각하게 다루지 않음을 의미한다. 치명적인 폭력은 한 개인 자신의 악의 가능성을 심각하게 다루지 않는 것이다. 다른 말로 하면 우리는 악이 사라지기를 바라거나 우리의 관점에서 덜 악한 악을 사용함으로써 악에 저항할 수 없다. 우리는 선으로 악에, 진리로 거짓에 저항해야만 한다.

증거를 위한 신약 성서적 기초

다섯 가지 성서적 가르침의 경향이 교회로서의 그리스도인과 교회가 권세들을 능가하는 그리스도의 주권에 대해 증언해야 하는 기초이다. 모든 세상과 초국가적 권위 위에 있는 그리스도의 주 되심은 여기서 기본적인 전제가 된다.

첫째, 예수는 사역 가운데서 하나님나라가 정치적인 의미에서 가까이 임하였다고 막1:14~15에서는 오셨다고 선포하셨다. 예수의 치유와 축사, 죄의 용서는 새로운 나라의 권력과 실재가 다가오고 있음을 증거 한다. 그러나 예수는 결코 적을 무너뜨리려고 그의 능력을 사용하지 않으시고 오히려 본문에서 분명하게 보여주고 있는 것처럼 악마적인 힘에 직면하신다.

그러나 내가 하나님의 성령을 힘입어 귀신을 쫓아내는 것이면 하나님나라가 이미 너희에게 임하였느니라. 사람이 먼저 강한 자를 결박하지 않고서야 어떻게 그 강한 자의 집에 들어가 그 세간을 강탈하겠느냐 결박한 후에야 그 집을 강탈하리라.^{마12:28~29; 막3:23~27; 눅11:14~23 참조}

예수께서 제자들을 파송하실 때에 그분은 제자들에게 치료하고 마귀를 내쫓으며 "하나님나라가 가까이 임하였다"라고 선언하도록 권위를 허락하셨다.^{눅10:1~12} 사도들 역시 그 나라의 평화^{평화}가 세 번 등장함를 그들의 복음 메시지에 개방적이거나 폐쇄적임을 시험하는 것으로 확장시킨다.¹²⁾ 예수와 제자들의 사명은 그 당시의 권력에 도전하고 결국은 십자가로 향한다. 정치적 권력에 맞서는 예수의 능력은 복음의 중심에 놓여있다. 교회가 지도자이며 주님이신 예수를 신실하게 따를 때에 역시 권력에 맞서게 됨을 알게 된다.

둘째, 바울은 특별히 그리스도를 모든 권력의 머리로서 말하고 십자가 위에서의 그리스도의 승리는 권력을 패퇴시킨 것이라고 한다. 교회의 신앙과 선포에서 그리스도는 정상적이건 비정상적이건 간에 모든 정사와 권력의 머리가 되신다.^{신약성서는 정부와 통치자, 학문과 사상을 모두 동일시한다} "너희도 그 안에서 충만해졌으니 그는 모든 통치자와 권세의 머리시라…통치자들과 권세들을 무력화하여 드러내어 구경거리로 삼으시고 십자가로 그들을 이기셨느니라."^{골2:10,15} 권력에 대한 그리스도의 관계를 말하기 위한 골로새서 2장 10절에서의 머리라는 말은 에베소서 5장 23절에서 예수의 교회에 대한 관계를 의미할 때도 사용되었다.^{엡1:22} 모든 것은 권력을 포함하여 확실하게 그리스도에 종속된다. 그리스도의 십자가와 부활은 통치자들^{정사}과 권세자들^{권위}을 패배시켰을 뿐만 아니라 그들을 공적으로 드러내고 그들의 권력을 무력화시켰다.^{골2:15, 제4장 참고} 다른 본문, 예를 들면 고린도전서 2장 6~8절, 베드로전서 3장 22절 동일한 내용을 보여준다. 더욱이 바울은 모든 적들 위에 그리스도의 현재적 통치에 대해서 말한다. "그 후에는 마지막이니 그가 모든 통치와 모든 권세와 능력을 멸하시고 나라를 아버지 하나님께 바칠 때라 그가 모든 원수를 그 발아래에 둘 때까지 반드시 왕 노릇 하시도다."고전15:20~28, 인용은 24~25

셋째, 바울은 특별히 권력에 대한 증언에 대해서 "이는 이제 교회로 말미암아 하늘에 있는 통치자들과 권세들에게 하나님의 각종 지혜를 알게 하려 하심이라."엡3:10라고 말한다. 이 곳의 정황은 바울의 사도적 소명과 권위이며, 그것은 그리스도 안에서 유대인과 이방인들을 통합하였다. 로마 정부는 스스로 팍스 로마나라고 주장할 정도로 큰 권력을 가졌음에도 그 일을 성취할 수 없었다. 그리스도의 통치하에 살게 함으로써 예수 그리스도의 복음이 전에는 원수였던 민족들을 하나의 믿음의 몸으로 통합할 수 있었다. 바울은 이 몸을 하나님의 다양한 지혜의 권능의 명시로 보았다.

요한계시록은이 책 11장 참조 이와 같은 관점을 대거 입증하고 있다. 계시록은 당시의 신실한 교회가 장차 모든 세상적인 권력에 반하여 보좌이 말이 전부 46번 사용되고 있다 위에 앉으신 하나님과 어린양에게 예배함으로 통합되는 것을 전반적으로 보여준다. 마침내 강력한 로마바빌론는 멸망하고 예수 그리스도의 통치가 승리를 얻으며 새 하늘과 새 땅이 나타나게 된다.

이들 본문에서 교회는 무엇보다도 그 존재 자체로 증인이 된다. 동시에 바울의 삶과 요한계시록의 말씀 안에서 들려진 말씀을 통해서도 증거가 된다. 특별히 요한계시록 18장에서 경제적 확장과 제국의 불의는 통렬하게 저주를 받게 된다. 제국의 부는 하나님의 심판을 받게 된다.[13] 이것이 지금 세계를 경제적으로정치적으로는 간접적으로 지배하기 위한 작업이 미국에 의해 벌어지고 있는 것처럼, 제국들이 세계를 지배하려고 할 때, 바로 그와 같이 말하는 교회의 증언이다.

넷째, 예수와 사도들은 정부의 통치자들에게 권세를 능가하는 그리스도의 통치권을 입증하는 말을 직접적으로 한다. 요한복음에서 예수는 빌라도에게 권력이 위에서 주어진 것임을 선언하면서 바로 그 하늘에서 주께서 예수 자신에게 살리게도 하고 죽이게도 하는 일을 주셨다고 선언한다. 예수는 오히려 빌라도의 권세가 제한적인 것이라고 말씀하신다. "빌라도가 이르되 그러면 네가 왕이 아니냐? 예수께서 대답하시되 네 말과 같이 내가 왕이니라. 내가 이를 위하여 태어났으며 이를 위하여 세상에 왔나니 곧 진리에 대하여 증언하려 함이로라. 무릇 진리에 속한 자는 내 음성을 듣느니라…위에서 주지 아니하셨더라면 나를 해할 권한이 없었으리니." 요18:37, 19:11a

더욱이 사도행전에 나타나 있는 다음과 같은 본문들에서는 예수의 부활에 대한 초대교회의 설교에서 그분의 주 되심으로 인해 제자들에게 권력자들을 비판하고 복종하지 말도록 격려한다.

- 2:22~24, 36에서는 권위자들이 예수를 십자가에 못 박았음과 또한 동시에 이는 하나님의 계획이었음을 주장한다.
- 4:7~29은 다시 지도자들에게 예수의 십자가에 대한 책임을 주장하고 있으며[10절] 사도들은 예수의 증인이 되지 말라는 지도자들의 명령을 따르기를 거절하고 하나님의 권위가 지도자들의 권위보다 크다고 말한다.
- 5:27~32은 권위자들 앞에서의 또 다른 예로 사도들은 "우리는 인간의 권위에 복종하기보다 하나님께 복종한다."라고 말한다.
- 22:25, 바울은 로마 천부장의 매질에 대하여 "정죄를 받지 않은 로마 시민을 매질하는 것이 정당한가?"라고 분명한 입장을 밝힌다.
- 24:25, 펠릭스 행정관과의 토론에서 바울은 "정의, 자기 억제 그리고 다가오는 심판"에 대해서 말하고 펠릭스는 "놀라게" 된다.

마지막 다섯 번째로 로마서 13장에서 말하는 정부를 향한 하나님의 목적은 로마서 12장의 예수 그리스도의 주 되심에 대한 복종과 순종을 위한 분명하고도 거역할 수 없는 부름과 연결된 맥락에서 말하고 있다. 다음 장에서 나는 모든 세금을 지불하라는 본문에 비추어 로마서 13장 본문을 연구하고자 한다. 이 주제는 끈질기게 전쟁을 반대하는 사람들, 특별히 전쟁에 참여하는 그리스도인 모두에게 가장 어려운 것 중에 하나이다.

　　로마서 12장를 고려하여 로마서 13장에 대한 이해는 그리스도인 신자들로 하여금 비록 권력자들에 의한 명령일지라도 신자로서 복종할 수 없음이 분명하더라도 예수를 따르라는 부름을 피하거나 어길 수는 없는 것이었다. "나라의 옳고 그름" 혹은 나의 정부에 대한 궁극적인 충성"을 선언하면서 정부에 대한 무비판적 복종은 결코 신약성서의 가르침이 아니다. 그것보다는 베드로전서 2장 11절이 말하고 있는 것처럼 우리는 "거류민과 나그네에 불과할 뿐이다.KJV은 "이방인과 순례자"라고 한다 이는 우리의 우선적인 충성이 우주적인 그리스도의 몸에 대한 것이지 국가에 대한 것이 아님을 의미한다. 복종 혹은 불복종의 기준은 그리스도의 주 되심에서 오는 것이지 정부의 권위에서 생겨나는 것이 아니다.

정부를 위한 도덕적 규범?

　　사회적 질서 내에서의 교회의 평화 혹은 빛과 소금됨에 대한 토론의 다른 차원은 인간에 대한 하나님의 도덕적 기대를 이해하는 것이다. 우리는 다음 질문에 집중한다. 하나님은 두 가지 궁극적인 도덕적 규범, 즉 하나는 교회를 위한 것 그리고 다른 하나는 정부를 위한 것을 가지고 계시는가? 이는 그리스도인과 정부 사이의 관계를 보여주는 윤리적 의무를 해결하는 다양한 해결책으로서 문제가 되는 사항이라고 하겠다.[15]

　　아나뱁티스트 관점에서 이 문제를 볼 때에 그리스도인으로서 우리가 아는 유일한 도덕적 기준은 예수 그리스도의 복음의 윤리적 규범에 근거하고 있다. 로마서 2장 14~16절에서 사도 바울은 모세의 율법이나 기독교 복음을 전혀 듣지 못한 이방인들은 율법이 요구하는 바를 행할 수도 있으며 따라서 악한 삶을 사는 이방인보다 아니면 복음의 윤리적 규범에 대해서 알고는 있으나 그에 따라서 살지 못한 유대인이나 그리스도인들 보다는 마지막 심판 날에 더 나은 자리에 있을지도 모른다고 지적하였다. 그러나 이 구절의 마지막 내용은 궁극적으로 모든 사람들은 한 가지 복음의 규범, 예수 그리스도의 삶 속에 계시된 윤리적 규범에 의해 심판받는다는 것이다. 이는 복음의 윤리적 규범에 따라 살지 못하는 모든 사람들은 하나님의 면죄나 심판에 대하여 어떠한 자율적·윤리적 규범도 없다는 것을 의미한다.

이 본문이 율법의 규범에 대해서 말하는 한편 복음은 "율법이 요구하는 것"을 이루며롬8:3~4 율법의 윤리를 성취한다는 것을 의미한다.10:4

이 문제는 정부정책을 특징짓는 도덕성에 대한 기대를 암시한다. 그리스도인은 정부로 하여금 복음이 교회의 복종을 위해 제시한 도덕적 규범을 면제해 줄 것을 기대할 수 없다. 하지만 동시에 그리스도인은 정부에게서 지금보다 여건이 좋은 실천을 기대할 수도 있다. 복음 밖에 있는 사람들도 그들이 현재 하고 있는 것보다 더 잘 할 수 있을 가능성은 언제든지 있다. 결과적으로 교회가 정부에 대해서 말할 때에 특별한 대안을 말해줄 수 있다. 이 대안은 정부가 지금은 따르고 있지 않지만 앞으로 따를 수 있고 그들이 결코 충분하게 얻을 수 없다는 것을 우리가 알고 있는 기준들에 더 가까이 갈 수 있는 특별한 가능성을 명확히 표현한다.

그리스도인들이 특별한 대안을 말해야할 중요한 이유는 그리스도인들이 정부에게 제공하고자 추구해야 하는 어떤 정치적 이론을 성서가 가르치지 않았기 때문이다. 그리스도인들이 정부로 하여금 그들이 기독교 윤리에 보다 근접될 수 있음을 믿는 정치적 행동들을 제안할 수는 있지만 여전히 그리스도의 이름으로 정부의 어떤 형태나 이론을 제시할 수는 없다. 그리스도인들이 제안할 수 있는 모든 것은 정부 질서의 이차적 의미를 주는 급진적인 새로운 사회 질서를 위한 것일 뿐이다.

정부의 도덕성과 관련된 교회의 사명은 기도와 가능한 가장 높은 도덕성이 성취될 수 있도록 증거하는 것이다. 바울과 더불어 우리는 어떤 도덕적 혹은 부도덕적 수준은 다른 사람들에게 바람직하고 하나님의 도덕적 기준에 좀 더 순종하는 것임을 믿는다. 정부가 자신의 일을 어느 정도 하나님의 목적과 계획에 따라 수행할 수도 있다는 것을 인정하는 것은 의미있고 중요하다. 이러한 목적과 계획은 정부의 구조를 통해서 하나님나라가 실현되는 것이 아니라 정치적 정책에 보다 실현가능을 추구함으로 기독교 복음이 진전되고 하나님의 자비와 정의가 현재 질서에 보다 근접하게 하는 것이다.

전쟁

문제를 보다 분명히 하려고 우리는 다음과 같은 질문을 제기하고자 한다. 전쟁은 옳지 않은 것인가? 아니면 정부에는 그렇지 않지만 오직 교회를 위해서만 옳지 않은 것인가? 이것은 도덕성의 성서적 개념에 관한 앞선 논의에서 은연 중에 대답된 것이다. 복음의 도덕적 규범 밖의 다른 모든 행위들을 우리가 비록 그것을 다소간에 도덕적으로 인정한다고 하더라도 실제로는 어느 정도 비도덕적이다. 그리고 이러한 비도덕성의 영역 안에서 전쟁은 있어왔고 지금도 있으며 앞으로도 계속 일어날 것이다. 이것이 전쟁을 옳다고 하는 것은 아니다. 이는 단지 전쟁이 현실적이며 죄도 마찬가지라는 사실을 말하는 것이다. 전쟁이 계속되는 이유는 인간의 죄 때문이며 그리스도의 주 되심에 대한 반항 때문이다. 사람들이 예수 그리스도의 복음 안에 계시된 하나님의 도덕적 규범에 무지하고 그것을 부정하며 거절하기 때문에 전쟁은 계속된다. 신약성서의 가르침에 기초한 신학적 관점에서 모든 전쟁은 죄이며 잘못된 것이다.[16]

그러나 기독교 교회의 역사 속에는 전쟁이 정당화 된 때도 있었다. 이 가운데 가장 두드러진 것이 바로 정당한 전쟁론이다. 이 이론은 어떤 경우 전쟁의 합법성을 인정하려는 것이었다. 그러나 많은 신학자들과 윤리학자들은 과연 정당한 전쟁이 있었는가? 이 이론을 받아들일만 한가? 그리고 과연 어떤 전쟁이 정말로 정당한 이유로 이루어진 적이 있었는가를 질문한다. 신학적 관점에서 전쟁은 항상 잘못된 것이었으며 지금도 잘못이고 앞으로도 잘못될 것이라는 폭넓은 의견의 일치가 제기되고 있다.

그러나 정치적 관점에서 대부분 신학자들과 윤리학자들의 견해는 서로 다른 강조점을 보인다. 많은 신학자들과 윤리학자들은 인간의 악한 이기주의에 대한 균형을 위해서 전쟁이 정치적으로 필요하다는 견해를 내세우기도 한다. 기독교 현실주의로 알려진 라인홀드 니버는 이 견해를 논의하고 발전시켰다.[17] 이 견해는 전쟁이 정치적 요청이며 비록 필요하지만 결코 옳은 것은 아니라고 한다. 이들 윤리학자들은 우리가 전쟁에 가담할 때에 복음의 규범에 타협하는 것이라고 말한다. 그러나 다른 도리가 없다는 것이다. 우리는 다만 하나님의 용서를 신뢰할 수 있을 뿐이라는 것이다.

이와 같은 분석적 전망에서 어떤 전쟁들은 불필요할 수도 있으며 따라서 옳지 않으며 이는 신학적 의미에서 뿐만 아니라 정치적 의미에서도 마찬가지이다. 많은 윤리학자들은 신학이 아닌 정치적 근거로 베트남 전쟁에 관해서 2003년에 시작된 이라크 전쟁과 마찬가지로 불필요하고 옳지 않은 것이었다고 판단한다. 이들 전쟁들은 따라서 니버 학파의 "현실주의"에 의해서도 부도덕한 것이라고 한다. 이것이 바로 "베트남과 이라크에서의 전쟁은 부도덕하고 정의롭지 못한 것" 이었다고 우리가 들어왔고 지금도 듣고 있는 것이다. 그러나 이러한 판단은 정치적 판단의 결과로도 가능한 것이다. 이러한 선언은 모든 전쟁은 옳지 않고 죄악이라는 이전의 전제에서 나온 것이 아니라 어떤 전쟁은 필요한 것이며 어떤 전쟁은 불필요한 것이라는 전제에서 나온 것이며 따라서 베트남과 이라크 전쟁은 후자에 속하는 것이다. 따라서 위의 두 전쟁은 부도덕하고 옳지 않은 것이다.

그렇다면 이러한 논쟁은 정치적 질서 내에서 무저항 평화주의 그리스도인들로서의 태도에 무엇을 의미하는가? 우선 모든 전쟁은 옳지 않으며 죄악이라는 증언과 주장이 기독교 평화 지도자들에 의해 정부에 지속적으로 선포되어야 한다는 것을 의미한다. 이는 차별 없는 회개의 촉구이며 그리스도의 길에 대한 온전한 복종이며 하나님나라 공동체에 대한 우선적인 충성이라고 할 수 있다.

이는 또한 소금과 빛의 사명에서 우리가 정치적으로 불필요하며 정치적 분석에서도 도덕으로 옳지 못하다고 일반적으로 판단되는 전쟁을 반대하는 증언을 찾아낼 수 있는 방법을 의미하기도 한다. 오늘날 교회가 직면하고 있는 결정적 질문은 상황을 변화시키는 증언을 질적으로 왜곡시키지 않고 위의 두 번째 수준 즉 도덕적으로 옳지 못하다는 사실을 어떻게 말하느냐 하는 것이다. 평화신학을 연구하고 있는 메노나이트 중앙 위원회에 최근에 진행하고 있는 작업은 "중간 공리"라고 말하는 요더John Howard Yoder에게서 발전한 "중간 언어" 사용에 대해서 말한다. 루디아 하더Lydia Harder는 성서적 지혜 전통에 대해서 예언적-언약적 윤리를 세상에서의 삶에 연결시키는 성서적 모델로 이끌어 낸다.[18] 이 모델은 유용하며 좀더 개발할 필요가 있다.

최근에 잠언을 읽는 가운데 8장 13~21절에서 정부와 시민, 국가적인 지도자들에게 도덕적으로 접근하여 적용할 수 있는 지혜와 관련된 여러 가지 도덕적 속성들을 볼 수 있었다.

1. 주를 경외하라. 우리는 인간이고 죽을 수밖에 없음을 깨닫는다. ^시 9~15에서도 역시 지혜전통이 강조되고 있다

2. 악을 미워하고 진리를 사랑하라. ^{시8:13}, 오늘날에는 더욱 절실히 요청되는 것이다

3. 말을 왜곡하고 속이는 자를 미워하라. ^{시8:3c}

4. 어리석지 말고 지혜를 바라보며 용기를 추구하고 강해져라. ^{시8:14}

5. 지혜는 통치자로 하여금 정의와 공의로 다스리게 한다. ^{시8:15, 20}

6. 지혜는 부, 명예, 번영의 근원이지만샬롬, ^{시8:18~19}, 또한 지혜는 보석보다도 귀하고^{11절} 단련한 금보다도 귀한 것임을 깨달아야 한다.

7. 지혜는 하나님과 함께 세상의 "창조 질서"의 근원이기도 하다. ^{시8:22~31}

14장 역시 몇 가지 관련된 잠언이 있다. "가난한 사람을 학대하는 자는 그를 지으신 이를 멸시하는 자요 궁핍한 사람을 불쌍히 여기는 자는 주를 공경하는 자니라." ^{잠14:31} "공의는 나라를 평화롭게 하고 죄는 백성을 욕되게 하느니라." ^{잠14:34} 시편 94편 역시 이 지혜 전통에 기여하고 있는데 특별히 4~6절에서 "과장된" 말과 행동을 견책하며, 20절에서는 날카로운 질문을 던진다. "율례를 빙자하고 재난을 꾸미는 악한 재판장이 어찌 주와 어울리니이까?" 우리는 아마도 이와 같은 "중간 언어"로 덕의 면모를 구축할 수 있을 것이며 성서적 믿음의 전통 안에 있는 사람들은 그것으로 현명하고 신중하며 안전하고 평안하게 하는 언약적 믿음 이외의 기준을 통치자들에게 요청하게 될지도 모른다.

지혜모델은 또한 그것이 어떻게 작용하는지를 보여주는 사례 연구들을 필요로 한다. 협동과 공동체-통치 제도 형태를 이룬 그녀의 아버지에 대한 하더의 예는 도움이 될 만하다. 나의 가족 역사와 관련된 한 이야기는 존 루스가 『파종의 때』에서 말했던 것처럼 미국 혁명전쟁 동안에 이 지혜가

어떻게 접근되는지를 예로 보여주고 있다. 로젠버거 가족은 스와틀리 두 형제들을 계약직으로 신세계에 데리고 들어와 펜실베니아 프랭코니아에 정착시켰다. 그 과정 속에서 스와틀리 두 젊은이들 가운데 하나는 로젠버거의 딸과 결혼했다.[19] 막다레나와 존의 결혼식은 전쟁이 한참 진행 중에 있었기 때문에 결혼식 피로연을 평화롭게 진행할 수가 없었다. 굶주린 군인들을 위하여 음식을 찾고 있는 사병들이 축제를 뒤엎어놓고 음식을 가져가곤 했기 때문이었다. 로젠버거 집사의 집에서 피로연 음식을 장만하고 있던 여인들은 이와 같은 파국을 두려워하면서 헛된 준비가 되지 않기를 바랐다. 타우멘신에서 군인들이 다가오는 것을 본 여인들은 당황해하면서도 기독교인다운 자세로 하나의 계획을 마련하였다. 군인들이 거의 접근해 왔을 때에 몇몇 사람들이 나아가 그들을 환영하며 결혼식 피로연에 초대하였다. 그 계획은 주효했다. 지혜전통의 복음적 적용으로서의 축하연 상징을 루디아 하더와 연관시킴으로 틀림없이 적대적이었을 상황에서 무장을 해제하고 하나님나라의 환대를 굶주린 병사들에게 확대시킨 것이다.[20]

지혜는 아마도 "중간 언어"로 우리들을 돕게 할 수도 있을 것이다. 하지만 그것은 과거와 현재에서 다양한 문화의 영향력으로 위협받고 있는 일상의 삶을 복음으로 연결시키는 사람들의 이야기를 필요로 한다. 제국주의적 군사행동을 우리들 시대의 경제적 착취에 어떻게 연결시키느냐 하는 것은 시민 사회 안에서 일어나고 있는 폭력에 대하여 버거운 도전이 아닐 수 없다. 메노나이트 중앙 위원회 평화신학 연구에 의해서 발전된 모델은 매우 흥미진진한 것인데,[21] 이는 지배하기를 추구하는 시민정부와 국가적 계획 모두 안에서 작용한 예를 보여주는 실제적인 삶의 이야기를 요청한다.

우리의 소명

기독교인으로서 우리는 아마도 우리의 소명과 일치하는 사회의 다양한 국면에 참여해야 할 것이다. 말하자면 우리는 어쩌면 악에 대항하여 사랑을 배제해야 하는 책임 있는 자리를 받아들여야할지도 모른다. 사회의 구조적 참여의 확장은 기독교 신자들에게 곤란한 질문들을 야기하거나 제시할 수도 있다. 그런 것들에게 반응하기 위한 시도 가운데 결단을 내릴 때에 우리는 순수하게 유연성을 발휘해야만 할 것이다. 개인적인 기독교인의 양심과 신앙공동체의 분별은 그런 자료들을 제시하는데 필수적이다. 그러나 어떠하든 간에 개인적으로나 혹은 우리들 행동에 관한 논리적 연장선상에서 적이나 악인의 생명을 취해야만 하는 자리에 그리스도인들이 있어서는 안 될 것이다. 이는 그리스도의 길과 전혀 맞지 않기 때문이다. 그러므로 정규군이나 혁명군으로, 시민봉사로서의 군복무 또는 기독교 평화 윤리를 위반하는 군수공장에 일하는 것 등은 그것이 일시적으로 선을 행하고 이웃을 사랑하는 행위처럼 보이더라도 사실상 이러한 분야에서 직업을 갖고 일하는 사람들에게 하나님께서는 사직서를 내고 다른 직업을 찾도록 하실 것이다.[22]

분명히 그리스도인들에게 열려있는 봉사와 증언의 많은 다른 길들이 있을 것이다.[23] 우리들은 기필코 정부와 우리들의 적, 박해자를 위한 사역과 기도에 참여하게 될 것이다.[24] 비폭력적인 그리스도인들은 불가능하게 보이는 위험한 상황에 대하여 기도로 구속의 기적으로 하나님께서 일하시는 것을 지금까지 찾아왔다.[25] 그리스도인들은 학교에서 가르치거나 공중건강을 위해서, 교통정리심리적으로 때로는 어떤 경우 물리적으로 제재가 필요할 수도 있겠지만, 우리 그리스도인들은 그와 같은 제재를 가함으로 개인의 안전을 도모하는 것이 아닐 경우에는 어떠한 제재도 사용하지 않도록 자제함으로서를 할 수도 있을 것이다.[26] 우리는 또한 비폭력적인 데모로 상거래 조합 활동에 가담할 수 있으며 예언자적 증언을 위해서 시민 불복종에 참여할 수도 있을 것이다.

하지만 다양한 사회 안에서 우리는 판사나 경찰로 봉사할 수는 없을 것 같은데 그 이유는 이러한 직업들이 의무적으로 생명을 취하거나 생명을 취하는 것을 허락하는 일에 종사할 수도 있기 때문이다. 그러나 어떤 사회, 이를 테면 사형 제도를 반대하고 많은 수의 비무장 경찰력을 가지고 있는 영국과 같은 곳에서는 그리스도인들이 참여할 수 있는 길이 있을 수도 있을 것이다. 초대 교회에서는 신자들로 하여금 경찰직을 허용하였으나 만약에 그들이 생명을 취했을 경우 교회에서는 그들을 추방했다는 사실을 기억해야 할 것이다.[27]

그러나 공적인 책임의 자리에서 그리스도인은 대부분의 사회 규율과 기관들이 특권 시민 단체의 특정인의 이기적인 관심을 보호하려고 기능하여 왔다는 사실을 인식해야 할 것이다. 이와 같은 이유로 그리스도인들은 정치적으로 정의와 평화적인 삶의 존엄성을 위한 성서적 지침을 따를 때에는 결국 자신들의 직업을 잃게 될 수도 있을 것이다.[28] 그렇다고 하더라도 우리는 복음의 증인이 되도록 그러한 자리를 신중하게 택하고자 하는 동료 신자의 노력을 지지할 것이다. 우리는 이러한 노력이 그 제도를 기독교화할 수 있다는 생각 때문이 아니라 사회 구조 속에서 예수의 나라의 방법을 증언하기를 추구하기 때문이다.

따라서 그리스도인의 우선적인 도전은 죄악된 환경을 피하는 것이 아니다. 오히려 예수의 가르침에 대한 적극적인 표현을 제시하는 참여를 선택하는 것이다. 그리스도인들로서 우리 앞에 주어진 도전은 국가나 정부의 법률과 정의 체계의 대행자가 되는 것이 아니고 예수 그리스도를 통하여 올바르고 정당한 것을 확립시키는 하나님의 방법의 대사가 되는 것이다. 그러므로 우리들의 직업 소명은 하나님의 정의와 평화를 증언하는 그리스도인의 소명을 드러내기를 추구하는 것이어야 한다.

40여 년 전에 존 하워드 요더는 『국가에 대한 그리스도인의 증언』대장간 역간, 2012 29)이라는 책에서 그러한 증언이 될 수 있는 신학적 기초를 제시했다. 비록 책의 제목이 국가에 대한 증언 간접적으로 이라고 하였지만 나는 그리스도의 주 되심이라고 하는 것을 선호한다. 그리스도의 주 되심에 대한 증언이 있는 곳에 국가도 포함된다. 그러나 수년 동안 이 문제는 논쟁이 되어왔다. 나와 같은 직무를 담당하고 있던 나의 동료 중 하나는 국가가 그리스도의 주 되심 밖에 있는 것은 잘못된 것이라고 주장했다. 국가는 하나님 아래에 있으며 롬 13:1을 인용하면서 그리스도에 대한 우리의 증언은 모든 시대 모든 사람을 위한 구원에 관한 것이다. 예수 그리스도는 교회의 머리이지만 국가의 머리는 아니다. 따라서 그리스도인들의 증거는 국가의 정치나 행정과 같은 제도에 관한 것이 아님이 분명하다.

바울이 예수께서 정사나 권세의 머리골 2:10라고 주장했다는 것에 대해서 나는 동의하지 않음을 분명히 한다. 이에 대해서 나의 동료는 대답하지 않았으며 그는 계속해서 정부에 대한 증언은 신학적으로 잘못된 것이라고 믿었다. 이러한 상이한 입장에 직면했을 때에 나는 이 문제에 대해서 말하고 있는 신약성서 본문들을 찾아보기 시작했다. 나는 또한 메노 시몬스의 전집을 통해 이 주제에 대한 아나뱁티스트의 전통이 무엇인지를 확인해보고자 했다. 이 책의 부록 1은 미카엘 자틀러의 것과 더불어 메노 시몬스의 관련된 본문을 옮겨 놓았다. 그러한 증언과 관련되어 아주 분명했던 선례들은 나로 하여금 아나뱁티스트야말로 예수 그리스도에 대한 신실한 증언으로서의 그들의 책임에 참여하는 것이어야 한다는 확신을 갖게 하였다. 아나뱁티스들은 정부 지도자들에게 그들이 성서의 도덕성에 충실하지 못하다고 말하는데 주저하지 않았다. 그때에 정부 지도자들은 자신들도 그리스도인임을 주장하였는데 오늘날 특별히 미국에서 이와 같은 일들이 일어나고 있는 것이다.

권력과 국가에 대한 증언과 관련된 존 요더의 견해

1964년에 발간된 『국가에 대한 기독교의 증언』이라는 책 속에서 요더가 기여한 중요한 부분은 교회와 국가 간의 독립성을 분명하게 한 것이다. 교회는 교회의 삶을 안내하는 동일한 도덕적 기준으로 행해야 했음에도 그렇게 말하지 않았다. 요더는 국가에 대한 교회의 증언은 "용수철-긴장" 관계를 통하여 기획되어져야 한다고 제시하는데 이는 인간의 삶을 위한 하나님의 뜻을 표현하는 궁극적인 도덕성과 "국가"는 그러한 기준으로 기능하지 않는다는 사실을 존중히 여기는 것이었다. 그럼에도 국가는 하나님에게서 온 도덕적 규범에서 독립적이지 않다. 1948년 세계교회협의회WCC 이후 조셉 H. 올덤J. H. Oldham, 작고한 존 C. 베넷John C. Bennett의 영향으로 요더는 "중간공리"middle axiom라는 개념을 교회가 자신의 실천을 위하여 유지하고 있는 계속성의 입장에서 도덕적 가치를 옹호하는 증언의 수단으로 사용하지만, 정부에게 교회의 도덕적 수준으로 기능을 향상시킬 것을 요구하지는 않는다. 증언의 목적은 국가가 지금보다는 더 도덕적이게끔 돕고 하나님나라 비전을 완전히 표현하지는 않더라도 더 나은 몇 가지 대안을 택하고자 한 것이었다.

예를 들면 이웃을 사랑하라는 예수의 명령에 순종하고자 하는 그리스도인들은 자신들을 위한 수단으로는 받아들이지 않지만 적을 소외시키지 않으면서 가능한 협동과 미래의 상호 협조를 지향하는 행동과정을 정부에 증언하는 제한적인 의미[30]만으로 적용하는 것에 대해 설명하고 있다. 미국이 두 번째 이라크 공격에 관해서 목소리를 내기 시작했을 때에 그것은 이것이야말로 장기적으로 어느 나라든 강하게 하기보다는 소외시킨다는 점이 내게 분명하게 보였다. 따라서 나는 지역신문의 피플스 포럼에 편지를 쓰고 그 복사본을 지역 출신 하원의원과 상원의원들에게 보냈다. 미국의 이라크 침공 수년 후에 아프카니스탄과 이라크 내에서의 전쟁도발자들은 테러리스트들을 활성화시키고 서구 제국주의자들에게 대하여 더 단호하고 더욱 증오하게끔 만들었다. 존 폴 레더락John Paul Lederack은 이처럼 좋지 않은 정치적 결정에 대해서 다음과 같이 말했다. 즉 만약에 두 나라 지도자들이 그들의 두려워하는 것과 다른 점이 무엇인지를 다루기 위하여 협상 테이블에 모여 앉았더라면 수 천 명의 사상자미국과 연합군, 이라크를 포함하여들과 수많은 미망인, 고아, 피난민을 발생하게 한 끔찍한 결과를 피할 수 있었을 것이다. 그들은 "원수를 사랑하라"는 말과 상응하는 대안적 행동에 대해서는 생각하지 않았다.

정부지도자들은 믿음의 소리들의 증언에 적합한 정보가 없다고 생각함으로 관심을 갖지 않는다. 그러나 이러한 경우 분명한 것은 정부 지도자들이 부적절한 정보를 가질 뿐만 아니라 그 출처가 어디인지를 아는 거짓 정보를 갖게 된다고 하는 것이다. 게다가 신앙공동체는 비정부조직 혹은 그들 나라의 선교에 관련된 사람들에게서 제기되는 다양한 세계주변 정보를 지닐 뿐이라는 것이다. 그러나 정부에 대한 이러한 증언의 추진력은 월등한 정보도 더 나은 정보도 아니지만 종종 중간공리 언어를 통해서 복음의 진리를 말하는데 끈질지게 노력한다는 것이다. 군사 예산을 증강시키는 세금 사용에 대한 증언에 대해서는 다음 장에서 다루도록 하겠다. 그리스도인으로서 우리는 삶의 모든 영역에서 그리스도를 증언하는데 깨어있도록 부름을 받았으며 겸손과 정직함으로 모든 권력에 대해서 진리를 말하여야 한다. 우리는 우리 자신의 나라의 복지만을 추구할 것이 아니라 모든 사람의 평화를 추구해야 한다.

결론

모든 권세에 대한 그리스도의 주 되심은 그리스도인 신자 됨의 기본 고백이다.빌2:5~11 이는 그리스도인의 국가모든 수준의 정부의 정책과 실천적인 의미에서에 대한 증언의 신학적 기초를 제공한다. 우리들은 예수의 축사 사역이 바울서신과 베드로서신에서 지속적으로 선언되는 것을 보게 되는데 이는 사실 다가오고 있는 하나님나라의 핵심에 해당되는 것이다. 누가복음 10장 18절에서 보는 대로 사도들의 평화─복음의 확장과 다가오는 하나님나라에 대한 선언은 동시에 일어난다. 이와 같은 선교활동은 "내가 사단이 하늘로부터 번개처럼 떨어지는 것을 보았다헬라어로는 보고 있다"라고 하신 예수의 말씀을 기반으로 한다. 복음을 받아들임으로 하나님나라가 시작되는 것은 인간에 대한 사단의 지배력의 상실을 나타내는 것이다. 국가에 대한 그리스도인의 증언을 지지하는 동일한 성서신학 역시 기독교의 구속 사역을 지원한다. 이 둘은 모두 그리스도의 주권적인 주 되심을 보여준다.

이 사역들이 어떻게 서로 연결되는가를 보여주는 두 가지 이야기가 있다. 『하나님을 위한 모든 주장』에서 조지 맥클레인George McClain은 의식적인 축사 사역이 어떻게 악이 지배하고 있는 사회 정치적인 조직적 권력을 해방하는데 사용하는지를 관련시키고 있다. 그 장소는 바로 루이빌이었는데 그곳에서 연합감리교회의 총회가 열리고 있었다. 때는 바로 남아프리카에서 인종차별이 공식적으로 끝나기 직전이 1987년도였다. 남아프리카 기업에서 자금을 빼지 않음으로 인해 연합감리교회 총회 연금위원회에 대하여 수년 동안 매우 강력한 항의가 있었지만 연금 위원회는 그러한 항의에 관심을 기울이지 않았다. 이와 같은 사건이 있기 전 여름에 맥클레인은 그가 인도하고 있던 "내면을 향한 여정, 외부를 향한 여정"이라는 영적 수련회에서 그가 좌절하고 있는 것을 사람들과 나누었다. 수양회 참가자 중 한 사람이 이 방해물을 대신해 준비한 사회적 축사를 위한 예배를 가질 것을 건의했다. 두려움과 위협의 영, 권력과 돈에 대한 탐욕, 가부장제라는 이름이 문제를 열어 가는데 방해가 되는 장애로 거론되었다.

모임이 끝난 수 주 후에 투자를 고집하던 연금위원회 위원장이 사표를 발표했다.

루이스빌 모임에 대한 이러한 배경을 가지고 그가 사임한 후 삼 개월 후에 맥클레인은 위원회가 만나기로 예정되어 있는 실바하 호텔 외곽에서 더 많은 그룹의 사람들이 사회적 축사를 위한 공적인 예배를 드리기 전에 작은 기도 모임을 소집했다. 반 권한이양 선언들은 위원회 회원들이 아니라 변화를 가로막는 "권력"에 대한 것이다. 처음으로 위원회는 맥클레인이 대표로 있는 사회적 행동을 위한 감리교 연합의 청원에 대하여 열린 태도를 보였다. 작은 그룹들 간의 대화는 밤까지 이어졌고, 위원회의 정책에 있어서의 변화를 위한 길이 열렸다.[31] 비록 맥클레인이 인과관계 묘사에 관한 결정을 유보했지만 그동안 하나님의 개입으로 여겨져 왔던 것은 두드러지게 되었다.

또 다른 이야기는 몇 년 후인 1989년 서부 독일에서 왔다. 공산주의자들의 자유 억압의 종식을 갈망하며 점점 더 많은 서부 독일 사람들이 매주 교회에 모여 하나님의 도우심을 갈구하며 정치 제도에 있어서의 폭정의 변화를 위해 기도했다. 믿는 자들과 믿지 않는 자들이 하나님의 도우심과 길을 구하는 기도를 하려고 함께 모였다. 그랜드 래피즈에서 온 서부 독일에서 태어난 크리스천이 눈물을 글썽이며 교회에 한 번도 와 본 적조차 없는 사람들에게 감정을 드러내자 그들은 함께 하나님의 도우심을 간구하기 시작했다. 단순한 구함이었지만 그것은 힘있는 신실한 기도였다. 라이프치히에 있는 니콜라스 교회에 많은 사람들이 월요일 저녁에 정기적으로 만나기 시작했다.

그러자 정치적인 상황은 매우 긴장되었고 사람들은 공산당의 군대가 와서 그들의 희망을 폭력으로 박살내지 않을까 두려워하였다. 그러나 교회는 폭력을 자제할 것을 정부와 국민들 양측 모두에게 호소했다. 폭력에 의지하지 말자는 이 호소는 도시의 모든 강단과 시의 공적 연설들을 통해 전해졌다. 그들은 그들의 나라를 위해 무언가를 하고자 하는 이들 모두를 그 날 저녁 교회로 모이도록 초청했다. 약 칠만 명의 사람들이 모였다. 비밀경찰들은 이 믿음운동의 힘을 보고 군중에게서 떠나갔다. 사람들은 기쁨의 눈물을 흘리며 새로운 홍해의 기적을 이루신 하나님을 찬양했다.32)

나의 논문 "사탄까지도 굴복하다"Even the Demons Submit에서 악마적인 억압에 직면하여 인간 안에 나타나는 그리스도의 구원하는 힘을 보여주는 이야기에 대해 설명했다.33) 권세를 능가하는 그리스도의 주권에 대한 이론적인 확신은 증인의 두 유형 모두의 기초가 된다. 둘 모두 다양한 악의 발현 속에서 사탄의 권세를 물리쳐온 부활의 힘에 관하여 증언한다. 진정 예수는 모든 것의 주님이시다. 하지만 모든 구속적 청산이 이 삶 안에 오는 것은 아니다. 왜냐하면 악이 계속하여 구조와 개인적 경험 안에 숱하게 많기 때문이다. 그럼에도 교회는 삶의 모든 영역에서 신실한 증인으로 불려 왔다.

추가

요더의 "국가에 대한 증언"의 공헌은 역사적 평화 교회들안에서 한 세대 동안 의미심장한 영향을 주어 온 반면, "권세"에 관한 그의 작품은 특히 『예수의 정치학』 8장에서 훨씬 더 큰 영향력을 미쳐왔다. 하지만 다수의 비판이 없었다면 불가능했을 것이다. 나는 8장 평화의 언약에서 주권과 권세에 대한 다른 이해를 기술한다. 이러한 다른 해석학적 견해들과는 별도로 권세와 관련된 교회의 선교의 이해는 아마도 훨씬 더 중요할 것이다. 토마스 맥알핀Thomas McAlpine은 네 가지 주요 접근법을 밝힌다.34) 먼저 개혁주의는 권세를 크리스천의 도덕적 기준에 더 적합할 수 있도록 변형할 방법을 찾는다. 두 번째로 아나뱁티스트는 권세에 대한 대조 공동체로서의 교회의 중요성에 대해 강조한다. 세 번째로 제삼의 물결 접근법피터 와그너은 특정한 영역을 지배하는 영향력을 행사하는 악한 영의 권세에 직면하여 선교적 전략을 찾는다.35) 맥알핀의 네 번째 접근법은 사회·인류학적 접근으로 다양한 세계관을 가진 다양한 사회들에 의한 상대적인 악의 묘사이다.

이와 같은 차이들은 크리스천 선교가 영적 영역 안에서 악마를 묶거나 쫓아내는 방식으로 악에 맞서느냐 아니면 사람들을 지배하거나 억누르는 구조 체계 안에서 악에 맞서느냐에 따른 복음 증언에 초점을 맞춘다. 날카롭게 나뉘는 차이는 그것을 개인적지역적인 영적 억압으로 생각하고 말하느냐 아니면 정치적, 사회경제학적 그리고 체계적인 구조적 억압으로 생각하고 말하느냐에 따라 달라진다. 나의 입장은 이 문제가 둘 중 하나이어야 한다는 것이 아니라 둘 모두여야 한다는 것이다.

2000년 3월 동부 메노나이트 대학에서 열린 월터 윙크 심포지엄에서 행한 연설에서 나는 이 점을 상당히 자세하게 발전시켰다.36) 마찬가지로 예수의 퇴마 사역은 여전히 교회의 선교를 위해 지속적인 의미를 가지고 있다는 점을 주장해 왔다.37)

나는 이러한 주장들을 반복하기보다는, 대표적 목소리로서, 존 스토트John R. Stott와 존 하워드 요더John Howard Yoder사이의 서신 교환에서 그들이 초점을 맞추었던 그 주제를 이어가고자 한다.38) 권세에 관한 요더의 가르침과 글들에서 비롯된 스토트의 관심은 다음 두 가지 요점에 초점을 맞추고 있다. 1) 요더가 영적 영역여기서는 악한 영적 권세에서 복음적인 믿음을 적절하게 존중하고 있는가? 2) 요더가 "악"을 정치적, 경제적 구조와 시스템으로 축소함으로써 이러한 실제들에 관한 신약성서의 증거를 너무 쉽게 비신화화하고 있는 것은 아닌가?39)

권세에 관한 요더의 작품들의 영향은 지대하다. 로날드 사이더Ron Sider, 월터 윙크Walter Wink, 체드 마이어즈Ched Myers 그리고 수많은 다른 저자들이 권세에 관한 요더류의 이론으로 간주된다. 이러한 저작들은 북미에 국한되지 않고 "혁명적인 이론들"로 드러나고 있다. 윙크는 이 주제를 두 가지 새로운 관점의 방식으로 다루고 있는데 포스트모던 세계관의 분명한 표현과 융의 심리학 이론이 그것이다. 종합하면, 그들은 초월과 내재를 외면과 내면으로 대체한다.[40] 스토트에 대한 요더의 반응은 악의 초월적이고 내재적인 차원을 확고하게 수용함을 가리키고 이 점에서 요더와 윙크 간의 결정적인 차이점이 나타난다. 왜냐하면 윙크의 세계관이 초월적 내재적 차이를 붕괴시키기 때문이다.[41]

권세에 관한 요더의 기고문은 평화의 신학 작업과 「소저너스」와 「The Other Side」와 같은 출판물 안에서의 정의 활동가 그룹 그리고 'Christian Witness For Peace'와 'Christian Peace Maker Teams'와 같은 활동가 그룹들을 형성해 왔다. 메노나이트 세계 안에서의 권세에 관한 그의 작품의 영향은 1971년 출판된 그의 책『예수의 정치학』을 앞선다. 그것은 그의 1955년도 논문인 "교회와 국가를 능가하는 그리스도의 주권"The Lordship over Church and State과 함께 50년대 중반 시작되었으며 1964년 메노나이트 연구기관에 의해 출판된 『국가에 대한 기독교의 증언』The Christian Witness to the State을 통하여 더욱 증가되었다. 육십 년대 중반 메노나이트들 가운데 미국 정부에 대한 증언의 주도권은 위의 주들이 보여주듯 약간의 수정과 함께 요더의 기고문들에 기초했다.[42]

동부메노나이트대학과 학교, 메노나이트 성경학교 그리고 다른 메노나이트 단과대학과 대학에서 공부하던 수천 명의 학생들이 그들의 이론을 형성하고 이 같은 요더류의 강조점들을 설파해 왔다. 요더의 사고는 메노나이트 평화실천에 관한 크레이빌과 드리져Driedger의 연구에서 드러난 바와 같이 20년 넘게 평화 만들기에 관한 메노나이트 토론의 지배적인 기풍이 되었다. 종잡을 수 없는 지배적 변화의 세 시기들은 이 이론적 강조들의 영향사의 개요를 말해준다.

국가에 대한 증언	1960~1968년
비폭력 저항	1968~1976년
평화와 정의	1976~1983년
평화실천	1983~1990년 [43]

내 인식에 따르면, 평화실천, 중재 그리고 갈등 전환은 1990~2000년 사이 십 년 동안 주요 강조점이었고 회복적 정의와 함께 최근 십년까지 이어지고 있다. 이러한 영역에서 요더의 이론은 그다지 중요하지 않았고[44], 사회과학에서의 강조점과 함께 인간관계 안에서의 사랑의 방식에 관한 이전의 메노나이트의 강조점들이 더 지배적이게 되었다. 이것은 1995년의 메노나이트 관점에서의 믿음의 고백에서도 명백하게 드러났는데, 거기에서 비저항과 사랑의 방식에 관한 강조는 권세를 능가하는 예수의 주권보다 더 중요하고, 23번째 논문, "교회의 정부와 사회와의 관계"에서는 더욱 그러하다.[45]

요더의 교회와 학문에 관한 영향력을 인정할 때 메노나이트에서뿐만 아니라 다른 교파와 국제적으로도 두 가지 쟁점이 문제로 남는다.[46] 첫째는 권세를 능가하는 예수 그리스도의 승리와 예수의 공관복음에서의 축사 사이의 관계이다. 요더가 이 둘을[47] 분리하면서도 내가 아는 한 후자에 대해서는 언급한 적이 없는 반면, 몇몇 학자들이 두 가지 관점을 고려하여 둘 사이의 연속성을 발전시켜 왔는데 그것은 다음과 같다. 1) "권세"라는 말 역시 복음 안에서 발생했다. 특히 윙크와 탐바스코[Tombasco]에 의해 [48] 2) 요더가 권세들을 파괴하지 않고 크리스천들이 여전히 권세들에 저항해야 할 것을 요구하기 때문에, 권세들을 능가하는 그리스도의 승리는 종종 "영적 전쟁"으로 간주된다. 크리스천의 실제에 있어 이 두 강조점의 차원은 구약의 전쟁에서와 같이 총체적으로 권세들을 능가하는 그리스도의 승리와 연관되어

있다.[49)]

권세에 관한 의제의 확장된 견해의 보기들은 톰 요더 뉴펠트Thomas Yoder Neufeld의 에베소서 6장에 관한 학위논문과 그의 2002년도 『에베소서 주석』 대장간 역간, 2016이다. 요더는 에베소서 6장을 이해하려고 구약에서 신약까지의 궤적을 자세하게 살피며 작업을 했다. 하늘의 전사로서 하나님의 사역은 성도들, 교회 그리고 하나님과 함께 하는 이들이 악과 대적할 수 있도록 민주적이다.[50)] 클링턴 아놀드는 영적 전쟁을 마귀의 권세가 중요한 역할을 하고 거기에 큰 공포심을 가졌던 에베소 신자들의 과거 아르테미스 여신 숭배와 다양한 마술과 점성술 그리고 또 다른 신비 숭배의 상황에 놓았다. 때때로 그리스도의 승리는 권세들을 정복하는 것이고 신자들은 신적인 무장을 하고 그들에 대항하는 자들이라 불렀다. 그래서 그는 "권세들에 대한 승리는 하나님의 힘을 사용하는 것에서 분리되어 보장될 수 없다. 저항에 실패하는 것은 악마가 자신의 지배권을 재주장하도록 허용하는 것이다."라고 말했다.[51)] 리베스타드Leivestard는 에베소 6장을 다른 수많은 "승리" 구절들엡4:8~10 같은과 신약 전반과 함께 취급한다. 그의 작품은 신약의 사고, 특별히 바울의 일곱 서신서들과 에베소서 그리고 골로새서와 강력한 일치를 보인다.[52)]

요더의 희년에 관한 작품이 뛰어나듯이 "권세"에 관한 그의 작품들 역시 탁월하다.[53)] 그러나 각각에는 신약이 사회적 윤리와 무관하지 않다는 것을 입증하기 위한 요더의 특별한 목표라는 관점에서 볼 때 환원주의가 있다. 왜냐하면 그는 결코 더 종합적이고 건설적인 신학이라는 과제를 받아들인 적이 없기 때문에 복음주의와 관련된 희년과 회심과 축사에 있어서의 사탄에게서의 구제는 나타나지 않았다. "권세"에 대항하여 그리스도인들이 그들과 모든 유혹의 분야에서 싸우는 것에 대해서는 자세히 언급되지 않았다. 마찬가지로 요더는 복음서 기자가 어떻게 예수가 "자만심, 시기,

분노, 나태, 폭식 그리고 정욕"에 대항하여 투쟁했는지에 대해 언급하지 않았다는 자신의 진술에 대해 더 깊이 해명하지 않는 것으로 응답했다. 그들은 예수가 이용 가능한 폭력적 방법들의 사용을 통한 정당한 혁명에 흥미를 가지고 사회적 책임을 실천할 수 있는 유혹에 계속해서 거듭 직면했는가에 초점을 맞추었다.[54]

요더에 의한 이 한 가지 중심 주제에 대한 유혹의 환원주의는 제프리 깁슨Jeffrey Gibson의 박사학위 논문, "마가복음과 Q 자료에서의 예수의 여덟 가지 유혹 분석"의 계기가 되었다.[55] 이전 4장에서 본 바와 같이 깁슨은 비록 요더의 성서학적 결정들에 대해 모두 동의하는 것은 아니지만 그의 논문의 주장을 뒷받침한다.[56]

요더가 사회적 윤리를 위한 신약을 훌륭하게 회복하였지만 개인적 공동체적 실행에 있어 이 주제의 공동의 이해는 요더의 작품들이나 요더의 기고문들이 많은 영향을 주었던 교회 공동체 안에서 능력을 충분히 발휘하지 못했다. 우리는 이러한 비판에 대하여 요더가 톰 요더 뉴펠트, 토마스 핑거 그리고 나의 글들에서와 마찬가지로 다른 기고문들이 더 넓은 차원을 가지게 하는 좋은 작품들을 시작했다는 점을 지적함으로써 극복할 수 있다.[57] 나는 이것이 사실임을 확신할 뿐만 아니라 희년과 권세들에 관한 이 공동의 이해가 요더의 기고문이 지대한 영향을 미친 믿음의 공동체들 안에서도 최소한의 강조밖에 얻지 못했다는 점을 볼 수 있었다.

이런 이해 부족은 스티븐 딘터만Stephen Dintaman이 아나뱁티스트 비전을 전달하고 살아내게 하기 위한 메노나이트 시도들에서 "영적 빈곤"이라고 탄식한 것에서 부분적으로 설명될 수 있을 것이다. 우리의 사회적 윤리와 평화실천을 위한 노력들은 성령누가의 희년 이야기의 주요 주제인의 권한 부여와 언제나 선행하는 열매가 가득한 제자도의 즐겁고, 치유하고, 권한을 부여하는 교제의 활력에 근거를 둘 필요가 있다.[58]

평화를 짓는 자의 고백

우리 안에 있는 갈등들과 분쟁들은 어디에서 나오는가?
너희 지체 중에서 싸우는 정욕으로 좇아난 것이 아니냐?약4:1

모든 것은 궁극적으로 인간 마음의 비무장화와
진정한 평화를 주실 수 있는 유일한 분이신 하나님을 향한
인간 영의 회심에 기인한다.『평화에의 도전』, p. 286, Pax Christi, June 1985

무릇 지킬만한 것보다 더욱 네 마음을 지키라.
생명의 근원이 이에서 남이니라.잠4:23

저는 평화를 실천하는 자입니다. 저의 마음을 보지 못하게 하는 악으로
부터 무장해제합니다.

저는 선과 악, 희망과 절망, 사랑과 미움, 용기와 두려움, 이기심과 이타
심 사이의 전쟁과 같은 크고 작은 전쟁들이 제 마음 안에서 진행되고 있음
을 고백합니다.

저는 저의 평화실천을 오염시키고 절뚝거리게 만드는 해결되지 않은 쓴
뿌리에 집착하고 있음을 고백합니다.

저는 평화에 관하여 말하고 설교하지만 때로는 너무 바빠 평화를 실천하
지 못하고 너무 두려워서 제 안과 제 주변에 있는 폭력에 직면하지 못하고
있음을 고백합니다.

저는 조작하고 지배하고 다른 이들을 무시하는 것과 같은 폭력적인 성향
이 있음을 고백합니다.

저는 다른 이들을 말로 공격하고, 거칠게 타인을 자기 의로 판단하고 때
로는 그러한 판단을 제 자신에게도 내리고 있음을 고백합니다.

모두 함께: 주여, 저를 불쌍히 여기소서!

저는 제 공동체 안과 시카고, 북아일랜드, 지중해, 중앙아메리카, 아프리카, 필라델피아 등등에 있는 가난한 자들과 억압 받는 자들의 외침에 반응하지 않았고 강퍅했으며 귀를 막았음을 고백합니다.

저는 제가 정의를 위해 말하고 행동해야 할 때 두려워하거나 이기적이어서 침묵했음을 고백합니다.

저는 분열, 다툼, 갈등을 일으켰으며 파괴적인 언어의 사용으로 저에게 가까운 사람들에게 도발했으며 용서를 구할 때 망설였음을 고백합니다.

저는 결박하고 억압하는 구조를 지지하는 데 공모했으며 제 공동체, 국가 그리고 세계 안에서 아무런 문제없이 통과하도록 허용했음을 고백합니다.

저는 인종적, 성적 편견을 가졌으며 배타적인 언어를 사용하고, 배타적이 됨으로써 차별했음을 고백합니다.

저는 저의 욕망과 필요를 혼동함으로써 당신의 세계의 자원들을 제 몫보다 많이 가졌음을 고백합니다.

모두 함께: 주여, 저를 불쌍히 여기소서!

저는 당신이 우리 모두를 불러 참여하게 하신 화해의 사역에 참여하지 않으려고 경건한 말들과 설득력 없는 변명을 하였음을 고백합니다.

저는 억압자들, 때로는 국가의 지도자들과 평화실천과 정의에서 복음을 분리시키려는 사람들을 사랑하지 못했음을 고백합니다.

저는 때로 저의 평화실천에 방어적인 태도와 오만함이 그리고 그리스도의 영보다 엄격함이 반영되었음을 고백합니다.

모두 함께 : 주여, 저를 불쌍히 여기소서!

모두 함께: 나의 죄악을 말갛게 씻기시며 나의 죄악을 깨끗이 제하소서. 하나님이여 내 속에 정한 마음을 창조하시고 내 안에 정직한 영을 새롭게 하소서 나를 주 앞에서 쫓아내지 마시며 주의 성신을 내게서 거두지 마소서. 주의 구원의 즐거움을 내게 회복시키시고 자원하는 심령을 주사 나를 붙드소서. 아멘 시51:1, 10~12

아틀리 비치[Atlee Beechy]에 의해, MC USA Peace Executive Meeting를 위한 그의 헌신의 일환으로 7/26/99 제출됨. [평화를 찾는 그의 여정에서의 "평화의 일꾼으로서의 고백"(Confessions of a Peacemaker)으로부터 확장됨](Goshen, Ind.:Seniors for Peace, distrib. Pinchpenny Press, 2001).

6장
그리스도인과 전쟁에 사용하는 세금의 납부

모든 전쟁은 악한 전쟁이다. 왜냐하면 모든 사람은 형제와 자매이기에…
모든 사람들은 자신이 태어난 특별한 나라보다 인류에 더 많은 빚을 지고 있다.
–프랑소아 페넬롱(Francois Fenelon), via A. Word.A.Day(www.wordsmith.or/awad)

그리스도인들이 하나님의 뜻에 대해 배우는 기본적인 권위의 원천은 성서, 교회 그리고 성령이다. 이 연구는 어떻게 이런 원천들 가운데 하나, 또는 성서가 그리스도인들에게 도덕적으로 고뇌하게 하는 질문을 던지게 되는지 이해하는 법을 찾는다. 평화의 왕자를 따를 방법을 구하는 그리스도인들은 전쟁을 지향하는 연방 예산을 지지해야 하는가? 우리는 "공포의 균형"과 세계 멸망의 전조를 지지하는 나선형의 무기 체계를 지지하면서도 좋은 사마리아인이 될 수 있는가?

성서의 방향을 확인하기 위하여, 나는 먼저 1) 성서적 윤리의 본질을 간단히 요약한다. 2) 예수의 삶의 정치적 특성과 부활–고양승천, 그리고 3) 초기 교회의 정치적 국가관, 네 번째 주요 부분으로 나는 세금 납부에 대하여 말하는 신약 구절들에 대해 자세히 논의할 것이다. 다섯 번째 마지막으로 나는 우리의 현재 상황의 맥락 안에서 해석학적 해법을 제시할 것이다.

성서적 윤리

구약에서 하나님의 백성은 언약 안에서 하나님과의 관계에서 어떻게 생각하고 행동해야 하는가를 배웠다. 클링턴 가드너Clinton Gardner는 언약의 요구는 하나님의 뜻을 수행하기 위해 이스라엘의 모든 삶은 물론 정치적 경제적 구조까지도 요구한다는 점을 지적한다.[1] 하나님 백성의 가치는 그들의 언약의 하나님께 대한 열정적인 충성에 근거한다.[2]

　이스라엘의 근본적인 윤리적 가치는 하나님의 거룩하심과 직접적으로 연관된 정직과 정의였다. 시89:14; 사5:16, 6:1~5:1장을 보라 예언자들의 짐은 그러므로 이중적이었다. 1)백성들을 하나님의 언약에 복종하라고 부르는 것, 2)사회적 의의 윤리를 그들 앞에 외치는 것이 그것이다. 아모스는 "오직 공법을 물같이, 정의를 하수같이 흘릴지로다."5:24라고 선포하였다. 혹은 이사야의 말, "선행을 배우며 공의를 구하며 학대받는 자를 도와주며 고아를 위하여 신원하며 과부를 위하여 변호하라."1:17를 들으라. 미가는 그것을 이렇게 요약한다. "사람아 주께서 선한 것이 무엇임을 네게 보이셨나니 여호와께서 네게 구하시는 것이 오직 공의를 행하며 인자를 사랑하며 겸손히 하나님과 함께 행하는 것이 아니냐?"6:8

　신약은 구약의 윤리적 논리를 확장한다. 명령에서 벗어나 지시가 된다. 왜냐하면 우리는 하나님의 것이고 그렇다면 우리는 하나님의 자녀에 적합한 것을 해야 한다.엡5:4 우리는 우리가 들은 바에 따라 소명에 합당하게 걷는 법을 찾아야 한다. 복음서와 서신서들을 통해 신자들은 사랑의 윤리를 따르도록 부름을 받았다.마22:37~39; 롬12:19~21, 13:8~10; 약2:8 왜냐하면 우리가 속한 하나님은 사랑이시기 때문이다.요일4:16

　이와 같이 하나님의 존재 자체, 언약 백성을 향한 하나님의 주장, 하나님이 요구하시는 것이 되고 그것을 해야 하는 백성들의 반응 안에 성서의 도덕적 명령이 근거한다.

예수의 삶과 죽음 그리고 부활의 정치적 성격

예수는 폭력의 전형인 열심당Zealot 안의 혁명가가 아니었지만 예수의 삶과 죽음 그리고 부활의 정치적 차원은 탁월했다. 2장에서 나는 예수를 볼 수 있는 두 개의 렌즈를 선사했는데 그 둘 모두 정치적 의미를 보게 해준다. 정치적 왕으로서의 예수 그리고 평화의 왕자로서의 예수가 그것이다. 예수를 열심당원으로 거의 확신한 브랜돈Brandon은 그런 의미에서 분명히 매우 잘못되었다.[3] 그러나 예수를 정치적으로 무해한 인물로 상상하는 것 역시 똑같이 잘못된 것이다. 우리가 성서적 예수의 초상에서 배워야 할 것은 하나님나라에 대한 헌신과 모든 사람들을 향한 하나님의 사랑은 값비싼 제자도를 의미한다는 것이다. 만일 우리가 하나님나라에 충실하기 때문에 세상 나라와 갈등을 빚게 된다면 그것은 결코 이상한 일이 아니다.

초기 교회의 정치적 국가관

신약은 우리에게 정부에 관한 교회의 태도에 대하여 세 가지 다른 관점을 제공한다. 첫 번째 로마서 13장 1~7절, 디모데전서 2장 1~4절, 디도서 3장 1절 그리고 베드로전서 2장 13~17절로 정부에 대한 긍정적인 관점을 제공한다. 권위는 하나님께서 임명하신 것이므로 그리스도인의 복종이 요구된다. 두 번째로 마태복음 4장 8~10절, 마가복음 10장 42~43절, 누가복음4장 5~8절, 고린도전서 2장 6~8절, 6장 1~6절, 에베소서 6장 12절 그리고 요한계시록 13장으로 부정적인 관점을 제공한다. 정부는 하나님의 뜻에 대해 무지하여 하나님의 목적에 저항하거나 스스로를 신격화하기 때문이다.[4] 이 상반된 강조로 인해 두 관점 모두 정부의 신학적 이중 차원뿐만 아니라 시대의 상황을 반영한다.[5] 초기 교회 교부들은 이 두 다른 관점을 유지했다. "변증서"apologies는 일반적으로 정부를 향한 긍정적인 태도를 전했고, "순교자"martyr accounts는 종종 당국에 대한 부정적인 초상을 제공했고, 황제에 대해서는 현저하게 그러했다.

나는 권세들과 주권들을 능가하는 그리스도의 승리와 통치하심에 기초를 둔 신약의 그리스도인의 정부에 대한 더욱 탁월하고 규범적인 제삼의 관점을 제안한다.고전15:24~25; 엡1:19~23, 3:10; 골2:10, 15:1; 벧전3:22 이 진리는 그리스도의 통치하심이 완전히 인정될 때까지 악을 억제하고 선을 증진시키는 명확한 기능과 함께 모든 정부들을 일시적인 상태로 축소한다. 이미 예수를 주로 고백한 신자는 자신의 삶의 방향과 행동을 세속적 권위들에게서가 아니라 사랑으로 모든 것을 극복하는 하나님의 군대의 총사령관인 예수에게서 도출한다.

성서적 윤리, 복음서의 예수의 초상 그리고 초기 교회의 정부에 대한 관점에서 등장하는 핵심 요소들은 다음과 같다.

1. 윤리적 가치들은 궁극적으로 하나님에게서 나온다. 하나님 백성의 행위는 하나님과의 관계에 의해 결정된다.
2. 예수 자신의 삶, 죽음 그리고 부활은 세상의 정치적 요구들에 도전하고 동시에 그것을 초월한다.
3. 신자들은 자신들의 정치적 윤리적 방향을 다양한 상황 속의 정부에서가 아니라 그리스도의 통치하심에서 도출한다.

세금 납부에 대해 말하는 신약의 구절들

마태복음 17장 24~27절, 성전세

가버나움에 이르니 반 세겔 받는 자들이 베드로에게 나아와 가로되 너희 선생이 반 세겔을 내지 아니 하느냐 가로되 내신다 하고 집에 들어가니 예수께서 먼저 가라사대 시몬아 네 생각은 어찌하뇨 세상 임금들이 뉘게 관세와 정세를 받느냐 자기 아들에게냐 타인에게냐 베드로가 가로되 타인에게 그 러하면 아들들은 세를 면하리라. 그러나 우리가 저희로 오해케 하지 않기 위하여 네가 바다에 가서 낚시를 던져 먼저 오르는 고기를 가져 입을 열면 돈 한 세겔을 얻을 것이니 가져다가 나와 너를 위하여 주라 하시니라.

비록 많은 사람들이 이 구절을 세금 납부를 지지하는 예로 들지만 그것은 이 논의에 적절하지 않다. 문제의 세금은 직접적으로 로마를 위한 세금이 아니라 유대교 자신을 위한 것이다. 그것은 출애굽기 30장 13절에서 법제화된 반 세겔의 성전세이다. 유대 법은 스무 살 이상의 모든 남자들은 매년 이 세금을 납부할 것을 요구한다. 그것은 매년 드려야 하는 성전 십일조라고 부르는 것이 더 정확하다. 단검과 칼을 가지고 로마의 법에 반대하는 열심당원들까지도 이 세금을 납부하는데 아무 문제가 없었다.

이 구절이 사람을 놀라게 하는 것은 세금을 납부하기로 결정하느냐 안 하느냐 하는 것이 아니라 세금을 보장하는 것은 더욱 아니고 예수가 하나님의 아들로서 성전의 주인임을 미묘한 방법으로 선포하는 것이다.

"아들들은 세를 면하리라."는 예수의 말은 예수는 성전의 임금이신 분의 아들이고 그렇기 때문에 세금에서 면제된다는 의미이다. 다만 오해를 피하기 위해 예수는 납세를 명한 것이다. 그러나 분명한 것은 강조점이 예수의 아들 되심에 있는 것이지 세금납부에 있는 것이 아니다.

마가복음 12장 13~17절, 가이사에 대한 세금

저희가 예수의 말씀을 책잡으려 하여 바리새인과 헤롯당 중에서 사람을 보내매 와서 가로되 선생님이여 우리가 아노니 당신은 참되시고 아무라도 꺼리는 일이 없으시니 이는 사람을 외모로 보지 않고 오직 참으로써 하나님의 도를 가르치심이니이다. 가이사에게 세를 바치는 것이 가하니이까 불가하니이까 우리가 바치리이까 말리이까 한 대 예수께서 그 외식함을 아시고 이르시되 어찌하여 나를 시험하느냐 데나리온 하나를 가져다가 내게 보이라 하시니 가져왔거늘 예수께서 가라사대 이 화상과 이 글이 뉘 것이냐 가로되 가이사의 것이니이다. 이에 예수께서 가라사대 가이사의 것은 가이사에게, 하나님의 것은 하나님께 바치라 하시니 저희가 예수께 대하여 심히 기이히 여기더라.

예수의 말을 인용한 "가이사에게 제공하라""Render to Caesar" RSV/KJV는 예수의 진술의 의미에 초점을 맞추기 전에 나는 이 구절의 역사적 정황에 관한 네 가지 관찰을 할 것이다.

1. 이 만남의 목표는 예수를 책잡는 것이다. 교활한 적들은 정해져 있다. "바리새인과 헤롯당 중" 바리새인들은 원칙적으로 세금 납부에 저항했지만 현실에서는 타협하였다. 헤롯당들은 헤롯왕과 팔레스타인의 헤롯의 법을 추종한다는 것을 제외하고는 거의 아는 바가 없다. 그들은 로마와 좋은 관계를 유지하고 때때로 세금 납부를 지지하였다. 이 두 집단은 예수의 지위를 의심하였다. 그렇지 않다면 그들은 그들의 관점에서 덫을 놓지 않았을 것이다.

2. 이 구절에서 나타난 세금은 일반적 세금이 아니라 특별한 세금이다. 그것은 유대인들에게 세금을 부과하기 위한 자료로서 나라의 분노를 유발했던 그 시기에 가장 가까운 주후 6년에 실시되었던 인구 조사에눅2:2 참조 기초한 인두세이다. 당시 유대 갈릴리 지역은 반란이 일어나고 있었지만행5:37 그것을 진압하는데 별 어려움은 없었다.[6]

많은 학자들은 열심당과 그 활동의 기원을 이 사건과 연관 짓는다.[7] 이 세금으로 인한 피는 이미 흐르고 있었고 예수의 질문에 대한 대답은 그를 체포할 근거로 간주되었다.

3. 시카리단검이라는 뜻으로 열심당원들은 단검을 품고 다녔다.-역자 주나 열심당원들은 세금 납부를 강력하게 부인하였다. 그들은 이 세금을 "노예화의 서곡이며 하나님의 주권에 대한 모독"으로 간주하였다.[8] 팔레스타인 지역은 하나님의 것이다. 하나님은 그것을 이스라엘에게 주셨다. 그 어떤 나라도 그 땅에 대한 권리를 가지고 있지 않다. 로마에 의해 부과된 인두세는 철저히 혐오스러운 것이다. 이것이 바로 열심당원의 견해이다. 특별히 이 사건에서 우리가 주목해야 할 것은 바리새인과 헤롯당이 예수를 열심당원으로 의심하고 공개적으로 그를 납세거부자로 공개할 방법을 찾았다는 것이다. 그것이 사실이라면 불가피하게 열심당원에게 가해졌던 로마의 형벌인 십자가형으로 예수를 이끌 수 있었기 때문이다.

4. 로마는 이 인두세를 20센트 가치를 가지고 있던 은화인 데나리온으로 납부할 것을 요구했다. 아우구스투스의 통치 기간 동안BC27~AD14 수백 가지 다른 데나리온이 문제가 되었다. 그러나 티베리우스의 통치 기간 동안에는AD14~37 단지 세 유형의 데나리온만이 사용되었는데 그 중 인도의 리온에서 만든 한 가지가 널리 통용되었다.[9] 열심당원들은 살아서 그 동전을 가지고 체포된 적이 없었다. 그 동전의 표면에 "티베리우스의 상반신이 그의 신성의 표시인 월계관을 장식하고"[10] 있는데 그 신화는 이렇다. TI(BERIUS) CAESAR DIVI AUG(USTI) F(ILIUS) AUGUSTUS, "황제 티베리우스는 하나님인 아우구스투스의 아들이다"는 의미이다. 다른 한쪽 면에는 PONTIF(EX) MAXIM(US)라고 새겨져 있는데, 높은 티베리우스의

어머니 줄리아 아우구스타와 함께 신들의 보좌 위에 앉은 최고 사제라는 의미이다.[11] 그 동전은 "예수 시대의 가장 공식적이고 우주적인 황제homo imperiosus 숭배와 권력 신격화의 상징이었다."[12]

이러한 정황 하에서 "어찌하여 나를 시험하느냐? 데나리온 하나를 가져다 내게 보이라."는 예수의 첫 번째 대답은 바리새인과 헤롯당의 도덕적 분노를 자극했다. 그러나 예수가 "이 화상과 이 글이 뉘 것이냐?"고 질문한 순간 그 분노는 격렬하게 되었다. 내 예상으로는 헤롯당이 양다리를 걸치고 있던 바리새인보다 먼저 "황제의 것"이라고 대답했을 것이다. 그 말 안에는 로마에 대한 경멸이 들어 있었다.

그때 예수의 아연실색케 하는 대답, "가이사의 것은 가이사에게, 하나님의 것은 하나님께 바치라."가 있었다. 황제의 것은 무엇일까? 하나님의 것은 무엇일까? 확신을 가지고 바른 이해에 도달하는 어려움은 다음의 전형적인 교과서적 주석에 의해 여실히 드러난다.

1) 어떤 이는 그것을 현명한 회피로 본다. 그 대답은 "원래 주장을 밝히기를 거부하기 위한 것이었다." 예수는 실제로 반-로마적이었지만 그의 앞에 놓여 있는 질문에 어느 한 쪽 대답을 함으로써 체포되는 경우를 거절하였다. 2) 예수는 분명하게 그 세금을 납부해야 한다고 주장하였다. 황제의 형상이 새겨진 동전은 황제에게 속한 것이었다. 그는 그것을 요구할 완전한 권리를 가지고 있었다. 3) 다른 이들은 그 대답을, 질문한 자들을 잡을 수 있는 권고로 보았다. 그들은 손에 황제를 숭배하는 동전을 가지고 있었다. 물론 그들은 그것을 황제에게 돌려줄 수밖에 없었다. 그것은 황제의 것이었다. 4) 아직도 여전히 어떤 이들은 그 대답을 예수가 베드로에게 성전세를 내라고 충고했던 것에 견주어 로마의 인두세에 대한 승인이라는 견해를 가

지고 있다.마17:24~27 어떤 이들은 예수가 단지 정부가 배교를 요구할 때를 제외하고 하나님과 정부에 충성해야 하는 유대인들의 처지를 재확인했다고 생각한다. 5) 어떤 이들은 예수가 하나님과 정부에 대한 이중적 의무에 동의했지만 각각의 적절한 주장들에 대한 결정권을 개인에게 남겨두었다고 주장한다.13)

이러한 각각의 다양한 해석들을 지지하는 발전된 논쟁들을 발전시킬 수도 있지만 다음 세 가지 고찰이 그 상황의 해석을 밝혀줄 것이다.

1. 역사적 문학적 상황은 예수의 대답이 질문자들의 입장을 비난했다는 해석을 선호한다. 사악한 포도원 소작농들에 대하여 언급한막 12:1~12 앞선 비유는 예수의 권위에 의문을 제기한11:27~28 종교지도자들의 태도를 비난한다. 세금에 대한 질문 다음에 이어지는 사두개인들의 부활에 관한 시험 질문12:18~27 역시 질문자들의 태도를 비난한다. 비록 조금 더 온화한 방식이었지만 똑같은 점이 가장 큰 계명에 관한 서기관의 질문에도 적용된다.12:28~34 그러나 그 구절에 관한 이런 해석이 정확하다면 예수의 대답은 다음과 같이 들렸을 것이다: "[그렇다면] [초조하게] 황제에게 황제의 것인 것을 바치고, [강한 확신을 가지고] 하나님의 것을 하나님께 바치라."14) 예수는 이와 같이 한때 우상숭배적인 동전을 소유할 정도로 타협적이었던 사람을 비롯하여 충실한 사람들에 의한 세금 납부를 금지했고, 세금 문제는 이미 원칙으로 정착되었다.

2. 마가복음 2장 1절~3장 6절은 예수와 종교 당국 사이에 다섯 차례의 추가적인 만남이 있었다고 기록하고 있다. 마가복음 12장에서의 세 번의 만남도 모두 다섯 명이 적의에서 나온 의도를 고발하는 같은

질문을 했고 vv. 2:7,16,18,24, 3:2 각각 예수에게서 간결하지만 신랄한 대답으로 끝을 맺는다.2:10,17,19~22, 27~28, 3:4 15) 의미심장하게도 이 일련의 사건들은 바리새인들이 "예수를 어떻게 파멸시킬 것인가"를 결정하려고 헤롯당에게서 조언을 청하는 것으로 끝난다. 이 두 그룹은 12장 13절 이전까지는 결코 함께 나타나지 않는다. 세금 문제가 나타나자 – 그를 파멸시키려는 구상이 실행에 옮겨진다.16)

예수의 대답, "황제에게 바치라,"는 2장 1절~3장 6절에서 주어진 대답과 형태에 있어 아주 똑같다. 이러한 경우 우리는 1) 예수의 입장은 바리새인들의 입장과 반대라는 점 그리고 2) 그의 대답은 그의 질문자들의 사고를 능가한다는 점을 관찰할 수 있다. 이러한 원칙들을 예수의 세금에 관한 대답에 적용함으로 우리는 예수의 대답이 바리새인의 입장에 반대한다고 결론을 지을 수밖에 없다. 그러나 비록 바리새인들이 예수를 고발하려고 실제로 그렇게 행동하긴 하지만 예수를 납세를 거부하는 열심당원의 입장이라고 분류할 필요는 없다.

3. 이 경우를 좀 더 깊게 생각해 보자. 3장 4절에서 예수는 전형적인 랍비식 공식으로 대응한다. "안식일에 선을 행하는 것과 악을 행하는 것, 생명을 구하는 것과 죽이는 것 어느 것이 옳으냐?" 바리새인들은 대답할 수 없었다. 그러자 12장 14절에서 헤롯당과 결탁한 바리새인들 역시 자신들의 질문을 랍비식 공식에 따른다. "가이사에게 세금을 바치는 것과 바치지 않는 것, 어느 것이 옳습니까?"

"그것이 율법적이냐?"는 질문은 좀 더 주목해볼 만한 장점이 있다. 마가복음 12장에서 예수의 대답은 율법적 차원이 아니라 율법의 문자적 의미를 넘어 그 율법이 의존하고 있는 근본적 도덕과 종교적 권위를 지적하고 있다. 분명 바리새인들은 예수를 율법을 깨뜨리는 자로 간주한다. 그러나 예수가 3장 4절에서 의심할 여지없이 조롱조로 "그것이 율법적이냐?"고 응답하였을 때 그것은 1) 무엇보다 먼저 바리새인들이 여전히 그들의 율법을 범하고 있으며, 2) 그들은 "예수를 잡고자" 덫으로 사용한 매우 민감한 사안에 대해 예수에 반대하여 그들의 율법의 힘을 사용할 계획이었고, 3) 세금에 관한 질문은 정치적인 뇌관과 같아서 만일 예수가 어떤 방식으로든 응답을 회피하려 한다면 그들이 십자가형에 해당하는 소송을 할 수 있을 것이라는 사실을 알고 있었다.

이러한 고찰들에 비추어 볼 때, 이 구절에서 당대의 도덕적 지침을 도출하려는 우리의 노력에서 우리가 바리새인들의 입장을 단순하게 채택해서는 안 된다는 점 그리고 율법은 도덕적 쟁점의 최종 언어였음에 유의해야만 한다. 예수의 대답은 의미심장하게 황제의 권리를 넘어 하나님의 권리를 가리키고 있다. 하나님의 요구와 황제의 요구들은 결코 같은 수준으로 다루어질 수 없다. 이 구절은 하나님과 황제의 권리를 동일시하는 방식으로 해석되어서는 안 될 것이다. 도날드 카우프만^{Donald Kaufman}이 바르게 지적한 바와 같이 "예수의 삶에 대한 관점은 국가와 관련해서는 유보해야 할 면이 있지만 하나님과 관련해서는 그렇지 않다는 점을 내포한다. 왜냐하면 황제가 자신을 주장하는 영역에서조차 하나님은 절대적이라는 점은 의심의 여지가 없다."[17]

결과적으로 이 구절은 전쟁에 사용되는 세금 납부에 관한 질문에 어떤 지침을 제공하는가? 1) 예수의 대답의 모호한 특성뿐만 아니라 질문자들의 위선적이고 고발적인 관점에서 예수와 예수의 반대자들은 이 민감한 사안에 대하여 다른 견해를 가지고 있다는 점을 확인할 수 있다. 2) 우리는 바리새인들과 같이 율법을 도덕적 의무의 유일한 판단 기준으로 여겨서는 안 된다. 3) 우리는 예수의 대답이 황제가 무엇을 요구하든 그것을 그에게 바쳐야 한다고 말하지 않는다는 점을 분명하게 볼 수 있다.

누가복음 23장 2절, 예수에 대한 고발

> 고소하여 가로되 우리가 이 사람을 보매 우리 백성을 미혹하고 가이사에게 세 바치는 것을 금하며 자칭 왕 그리스도라 하더이다 하니

유대인들은 황제에 대한 세금 납부를 금지한 예수를 고발하였다. 우리는 이 고발을 어떻게 평가하는가? 다음의 두 가지 관측이 적절하다.

1. 마가복음 12장에서의 질문의 정황을 역사적 문학적 관점에서 살펴 볼 때 이 고발은 어떤 기초를 가진 것으로 나타난다. 이유와 진행의 과정을 볼 때 바리새인과 헤롯당은 예수를 열심당원과 동일시했다. 다른 열심당원과 마찬가지로 그는 십자가형에 처할 운명이었다.
2. 그러나 누가복음은 빌라도가 그 고발과 관련하여 예수가 무죄임을 발견했다는 점을 조심스럽게 보여주고 있다.[23:4,14,22] 우리는 이 확실한 모순을 어떻게 해결할 것인가?

우리는 이 문제를 단순하게 마가와 누가가 다른 시각을 제공했다고 보는 것으로 그 문제를 해결할 수도 있다. 그러나 그와 같은 반응은 그 문제의 핵심으로 들어가는 것에 실패하게 할 것이다. 왜냐하면 누가복음 23장을 주의 깊게 읽어보면 빌라도의 무죄 선포는 예수의 고발이 무죄라는 어떤 증거에도 기초하고 있지 않기 때문이다. 유대인의 왕인지를[23:3] 묻는 빌라도의 질문에 대한 예수의 모호한 대답과 헤롯 앞에서의 침묵[9절] 앞에서 빌라도는 예수에게서 사형에 처할만한 그 어떤 것도 발견하지 못했다고 선

언했다. 그 고발은 실제로 결코 명확하지도 확고하지도 않았다. 사실, 유대 지도자들의 예수를 못 박으라는 고집스런 고발의 반복은 – "저가 온 유대에서 가르치고 갈릴리에서부터 시작하여 여기까지 와서 백성을 소동케 하나이다."5절 – 분명히 누가가 예수 사역의 주요 특징과 영향으로 강조하려는 것이었다.4:14~15,28,31, 5:1~3,15, 6:11,16, 7:17, 11:29, 12:1, 13:22, 14:25, 16:14 빌라도의 선언의 영향은 고발을 부인하는 것이라기보다는 아이러니하게도 누가로 하여금 예수를 이사야 53장의 노예 과업을 성취하는 고난 받는 종과 백성들에 의해 배척을 받는 예언자로 그리게 하는 것을 허용함으로써 예수를 옹호하였다.눅22:37, 23:47 그릇된 백성들에 의해 고발된 모세와 엘리야처럼 70인 역에서 사용되는 동일한 용어와 함께, 출5:4; 왕상18:17, 예수는 현존하는 사회 질서의 미약하고 부당한 평화에 대해 분노한다.18)

　예수에 대한 이 세 가지 고발의 신뢰성은 이와 같이 결코 성립되지 않았고, 거짓으로 판명되었다. 대신 세 가지 다른 인식들이 출현했는데 유대 지도자들의, 빌라도의 그리고 누가의 것이 그것이다. 복음을 신뢰하는 독자로서 우리는 누가의 예수에 대한 관점을 공감할 것이고 그것은 유대 지도자들이나 로마 대리자의 사고방식에 의해 파악될 수 없는 하나님나라에 대한 근본적인 충성심을 가진 의로운 예언자로서의 예수를 보여준다. 그의 십자가형은 다음 판결을 반영한다. 열심당 – 정치적 폭도. 그러나 복음은 그 이상을 우리에게 말한다. 예수는 하나님 백성에게 배척을 받고 순교의 죽음을 죽은 의로운 예언자이다.눅23:47, KJV 나의 판단에 의하면 다음과 같은 오스카 쿨만Oscar Cullmann의 예수의 정치적 지위 분석이 도움이 될 것이다.

　1. 그의 전 사역을 통하여 예수는 열심당의 정신을 받아들이지 않을 수 없었다.

2. 비록 그 역시 로마 제국에 대해 비판적인 태도를 취했지만 그는 열심
   당의 정신을 부인했다.

3. 그는 로마에 의해 열심당원으로서 사형선고를 받았다.[19]

이것은 우리에게 중대하고 어려운 배움이다. 우리는 하나님나라의 우선
성에 대한 예언적 증언이 정치적인 권력에 도전하는 것이나 심지어 그것을
공격하는 것으로 여겨지거나 그렇게 잘못 이해되지 않도록 생각을 바꾸어
야만 할 것이다. 양심적 전쟁 거부나 전쟁을 위한 세금이건 간에 정치적인
세력들은 우리의 저항이나 비저항 모두를 위험한 혁명으로 간주한다는 낙
인을 받아들여야만 할 것이다. 종교적인 사람들은 그것을 사람들을 그르
치거나 선동하는 것으로 간주할지도 모른다. 그러나 그와 같은 그들의 인
식과 우리의 이해 사이의 불일치는 예수의 윤리에 대한 우리의 충실함의
비판적인 테스트라고 해도 좋을 것이다.

로마서 13장 6~7절, 정한 세금 납부

> 너희가 공세를 바치는 것도 이를 인함이라. 저희가 하나님의 일꾼이 되어
> 바로 이 일에 항상 힘쓰느니라. 모든 자에게 줄 것을 주되 공세를 받을 자에
> 게 공세를 바치고 국세 받을 자에게 국세를 바치고 두려워할 자를 두려워하
> 며 존경할 자를 존경하라.

세금 납부에 관하여 말하는 신약의 모든 구절들 가운데 이것이 당대의
논의에 가장 분명하고 가장 적절하다. 다섯 가지 측면의 성서학적 탐구가
이 구절을 이해하고 우리 시대 상황 하에서의 이 구절의 이용에 관한 적절
한 문제들에 대해 묻는 것을 가능하게 해준다.

이 구절의 구조. 이 구절의 구조는 "그들에게 부과된 모든 것을 납부하라."롬13:7 RSV는 바울의 권고가 13장 1~7절의 주요 쟁점임을 보여준다. 빅터 폴 퍼니쉬Victor Paul Furnish가 지적했듯이 "13장 1~7절의 주요 주제는 '국가'가 아니고, 이 구절의 주요 호소는 그것에 굴복하라는 것이 아니다."[20] '굴복하라'는 충고는 1절에서 그리고 5절에서 다시 나타나지만 그것은 6~7절의 주요 호소에 대한 예비이다. 페리 요더Perry Yoder의 이 구절들에 대한 구조 분석은 이 점을 뒷받침한다.[21] "각 사람은 위에 있는 권세들에게 굴복하라."는 1절의 말씀은 뒤이은 1b~2절과 3~4절 각각의 이론적 실제적 주장을 지지하는 이 본문의 주제이다. 5절은 이 주제를 재언급 하고 이론적 실제적 고려할 점"하나님의 노를 인하여만 할 것이 아니요, 또한 양심을 인하여 할 것이라."이 다시 이어지고 있다. 그러나 전체적인 논점은 로마에 있는 그리스도인들이 직면한 특별한 문제를 해결하려고 나타난 6~7절을 지지하는 입장이다.[22]

문학적 문맥. 두 가지 관찰은 결정적이다. 첫 번째, 그리스도 안에서의 새로운 삶에 관한 묘사와 이 세상에 순응하지 않는 소명 안에서 12장은 그리스도인의 윤리적 규범을 제공한다. 그리스도인들은 세상의 관습과 가치관에 의해 인정받지 않는다.2절 9절은 진실한 사랑을 요구한다. 14절과 20절은 핍박하는 자와 원수에게까지 사랑의 관계를 적용한다. 21절은 신자들에게 악에게 지지 말고 선으로 악을 이기라고 도전케 한다. 13장 1~7절 후에 바로 이어지는 8절은 사랑의 빚 외에는 아무 빚도 지지 말 것을 요구한다. 마지막으로 10~13절은 임박한 궁극적인 종말의 사건에 초점을 맞춘다.

도덕적 관심에 관한 이 문학적 본문을 관찰함으로 우리는 사랑에 관한 도덕적 명령과 함께 그리스도 안에서의 새로운 삶은 특정 정부의 요구나

법들에 대해 그리스도인들이 어떻게 적절히 대응할 것인가 하는 문제들에 대한 관점을 제공한다. 정부 자체는, 비록 권위를 가지고 온갖 종류의 법들을 만들어내지만 도덕적인 지침은 없다. 어떤 법은 그리스도인의 도덕인 아가페의 사랑과 양립할 수 있지만 어떤 법들은 그럴 수 없다. 그리스도인들은 세상적인 악에 지지 말고 사랑의 길을 추구하라는 소명에 따라 그들의 대응방식을 결정해야만 한다.12:2

두 번째로, 로마서에 관헌 더 큰 문학적 정황은 바울이 로마를 방문할 계획을 가지고 있으며 로마를 스페인 선교사역을 위한 그의 전초기지로 삼고자 함을 가리킨다.15:22~29 다른 곳에서와 같이딤전2:1~4 정부에 대한 그리스도인의 반응에 관한 바울의 권고는 선교적 고려점들에 의해 영향을 받는다. 납세에 대한 거부는 팔 년 전에도 그랬던 것처럼 또 다른 추방 명령을 유발함으로써 로마에서의 기독교의 존재를 위태롭게 할 것이다. 이러한 점에서 문학적 관찰들은 역사적 정황에 관하여 언급할 것을 요구한다.

역사적 문맥. 사도행전 18장 1~2절로부터 우리는 글라우디오 황제가 유대인들을그리스도인들을 포함하여 로마에서 추방했기 때문에 브리스길라와 아굴라가 로마를 떠났다는 것에 대해 배웠다. 로마의 역사가인 수에토니우스는 글라우디오에 관해 이렇게 보고한다. "유대인들이 끊임없이 그리스도인들의 선동에 대해 소요를 일으켰기 때문에, 그는 그들을 로마에서 추방했다."23)

글라우디오의 포고가 내려져 있던 시기인 AD 49년부터 57년 사이 바울이 고린도에서 로마서를 썼던 적절한 시간에 그리스도인들은 로마로 돌아왔다. 더욱이 54년에 새로운 황제인 네로가 그의 통치를 시작했다. 그리스도인들과 유대인들에 대한 제국의 반응 양식은 부분적으로 과거의 방식들에 의존했지만 새로운 국면을 형성하였다. 64년에 네로는 그리스도인들을 심하게 박해했지만, 로마서가 기록되었던 57~58년에는 정치적인 상황이 더 개방적이었다.

또 다른 로마 역사가인 타키투스는 네로가 그의 통치권 초기에 점증하는 세금에 대한 반란에 직면했다고 전한다. 정부는 두 가지 형태의 세금을 부과했다. 직접세 혹은 고정 인두세라틴어: tributa: 그리스어: phoros; RSV: "taxes" 그리고 간접세 혹은 위탁 세금라틴어: portoria; 그리스어: telos; RSV: "revenue" 정부 관리들은 직접세를 걷었다. 간접세는 경매를 통해 대리인을 고용했는데 그 제도는 민중들을 착취하고 강탈하였다. 이것이 세금 폭동을 낳았다. 네로는 그의 통치 초기에 민중들을 기쁘게 하려고 위탁 세금 제도를 폐지하였다.

> 그러나 그의 관대함에 대한 초기의 칭송 후에 그의 충동은 만일 제국을 유지시켜주는 위탁 세금이 삭감된다면 파경에 이를 것임을 지적하는 나이 든 조언자들에 의해 제동이 걸렸다. "왜냐하면 위탁 세금에 대한 의무가 제거되는 순간 논리적인 후속으로 직접세의 폐지 요구에 직면하게 될 것이다."[24]

바울이 "정해진 모든 세금을 납부하라"롬13:7 RSV고 썼을 때, 그는 로마의 그리스도인들에게 그들이 직접세phoros는 정부의 관리들에게, 위탁 세금은 계약된 세금 대리인에게 납부하라고 말하고 있는 듯하다.[25]

바울의 이론적 문화적 유산. 유대주의와 헬레니즘은 모두 통치자들이 그들의 권위를 하나님혹은 신들에게서 받았다는 사실을 일반적으로 주장한다. 왜냐하면 특별히 유대주의에서 그것을 타고난 권한으로 소유하지 않는다. 그것들은 하나님께 의존한다. 이 질서tagma는 1~5절을 지지하는 논거와 함께 바울의 논지의 기초이다.

특별히 구약의 전통 안에서 예언자들은 엘리야와 아합의 대립왕상21, 이사야의 아하스에 대한 신탁사7, 예레미야의 시드기야에 대한 심판렘21과 같은 통치자들의 정의로운 통치 실패나 여호와에 대한 신뢰의 실패에 대해 심하게 비판한다. 신약에서도 마찬가지로 그리스도인 신자들은 때때로 하나님의 목적과 갈등을 빚을 경우 정부의 법에 대해 비판적이었으며 심지어는 불복종하기도 했다.행4~5, 22:25, 24:25; 계시록, 참조 눅13:32; 막6:18, 13:9~27

한편 바울이 1절에서 언급한 "권세들exousiai"은 하나님의 권위 하에 있다. 그는 다른 곳에서도 그와 같은 모든 권세들은 그리스도의 승리와 통치로 말미암아 궁극적인 힘을 빼앗긴 상태라고 강조한다.롬8:38~39; 고전2: 6~8, 15:24~25; 엡1:20, 3:10, 6:12; 골2:10,15

바울과 성서의 더 큰 강조점들을 유지하기 위하여, 우리는 로마서 13장을 국가에 대한 무조건적인 복종을 지지하는 데 사용해서는 안 되고 그것에서 파생한 모든 세금 납부에 관한 부적절한 위임으로 사용해서도 안 된다. 바울이 이 특별한 상황에서 말한 것을 "그리스도인의 법"으로 굳어지게 해서는 안 된다. 그보다 더 지속되어야 할 법은 8절에 있다. "피차 사랑의 빚 외에는 아무에게든지 아무 빚도 지지 말라."

키워드 분석. 13장 1절의 "굴복하라"는 명령은 헬라어 단어 'hypotasso'에 기초하고 있다. 그 명사형은 tagma인데 이는 "질서"라는 의미를 함축한다. 바울은 'hypotasso'를 피차 복종하라는 의미로도 사용하고엡5:21 남편에 대한 아내의 복종에도 사용한다. 그러나 아이의 부모에 대한 경우나 노예들의 주인에 대한 경우는 'hypakouo'를 사용한다.6:1,5 참조 골3:20; 벧전1:14 비록 'hypotasso'는 'hypakouo'와 호환성이 있는 것으로 나타나지만 약간의 경우에는비교 딛2:9; 벧전2:18; 딤전3:4에서는 "굴복" 엡6:1,5; 골3:22에서는 "복종"임 완전한 호환이 불가능하다. 항복은 자발적인 복종과 같지 않다. 상호 교환의 예는 노예-주인과 아이-부모의 관계에서만 발생한다. 다른 단어들은 다른 기자들에 의해 사용된다. 그리고 우리는 한 기자와 다른 기자를 융합하거나 한 문맥을 다른 것과 융합하지 않으려고 주의를 기울여야 한다. 가장 많이 언급해야 할 것은 에베소서와 골로새서의 기자가 "복종hypakouo"이라는 단어를 노예-주인 그리고 아이-부모 관계를 묘사하는 데 사용할 때 같은 기자가 그 단어를 다른 복종정치적 그리고 가정적에 대한 반응을 묘사하는 데 사용하지 않고, 디도서나 베드로전서의 기자들도 "복종"이라는 용어를 노예들의 반응으로 사용하지 않는다. 그리스도인들이 사회적 구조 안에서 "질서tagma"에 반응하는 예상되는 행동은 결코 복종이 아니다. 완전한 복종은 하나님만을 위해 남겨져야 한다. 왕의 음식을 먹고 마시기를 거절한 단1:1~17에서와 같이; 행5:29;〈주26〉 제20:4 "hypo-tasso"라는 동사는 굴복을 의미하고, 반란을 의미하지 않는다. 그러나 불복종에 대한 벌로 고통을 받을지라도 "굴복하지 않을" 가능성을 남긴다.27)

"바로 이 일에 참여한다."롬13:6 RSV는 구절은 일시적인 참여로 번역되어 "그들이 참여할 때"28)로 읽어야 한다. 이것은 바울이 식별의 원칙과 함께 그의 훈계를 누그러뜨리고 있음을 의미한다. 분명히 바울은 무슨 일을 하든 모든 통치자들을 하나님의 종으로 여기려 하지 않았다. 통치자들은 때때로 하나님의 목적에 반하여 행동한다. 그와 같은 경우, 사탄이나 악이 궁극적인 의미에서는 하나님의 종으로 임명되었다고 말할 수도 있다는 의미에서, 악한 통치자들은 하나님의 종이라고 말할 수 있다. 마찬가지로 바울이 이 구절에서 그와 같은 신정론을 생각하고 있는 것이 아니다. 그의 권고는 통치자의 편의 좋은 의도를 분별하는 곳의 근접한 상황에 의해 형성된 것이다. 그러나 그는 그것을 일시적인 원칙으로, 언제나 그렇지는 않다는 것을 인식하고 있었다.

이 해석에 의하면 7절 역시 분별의 언어를 포함하고 있다. 존 하워드 요더는 이 구절에 대해 이렇게 언급한다.

우리는 모든 국가의 모든 요구에 굴복하라고 부르심을 받은 것이 아니다. 바울이 로마의 그리스도인들에게롬13:7 "공세를 받을 자에게 공세를 바치고 국세 받을 자에게 국세를 바치고 두려워할 자를 두려워하며 존경할 자를 존경하라."는 말씀을 주어 가르칠 때 이것은 공세, 국세, 두려워하다 그리고 공경하다라는 말들이 국가에 속한다는 주장에 대해 반대의 입장이다. 그는, 같은 것을 마태복음 22장 21절과 베드로전서 2장 1절에서 확인할 수 있는 것처럼 우리는 하나님의 것을 가이사에게 주는 것을 거절하고 분별해야 하며 각각에 대하여 마땅히 주어야 할 것만을 주어야 한다고 말하고 있다.[29]

첫 번째 사고에 관하여, 요더의 해석은 역사적 배경의 복원에서 발견된 것들에 대해 반박한다. 그 발견들은 바울이 로마의 그리스도인들에게 두 가지 세금을 모두 납부하도록 말함으로써 단정적인 자세를 취했음을 가리킨다. 그러나 긴밀한 분석에 따르면 "그들에게 주어진"이라는 짧은 구절은 세금 납부에 관한 도덕적 분별을 요구한다.

이곳이 정확히 로마서 13장 7절의 문학적 문맥에서 도덕적 명령이 고려되어져야만 하는 부분이다. 12장 1~2절, 13장 8~13절에 있는 도덕적 가르침은 분명하다:

1. "이 세대를 본받지 말고[=그것의 악]," 그러나 "너희 몸을 산 제사로 …하나님께 드리라[나라에게가 아니라]"12:1~2
2. "아무에게도 악을 악으로 갚지 말고"12:17
3. "할 수 있거든 너희로서는 모든 사람으로 더불어 평화하라."12:18
4. "너희가 친히 원수를 갚지 말고 진노하심에 맡기라…원수 갚는 것이 내게 있으니,…주께서 말씀하시니라."12:19

5. "네 원수가 주리거든 먹이고 목마르거든 마시우라."[12:20]

6. "악에게 지지 말고 선으로 악을 이기라."[12:21]

7. "피차 사랑의 빚 외에는 아무에게든지 아무 빚도 지지 말라."[13:8]

전체적인 묘사의 흐름이 한결같다면 바울의 명시된 세금 납부는 이러한 도덕적 명령들과 갈등을 일으키지 않는다고 추정할 수 있다. 마찬가지로, 우리가 군사적 무기를 −심지어 대량학살용− 위해 사용되는 현재의 세금 납부의 딜레마에 응수함을 통해 이러한 도덕적 명령들을 완수할 때 우리는 우리의 도덕을 위해 주어진 바울과 예수의 의도를 제대로 들을 수 있다. 나아가, 선교적 고려를 기억하자. 어떤 행동의 진로가 전세계적인 하나님나라의 증언과 복음 확장을 위해 더 나을 것인가?

본문부터 현재까지

비록 우리가 − 전쟁을 위해 사용되는 세금 납부에 관한 직접적인 성서적 충고를 얻기를 − 원한다고 해도, 팍스 로마나[Pax Romana]의 정치적 압박과 로마 군대를 위한 바울의 고려를 헤아리건 안 헤아리건 간에, 이 구절은 세금 사용에 관한 도덕적 주제에 관한 어떤 지침도 주지 않는다. 또 세금과 관련된 당시의 세속적 요소들이 로마의 군사적 정책에 저항하는 반란을 일으키지도 않았다. 다른 말로, 바울은 질문을 받지도 않았고 대답을 하지도 않았다. 세금이 대부분 군사적 방어나 전쟁을 위해 사용될 때 그리스도인의 세금에 관한 도덕적 의무는 무엇인가? 혹자는 바울이 그의 단정적 논증[롬13:6~7]으로 그 질문에 분명히 답을 했다고 주장할 수도 있다. 왜냐하면 그가 여행을 하면서 제국의 전 지역에 걸쳐 있는 로마 군대를 보아 왔으며 어떤 세금이 사용되는지를 알기 때문이다. 그러나 바울의 권고에서 이것을 추론하는 것은 그가 노예들과 주인들을 위한 그리스도인의 행동을 규정했기 때문에 바울이 노예제도를 지지했다는 1800년대의 논쟁과 유사하다. 이 읽을거리는 바울에게 그가 분명하게 말한 것 이상을 말하게 한다. 성서 텍스트들을 이용하기 위한 이 방법은 성서를 오용하는 것이다.

더 넓은 성서적 고려 사항들

어떤 도덕적 문제에 관한 성서적 가르침을 발견하고자 할 때, 주어진 문제에 관한 전체적인 성서적 증언을 고려하는 것이 필수적이다. 다음 열 가지 성서의 가르침은 전쟁 목적을 위해 사용되는 세금 납부의 이 특별한 도덕적 문제에 대하여 답한다.

1. "살인하지 말지니라."출20:13 RSV는 모세의 십계명 중 여섯 번째 계명은 생명을 취하는 것은 하나님의 특권이지 우리의 것이 아님을 의미한다. 예수 그리스도의 제자로서 나는 살인할 수 없고 예수 그리스도께서 위하여 죽으신 사람을 죽이는 것을 인정할 수도 없다. 윌마 베일리Wilma Bailey는 20005년도 그의 책에서[30] 여기에 쓰인 히브리 단어tirtsakh, ratsakh에서 유래한의 의미는 "살인"이 아니라 "죽이다"에 더 가깝다는 것을 설득적으로 보여주었다. 그녀의 결론은 구약에서의 그 단어의 열세 가지 용법에 대한 상황적 연구에 기초를 두고 있다. NRSV에서 "살인"으로 바꾼 것은 부적절한 것이다. 만일 우리가 전쟁에서 죽이는 것을 반대한다면 전쟁을 수행할 준비를 뒷받침하는 세금을 일관되게 거부할 수밖에 없을 것이다.

2. 모세에게서 시작한 구약의 예언자들은 참되고 적절한 방어를 위해 주님의 신뢰를 필요로 했다. 그들은 군사적 힘을 세우고 사용하는 것을 비판했다. 이사야 2장 미가서 4장은 "칼을 쳐서 보습을 만들고"라고 말한다. 나아가 이사야 2장 6절~3장 17절은 이스라엘의 우상 숭배를 책망한다. 다른 신들을 따르고 군사적인 힘에 의존하는 것들

에 대해 심판이 임한다. 군비를 위한 세금의 납부는 이 우상숭배를 돕고 사주하는 것이다.

3. 구약성서는 왕의 명령을 거부한 사람들의 보기들을 제공한다.

- 히브리인 산파: 십브라와 부아출1:5~22
- 모세의 어머니와 바로의 딸출1:22, 2:10
- 다니엘과 에스더다니엘과 에스더서를 보라
- 왕의 정책에 반대하는 말을 하고 적의 침입을 통한 하나님의 임박한 심판에 복종할 것을 권고하는 예레미야

4. 예수는 "너희 원수를 사랑하며 너를 핍박하는 자를 위하여 기도하라."고 권했다. 또 이렇게 말했다. " 화평케 하는 자는 복이 있나니" 둘 모두 "하나님의 아들"이 되는 것과 연결되어 있다. 평화실천은 이처럼 하나님의 아들들의 정체성에 대한 표시이다.마5:9, 43~48

5. 예수는 "가이사의 것은 가이사에게 하나님의 것은 하나님께 바치라"고 가르쳤다. 이 둘은 같지 않다. 우리가 하나님께 받은 것은 우리가 국가에서 받은 것보다 우월하고 앞선다.

6. 왕이신 예수는 남을 지배하는 것을 거부하고 자기 방어를 위해 칼을 사용하는 것을 거부하고 십자가의 길을 택하셨다. 신약에서 우리는 예수의 이런 면을 닮도록 부르심을 받았다.

7. 다니엘과 사도들의 증언은 모두 이 모델과 일치를 이룬다. "사람보다 하나님을 순종하는 것이 마땅하니라."행5:29

8. 신약의 서신서들은 하나님을 "평화의 하나님"으로 여덟 번을 언급한다. 신약 어디에서도 하나님을 "전쟁의 하나님"이라고 지칭하는 곳이 없다.[31]

9. 전에는 원수였던 사람들로 구성된 교회는 이제 하나인 그리스도의 몸 안에서 평화롭다. 예수 그리스도 안에서 하나님의 새로운 피조물

인 이 평화 연합체는 정사와 권세들에게 각종 하나님의 지혜를 드러내 보인다.엡3:9~10 한 나라의 "그리스도인들"이 다른 나라의 "그리스도인들"을 죽이는 결과를 초래하는 전쟁을 지지할 때 우리는 "비밀의 경륜"인 하나님의 지혜를 위태롭게 하는 것이 아닌가?

10. 예수의 통치권은 교회와 권세 모두를 넘어 확장한다.골2:10,15 32)

결론

그렇다면 미국에 있는 평화를 실천하는 그리스도인들은 전쟁-세금의 딜레마에 어떻게 반응할 것인가? 한편으로 특별한 성서의 언급그 가장 현저한 것이 로마서 13:1~7이다은 모든 세금 납부를 지지할 준비가 되어 있다. 또 다른 한편으로 세상의 가치관을 따르지 않는 것인, 모든 이를 사랑하라는 도덕적 명령과 전 세계적인 선교적인 이유는 전쟁에 사용하기 위한 세금에 대해 유보할 것을 요구하고, 어떤 이들에게는 단호하고 직접적인 납부 거부를 요구한다.33)

분명히 권세에 굴복하라는 바울의 권고를 군 복무에 참여하라는 요구로 보는 그리스도인들에게 이 주제는 문제가 아니다. 그들은 그것을 정당한 전쟁과 함께 수용할 것이다. 그러나 이 연구는 성서가 그리스도인의 전쟁 참여를 금지한다고 이해해온 사람들을 지지한다. 둘 모두 성서에 호소하는 이 다른 입장의 주장 안에서 위기에 처한 것은 몇 가지 성서 해석의 중요한 원칙들이다. 우리는 이와 같이 이스라엘의 전쟁 관행을 비규범적 도덕성의 수준으로 강등시키는 신약에 구약을 능가하는 우선권을 부여한다. 그러나 위에서 인정했듯이 구약 역시 정부의 권세가 하나님의 뜻을 거스를 때 거기에 저항하는 증언을 하고 있다. 도덕적 문제에 관한 예수의 삶과 가르침은 도덕적 지침의 중심이 되고 있다. 더욱이 바울의 권세에 굴복하라는 특별한 권고는 무분별한 복종을 의미하지 않는다. 이 두 가지 대안만이 주어질 때, 예수의 평화를 만들라는 명령에 따르는 그리스도인들은 군대에 참여하기보다는 정부에 불복종하라는 부름을 받았다. 특별히 세금 문제에 관하여 우리는 원칙적으로 '예'라고 대답한다. 하지만 그 대답이 바울의 특별한 권고인 13장 1~7절의 틀이 된 도덕적 원칙을 깨뜨리는 경우는 '아니오'라고 답해야 한다.[34]

마찬가지로 전쟁을 위한 세금 납부를 무분별하게 지지할 목적으로 로마서 13장 7절을 사용할 때 우리는 도덕성에 관한 기본적 성서적 원리들을 부인하게 된다. 그렇게 할 때, 우리는 그 특별한 권고 때문에 기본적 도덕적 원칙들을 부인하게 되고 그러한 실천을 정당화하려고 다시 바울의 그 특별한 권고를 사용하게 된다. 역사적 문화적 상황과 문제들의 차이는 이 문제를 설명해준다. 비록 기본적인 도덕적 원칙이 같다 할지라도 변화된 상황과 의문들은 다른 특별한 권고들을 요구한다.[35] 예를 들어 구약에서의 거룩한 전쟁 뒤에 있는 기본적인 도덕적 원리는 여호와를 신뢰하는 것이고 그 원칙은 신약을 관통해 이어지고 있는 원칙이다. 그러나 원수와 대항하여 싸우라는 하나님의 명령은 예수의 원수를 사랑하라는 명령과 초기 교회의 하나님 백성의 경계를 재정립한 데서 중단되었다. 엡2:11~22; 골3:11 구약에서 신약으로 이어지는 계시의 전개에 따른 변화된 역사적 실제는 새로운 도덕적 검토를 필요하게 만들었다. 그렇지 않았다면 예수 그리스도의 오심은 필요치 않았을 것이다. 예수와 만난 구원은 어떠한 도덕적 변화도 의미하지 않았을 것이다.

그 문제에 관한 개인적인 응답. 신약의 기본적인 도덕적 원칙들을 따르기 위한 노력 안에서 세상의 방식을 따르지 않고 오직 사랑에 의해 선으로 악을 이기는 것으로 정부의 권위에 굴복하고, 복음의 선교적 이유를 증진시키려고 – 나는 나의 연간 세금 가운데 얼마간의30~60퍼센트 납부를 거부해

왔다. 메리나의 배우자와 나는 이것을 증인의 도리로 행한다. 이 세금 납부에 대한 거부는 원칙적으로 세금 납부에 반대한다는 의미가 아니다. 왜냐하면 우리는 정부가 건강, 교육, 가난한 사람들, 장애인들, 은퇴자들, 세계적 건강 보급과 같은 사회적 봉사를 제공하기 위안 정부의 세금 부과를 원하기 때문이다. 우리는 평화의 복음, 하나님에 대한 신뢰 그리고 사랑의 방식과 일치하는 이 증인의 도리를 믿는다.

우리는 국세청, 하원의원과 상원의원, 하원 세입 위원회 그리고 조세무역 위원회에 편지를 보냈다.[36] 우리의 저항은 공중 위생국전에는 건강, 교육, 복지 위원회에 지불할 수 있는 두 번째 수표를 쓰는 것으로 정형화 되었다. 우리는 그 수표를 봉투에 넣어 봉한 후 공중 위생국 주소를 적고 우표를 붙인 다음 그것을 보내도 좋은가를 국세청에 질의하였다. 국세청을 경유하여 공중 위생국으로 보내진 그 돈은 공중 위생국이 특별한 목적에 할당하여 실제로 두 차례 특별한 공공 건강 기구에 보내졌다. 어느 월요일 아침 우리는 메릴랜드 베데스다에 있는 성 엘리자베스 병원에서 놀라운 전화를 받았다. 전화를 건 여인은 우리의 관대한 기부에 대해 감사했고, 그들이 그것을 그 병원에 장기 입원해 있는 노인들을 위한 봉사를 증진시키는데 사용했다고 알려주었다. 그러나 몇 년 후에 국세청은 우리의 은행 계좌에 추가 부담금을 과세하였고 공중 위생국으로 보내진 수표를 적어도 두 차례에 한 번은 회수하였다. 이와 같이 국세청은 원칙적으로 공중 위생국에 보내진 수표를 진정한 납세로 인정하지 않았다. 대부분의 경우 국세청은 수표에 단지 이서를 하거나 그것을 현금화 하였다.

우리의 희망과 기도는 그와 같은 행동에 수반되는 편지들과 전화 대화를 통해 주어진 기회들을 통해 증인이 복음에 충실하고 동시에 다른 사람들을 하나님나라의 가치에 민감하게 만들고 하나님나라의 우선성에 대한 복음적인 총평을 말하는 것이다.

우리는 인간을 위한 하나님의 평화에 진지하게 반응하는 그리스도인의
이 길을 시험하는 분별과 권고를 환영한다.

전쟁의 신*

전쟁의 신, 때로는 보이기도 하고 안 보이기도 하는,
테러리즘이라는 작품 뒤에 나타나는,
곤봉을 들고 단에 서 있는,

그리고 행동을 시작하죠.
그러면 미국의 첨단 독수리가 아프간으로 돌진하고
그 다음은 인정사정없는 폭격

그의 속도는 다시 빛나는 열매를 낳고
그의 얼굴엔 즐거운 춤이.
이 신, 경배해 왔기에

사원에는
알라의 가면 밑에
그리고 교회 안에

---

* 요리후미의 시. 요리후미 야구치는 1965년 고센 성경학교 졸업자이다. 그는 일본 삿뽀로에 있는
호크세이 가쿠엔 대학의 교수이자 시인이며 일본 메노나이트 교회의 리더이다.

그리스도의 가면 밑에는,

끊임없이 그들에게 속삭여 왔던,

"전쟁을 하라."

이제 너무도 보이게 곤봉을 휘둘러,

양 진영은 황홀 속의 일치로 소리 질러,

"그들을 죽이라! 그들을 죽이라!"

그가 더 움직일수록, 그들의 증오가

더욱 증가되기에. 그의 나라는 변함없이

전쟁터가 되고, 마침내 온 지구가.

그가 행동을 멈추고 더 이상 나타나지 않아도,

그는 결코 그의 씨앗을 다시 뿌리는데 실패하는 법이 없으니.

우리를 유혹한 이는 이 신,

"전쟁 이겨라! 그들을 죽이라!

내 그대를 임명하노니

야스쿠니 신사의 신들로,

전에도 그랬듯이" 그리고 우리의 수상은,

반쯤 일어선 채, 거의 준비 되어

그를 따르기 위해, 심한 열병에 감염된 환자처럼.

– 요리후미 야구치

7장
성서와 이스라엘: 두 가지 해석과 더 많은 해석

거룩한 땅은
난민과 이민자들을 환영하는 것과 관련되어 있다.
그리고 그 이유들을 제거하려고 노력하고
그리고 그 문제를 완화하고…
인구 혼란…
거룩해진 땅에서,
그것은 만족과 안정을 낳고 그리고
내 가정을 조성하고…
거룩하지 않은 땅은 난민을 낳고, 거룩한 땅은 구속의 기능을 수행한다.
―말린 제시크(Marlin Jesche, 거룩한 땅을 다시 생각하며 (2005), 144.

이 연구는 동부 메노나이트 대학 졸업생들과 친구들이 지중해를 관광하던 1975년 6월 말 시작되었다. 나는 그룹을 위한 성서교사로 봉사해왔다. 여행 동료들이 이스라엘의 그 땅에 대한 권리에 대해 반대되는 견해를 가지고 있다는 사실이 분명해졌다. 어떤 이는 이스라엘이 하나님께서 선택한 백성이고 반박의 여지가 없는 팔레스타인 사람들이 살고 있는 지역을 포함하여 그 땅에 대한 권리를 언제나 가지고 있었다고 주장했다. 다른 이들은 확신하지 못했고, 또 다른 어떤 이들은 그와 같은 견해는 잘못된 것이지만 조정이나 대체가 불가능했었다고 확신했다. 그래서 여행 말미에 로마에 있는 호텔에서 우리의 주일 아침 설교와 토론을 위한 "두 가지 해석"이라는 설명의 개요를 제시하였다. 그리고 토론이 있었다. 나의 해석에 대한 주석이 부족하였지만, 한 여행 동료가 발표를 녹음했고, 후에 테이프로 복사했다.

　나의 이 주제에 대한 두 번째 접촉은 1990년 후반 미국이 전쟁을 위해 이라크에 가기 전 메노나이트 성경학교Associated Mennonite Biblical Seminary에서 한 달간 열렸던 공개 토론회에서 이루어졌다. 엘크하트의 살아 있는 말씀 교회의 목사인 스티븐 스위하트Stephen Swihart는 이스라엘의 안전을 위해 미국이 전쟁에 개입하는 것을 정당하게 여기는 친 이스라엘 해석을 제시했다. 나는 그 땅에 대한 이스라엘의 권리와 그 땅에 대한 이스라엘과 하나님의 약속을 이해하는 한 가지 이상의 방식이 있음을 보여주는 아래의 견해를 제시하였다.

　2003년 조지 W. 부시 대통령이 이라크 침공을 준비하고 있을 때 나의 견해를 포함하여 이 문제에 관한 의견들이 지역 신문 논설에 다시 떠올랐다. 이런 정황에서 메노나이트 성경학교 동료들 중 하나가 내 글을 그녀의 윤리신학 수업에서 사용해도 좋으냐고 물었고, 어떤 점에서 내가 다시 그 주제로 돌아왔고 내 이전의 작업을 더 깊게 수정하게 되었는지를 물었다. 그녀는 이 주제에 관한 이 글과 더 많은 글들이 더 큰 교회들을 위해 사용될 필요가 있다는 그녀의 견해를 표현했다.

　그 이후에 로이 크라이더Roy Kreider의 『계시의 땅』Land of Revelation을 읽는 특권을 가질 수 있었고 존 E. 토우즈John E. Toews에 의한 로마서에 관한 주석서Herald Press, 2004 와 함께 『이스라엘 안의 화해시키는 존재』Reconciling Presence in Israel, Herald Press, 2004를 읽었다. 크라이더는 사람들의 영적 필요들을 위한 동정심과 함께, 그 땅에 대한 정치적인 권리가 아니라 이스라엘 안에서 그리스도인의 현존이 되라는 하나님의 부르심에 근거한 이스라엘을 향한 동정적인 견해를 제시했다. 부제인 '화해시키는 존재'Reconciling Presence는 1953년 그것이 시작한 이래 이스라엘 안의 메노나이트 증인을 잘 요약하고 있다. 이 기고문은 최근에 출판된 존 H. 요더의 책아래를 보라과 함께 내 이전

기고문인 "두 가지 해석"을 확장하도록 나를 촉구하였다. 이번 장의 후반부에 나는 이스라엘과 전 세계적인 유대인들과의 관계에서 교회를 향해 일어난 어려운 신학적 문제와 그리스도인 선교 문제를 반영하였다. 현재 이스라엘의 유대인의 수는 미국에 있는 유대인의 수에 가까워졌으며 각각 오백만을 상회한다.

해석 I

이 견해는 성서가 현 이스라엘 정부에 관하여 말하고 있으며 1948년 이스라엘 정부의 수립은 성서적 예언의 직접적인 성취라고 주장한다. 이 견해는 다음과 같은 성서적인 자료들에 호소한다.

1. 하나님께서 아브라함과 다윗에게 하신 언약

아브라함의 언약

창12:1~3. 하나님은 땅과 위대한 나라, 그리고 나라들의 복이 될 것이라고 약속하셨다.

창17:4~8[9,10,19절도 보라]. 하나님은 수없이 많은 후손들을 약속하셨다.

다윗의 언약

삼하7:12~16, 24~26. 하나님은 왕좌에 앉은 후손을 영원히 약속하셨다. [아버지/아들]

대상17:11~14. 하나님은 다윗의 자손들에게 지속적인 왕좌를 약속하셨다.

2. 예레미야의 이스라엘과 유다와의 새 언약의 예언

렘31:31~34, 38~40. 새 언약은 옛 것과 같지 않다. 마음속의 법이 새겨지고 모두가 하나님을 알게 될 것이다.

렘33:7~26. 하나님은 이스라엘과 유다의 재산을 회복시켜주실 것이다. 한 "의로운 가지"가 솟아 나와 그 땅에 "공평과 정의"를 세울 것이다.

3. 예루살렘과 유다를 극찬하는 올라가는 노래

시120~136, 특히 122편과 132:11~14, 147. 이 시편들은 하나님의 축복을 찬양하고 잃어버린 것의 회복에 대한 희망을 새롭게 한다.예를 들면 시126; 참조 시80

주석. 이 구절들에는 "영원토록 영원히", "영원한 보좌" 그리고 "영원히 시온을 세움"에 강조점이 있다.

4. 이스라엘의 그 땅으로의 복귀에 대한 예언들

렘23:3, 33:7~13. 하나님은 이스라엘의 재산을 회복시킬 것이다. 남은 자들을 집으로 모으심.

겔11:16~17, 28:25~26, 34:11~31, 36~37장과 40~48. 에스겔의 새 성전에 대한 환상과 함께

욜3. 9~13은 아마겟돈에서의 큰 전쟁에 관해 언급한다.

암9:11~15. 하나님은 무너진 성전을 보수하시기로 약속했다.

슥2:6~12. 하나님은 자신이 보내신 노략한 열국을 강탈하실 것이다. 하나님의 백성은 노래하며 집으로 돌아올 것이고, 하나님은 그들 가운데 거하실 것이다. 8절 후반에 "무릇 너를 범하는 자는 그의 눈동자를 범하는 것이라."

슥8:2~8,22~23. 예루살렘은 다시 노인들과 어린아이들이 길에 있는 평화의 도시가 될 것이다.

슥10:8~12. 하나님은 이스라엘을 그들의 집으로 데려오심으로 다시 찾을 것이다.

슥14:4. 주님의 "그의 발이 예루살렘 앞 곧 동편 감람산에 서실 것이요, [그것은] 둘로 나뉠 것이다" 20절은 그 위에 "여호 와께 성결"이라는 글자가 새겨진 "말방울"에 대해 언급한다.

주석. 이 구절들과 다른 구절들을 통해 우리는 주님이 온 땅에 흩어진 그의 백성들을 집으로 모으실 것이라는 약속을 듣는다. 이것은 1948년 이래 이루어지고 있는 대규모 유대인들의 팔레스타인으로의 귀환에 대한 이해이다.

5. 이스라엘의 대규모 구원과 연계된 종말의 천년설

휴거: 예수는 하늘의 구름을 타고 오실 것이며 모든 믿는 자들을 "들어 올리실"휴거 것이다. 요한계시록 4:1을 보라. 데살로니가전서 4:16~17; 데살로니가후서 2:3, 어떤 이가 "반역"RSV이라고 한 말은 "무아지경"으로 번역되어야 한다.

다니엘의 환상과 계시록 일곱 인, 일곱 천사, 진노의 일곱 대접에 기초한 칠 년 대 환란.막13; 눅21도 볼 것 이 기간 동안 다음과 같은 일들이 발생한다.

- 이스라엘의 구원, 롬 9~11, 특별히 9:4와 11:26: "그리하여 온 이스라엘이 구원을 얻으리라."
- 막13:28~31의 예수의 무화과나무 비유의 성취,병행. 마 24:32~35; 눅21:29~33 그곳에서 무화과나무는 이스라엘을 상징한다.렘24 참조 무화과나무가 그 잎사귀싹를 내는 것은 1948년 이스라엘의 다가오는 독립에 관한 언급이다. 이 사건의 한 세대가 지나기 전에 이 모든 일들이 이루어질 것이다.

지상에서의 1,000년간의 통치, 천년 왕국[20]

이것은 새 하늘과 새 땅에 의해 이어진다.[21~22]

> **주석.** 이 견해를 지지하는 사람들은 그것들 가운데 위의 첫 세 개의 항목에 대해 동의하지 않는다. 어떤 이는 환난을 휴거 앞에 놓는다. 어떤 이는 이스라엘의 구원을 휴거 앞에 놓는데 최소한 그것의 시작 단계에 놓는다. 이 견해는 첫 번째와 두 번째 부활도 언급하는데 그것들은 천년 왕국 앞과 뒤에 발생한다. 위대한 흰 보좌 심판이 두 번째 부활 후 즉시 임한다.

해석 I에 대한 비판적 평가

강한 비판

1. 이 입장은 성서의 다양한 부분에 위치한 많은 구절들에 호소하고 때로는 성서 전체가 실제로 그 주제에 관해 말하는 것으로 나타난다.
2. 해석은 이미 이해되어지고, 배우고, 설교되어진다. 할 린드세이[Hal Lindsay]의 책 『말기의 위대한 행성 지구』는 1970년대 평신도들에 의해 널리 읽혀졌다. 좀 더 최근에는 팀 라하예[Tim Lahaye]와 제리 B. 젠킨스[Jerry B. Jenkins]의 소설 『레프트 비하인드』 *Left Behind*은 이 견해를 대중화하였다. 그것은 잡동사니를 모아 붙이는 성서의 문학적 해석을 따랐는데, 한 번 받아들여지면 거의 설명할 필요가 없다. 그것은 플리머스 형제단의 설립자인 존 넬슨 다비[John Nelson Darby, 1800~1882]의 영향 하에 19세기에 유래하였다. 그것은 선정주의를 불러 일으켰는데 그것은 스코필드 성서[옥스포드 대학 출판사, 1909]에 의해 대중화되었다.
3. 1948년 국가로서의 이스라엘의 창조는 그 견해를 매력적이고 확신

하게 만드는 가시적인 핵심축이다.

약한 비판

1. 언약적 약속을 지지하려고 인용된 구절들은 모두 일방적이다. 지
   지자들은 언약의 조건적인 본질을 강조하는 구절들을 인용하지 않
   았다.
   출 19:5~6. "너희가 내 말을 잘 듣고…"
   　　열왕기상 9:4~9와 역대하 7:19~22. 만일 이스라엘이 불순종한
   　　다면 그들은 잘려나가 나라들 가운데 흩어질 것이고 나라들
   　　가운데 속담과 대명사가 될 것이다.
   　　신명기 28:15~46은 그 땅에 대한 약속은 그들의 순종 여부에
   　　따라 조건적이다. 그것은 수년 후에 어떤 일이 일어날 것인가
   　　를 예언한다. 이스라엘의 망명. 역대하 36:21은 그 망명이 안
   　　식년 법에 순종하지 않은 벌이라는 견해이다. 충격적이게도
   　　그 땅은 바벨론 포로기간 동안 70년이나 휴식을 취했다!
2. 귀환의 예언들은 그들이 인용한 성서의 역사적 문맥과 신약의 맥락
   을 무시한다.
   　　거의 모든 구약의 본문들은 이스라엘의 바벨론 포로586~539 BC 이전
   　　이거나 그와 관련하여 쓰였다. 그러므로 BC 538년 귀환을 언급
   　　한다. 예를 들어 에스겔 37장도 마찬가지로 BC 538년 이스라엘
   　　의 귀향을 언급한다. 39:23~25은 솔직하게 포로에서 돌아옴을
   　　언급한다. 예레미야 27:22, 29:10~11, 30:3도 보라. 망명포로기은
   　　모든 구약의 정통적 문학에 깊은 흔적을 남겼다는 점은 분명하
   　　다. 시편의 애가인 74, 79, 80 그리고 예레미야 애가를 읽어보라.

이 본문들 가운데 어떤 것은 신약 기자들에 의해 예수와 다음과 같은 초기 교회의 발전에서 성취되었다고 간주된다:

- 아모스 9:11~15는 사도행전 15:16~18에 의하면 예수의 오심과 이방인 선교에 의해 성취되었다.
- 예레미야 31:31~34는 히브리서 8:8~13에 의하면 예수가 신자들과 맺은 언약에 의해 성취되었다.

이사야 49:14~16a와 같은 어떤 구절들에서 우리는 상징으로서의 시온과 나라로서의 이스라엘유대 사이뿐만 아니라 시온과 예루살렘 사이의 차이를 구분해야만 한다.[1)]

3. 종말의 천년기에 대한 성서의 지지는 미약하다.

우리는 어떤 한 성서적 권위를 안에서 전체적인 계획을 발견할 수 없다. 그 계획은 수백 년에 걸쳐 쓰인 다양한 분산된 자료들에서의 정보 조각들을 모아 붙임으로써만 가능하다. 반복해서 그들의 맥락 안에서의 이 구절들의 의미는 종종 무시되었다. 예를 들어 다니엘서와 복음서의 "멸망의 가증한 것"의 사용은 각각 BC 168~165년과 AD 40년에 관한 언급이다; 누가복음 21장에서 예루살렘이 적들에 의해 포위된 것을 볼 때 그것은 AD 70년의 예루살렘 멸망에 관해 언급한 것이다.

우리가 아는 한 예수나 바울은 이 견해를 주장한 적이 없다. 왜냐하면 전체적인 계획은 복음서나 바울의 서신서 어느 한 곳에 있지 않다.

알려진 바대로 무아지경에 대해 언급하는 구절들은 맥락 안에서 연구할 때 모두 심각한 문제의 여지가 있다.

"온 이스라엘"이 구원 받는 일롬11:26을 문자 그대로 받아드릴 수 있는가? 만일 그렇다면, 로마서 11:32는 "모든 사람"이 "긍휼을 얻을 수 있음"을 가리키는가? 이것이 만인 구원을 의미하는가? 문학적인 해석은 이와 같이 어려워진다.

4. 그리스도를 통해 이스라엘 대중들이 하나님께로 돌아올 것이라는 해석은 비교적 최근의 기독교 안에서의 강조이다. 우리는 그것을 초기 교부들과 종교개혁자들의 작품들 안에서는 발견할 수 없다. 그것은 정치적인 철학으로서 약간은 시오니즘과 병행하여 19세기 다비주의Darbyism에서 발생하였다.

   신약 어디에서도 이스라엘이 그 땅으로 돌아올 것이라는 진술은 없다. 그러나 이스라엘에 대한 하나님의 심판은 특별한 언약적 역할의 묵시적 상실과 함께 발생한다.^{마21:33~43의 경우 두드러짐} "귀환" 주제에 관한 신약 구절의 부족은 귀환에 대한 구약의 구절들이 BC 538년의 바벨론 포로에서의 귀환에 관한 언급이라는 점을 입증한다.

   이 견해는 팔레스타인 사람들의 비참함에 대한 그리스도인들의 반응뿐만 아니라 종말의 드라마에서 그리스도인 아랍인들의 역할에 대한 대답에 관하여도 심한 압박을 받는다. 왜냐하면 이스라엘인들의 귀환은 "하나님께서 하시는 일"이기 때문이다.

5. 이 해석은 구약의 "정복 이데올로기"로 이용할 수 있기 때문에 유럽 집단이 1492년 이후 "신세계"의 땅을 탈취하고, 네덜란드와 영국이 남아프리카에 식민지를 설치하고, 가장 최근에는 시오니즘 이데올로기에 기초한 이스라엘의 팔레스타인에서의 확장주의자의 정책을 정당화하고 합법화 하는데 사용되었다. 인간 권리의 파괴와 땅을 확보하기 위한 전쟁을 정당화하기 위한 성서의 이러한 사용은 기독교의 평판을 나쁘게 한다. 식민주의자의 땅 정복 이데올로기는 원주민들을 "정복하고 파괴하거나" "정복하고 가두는" 두 가지 중 하나의 결과를 초래했다. 그리고 이것은 분명히 다른 사람들에게 폭력과 죽

음을 가하기보다는 인간의 죄를 위해 자신을 내어주신 예수의 방식이 아니다.3)

6. 이 견해는 요한계시록과 다른 성서의 묵시 문학의 총체적인 오역을 부채질한다. 그것은 요한계시록을 고통과 박해 가운데서도 계속해서 충실하라는 부르심으로 이해하기보다는 종말에 있을 환란의 날짜와 계획에 관해 예언하는 표상의 묵시적 암호로 사용한다. 그것은 어린 양예수이 제국의 박해에 반응하는 그리스도인을 위한 방식을 제공하는 요한계시록의 핵심을 놓친다. 수많은 학자들이 요한계시록의 이러한 사용의 잘못을 드러내 왔고 우리의 진정한 요한계시록의 이해를 도왔다.특히 Babara Rossing, Loren Johns, Richard Bauckham 4)

해석 II

이 견해는 성서적 예언의 성취로서의 이스라엘의 오늘날 사건들을 밝히지 못한다. 그러나 하나님의 아브라함과 다윗과의 약속은 예수 그리스도와 교회를 통해 성취되었음을 강조한다. 하나님이 유대인들을 위해 가졌던 유일한 계획은 모든 사람이 예수를 메시아와 구원자와 주님으로 받는 그것과 같다. 성서는 이스라엘의 대규모 회심의 문제에 관해 분명하지 않다. 그러나 이 두 관점은 하나님의 백성으로서의 이스라엘과의 특별한 언약관계가 끝났다거나 더 이상 의미심장하지 않다는 것을 반드시 의미하는 것은 아니다.

이 견해는 두 가지 기본적 고려들에 호소한다. 즉 언약은 조건적이면서 동시에 무조건적이다. 그리고 성서 안에서 우리는 밝혀지지 않은 계시를 만나게 된다. 이 고려들은 다음 네 가지 주요 주제들로 발전된다.

1. 모세의 언약출19:5~6과 솔로몬의 언약 왕상 9:4~9; 대하 7:19~22은 하나님

나라로서의 이스라엘과의 모세의 그리고 성전과 관련된솔로몬과의 약속
이다. 둘은 모두 조건적이다.

그 조건은 이스라엘의 순종이다.

이스라엘의 역사는 그들이 불순종하고 약속을 깨는 것을 보여준
다.열왕기와 역대기

예언자들은 분명하게 이스라엘이 계약을 깨뜨렸으며 렘7:1~15, 26:1~6,
31:32; 호1, 8:1 그러므로 이스라엘은 유배BC 721과 586를 가게 될 것이
라고 말했다.

독립국가와 성전에 관한 약속은 포로기 이후 두 번째 기회를 위해
갱신되었다.호1:10~11, 3:1~5; 겔36~37, 40~48 그러나 나라와 성전에 관
한 약속은 조건부로 남아 있었다.

신약에서 백성들의 메시아 거부는 이스라엘을 향한 조건적 약속이
끝난 것으로 드러난다. 아브라함에게 약속한 "위대한 나라"를 포
함하여롬4:16~17 독립국가와 성전 이미지는 그리스도인 교회에 적
용된다.고전3:9; 엡2:19~22; 벧전2:4~10 어떤 초기 교회 교부들은 AD 70
년의 예루살렘 함락을 하나님의 심판으로 간주하였다.

2. 아브라함의 언약창12:1~3, 17:4~8과 다윗의 언약삼하7:12~16은 하나님의
백성으로서의 이스라엘과 맺은 언약이다. 두 언약 모두 조건이 없
다.

신약은 두 언약들이 예수와 첫 제자들과 더불어 시작된 그의 메시아
적 공동체 안에서 성취되었다고 본다.

그리스도인 신자들은 진정한 아브라함의 자손이요 아브라함의 약속
의 후사이다. 롬4:13~16; 갈 3:6~9,14, 4:21~31 이와 같이 교회는 "하나님
의 이스라엘"이라고 불렸다.갈6:16

왕으로서의 예수의 통치는 그의 부활에서 시작되었고 다윗의 약속

을 성취하였다. 롬1:3; 행2:22~36, 15:15~18; 고전15:24~26; 계4~5, 11:17~18, 17:14, 19:11~16 마태의 복음서 역시 예수를 다윗 자손의 왕으로 보여 준다.

약속된 새 언약렘31:31~34은 예수의 언약의 피를 통해 성취되었다. 마 26:26~30; 히8:8~13

주석. 이 견해는 아브라함과 다윗에게 주어진 하나님의 언약 예 수 그리스도와 유대인과 이방인들 모두를 포함하는 그의 추 종자들 안에서 성취되고 보편화되었다. 그 땅에 대한 약속까 지도 보편화되었다. 온유한 자들/신실한 자들은 땅/세상을 기업으로 받을 것이다. 롬4:13; 마 5:5; 고전 3:22~23; 계21:1~4

3. 구약의 약속들과 예언들은 역사 속에서 펼쳐진 하나님의 구원 드라 마와 함께 관련되어야만 한다.

이스라엘의 하나님의 구원 역사의 이야기는 다음의 아브라함의 언 약과 연관되어야 한다. 신26:5~9; 호24; 시135~136; 느9; 행7, 13:13~17 안에서 의 이야기를 기초로

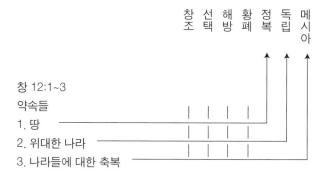

● 땅의 약속은 정복 안에서 그것의 성취를 이룬다. 독립국가 의 약속은 다윗에서 포로기까지를 통해 성취된다. 그리고 궁극적인 전 세계적인 축복의 약속은 예수 그리스도 안에

서 그것의 성취를 이루고 계속된다.

● 이스라엘을 부르신 하나님의 목적은 이스라엘 혼자만을 위한 축복이 아니라 온 세상을 향한 축복을 가져오는 것이었다.^창 _{12:3; 암3:2; 사 42:6, 49:6; 요나서와 신약 전체}

4. 거의 모든 신약의 책들은 이방인들에게 복음을 전하지 못하고 예수를 메시아로 받아들이지 않은 유대인들의 실패를 강조한다. 그리고 유대인과 이방인 모두 하나님 앞에 선택된 상태가 되었음을 확언한다.

유대인들의 메시아로서의 예수를 거부한 것은 하나님나라와 그것의 약속들을 이스라엘_{혹은 종교적인 지도자들, 유대인의 신실한 남은자라 하더라도}에서 취하여 다른 이들에게 주었다는 것을 의미한다.^{마21:33~34; 막} _{12:1~12; 요 12; 행13:44~48, 18:6, 28:23~28; 롬9~10, 15: 7~13} 우리는 이러한 구절들의 대부분이 이스라엘로 하여금 고착된 교리가 아니라 예수의 호소를 들으라는 "경고들"로 이해할 수 있다.

유대인과 이방인 모두 같은 조건하에서 하나님의 축복을 받는다. "예수 그리스도 안에서 믿음으로 말미암아 은혜로"^{롬1~4, 11; 엡2; 갈} _{2~5; 등등}

롬 9~11은 이방인들이 구원에 포함됨으로 말미암아 이스라엘이 하나님의 의에서 거부된 것은 아니라는 첫 번째이자 으뜸가는 확언이다.^{3:21~26 참조} 하나님의 의는 모든 이스라엘과 모든 이방인이 하나님의 구원의 잠재적인 수취인이 되었음을 의미한다.

사도행전은 유대인들의 질문, "주께서 이스라엘 나라를 회복하심이 이 때니이까?"^{행1:6 RSV}는 성령의 권능을 통해 온 세상과 함께 하나님나라를 공유하는 비전으로 대치되어야 함을 보여준다^{1:6~8,} _{8:12, 14:22, 19:8, 20:25, 28:23,31}

해석 II의 비판적 평가

강한 비판

1. 성서의 모든 부분을 찾아서 성서의 역사적 맥락들을 찾고 있다.
2. 복음서들과 서신서들을 구약의 신약에서의 성취에 가장 엄격하게 중점을 두고 사용한다.
3. 유대인과 이방인을 위한 똑같은 구원의 공통된 기반으로서의 예수 그리스도의 중심적인 역할시간 계획이 아니라을 강조한다. 때때로 이 입장은 모든 시대의 모든 사람에게 분명한 선교적 명령을 제공한다. 그러나 유대주의와 기독교 사이의 특별한 관계를 위해 아래를 보라.
4. 현재의 중동 지역의 갈등 안에서 유대인과 아랍인들을 위한 같은 교훈을 확인하고, 둘 모두의 사랑을 증진한다.
5. 그들의 메시아에 대한 정치적 이해로 인해 첫 기회에 메시아를 놓쳤기 때문에 이 견해는 잘못에서 배워야 하고, 구약 예언들의 문학적 정치적 성취를 보지 못한다. 이 견해에 따르면 구약의 예언들 중의 많은 것들이 이미 성취되었다.

약한 비판

1. 성서의 역사적 맥락에 대한 숨겨진 관심과 함께 성서의 전체적 드라마 전개의 조심스런 연구를 요구하기 때문에 이 견해는 파악하고 이해하기가 더 어렵다.
2. 만일 구약의 특정한 예언들이 문학적 성취에 압박을 받는다면, 이 견해는 분명한 해석을 가질 수 없다. 예를 들면, 40~48장에서의 에스겔의 성전에

대한 비전은 바빌론 유수 이후이기 때문에 그 묘사는 문학적으로 성취될 수 없다

3. 이 견해는 많은 복음적인 그리스도인들과 유대인 시온주의자들이 책임지게 되는 현재의 이스라엘 국가와 관련하여 어떠한 특별한 이론적 가치도 가질 수 없다. 왜냐하면 그들은 이스라엘의 그 땅에 대한 주장을 위한 이론적 정당화를 원하기 때문이다.[5]

4. 이 견해는 특정한 예언들에 대한 특별한 문학적 성취를 찾으려 노력하지 않기 때문에 해석 I에 전념하는 사람들은 해석 II에 집착하는 것을 성서를 믿지 않으려는 것으로 간주하는 경향이 있다. 이것은 이 해석을 성서적 권위가 낮은 견해와 연결시키는 효과를 가진다.

5. 이 견해는 그것이 그리스도와 교회가 역사 속에서 수취인과 하나님의 계속되는 사역의 영역으로서의 이스라엘을 추방한다고 주장하는 경향이 있기 때문에 이 견해는 반유대주의로 판단 되어 질 수 있다.

해석 II가 성서적 이론적 개념들, 특히 신약과 구약의 구절들 모두를 그들의 역사적 맥락 안에서 다루는 방식에 있어 더 강하지만, 그래도 그것은 적절하지 않다. 왜냐하면 하나님의 언약 백성으로서 교회가 이스라엘을 대치했다는 "대치" 견해에 접해 있기 때문이다.

바울의 사도 직분

바울은 자신을 "이방인의 사도"로 지정했다.롬11:13 갈라디아서 1장 1절~2장 14절과 에베소서 3장 1~13절은 바울이 자신의 회심을 사도로의 부르심과 메시아 예수의 복음을 이방인에게 전하라는 하나님이 주신 사명을 부여받은 것으로 이해했다는 결정적인 인상을 준다. 그것은 만일 이방인 회심이 복음 앞에 신실하지 않다면 하나님의 심판대 앞에서의 그의 위치가 확실하지 않을 것이라는 그의 말에서 드러난다. 그의 초기 서신에서 바울은

기쁨과 동시에 절망의 어조로 "우리의 소망이나 기쁨이나 자랑의 면류관이 무엇이냐 그의 강림하실 때 우리 주 예수 앞에 너희가 아니냐? 너희는 우리의 기쁨이요 영광이니라."살전2:19~20라고 말한다. 이어 3장 8절에서 바울은 이렇게 말한다. "그러므로 너희가 주 안에서 굳게 선즉 우리가 이제는 살리라."

데살로니가전서는 사도행전 15장에 묘사된 예루살렘 공의회가 있기 전 채 일 년이 안 되는 AD 50년 경 쓰인 것으로 보인다. 이 공의회의 진짜 쟁점은 무엇이었는가? 많은 사람들은 그 쟁점이 이방인 신자들이 할례를 반드시 받아야 하는가 아니면 받지 않아도 되는가의 문제라고 말한다. 그러나 이 대답은 단지 피상적일 뿐이다. 예루살렘 공의회의 핵심은 1세기 유대인 기독교의 이론적 쟁점이다. 메시아로서의 예수의 오심이 이방인들이 이방인으로서 하나님나라와 백성에 참여하도록 예정된 때인가? 그렇다면, 원칙적으로 할례는 요구되지 않는다. 그렇지 않다면 이방인들이 하나님나라에 들어오려고 유대인에 편입되어 유대인의 방식을 따라야 한다. 마가복음과 바울의 서신서들 그리고 신약 전체의 증언은 그 질문에 대한 대답이 "예"임을 반복한다.

사도행전 1장 6절의 이스라엘 나라의 회복에 관한 사도들의 질문은 사도행전의 전 세계적 비전에 의해 대답되었다. 성령의 권능을 통하여 이스라엘은 사마리아와 이방인의 세계와 로마까지도 확장될 것이다.행1:8, 8:12, 14:22, 20:25, 28:23,31 예루살렘 공의회의 결정적인 순간은 야고보가 현재 교회에서 일어나고 있는 사건들을 아모스의 예언에서 말하고 있는9:11~12 '이방인들을 위하여!' 다윗의 무너진 장막을 다시 짓는 것으로 규정할 때이다. 그 구절은 이렇다.

"이 후에 내가 돌아와서 다윗의 무너진 장막을 다시 지으며 또 그 퇴락한 것

을 다시 지어 일으키리니 이는 그 남은 사람들과 내 이름으로 일컬음을 받
는 모든 이방인들로 주를 찾게 하려 함이라 하셨으니 즉 예로부터 이것을
알게 하시는 주의 말씀이라 함과 같으니라. 그러므로 내 의견에는 이방인
중에서 하나님께로 돌아오는 자들을 괴롭게 말고"^{행15:16~19}

이 구절이 그것을 결정했다. 메시아의 시대가 왔고, 유대인이 된 이방인
이 아니라 이방인으로서의 이방인들이 하나님 경제의 구제를 베푸는 구원
의 축복이 예정되었다.

그것을 놓치지 않는다면 사도행전에서의 바울의 세 가지 이야기는 바울
의 이방인의 사도로의 부르심을 강조한다. 9장에서 아나니아에게 나타난
주님의 계시는 바울이 "내 이름을 위하여 이방인과 임금들과 이스라엘 자
손들 앞에 전하기 위하여 택한 나의 그릇이라."^{15절}는 것을 선포한다. 22장
에서 우리는 바울이 그의 회심 후 예루살렘을 처음 방문했을 때 주님은 바
울에게 "떠나가라. 내가 너를 멀리 이방인에게 보내리라."^{21절}고 말씀하셨
다. 세 번째 말씀에서 예수는 심지어 그가 땅바닥에 엎드려 있는 데에도
위임을 했다.

일어나 네 발로 서라. 내가 네게 나타난 것은 곧 네가 나를 본 일과 장차 내
가 네게 나타날 일에 너로 사환과 증인을 삼으려 함이니 이스라엘과 이방인
들에게 내가 너를 구원하여 저희에게 보내어 그 눈을 뜨게 하여 어두움에서
빛으로, 사단의 권세에서 하나님께로 돌아가게 하고 죄사함과 나를 믿어 거
룩케 된 무리 가운데서 기업을 얻게 하리라 하더이다. ^{행26:16~18}

이 구절은 갈라디아서 1장 16절, 2장 7~8절과 에베소서 3장 1~2절, 6~8
절과 함께 결정적인 소명과 사역을 부여받은 바울은 구원의 하나님의 경륜

안으로의 중요하고 거시적인 통찰을 받았음을 가리킨다. 예수를 메시아로 아는 것은 이방인들을 하나님의 백성에 속하게 된 이방인으로 믿는 것을 받아들이는 것이다. 바울은 하나님의 구원이 모든 사람들을 위한 것이라는 이 귀중한 진리를 위해 살고 죽었다. 그것은 우리가 누구이든 우리를 포함한다! 각 복음서들 역시 이방인들의 가입을 메시아 예수의 사역의 수령으로 확신하는 고유의 방식을 가지고 있다.6)

로마서 9~11장 자세히 보기

바울은 이방인들과 유대인들 사이의 관계에 대한 주제를 너무도 중요하게 여겼기 때문에 그것을 설명하는 로마서 9~11장이라는 구역을 따로 마련했다. 이 장들은 바울의 구원 주제1~8장의 넓은 영역을 가장 포괄적으로 다루는 그 절정이다. 그것은 민족적으로 다양한 공동체의 도덕적 삶을 논의하는 맥락으로서도 제공된다. 존 E. 토우즈John E. Toews는 자신의 로마서 주석에서, 하나님은 비록 백성들이 충실한 남은자로 축소될지라도 하나님 백성으로서의 이스라엘과의 언약을 지킴에 있어 이제까지와 같이 앞으로도 그럴 것이라는 점을 정확하게 지적했다. 9~11장의 중심 주제는 하나님의 신실함이다. 그 주제는 9장 6절의 중심 논증에서 명백하게 언급된다. 하나님의 말씀은 실패하지 않는다. 그리고 11장 1절의 수사학적 질문, '하나님이 자기 백성을 버리셨느뇨?'의 대답은 두 가지 방식으로 발전한다. 첫번째, 바울은 질문하고 대답하는 신랄한 비난의 형식을 되찾는다. 그는 9장 6~13절에서 거의 하나님의 신뢰에 대한 그의 첫 방어가 반대를 불러일으킬 것이라는 사실을 알았다. 따라서 그는 그의 전반적인 논증을 결정하는 질문들을 제기하려고 신랄한 비난의 형식을 사용한다. 주요 질문들은 첫 공식의 사용에 의해 제시된다. 9장14절과 9장 30절의 첫 두 질문—'하나님께 불의가 있느뇨?'와 '의를 좇지 아니한 이방인들이 의를 얻었으니 곧 믿음에서 난 의요 의의 법을 좇아간 이스라엘은 법에 이르지 못하였으니 그런즉 우리가 무슨 말 하리요?'—는 '무엇', '그러므로', '말 하리요?'에 의해 시작되고 있다. 9장과 10장, 9장 19절, 20~21절, 22~23절, 32절, 10장 14~15절, 18~19절에서의 다른 질문들은 명백하게 두 번째 명령에 따른 질문들이다. 세 번째와 네 번째 주요한 질문들은 11장 1절과 11장 11절이다. '하나님이 자기 백성을 버리셨느뇨?'와 '저희가 넘어지기까지 실족하였느뇨?'는 '나', '그러므로', '말하다'에 의해 시작된다. 다른 질문들 가운데 어느 것도 부정되지 않는 반면 주요 네 질문들의 셋은 '그럴 수 없느니라!'는 대답에 의해 부정되고 있다. 두 번째로 바울은 성서를 설명하는 것으로 그의 대답을 구체화한다. 9~11장의 90절 가운데 35절이 성서 구절의 직접적인 인용을 포함한다.39%의 인용은 바울의 다른 어떤 곳에서보다 높다. 그 다음은 롬 4장의 28% 그리고 갈 3장의 25% 9~11장은 이스라엘 성서의 해석을 제공한다. 만일 그 질문이 '하나님의 말씀이 실패한 적이 있느냐?'이면 그 대답은 반드시 하나님의 말씀의 설명에서 온다. 그것이 바울이 롬 9~11장을 통해 제공하는 것이다.

구조적 측면에서 이 이스라엘 성서의 재해석은 아브라함으로부터의아마도 9:6 이스라엘의 이야기를 그 이야기의 메시아의 성취를 통하여10:4 이스라엘과 세상을 향한 바울 자신의 사역까지 바꾸어 말한다.10:14~21 그것은 동시에 이미 7장 7절~8장 11절에서 바울에 의해 설명된 이야기의 개작된 이야기이다. 하나님의 선물인 율법은 걸림돌이 되었다.7:7~25와 9:30~10:3 하나님은 다시 메시아 예수를 통해 율법의 마침완성을 가져왔다.8:3~4와 10:4

9~11장의 논쟁은 9:1~5절까지의 이스라엘의 상태에 관한 바울 개인의 한탄과 함께 시작된다. 그것은 이들 장에서 각각의 경우 논쟁의 중요한 전환점이 되는 바울 자신을 논쟁 안으로 끼워 넣는 네 번의 경우 가운데 첫 번째이다. 10장 1~2절에서 그는 이스라엘의 구원과 저희가 하나님께 열심

이 있으나 지식을 좇는 것이 아닌 증언을 참아주실 것을 위해 기도한다. 11장 1절에는 그들을 남은자로 불렀기 때문에 하나님이 이스라엘을 거절하지 않았다는 증거가 있다. 11장 13~14절에서 그는 자신의 이방인을 위한 사역을 자신의 골육인 유대인들을 시기케 하여 저희 중에서 얼마를 구원하려는 수단으로 정의한다. 바울의 이야기는 이스라엘 이야기의 총체이다.

9~11장의 주제는 9장 6절에서 언급된 '하나님의 말씀이 폐하여진 것 같지 않다.'이다. 9~11장을 따르는 모든 것들은 하나님은 신실하고 신뢰할 수 있다는 첫 주장을 지지하도록 고안되어 있다. 그 논쟁은 다음 세 주요 부분으로 진행된다.

9:6~29 　　　 하나님의 말씀은 폐하여지지 않는다.

9:30~10:21 　 그리스도는 하나님의 말씀의 성취이다.

11:1~32 　　　하나님은 이스라엘을 버리지 않았다.

　　　　　　　송영으로 그 논쟁을 마무리한다, 11:33~36.[7]

자신의 책, 『교회의 삶 안의 본문』*Text in the Life of the Church*의 로마서 9~11장 부분에서 토우즈는 초기교회가 이스라엘을 향한 하나님의 신실함에 대한 강조를 잃고 대신 순교자 저스틴과[8] 더불어 2세기 초기 교회에서 이미 시작된 "대치 이론"과 그에 이어지는 오리겐이 시작하고 어거스틴이 발전시킨 "예정 이론"이 강조되는 경향이 있다고 기술한다. 이 "이론"은 은혜와 벌을 각각 구하게 하는 믿을 사람과 믿지 않을 사람에 대한 하나님의 예지에 대해 강조한다. 유대인들의 메시아로서의 예수에 대한 불신은 벌에 떨어지게 한다. 토우즈는 이러한 두 입장을 거부하고 "유대인과 이방인에 대한 하나님의 선택"을 확신한다.[9] 토우즈는 이렇게 결론짓는다.

바울은 이전에 로마서에서 주장할 때 그리스도 안에서 하나님이 모든 사람을 하나님의 백성이 되도록 선택하셨고 5:12~21 예수 안에서 그들이 하나님의 자녀가 되기를 바라신다고 하였다. 하나님의 이스라엘 선택이 모든 유대인들의 구원을 의미하지 않는 것과 마찬가지로 그것은 모든 사람들의 구원을 의미하는 것이 아니다. 바울은 그리스도 안에서 믿음으로 행동하고 하나님의 선택에 따른 구원의 은총을 즐거워하는 영을 가진 사람들만이 구원된다는 점을 분명히 한다.3:22~26, 4:1~25, 9:30~32, 10:9,16,20~21

로마서 9장에서 선택은 하나님의 신실하심에 대한 확신이다. 하나님은 선택, 즉 역사 속에서 이루어지는 선택에 대해 신실하시다. 그러나 로마서 9장 역시 선택의 범위가 유대인들을 넘어 이방인에게까지 열려 있음을 가리킨다. 그것은 유대인과 이방인을 위한 하나님의 은총과 자비의 말씀이다. 그것은 유대인들에 대한 심판의 말씀이 아니다.10)

토우즈의 견해는 같은 주제를 다룬 유대인 학자 앨런 시걸Alan Segal의 견해를 낳게 하였다. 시걸의 로마서 11장 26절에 관한 주석은 바울의 견해를 바르고 간단명료하게 해석한다.

비록 바울이 그의 적들과 논쟁을 할지라도 [시걸은 이미 갈라디아서 주석에서 바울의 독설을 퍼붓는 언어를 다룬 적이 있다.] 그는 그리스도인들이나 유대인들을 구원에서 배제하지 않았다. 그는 전형적인 바리새인들의 방식을 따라 모든 이스라엘이 구원을 받는다고 말한다.pas Israel sothesetai 롬 11:26 그러나 그들이 영적으로 변화되기 전까지는 구원을 받지 못할 것이라는 점은 분명하다.11)

비록 바울이 그들이 새로운 그리스도의 몸의 지체들이 될 때 이방인들과 유대인들 모두에게서 변화를 기대했지만 시걸 역시 유대인들도 "회심" 없이 메시아를 받아들일 수 있다고 주장한다. 그들은 그들의 종교적인 관습을 따르면서 메시아 예수를 이러한 관습들의 성취로 간주할 수 있다. 그러나 바울에게 이방인들의 메시아적 믿음 안으로의 허용의 관건은 "회심"^{시걸}의 책 제목이기도 한이다. 시걸은 사도행전 15장이 유대인 기독교의 두 유형을 확인하는 절충안을 확정한다고 주장한다. 그러나 바울은 그리스도의 형상으로의 계속되는 변화는 이방인들은 물론 유대인들도 그리스도 안에서/메시아를 믿는 두 유형 모두에게 유지되기를 기대했다.[12]

그러나 유대인들이 메시아 예수의 신자로서 새로운 몸에 받아들여지기 위한 두 가지 방식에 관한 이 중요한 관점은 메시아 예수 밖에서도 계속되는 유대인들의 언약적 지위에 관한 주요 이슈도 아직 거론하지 않는다. 하나님의 이스라엘과[13]의 언약적 관계를 부인할 필요가 없는 "교체"는 너무 쉽게 "교체 이론"의 또 다른 유형이 되거나 오늘날 에큐메니컬 진영에서 유행하는 "두 언약 이론"으로 이끈다.[14] 두 이론 모두 바울이 이 민감한 주제를 다루고 있는 뉘앙스를 담아내지 못한다.[15] 비록 그들의 1세기 정황을 이미 빠져나온 마태복음과 요한복음의 몇몇 구절들이 이 견해를 지지하지만 반유대교 혹은 이보다 더한 반유대주의의 어떤 유형도 대부분 확실하게 바른 이해에서 벗어나 있다.[16] 여기에서 그 구절들을 특별한 역사적 배경에 놓게 하는 신중한 해석이 가장 중요하다.[17] 그런 점에서 토우즈의 결론이 유용할 것이다.

> 교회의 역사는 하나님의 백성으로서의 이스라엘의 더 큰 이야기의 부분이다. 그리스도인들은 이스라엘의 하나님, 곧 아브라함, 이삭, 야곱, 룻, 마리아, 예수, 바울의 하나님을 예배한다. 예수는 이스라엘의 하나님의 약속들의 성취를 가져오는 이스라엘의 하나님의 메시아이다. 교회의 예배 대

상인 이스라엘의 하나님, 야훼를 가리거나 거절하는 그 어떤 주장도 교회에서 선포하는 하나님의 신뢰에 관해 의심을 드리운다. 만일 하나님이 이스라엘과의 믿음을 지키지 않는다면 어떻게 그리고 왜 이 하나님이 다른 어떤 백성들과 믿음을 유지하고 신뢰되어질 수 있겠는가? 하나님의 언약 안에서의 교회의 위치는 유대인 백성들이 언약의 일부로 남아 있어야만 안전하다. 유대인들은 줄기이고 이방인들은 가지이다. 이스라엘의 하나님과 유대인 백성들 없는 메시아도 기독교 교회도 없다.

유대교는 예를 들어 힌두교나 불교와 같은 단지 다른 종교 전통들 가운데 하나 그 이상이다. 유대인 백성들은 그리스도인 백성들과 절반의 형제와 자매들이다. 그들은 세상에서 하나님의 백성으로 선택을 받은 같은 부모들에게서 나왔다. 예수가 메시아라는 믿음에 대한 그들의 거절에도 불구하고 그들은 계속해서 하나님의 백성들이다. 그들이 현재 이 은혜를 거절하였다는 사실에도 불구하고 이스라엘을 향한 하나님의 은혜는 지속된다. 베드로와 바울을 잇는 그리스도인의 유대인들에 대한 선교는 다른 하나님과 다른 믿음으로의 개종이 아니라 메시아 예수 안에서 그 믿음의 성취로서 이 백성들을 부르는 것이다.[18]

토우즈의 줄기와 가지의 이미지는 로마서 11장 17~21절에 나오는 감람나무 이미지에서 도출한 것으로 윌 헐버그Will Herberg의 유대교와 기독교 사이의 관계의 부드러운 개념과 잘 어울린다. 두 종교 사이의 관계에 대한 장에서 그는 "이중 언약"에 대해 언급했고그 장의 부제: "이중 언약"에 의한 단일 "언약"의 변형에 관한 지적 두 종교에 공통적인 구조와 믿음의 열 가지 요점을 열거했다.[19] 그는 그 관계를 상호 연관된 사명들 가운데 하나로 묘사했다. 유대인의 사명은 그리스도인의 '출현'을 위해 '서 있는' 것이다. 둘 모두 하나님나라라는 같은 이유 때문이다.[20] 다른 논문에서 그는 이 점을 확장한다.

그렇다, 각각은 서로를 필요로 한다. 유대교는 기독교를 필요로 하고 기독교는 유대교를 필요로 한다. 둘의 사명은 공통의 용어들에 의해 정의될 수 있다. 세상의 우상들 가운데서 살아계신 하나님에 대한 증언을 제공한다. 그러나 교회의 출현 때문에 그리고 교회의 출현을 통해 이 사명은 말하자면 두 부분으로 나뉘었다. 유대인들은 그들의 사명을 "하나님과 함께 함" "세상에 하나님이 계시지 않다면 세상에 어떤 안식도 주어질 수 없다,…" 등등에 의해 성취했다.[21] 그리스도인들은 하나님을 위해 세상을 정복하려고 단지 "나가는 것"에 의해 자신의 사명을 성취했다. 이것은 유대교와 기독교의 통합이고, 이것이 왜 유대인이 예수를 아버지께로 가는 길로서의 그의 유일성을 보고 인정할 수 있는 이유이다.[22]

유대교와 기독교의 관계에 관한 이 곤란하고 도전적인 주제에 관한 수년간의 나의 독서에서 나는 헐버그의 설명보다 더 나은 것을 보지 못했다. 그는 하나의 언약에 관한 분명한 성서적 가르침을 주장하고 기독교는 유대교와의 생물학적 관계를 자를 수 없는 절대적 필요성에 대해 정당하게 강조한다. 역사적으로 2세기 교회에서 시작하고 대학살에서 절정에 이른 이 관계의 단절은 가장 불행한 것이었다. 존 하워드 요더는 사후에 출판된 그의 책에서 "그렇게 되어서는 안 되었다."라고 주장하면서 이 주제에 관해 상당한 관심을 표했다. 요더는 1세기 동안 그리스도인들 "나사렛 사람들" 혹은 예수의 도를 따르는 자들은 신흥 유대교의 다양한 특질 가운데 하나였다. 많은 이들이 계속해서 유대인들과 함께 회당에서 여러 가지 단계의 계속되는 제사 의식과 도덕적 정결 예법에 따라 예배를 드렸다

요더는 첫 3세기의 기독교와 지난 2,500년의 대부분 동안의 유대교가 예레미야식 존재 이스라엘의 바벨론 유수와 같은 방식- 역자주의 증거라고 주장한다. 당신의 집과 증언이 디아스포라의 상황 안에 있다고 생각해 보자. 기독교가

사실상 국가 교회와 "제국"이 되었을 때만, 유대교와 결별하고 유대인을 박해하기로 결정했다. 급진적 개혁의 상속자들은 이것을 부인해야만 할 것이고 전반적으로 교회는 자신의 중대한 잘못을 회개해야만 한다.[23] 자신의 통찰력 있는 논문 "디아스포라의 권력"에서 알레인 엡 위버Alain Epp Weaver는 디아스포라의 모델을 민족주의와 충돌하는 정치적 유형으로 지적한다. 왜냐하면 디아스포라는 "민족성과 지배권의 분열"을 수반하기 때문이다.[24] 엡 위버는 유대인 학자 다니엘 보야린Daniel Boyarin과 그의 아우 조나단Jonathan의 책 『디아스포라의 권력』 역시 인용한다. 보야린 형제는 유대인 디아스포라 천재들을 경축하는데, 문화적 힘의 보존과 행사로 이루어진 그 천재는 국가의 강압적인 권력에서 분리된다.[25] 다니엘 보야린은 유대인과 그리스도인 간의 "경계"는 이전 학자들이 주장하는 것보다 더 점진적으로 발전되었다는 주장으로 이 주제를 다루는 그의 견해를 더욱 확장해오고 있다. 그것은 처음 4세기 혹은 그 이상 이어진 공동체들 간의 오랜 주고 받음의 결과이다. 한 예를 자세히 들면, 로고스 개념말씀인 하나님은 유대교 랍비들에게 널리 받아들여졌지만, 그리스도인들의 주장요1:1~18 때문에 2세기 들어 그것은 이단적인 견해가 되었다.[26] 다니엘 보야린의 작품은 비록 약간의 의미심장한 차이가 존재하지만[27] 요더의 논문과 일반적으로 일치한다.

다섯 명의 토론자의 반응에 따라, 헐버그Herberg, 로젠즈빅Rosenzweig, 로이 에크하르트Roy Eckhart, 그레고리 바움Gregory Baum에 의해 이전에 선포된 한 언약, 두 사명의 강조점을 확장한 유대교와 기독교 사이의 상호 이해의 발전된 길을 약속하는 보야린의 논문이"자유 교회로서의 유대교: 존 하워드 요더의 유대 기독교의 분리 재방문에 각주를 단"크로스 커런츠CrossCurrents 56에서 출판되었다.2007 보야린은 그의 이전 글을 인용하며 이렇게 적는다. "기독교의 천재성은 세상의 모든 사람들을 향한 관심이다. 랍비 유대교의 천재성은 다른 사람들을 혼자 있도록 내버려두는 것이다."[28]

그러나 요더와 보야린의 관점에서의 새로운 차원은 유대인들과 이방인들을 위한 예레미야식 디아스포라 존재를 특권화하고 있다. 유대인 반시오니스트의 존재와 반제국주의적콘스탄틴적 그리스도인의 존재가 그것이다. 보야린이 그 땅을 자신들의 것으로 집착하는 다르게 믿는 유대인들을 파문하지 않을 것임에 반해 요더는 신약의 구절들과 초기 교회에 호소하면서 보다 더 양보할 수 없는 입장을 취한다. "이방인과 나그네" 그리고 "모든 땅은 아버지의 것."호소의 예이라는 것이다.

"자유로운 백성" 개념에서의 보야린과 요더의 또 다른 핵심적 다른 점은 요더가 그것의 선교적 본질과 소명에 "자유로운 교회"를 연계한다는 점이다. 보야린은 유대인을 위한 디아스포라 존재는 선교적 목적과 행동들을 수반하지 않고, 그래서도 안 된다는 주장과 함께 요더에 입장에 반대한다. 그것은 비유하자면 집 안의 아궁이의 타고 있는 불에 불을 붙이려는 것과 같다는 것이다. 그러나 보야린은 다음 두 가지 요점에서 요더의 역사 읽기에 더욱 도전한다. 즉 1세기 유대교는 선교적이었다. 게다가 "자유로운 교회"만 선교적인 것이 아니라 다른 개신교 심지어 가톨릭도 선교적이었다. 로라 브렌느맨laura Brenneman의 대답은 이 주제에 관해 말하고 중간고리를 제공한다. 교회자유는 반드시 선교적이어야 한다. 그러나 그것은 로이 크라이더Roy Kreider가 위에서 묘사한 것처럼 "보호를 받지 않는" 선교이어야 한다.[29]

이번 장의 더 큰 논쟁인 땅의 비판적인 주제와 관련하여서는 서로 다른 주장을 하며 살아가고 있는 이스라엘과 팔레스타인을 위한 실행 가능한 미래를 위한 현재의 갈등을 다루는 얼레인 엡 위버의 응답 논문이 가장 유용하다. 보야린 뿐만 아니라 카트라이트Cartwright와 옥Och, 요더 책의 편집자의 요더 비평에 관여하고 있는 엡 위버도 보야린의 이스라엘을 위한 디아스포라와 시오니즘 사이의 세 번째 방법 제안을 수용한다. "흩어진 국가의 개념- 우리가 디아스포라 혹은 유랑 의식이라고 부를 수 있는 것은 다른 사람들과 땅을 나누고 있는 사람에게는 정상적인 상태이다." 이스라엘과 같이 지배적인 힘을 휘두르는 분리주의자 이데올로기가 지배하는 사람들에게 이 대조는 방출이며 심지어 두 국가 유형이다. 이것은 1948년 이전의 시오니즘과 전기 분리주의자 이데올로기의 회복을 의미하기도 한다. 이보다는 우리의 사고와 행동의 핵심에 평화롭게 땅을 공유하는 두 국가 비전이 필요하다.[30]

보야린과 요더가 유대교와 기독교 관계에 관한 새로운 생각을 구축한 반면-실제로 역사적으로, 신학적으로, 정치적으로도- 그 같은 차원에서 시오니즘을 이해하는 것 역시 중요하다. '기독교 시오니즘에의 도전'에는 서문을 포함한 서른세 개의 글들이 있다. 신학, 정치학, 이스라엘과 팔레스타인의 갈등은 한계 안에서 통찰력 있고 포괄적이다. 역사라는 단어 역시 제목에 속해 있다. 첫 두 글과 세 번째 글의 일부분에서 역사적인 뿌리를 추적하고 있는데 그 첫 번째는 영국Irving에서 Balfour까지:1820~1918이고 두 번째는 미국Blackstone에서 Bush까지: 1890~2004이다. 시오니즘의 기원들을 영국 측에서 보면 어빙Irving과 다비의 성서 신학적 영향은 밸푸어 선언을[31] 유태인의 Palestine에서의 모국 건설에 대한 영국의 지지를 약속한 것으로 외상 A.J. Balfour가 시오니즘 운동 지도자 Lord Rothschild에게 보낸 1917년 11월 2일의 서한으로 발표되었음.-역자 주 이끌어낸 로드 샤프츠베리Lord Shaftesberry, 1801~1885와 로드 밸푸어Lord Balfour, 1848~1930의 정치 신학적 지지와 합쳐졌다. 미국에서는 다비의 분배의 계획이 드와이트 무디Dwight Moody와 그의 제자인 윌리엄 블랙스톤William Blackstone에게 강한 영향력을 행사하였다. 블랙스톤의 『예수는 오시는 중이다』Jesus is coming, 1878, 42개 국어로 번역된와 사이러스 스코필드 성서1909는 영향력 있는 매체들에서 폭넓게 계속해서 불타오르던 시오니즘과 분리주의의 지원을 받아 불을 지폈다. 예를 들면, 제리 폴웰과 남겨진 뒷 이야기들이 그것이다.[32] 기독교 시오니즘에의 도전 안에 있는 글들의 광범위한 관찰은 성서가 정치와 연계되어 어떻게 사용되는가에 따라 1967년의 이스라엘과의 전쟁은 물론 두 번의 이라크 전쟁 확산, 미국의 이스라엘 원조, 이스라엘의 그 지역에서의 정치적 통치권에 대한 중요한 주장과 같은 중동 지역에서의 현재 상황이 전략적으로 형성되어 왔는가를 완전히 이해할 수 있게 해준다.

이번 장의 더 중요하고 더 평화적인 주제로 돌아오자. 나는 어떻게 두 민족이 아브라함과 모세와 다윗과 그리고 다시 메시아 예수에 의해 형성된 같은 하나님의 하나의 언약 안에 두 백성이 거주하게 되었는가에 대해 칼 브라텐Carl Braaten과 로버트 젠슨Robert Jenson이 출판한 『하나님의 백성』*Eerdmans*, 2003 안에 있는 유대인들과 그리스도인들에 관한 열 가지 도발적인 글들을 제시한다. 이것들은 젠슨이 1장에서 시도한 "유대교에 대한 그리스도인 신학"과 함께 신학적으로 풍부하다. 그와 같은 것들은 극단적 분리주의 그리스도인들의 주장과 기독교의 메시아 신앙과 약속에 관한 날조를 피해 "고전적 이스라엘"과 유대주의를 구별하게 될 것이다. 그 같은 신학은 자신들을 하나님의 백성이라고 여기는 유대교와 기독교의 주장 모두를 이해할 방법을 찾게 될 것이다.[33] 이런 이해를 찾고자 할 때 서로에 대한 존중이 가정되어야 하고, 대화가 유용할 것이지만 무엇보다 관계가 필수적일 것이다. 이런 주제가 나중 글들에서 반복된다. 특히 뉴하우스Neuhaus에 의해 그렇다. 우리 그리스도인들이 유대인들과 함께 걷지 않을 때 우리는 우리가 그것으로부터 출현하게 된 이교주의에로 퇴행할 위험이 있다.[34] 오늘날 증가하는 다원주의와 이교 세계 안에서의 우리의 상황적인 이교주의가 그것이다. 그리스도들과 유대인들의 서로를 보완하는 관계를 중시하면서 상대방을 그들의 특징적인 사명에 있어 신실하게 여기며 서로에게 그들이 예배하는 한 하나님에 대해 생각하도록 해야 할 것이다. 유대인들은 그리스도인들이 우상숭배 하지 않도록 지켜야 한다. 그리고 그리스도인들은 유대인들을 선민이라는 자만에서 벗어나게 해야 한다. 둘 모두는 메시아적이다. 그리스도인들은 예수가 메시아라고 말하고, 유대인들은 메시아가 올 것이라고 말한다.

국가들의 치료를 위한 감람나무

바울이 유대인들과 그리스도인들 사이의 관계를 묘사하기 위한 비유로 사용하려고 감람나무를 선택한 것은 가장 적합한 것이었다. 오늘날도 올리브유는 치료의 기능을 가지고 있고 치료에 사용되는 가치 있는 것이다. 바울이 이방인의 충만한 수가 들어오고 이와 같이 모든 이스라엘이 구원될 것이라는 말롬11:25~26을 하기 바로 직전에 이 이미지를 사용한 것은 충격적이다. 이것은 이방인들이나 이스라엘인들 각자를 의미하는 것이 아니다. 이 용어들은 협조한다. 바울은 둘 모두의 믿음에 의해 결정되는 둘 모두의 "충만"에 대하여 말한다. 먼저는 이방인들의 합류이고, 다음으로 그것은 유대인들의 믿음을 유발할 것이다. 모든 이스라엘은 여기서 민족적으로 사용되지 않고 두 그룹의 충만한 수를 위해 하나님께서 아브라함과 맺은 첫 언약에 협조하지 않은 유대인들을 말한다. 두 백성들의 연합과 관계에 대한 이 개념에서— 실제로 이방인들은 유대인들이 협조할 때까지 하나님의 백성이 아니고, 이방인이라는 말이 뜻하는 이방인이기를 멈추어야 한다.[35] — 바울은 그것이 잊히지 않도록 하려고 "하나님의 부르심과 은사"롬11:29는 취소불가능하다고 선언한다. 동시에 바울은 이방인이건 유대인이건 하나님의 선택 안으로 들어오거나 그 상태를 유지하는 것은 은혜와 자비에 의한다는 점을 절대적으로 분명히 한다. 이 점을 기억해야만 서로 관련된 두 기원을 가진 백성들이 연합하여 평화롭게 살아갈 수 있을 것이다. 대체적으로 바울의 서신서들은 유대인과 이방인 그리스도인들로 이루어진 초기 교회 앞에 특별히 이 사명을 간직하도록 기능한다.

그렇다면 유대인과 관련된 그리스도인의 선교는 무엇인가? 헐버그는 "그것은 개종이 아니다."라고 말하고 나는 그에 동의한다.[36] 그러나 그것이 그리스도인 신자들의 선교에 벽을 두르는 것은 아니다. 로이 크라이더에 의해 해설된 것처럼 이스라엘 안의 그리스도인 현존이라는 활동 책임은 이 점을 논증한다. 선교에 관한 어떠한 논증도 하나님과 하나님의 선교로 시작되어야만 한다. 만일 유대인들과 그리스도인들 사이의 둘 모두를 위한 하나님의 선교의 한 부분으로서의 상호성이 정말 풍부해지기를 원한다면 그리스도인들과 유대인들이 자주 발생하는 일은 아닐지라도 최소한 상호간의 방식을 강화시키지 않는 삶의 관계 안에 있어야만 한다. 나는 그저 단순히 대화를 해야 한다는 것이 아니라 삶을 나누는 관계가 되어야 함을 말하고 있는 것이다. 만일 그러한 관계 안에서 한 형제가 다른 형제의 믿음의 시각을 수용할 수 있다면 다시 말해 가끔씩이라도 그리스도인들이 유대교를 포용하고 유대인들이 예수를 메시아로 받아들인다면, 크라이더의 이야기에서 극적으로 발생하는 것처럼, 그때 우리는 다시 하나인 하나님의 은혜와 사명을 말할 수 있을 것이다.

끝으로 우리는 바울과 함께 겸허하게 하나님의 측량할 수 없는 방법들 앞에 머리를 숙여야 할 것이다.

깊도다!
하나님의 지혜와 지식의 부요함이여,
그의 판단은 측량치 못할 것이며 그의 길은 찾지 못할 것이로다.
누가 주의 마음을 알았느뇨?
누가 그의 모사가 되었느뇨?
누가 주께 먼저 드려서 갚으심을 받겠느뇨?

이는 만물이 주에게서 나오고 주로 말미암고 주에게로 돌아감이라.

영광이 그에게 세세에 있으리로다. 아멘. 롬11:33~36

이 이스라엘인들과 팔레스타인인들을 위한 희망의 이야기를 들으라

하아레츠Ha'aretz지는 2005년도 11월에 이스라엘 방어군의 돌발적인 총격으로 피살된 열두 살 난 소년, 아메드 알 카티브의 아버지의 비범한 친절한 행동에 관해 보도했다. 아메드의 가족은 아들의 장기를 "두 민족 간의 평화"를 위해 기증하는데 동의했다. 일요일에 두 명의 유대인 소녀와 한 명의 드루즈파이슬람 시아파의 한 분파= 역주 소녀가 알 카티브의 폐와 심장과 간을 이식 받으려고 수술에 들어갔다. 의사들이 가족들을 불러 알 카티브의 기증에 대해 말한 늦은 토요일 오후는 열두 살 난 사마 가드반이 심장을 기다려 온지 5년만이었다. 일요일 오후에는 드루즈 소녀가 새로운 심장을 받아 페타 티크반에 있는 슈나이더 아동 병원에서 회복 중에 있었다.

사마의 아버지, 리아드는 "나는 무슨 말을 해야 할지 모르겠다. 이것은 사랑의 몸짓이다. 나는 그 가족들이 내 딸이 그들의 딸이라고 생각했으면 좋겠다."고 말했다.

총 여섯 명의 이스라엘인들이 장기를 기증받았다. "그 소년의 간은 둘로 나뉘어 여섯 달 된 아이와 쉰여섯 살 된 여인에게 주어졌다. 그의 폐는 다섯 살 난 소년과 네 살 난 소녀에게 주어졌다.

민족적·국가적 경쟁심과 너무 자주 두 민족 사이에서 일어나고 있는 지배적인 경험인 적대감을 초월하는, 얼마나 친절한 행동인가!

3부
평화, 선교, 예배

당신의 빛과 당신의 진리를 비추소서,
그것들이 나를 이끌게 하소서.
그것들이 나를 당신의 성산으로 이끌어
당신 안에 거하게 할 것입니다.

> 교회는 타고 있는 불로 존재하는 선교 덕분에 존재한다.
>
> – 에밀 부루너(Emil Brunner) –

975년 1세기 기독교의 수많은 도시들을 방문하던 중, 나는 자주 나 자신에게 도대체 어떤 힘과 비전이 사도 바울로 하여금 저명한 아테네의 철학자들을 향해 설교하게 했으며, 에베소와 고린도의 시민 종교와 맞서게 했으며, 로마의 정치적인 통치권에 도전하게 했는가를 물었다. 문화적, 상업적, 정치적 도시의 한복판으로 나아가 감히 자신을 "엄숙한 신의 엄숙한 아들"임을 선포한 로마 제국의 황제의 거룩한 소들을 부인한 이 바울은 도대체 누구인가? 예루살렘과 안디옥에 있는 파송교회들은 자신들의 선교사인 바울이 얼마나 강한 복음과 문화적 변화의 대행자였는가를 알고 있었는가?

이러한 질문들에 대한 심사숙고는 사도 바울과 우리들의 것이기도 한 그리스도인의 선교적 사명과 관련하여 몇 가지 중요한 생각의 영역들에 통찰을 유발한다.

성장의 패턴: 예루살렘에서 로마로

사도행전은 기독교가 어떻게 지역 종교로서 예루살렘에서 시작되었으며, 팔레스타인과 소아시아, 그리스와 로마를 거쳐 그리스도인 제자들의 세계화 운동으로 성장하였는가에 관한 경이적인 이야기를 들려준다. 누가의 이야기의 구조는 이 메시아 운동의 주목할 만한 성장을 강조한다. 브루스 메츠거Bruce Metzger가 제안한 바와 같이 사도행전은 교회 확장의 여섯 기간으로 구성되어 있으며 각각의 기간은 교회 성장의 개요를 결론으로 제시한다.

첫 번째 기간. 행 1:1~6~7. 복음이 예루살렘 전역으로 퍼진다. 요약: "하나님의 말씀이 점점 흥왕하여 예루살렘에 있는 제자의 수가 더 심히 많아지고 허다한 제사장 무리도 이 도에 복종하니라." 6:7

두 번째 기간. 행 6:8~9:31. 교회는 사마리아를 포함하여 팔레스타인까지 확장된다. 요약: "그리하여 온 유대와 갈릴리와 사마리아 교회가 평안하여 든든히 서 가고 주를 경외함과 성령의 위로로 진행하여 수가 더 많아지니라."9: 31

세 번째 기간. 행 9:32~12:24. 복음이 유대 지역을 넘어 전해진다. 고넬료가 신자가 되고 안디옥에서 교회가 시작된다. 요약: "박해에도 불구하고 하나님의 말씀은 흥왕하여 더하더라."12:24

네 번째 기간. 행 12:25~16:5. 시리아와 소아시아가 복음을 받아들이고 새 교회들이 세워진다. 요약: "이에 여러 교회가 믿음이 더 굳어지고 수가 날마다 더하니라."16:5

다섯 번째 기간. 행 16:6~19:20. 바울의 2차, 3차 선교여행을 통해 복음이 유럽에 전해지고 빌립보와 아덴과 고린도와 에베소에 교회가 세워진다. 요약: "이와 같이 주의 말씀이 힘이 있어 흥왕하여 세력을 얻으니라."16:5

여섯 번째 기간. 행 19:21- 28:31. 바울의 선교 노력들이 그의 체포와 가이사에 대한 고소로 막을 내린다. 요약: "바울이 온 이태를 자기 셋집에 유하며 자기에게 오는 사람을 다 영접하고 담대히 하나님나라를 전파하며 주 예수 그리스도께 관한 것을 가르치되 금하는 이가

없었더라."30~31 1)

누가 하나님나라에 들어가는가?

경이적인 교회 성장의 이 패턴 이면에는 1세기 기독교의 중요한 신학적 주제가 있다. 누가 하나님나라를 받는가? "하나님나라"가 핵심 용어로 작용한다. 부활과 승천 사이의 40일 동안 제자들에게 나타나신 예수는 하나님나라에 관해 말한다.1:3 1장 6절에서 제자들의 질문이 이어진다. "주께서 나라를 회복하심이 이때니이까?" 아버지의 통치 목적이 이루어지는 때에 관한 질문을 밀어내며 예수는 대답한다. 성령을 받은 후에 너희는 예루살렘과1:1~8:3 온 유대와 사마리아8:4~12:25, 그리고 땅 끝까지13:1~28~31 이르러 나의 증인이 될 것이다.

복음이 사마리아에 이르기 전에 핵심 용어인 "하나님나라"가 다시 등장한다. 사마리아에서 빌립은 "하나님나라에 관한 복음"을 전한다. 그 용어는 바울이 이방세계에 복음을 전할 때까지 다시 등장하지 않는다.13:1과 그다음 그때 그 용어가 세 번 등장한다! 그의 첫 번째 선교여행의 말미에 이방 신자들의 축복을 받은 바울은 "우리가 하나님나라에 들어가려면 많은 환란을 겪어야 할 것이라."14:22라고 경고했다. 그의 에베소 선교에서 바울은 "하나님나라에 관하여 권면하며" 석 달을 논쟁하며 지낸다.19:8 그리고 밀레도에서 온 에베소교회의 장로들에게 한 고별 설교에서 바울은 그의 선교 노력을 이렇게 묘사했다: "너희 중에 왕래하며 하나님나라를 전파하였으나"29:25

사도행전이 절정에 도달했을 때 저자의 "하나님나라"라는 용어 사용이 시작되었다. 제국의 수도인 로마에 도착한 이후 우리는 바울이 "하나님나라에 관하여 증거하였다."는28:23 것을 들었다. 네 개의 구약성서 인용구가 뒤따랐는데, 모두가 하나님의 통치 목적이 이방인들이 복음을 받아들임으로써 성취되었다는 점을 강조한다. 마지막 두 절은 바울이 이 년 동안 로마에 머물면서 "하나님나라를 선포"했다는 것을 전하고 있다.

사도행전의 선교 비전은 하나님나라가 더 이상 이스라엘만의 소유로 간주되어서는 안 된다는 사실을 매우 분명하고 명백하게 밝히고 있다. 그것은 유대인들과 사마리아인들과 이방인 모두를 그리스도의 주권 하에 있는 공동의 교제 속으로 부르는 해방시키는 권세이다. 예루살렘에서 기원한 그리스도인 교회는 제국 전체에 특히 로마에 세워질 때까지 자라가야만 한다. 바울 자신이 로마 안에서의 복음의 성장을 위해 헌신해야만 했다. 바울에게 로마는 세상 권력과 문화의 중심으로서의 상징이었다. 그곳에 복음이 전해질 때까지 그의 선교는 끝난 것이 아니었고, 그의 사명 역시 완성된 것이 아니었다.

파송교회의 역할

1세기 기독교의 이 급속한 전파를 생각해볼 때 이런 질문을 하게 된다. 이 선교 사역에 있어 파송 교회의 역할은 무엇인가? 파송 교회는 예루살렘인가 안디옥인가 아니면 에베소인가? 각각은 중심지로서 선교 사역에 있어 의미심장한 역할을 담당했다.

다음의 다섯 가지 고려할 점들은 어떻게 예루살렘이 선교 사업에 있어 주도권을 가졌는가를 보여준다. 1) 복음이 유대 지역을 벗어나 사마리아로 전해질 때 베드로와 요한은 오순절 믿음 공동체를 새로운 신자들에게까지 확장하려고 예루살렘에서 사마리아로 내려갔다.[8:14~15] 2) 안디옥에 교회가 생겼다는 소식을 듣고 예루살렘 교회는 바나바를 안디옥으로 보내 주님의 구원 사역을 공고히 하고 안디옥 교회와 예루살렘 교회를 하나님 백성의 공동의 기지들로 굳게 연결하였다.[11:12~24] 바나바 역시 다소로 가서 안디옥 교회의 계속되는 선교 사역을 도우려고 바울을 데려왔다.[11:25~26] 3)

바울의 첫 번째 선교 여행에 관한 묘사에서 두 상황적 구절이 선교 집단의 원조로서의 예루살렘 교회의 중요성을 가리키고 있다. a) 예루살렘의 선교사로 안디옥에 파송된 바나바는 처음 선발된 짝인 바나바와 바울로 언급되어진다.[13:2] b) 마가 요한 역시 그들의 수종자로서[13:5] 예루살렘에서 그들과 함께 갔는데 그것은 공식적으로 말씀의 일꾼으로 지명된 것을 의미한다.[눅1:2 참조] 선교 팀에 있어 요한 마가의 존재는 복음이 충실하게 전달되고 선포됨에 있어 예루살렘 교회의 보증이었다. 4) 이방인 가운데 바울의 선교는 예루살렘 교회를 향한 기독교의 권위를 책임진다.[행15] 5) 바울이 예루살렘 교회로 위로의 선물을 가져 오기로 한 결정은[롬15:16, 24~33; 행21:7~15] 그의 교회 연합을 위한 헌신과 이방인 기독교가 유대 기독교에 빚을 지고 있다는 인식을 상징한다. 이러한 신념들을 위해 그는 기꺼이 살고 죽을 수 있었다.

사도행전의 처음부터 끝까지 예루살렘은 선교 사업에 있어 주도적인 역할을 한다. 재정적인 자원과 교회의 삶을 위한 복음의 실제적 의미를 분별하는 이 두 책임은 오늘날 우리에게도 유익하다.

안디옥 역시 이방인 기독교의 축으로 발전하면서 바울의 선교 사업에 있어 중요한 역할을 했다.[11:20]과 그 다음 안디옥 교회는 예언자와 교사들을 구비하고[13:1] 첫 번째 선교사들의 전초기지가 되었다. 성서는 성령이 선교 운동을 주도했음을 가리킨다.[13:2] 바나바와 사울이 선교 과업을 위해 헤어져야 한다는 인식은 분명히 전 교회에 나타난 것이 아니라 그들이 예배하고 금식할 때 예언자들과 교사들에게 나타났다. 이러한 지도자들이 예언자들과 교사들의 과도한 공급을 감지하고 그들 가운데 어떤 이들이 새로운 과업을 위해 가장 적절한가를 분별했다는 것은 당연하다. 더욱이 이 지도자 그룹은 선교 사역을 위한 팀의 중재에 있어 대표 기구로서 일했던 것으로 나타난다.

첫 번째 여행 말미에[14:26] 선교팀은 안디옥으로 돌아왔다. 그들은 이방인 가운데서 일하신 하나님의 사역에 관한 보고를 함께 들으려고 교회를 불러 모았다.[14:27] 그 파송교회는 비록 자신을 예루살렘에서의 선교 조력자들에 의해 형성된 새로운 모임으로 간주했지만 다시 선교 사업에 활동적으로 포함되었다. 선교사들은 안디옥과 예루살렘 교회의 그러한 역할을 인식하고 있었다.

후에 바울의 사역에서 에베소는 그의 사역의 본부가 되었다. 석 달 동안 바울은 하나님나라에 관하여 회당에서 가르치고 설득력 있게 논쟁하였다. 반대가 일어나자 그는 두란노 서원을 새로운 센터로 하여 그곳에서 계속 가르쳤다. 이 사역에서 복음은 모든 소아시아에 전파되었다.[19:10] 그의 에베소 장로들을 향한 고별 연설에서 바울은 3년간 지속된 에베소에서의 그의 사역을 지적했다.[20:31] 그는 에베소에 머무는 동안 고린도로 아마도 갈라디아서도 보내는 편지들을 썼다.

에베소교회가 어디에서도 바울의 선교 팀을 위한 파송 교회로 지명된 적은 없지만 그것이 소아시아와 유럽 선교 운동의 전진 기지가 되었다는 점은 분명하다. 일곱 개의 소아시아 교회들은 에베소교회를 필두로 요한계시록에 언급되어 있다. 이것은 에베소교회가 복음 전파를 위한 최초의 기지로 기능했음을 보여준다.

예루살렘과 안디옥과 에베소교회 등 모든 경우에 있어 어떤 특정한 기독교 기지로서의 역할은 고정적이지 않았다. 비록 각각의 회중들의 특별한 역할이 선교 운동 자체의 역동성에 의해 결정되었지만 각각의 회중들은 계속되는 역할과 선교적 이유에 연관되어 있었다. 그것은 만일 성령에 이끌려 은사를 분변하고 선교 지향적 회중들이라면 오늘날도 틀림없이 그러할 것이다.

성장의 힘

사도행전은 예루살렘에서 로마로의 기독교의 성장이 성령의 힘으로 이루어졌다고 말한다. 사도행전 1장 8절은 기독교 증인들의 확산은 예수의 추종자들이 성령의 권능을 받은 이후라는 것을 우리에게 말해준다. 오순절은 기독교 선교 이야기로 나아갔다.행2

오순절의 선교에 있어서의 의미심장함은 세 부분으로 이루어져 있다. 새로운 권능의 출현, 예수는 주님과 그리스도라는 개념 그리고 새로운 공동체의 형성이 그것인데 그것들은 방언을 통하여 역사적 언어의 한계를 극복했다. 사도행전을 통해 우리는 대개 "성령에 충만하여"라는 용어에 의해 성령의 권능이 순간적으로 작렬하는 것을 떠올리게 된다.행2:4, 4:8,31, 6:5, 7:55, 9:17, 13:9,52

사도행전에서 이 영적 권능은 모호한 좋은 느낌이 아니다. 그것은 메시아에 대한 스캔들, 특별한 사람인 나사렛 예수가 유대인의 메시아이며 우주적 주님이시라는 당당한 확신에 대해 필수적이다.행2:36 그러므로 선교의 목적은 반대자인 유대인들과 헬라인들에게고전1:22~24 이 메시아 스캔들을 믿을 것을 요구하는 것이며 그 다음으로 신자들의 공동체가 형성되기를 기대하는 것이다.

인간의 위대한 문화적 성취 가운데 하나인 고대 고린도의 폐허에 서 있거나 혹은 아크로폴리스의 그늘 아래 있는 아레오바고 바위 위에 앉아 있을 때 우리는 사도 바울의 당당함과 용기에 의해 압도당하는 것을 느낀다. 바울은 복음을 고상한 사상이나 더 나은 사회를 위한 제언으로 선포한 것이 아니라 새로운 정치적 실제인 복음으로 선포하였다. 예수는 모든 사람의 메시아이며 주님이시다. 그는 모든 사람들을 자신의 다스림에 온전히 충성하라고 부르신다. 예수는 하나님이 그를 죽음에서 들어 올리셨기 때문에 주님이시다. 그러므로 예수의 부활은 모든 선교 동기와 비전의 기초이다. 바울이 아테네 철학자들에게 한 연설은 이 점을 놓칠 수 없을 만큼 분명히 한다. 바울은 "예수와 부활"에 대해 설교한다.[17:18] 그리고 설교의 마지막 부분에 따르면 하나님은 "저예수를 죽은 자 가운데서 다시 살리신 것으로 모든 사람에게 믿을 만한 증거를 주셨음이니라."고 하였다.[17:31b] 하지만 다음 32절은 저희가 죽은 자의 부활을 듣고 조롱하였다고 말한다.

성령의 권능과 새로운 우주적 백성이라는 비전으로 고취된 다시 사신 예수의 이 실제는 선교 운동의 동력을 제공한다. 조롱이나 박해도 그것을 막을 수 없다. 바울과 그의 동료들 너머에, 새로운 백성의 주님이시며 제국을 능가하는 주님이시며 선교사들이 설교하는 복음의 주님이신 예수 자신이 있다.

맞서서 이기는 용기

바울의 사역 뒤에 있는 독특한 권능과 관련해서만이 우리는 바울이 어떻게 로마 사회그리고 우리 사회의 세 가지 주요한 이교의 방벽들에 맞섰는가를 이해하기 시작할 수 있다.

인간 성취들과 맞서기. 아테네에서 바울은 인간 지성의 자랑스러운 성취물과 맞선다. 바울이 몇몇 스토아학파와 에피쿠로스학파 철학자들에게 연설을 하려고 서 있는 곳 가까이에 뛰어난 건축물의 본보기인 유명한 파르테논 신전이 있었다. 그것의 왼쪽에는 윙글리스 빅토리Wingless Victory의 작고 우아한 사원인 잘 균형 잡힌 프로필리아가 있고 에레크테움이 정교하고 아름답게 서 있다. 이런 아테네 문화의 장엄한 기념물들 가운데에 완전한 미의 여신인 아데나의 커다란 동상이 서 있다. 더욱이 이 철학자들은 플라톤과 소크라테스와 아리스토텔레스에 대하여 자부심을 가지고 있었다. 그들을 대접하려고 철학자들은 이 새로운 유치한 수다쟁이 바울의 하는 말을 들었다.

바울에게 경의를 표하라! 그래서 그는 기회를 얻을 수 있었다. 어떤 철학적 통찰들의 타당성을 인식하고 있었지만 그럼에도 바울은 아덴 사람들의 우상숭배를 맹렬히 비난하였다. 그리고 과거와 현재와 미래의 역사가 하나님이 죽음에서 일으키신 지정된 한 사람에게 달려 있음을 확신함에 있어 흔들림이 없었다.

우리는 철학자들에게 복음으로 맞설 만큼 어리석지 말아야 한다는 말과 함께 습관적으로 바울의 노력은 실패했다고 말한다. 그러나 그 본문은 우리에게 "누군가는" 믿었다는 것을 떠올리게 한다. 아레오바고 관원 디오누시오와 다마리라는 여자와 또 다른 사람들이 있었다. 4세기의 그리스도인 역사가 유세비우스는 디오누시오가 아덴 교회 최초의 주교가 되었다고 우리에게 전한다. 이것은 바울의 노력이 보통 인정하는 것보다 더 큰 성공을 이루어냈다는 것을 가리킨다. 마찬가지로 바울의 철학자들과의 만남은 우리로 하여금 오늘날의 존경받는 철학자들과 예술가들과 과학자들에게도 담대하게 복음을 말하게 한다는 것을 가리킨다. 만일 이 점이 심각하게 받아들여진다면 그것은 우리 교회의 교육 사업이 선교 공약의 일부분이 되어야 함을 의미한다.

민간 종교와 맞서기. 에베소와 고린도에서 바울은 1세기 민간 종교에 방해공작을 벌였다. 1세기 초반 한 흐름이 시작되어 로마 정부와 기독교 사이의 공개 충돌로 발전되었다. AD 14년 아우구스투스 황제가 죽은 후 그는 신의 아들로 선포되었다. 몇 십 년 안에 황제들은 전 제국에 걸쳐 예배의 대상인 신이 되었다.

이 새로운 황제 숭배를 가능하게 하려고 많은 사원들이 로마에서 발벡까지 주요 도시들 안에 세워졌다. 에베소와 고린도 모두 새로운 황제 숭배를 고취하도록 선택된 이러한 도시들 가운데 하나이다. 그러나 이 황제 숭배는 인간과 문화 모두에서 삶의 풍요를 지향하는 이전의 종교들을 대치한 것은 아니었다. 이전의 아슈타르테, 아프로디테, 비너스 숭배는 계속되었다. 성전 매춘은 흔히 있는 일이었다.

이 황제와 번영 숭배의 결합은 로마 도시들의 경제적 인프라 구조로서 기능하는 강력한 민간 종교를 등장시켰다. 이 성性과 정치와 종교의 결합은 인간 욕망의 승자였다.

이 정치적 향락주의 이교 신앙의 한 중간으로 바울은 부활하신 예수 그리스도의 복음을 가지고 들어갔다. 이 민간 종교에 대항하는 복음은 매우 효과적이어서 에베소에서 소요가 일어났다.행19:23~41 데메드리오의 항의는 바울의 2~3년 간 이어진 에베소 선교가 경제적 마비를 일으켰음을 가리킨다. 점점 더 적은 사람들이 이교도의 종교 물품들을 사게 되었다. 데메드리오는 이렇게 말한다.

> 이 바울이 에베소뿐 아니라 거의 아시아 전부를 통하여 허다한 사람들을 권유하여 말하되 사람의 손으로 만든 것들은 신이 아니라 하니 이는 그대들도 보고 들은 것이라 우리의 이 영업만 천하여질 위험이 있을 뿐 아니라 큰 여신 아데미의 전각도 경홀히 여김이 되고 온 아시아와 천하가 위하는 그의 위엄도 떨어질까 하노라.행19:26~27

고린도에서도 기독교는 분명하게 지역 경제에 영향을 미쳤다. 최소한 그 성의 재무회계 담당자인 에라스도에게는 그랬다. 사도행전 19장 22절은 바울이 에라스도를 새로 세워진 교회들을 방문하려고 마게도니아로 보냈다고 기록하고 있다. 로마서 16장 23절에서 에라스도는 성의 재무로 언급되고 있는데 그 성은 아마도 고린도일 것이다. 왜냐하면 바울이 고린도에 머물면서 로마서를 쓰고 있었기 때문이다. 고대 고린도의 1세기 극장 앞 도로 위에 "에라스도, 성의 재무, 이 길을 포장하는데 개인적으로 기부하다."라는 글이 새겨져 있다. 그것은 로마서 16장 23절의 에라스도와 이 도로 위의 글이 언급하는 에라스도가 같은 인물임을 보여준다.[2] 왜냐하면 사도행전 19장 22절의 사건은 그 글보다 몇 년 후이기 때문이다. 에라스도는 고린도의 민간 종교와의 공범관계인 성 재무로서의 자신의 직무를 그만두고 바울의 선교 사역에서 바울의 조력자의 새로운 과업을 맡게 되었을 것이다.

이 두 사건에서 우리는 기독교의 민간 종교를 대하는 두 가지 모델을 관찰할 수 있다. 1) 고린도에서처럼 소명을 받은 사람이 소명에서 벗어나는 것이다. 2) 에베소서에서처럼 충분한 수의 사람들이 종교적 충성을 바꿈으로써 경제적 위기나 마비를 일으키는 것이다.

로마의 정치적 패권에 도전하기. 데살로니가와 로마에서 바울은 로마의 정치적 패권에 도전하였다. 사도행전에 의하면 바울은 죄수로서 그의 처지를 황제에게 호소하려고 로마에 갔다. 그러나 그 호소에 대해 어떤 결과가 주어졌는지에 대해서는 들은 바가 없다. 그러나 유세비우스는 터툴리안을 인용하며 우리에게 바울과 베드로 모두 네로 때에 참수를 당하고 십자가형을 받았다고 말한다.

데살로니가에서의 바울의 이전의 소요 사태는 기독교와 로마의 임박한 충돌에 대해 예보한다. 데살로니가에서 유대인들은 그리스도인들이 사람들을 선동하여 제국에 대항하여 "이 사람들이 다 가이사의 명을 거역하여 말하되 다른 임금 곧 예수라 하는 이가 있다 하더이다."라고 고발한다. ^{행 17:7; 눅23:2 참조} 바울의 예수가 주님이시라는 설교는 로마를 정치적으로 깔아뭉개는 것이었다. 만일 예수가 주님이라면 황제는 주님이 아닌 것이다. 누구도 두 주인을 섬길 수 없다.

다음 몇 십 년 안에 많은 그리스도인들이 그들이 황제에 대한 충성을 거부했다는 이유로 죽임을 당했다. 기독교는 로마의 정치적인 교만을 무효로 하는 체제 전복적이 되어갔다. AD 155부터 시작된 폴리갑의 순교는 예수가 주님이시냐 황제가 주님이시냐 하는 문제가 정치적임을 분명하게 보여준다. 바울에서 폴리갑으로 이어진 이 선교 운동은 복음이 자신의 정복자들이나 시민들에게 조건없는 충성을 요구하는 모든 나라를 위협함을 보여준다.

결론

선교 운동과 교회 성장의 패턴은 집안에서 시작하여 모든 사람들이 하나님나라의 구성원들이 될 기회를 얻을 수 있을 때까지 외부로 계속해서 밀어낸다.

1. 은사와 선교사 후보자들을 찾고, 파송한 선교사들과의 관계를 유지하는 파송교회가 반드시 있어야만 한다. 선교 사업에 있어서 이 후원 역할은 선교 운동의 필요성의 변화에 따라 채택되어야만 한다.
2. 교회 성장의 동력은 충실한 선교적 증인이 되도록 하는 성령에서 나온다. 복음은 부활하신 예수가 중심이 되고 모든 나라와 모든 계층의 사람들로 구성된 신자 공동체의 비전을 고취시킨다.
3. 신약의 선교 복음은 그것이 지성적인 철학에서 온 것이든, 민간 종교 혹은 교만한 정치적인 권세가 호소하는 것이든, 인간 삶에 대한 우상숭배의 요구들에 도전하고 그것들을 권좌에서 몰아낸다.

반성

이번 장에서의 선교 패턴들이

교회의 선교 비전을 주는 것으로서

어떻게 당신의 교회에 적용될 수 있는가?

그 선교의 비전이 오늘날 문화에 어떤 도전을

수반하는가?

산 호세로 가는 길

그들은 어떻게 산 호세에 있는 MCUSA*까지

오게 되었는가?

나는 제니퍼가 힘 있게 설교하는 것을 들었다,

우리를 하나님의 전투에 참여하게 했다는 것을

하나님의 말씀인 진리와 정의와 평화의 복음과 믿음과 구원으로

예수 그리스도를 통해 선으로 악을 극복하기.

그녀는 어떻게 아나뱁티스트로 자라 거기에 도착했는가,

칼튼 대학을 통해 노래하며 그녀의 길을 가면서

상담자들의 창구에서 준 MVS**소책자 한 권이

그녀를 엮었고, 그 다음 세미나와 목사가 그녀를 산 호세로 이끌었다.

나는 성령에 이끌리는 바울의 설교를 들었고,

그가 말한 평화의 방식으로 살게 된 것에 감사하고 또 감사한다.

내가 보지 못했던 길을 당신이 보여주었고,

부디, 부디 당신의 평화에 대해 침묵하지 마시라.

어떻게 그가 "불의 혀"로 성장해 거기에 도달했는지

처음 오순절의 평화에 대해 박사과정에서 배웠기에.

그 다음 요더와 그의 신학적 깊이에 매료되어,

그의 오순절, 참고 또 참는 평화에 대해 확신하였다.

나는 쉐인의 복음적인 설교를 듣고,

사막의 간헐천이 되라고 부르는 소명을 받았다.

샬롬의 샘을 향한 사막에서 죽어가는 다른 이들을

지적하는 믿음의 공동체들.

그가 어떻게 거기에 도달했는가? 아내의 어머니의 거실 장식을 통해,

역사책에 같은 것으로 분류되는 아미쉬와 메노나이트,

이제 그는 그의 머릿속의 평화를 알게 되었다. 풀러 신학교에서 그리고

PMC***의 진실한 양육과 사랑과 함께 아내의 역경을 통해서.

산 호세로 가는 "길"

선교, 평화 그리고 예배

각각은 그들이 쌍둥이처럼

하나가 되어 깨어지지 않을 때

– 윌라드 스와틀리Willard Swartley

---

* 미국에 있는 메노나이트 교회의 격년으로 열리는 회의가 2007년 7월 산호세에서 열렸다.
** 메노나이트 자원 봉사
*** 파사디나 메노나이트 교회

9장
평화의 복음으로서의 복음

좋은 소식을 가져오며 평화를 공포하며
복된 좋은 소식을 가져오며 구원을 공포하며
시온을 향하여 이르기를
네 하나님이 통치하신다 하는 자의
산을 넘는 발이 어찌 그리 아름다운고!

– 이사야 52장 7절 –

이사야서의 이 구절은 복음을 평화의 복음의 모습과 목소리로 존재하게 하는 출발점이다.[1] 이 구절은 비록 찰스 해롤드 도드C. H. Dodd의 신약 이론의 구약적 근저에 관한 영향력 있는 공헌에서 확인되지는 않았지만 신약의 예수의 초상을 그리는데 있어 구약의 다른 어떤 구절보다 중요하다. 예수는 이사야 52장 7절의 복음 전달자이다. 더욱이 이 복음은 평화를 복음화한다. 이 구절 안의 복음, 평화, 구원, 주님의 통치와 같은 수많은 키워드들은 이 구절이 얼마나 기초적인 것인가를 가리키며 신약 안에 되풀이 되고 있다. 히브리어와 헬라어 번역을 통해 이 구절을 키워드들과 함께 보면 영어에 까지도 이어지고 있는 어떤 근본적인 관계를 알 수 있다.

좋은 소식mebasser을 가져오며

평화shalom를 공포하며mashemia

복된 좋은 소식mebasser tov을 가져오며

구원yeshua을 공포하며mashemia

시온을 향하여 이르기를

"네 하나님이 통치하신다malak Elohayikh" 하는 자의

산을 넘는 발이 어찌 그리 아름다운고!

히브리어 mebasser와 mashemia는 헬라어 70인 역에서는 모두 분사형, euangelizomenos가 되었다. 이 단어는 '공포하는 자'와 '좋은 소식'이라는 두 가지 주제를 모두 포함하고 있다. 그러나 영어 번역에서는 불행하게도 일정하게 '선포하다'라는 동사가 되었다. 그러나 헬라어 문법적 관점에서 보면 복음은 이미 분사형에 포함되어 있다. 복음 선포의 동사형은 히브리어와 헬라어 모두에서 평화, 선, 구원 그리고 "네 하나님이 통치하신다."가 이미 내포되어 있다. 이것은 세 가지 이유에서 중요하다. 첫 번째로, 이 구절이 신약에 인용될 때아래를 보라, 이것은 저자바울과 누가의 통찰이 들어 있다. 두 번째로, 만일 수 세기 동안 그리스도인 교회가 복음에 있어서의 평화의 중심성을 인식해 왔다면 증언과 확장의 방법은 선교에 있어서의 강압적인 전략과 너무도 잦았던 유대인들과 무슬림들의 박해 모두를 피했을 것이다. 세 번째로, 이 개념을 붙든다는 것은 교회가 "정복하고 세례를 주라"는 식의 제국적 전략을 사용할 수 없고 사용해서는 안 된다는 것을 의미한다. 또 교회는 제국의 전쟁에 참여할 수도 없다. 교회는 진정으로 평화의 교회로 남아야만 한다. 복음의 자기 이해는 구원의 복음의 전달자로서 평화의 복음의 선포자가 되어야 한다는 것이다.

이와 같이 복음은 평화를 선포하고 그것은 창세기 1장에서 후렴으로 메아리치는 것처럼 선하다.보기에 좋다 이 구절사52:7은 예수의 자신의 사명에 대한 자기 이해에 영향을 준 유명한 이사야 53장실제로는 52:13에서 시작하는의 배경을 형성한다. 그러나 예수와 그의 사역에 대한 초기교회의 이해2) 뿐만 아니라 52장 7절이 예수의 사역을 형성하는데 중요한 역할을 하고 있다는

사실은 그다지 잘 알려져 있지 않다. 이사야 61장 1~2a절의 중요한 구절, "주 여호와의 신이 내게 임하셨으니"는 예수의 자신의 사명에 대한 자기 이해를 위한 이사야서 52장 7절을 보완한다.

> 주 여호와의 신이 내게 임하셨으니
>
> 이는 여호와께서 내게 기름을 부으사
>
> 가난한 자에게 아름다운 소식을 전하게 하려 하심이라
>
> 나를 보내사 마음이 상한 자를 고치며
>
> 포로된 자에게 자유를,
>
> 갇힌 자에게 놓임을 전파하며
>
> 여호와의 은혜의 해와 우리 하나님의 신원의 날을 전파하여

이사야 52장 7절과 61장 1~2a절 사이의 관계는 두 점의 경첩이 된다. 이 구절의 "나"는 이사야 40~55장의 "종"ebed이 되는 것으로 나타난다. 1절에 사용된 동사 "기름을 부으사"mashakh는 종으로의 권한과 직업적인 소명을 묘사하려고 사용된다. 왜냐하면 기름부음은 본래 왕권 부여를 위해 사용 되었기 때문에 우리는 여기서 예수의 세례에 대한 관점을 조명하는 왕권과 종의 전통적인 혼합을 보게 된다. 의미심장하게도 'basser'라는 동사는 종의 일을 묘사하는데 사용된다. 주님은 "가난한 자에게 복음을 전하는"필자의 번역 종으로 기름 부음을 받았다.

그리스도인 신학은 예수와 그의 사역 이해에 있어 이사야 53장의 중요성을 오래도록 인식해 왔다.[3] 더욱이 최근 들어 교회는 그의 삶과 죽음이 라는 사역 안에서의 예수의 자기 이해를 위한 61장 1~2a절의 의미심장함 역시 인식해 오고 있다. 그러나 불행하게도 신약 학자들과 그리스도인 선교 이론은 평화에 대한 그것의 유명한 강조와 함께 52장 7절이 예수 자신

의 자기 이해와 초기 교회의 예수의 의미심장함에 대한 자각을 형성했다는 사실에 대해 인식하지 못하고 있다. 이 세 구절들을 함께 묶음으로써 이사야서 안의 종으로서의 주님의 사역의 본질을 드러내고 예수의 자기 이해와 예수의 사역과 우리들의 사역에 대한 확실한 깨달음을 위한 든든한 발판을 제공한다. 이 모든 구절들은 "세상에 공의를 세우기" 까지 "이방에 공의를 베풀"42:1d고, "진리로 공의를 베풀"려고 부름을 받은 종의 사역을 표현한다.4) 평화를 전하고, 자기를 희생하고 다른 이들을 위해 살고, 희년의 실천과 함께 가난한 자들에게 아름다운 소식을 가져오고, 포로된 자에게 자유를, 눈먼 자에게 다시 보게 하는 삼중의 전략은 하나님나라를 선포한다. 그리고 그것이 예수의 의미이기도 하고 우리 또한 마땅히 그래야 할 것이다.

마태와 마가와 누가의 예수의 선언의 묘사에 있어서 "하나님나라"라는 이 핵심 구절은 중요하다. 구약신구약 중간기의 저자들에게는 사실상 "하나님나라"라는 구절 자체가 없었기 때문에 이 구절의 기원은 수수께끼이다.5) 이사야 52장 7절의 마지막 구절은 "네 하나님이 통치하신다."이다. 쿰란예수 이전 한 세기가 넘는의 이사야서 두루마리 연구에 기초하여 브루스 칠튼Bruce Chillton은 이사야서의 네 구절들이 히브리어 구절을 아람어로 번역하는 과정에서 "하나님나라가 드러날 것이다."라는 구절에 의해 만들어졌다는 사실을 발견했다.6) 이사야서의 네 구절 안에서 "하나님나라"라는 구절과 수동형의 동사 "드러날 것이다"는 현재 혹은 미래에 발생한다. 그렇다면 무엇이 혹은 누가 그것을 드러낼 것인가? 이사야 52장 7절에서 그것은 "좋은 소식을 가져오는 자"이다. "좋은 소식을 가져오는 자"는 하나님나라를 드러낸다. 이것은 예수와 그의 사역을 이해할 수 있는 의미심장한 관점을 제공한다. 왜냐하면 하나님나라와 평화의 복음은 전달자와 복음과 함께 이 핵심적인 구절 안에서 연결되기 때문이다. 영어는 헬라어 euangel과 복음의 preacher라는 단어에서 유래하였고 euangelistes는 사도행전 21장 8절에서 빌립을 지칭하기 위해서 에베소서 4장 11절에서는 복음 전하는 자로 디모데후서 4장 5절에서는 디모데를 묘사하는데 사용되었다.

"하나님나라가 드러날 것이다."라는 구절에 의해 아람어로 만들어진 이러한 이사야의 본문들 안에 있는 정확한 구절들을 보는 것이 유익할 것이다.

> 24:23c. "만군의 주님께서 다스릴 것이며"
>
> 31:4e. "이와 같이 만군의 주님께서 강림하실 것이며"
>
> 40:9. "너의 하나님을 보라"RSV; 두 번 "기쁜 소식이 도래할 것이며"의 뒤를 따라
>
> 52:7e. 시온에게 말하는 자, "네 하나님이 통치하신다."

이사야에서의 이러한 네 인용들은 시온 신학 본문 안에 있다. 시온 신학은 다윗 왕조의 전통과 관련된 왕의 신학이다. 그러나 근본적으로는 이스라엘에서의 하나님 자신의 왕권과 통치의 선포로 이루어져 있다. 벤 올렌버거Ben Ollenburger는 시온은 다윗 왕조를 위해 예정된 것임을 설득력 있게 보여준다. 시온은 하나님의 법과, 다윗 왕조와 시온의 심판 하에 실제로 올지도 모르는 그것의 정책들을 나타낸다. 예루살렘 함락 이후 다윗 왕조의 후예들이 없을 때조차도 시온은 계속된다.7) 그것은 정의와 계속되는 사랑 안의 "하나님의 통치"에 대한 근본적인 은유이다. 그것은 예수가 종종 그의 가르침을 통해 지적했던 하나님의 통치에 대한 급진적인 신뢰를 요구하는 은유이기도 하다. 예를 들어 마 6:19~34

하나님나라는 존 드라이버John Driver가 윌버 쉥크Wilbert Shenk의 책 『선교의 변형』The Transfiguration of Mission에 실린 그의 논문에서 상세하게 보여주었듯이 선교 메시지의 심장에 놓여 있다.8) 실제로 그 나라의 선포는 마가복음 8장 38절인자과 9장 1절하나님나라가 권능으로 임하는 것의 배열 안에서 보듯이 깊게

상호연결 되어 있다. 선포자, 하나님의 메시아적 전달자 예수, 선포된 자들, 하나님나라는 서로 떼어놓을 수 없는 논리적으로 하나의 전체이다. 그 나라는 메시아 없이 오지 않고 메시아는 그 나라 없이 오지 않는다.

전반적으로 드라이버의 논문은 하나님나라를 정의하고 비전을 갖도록 하는 데 있어 잘못된 강조점들을 수정한다. 그는 현재와 미래 사이의 균형을 논리적으로 바르게 강조하고 그 나라의 표징으로서 새로운 공동체의 형성을 강조한다. 그의 첫 번째 각주에서 드라이버는 칠톤의 하나님나라에 관한 논문에 호소한다. 그리고 그의 하나님나라 관점이 "하나님이 월등한 힘으로 오신다." 혹은 "하나님이 완벽하게 월등한 힘으로 오신다."는 것을 의미한다고 바르게 가치를 부여한다.[9] 드라이버는 이 관점이 그 나라를 종말론적 정권이나 정치적 운동, 혹은 사회 개선을 위한 프로그램으로 동일시하는 것을 방지하고 복음이란 "하나님이 통치하신다."[사52:7]라는 메시아적 선포에서 그 나라가 필수적인 요소임을 바르게 주장한다.[10]

신약 인용구들과 중요성

가장 널리 알려진 신약 인용구인 이사야 52장 7절은 에베소서 2장 14절, 17절에서 발생한다. [바울의] 이러한 구절들은 이사야서의 "평화의 복음을 선포하는"을 분명하게 사용한다. 14절은 "그는 우리의 화평이신지라"[autos gar estin he eirene]라고 말하는데 그것은 구원받은 공동체를 위한 예수 그리스도와 그의 중요성을 묘사하는 중요한 주장이기도 하다. "또 그는 오셔서 평화를 전하고 선포하신다."[저자 번역]라는 말에서 17절은 정황적으로 더욱 이사야서를 의존한다. 이것은 이사야 57장 19절에서 유래한 "먼데 있는 자들과 가까운데 있는 자들 모두를" 함께 연결한다. "그는 오셔서 평화를 선포하신다." [70인 역의 52:7의 직접적인 번역]는 이 구절은 두 중요한 집필인 멀린 E. 밀러[11]의 논문과 존 하워드 요더[12]에 의해 제목이 붙은 책에 영감을 불어넣었다.

이 구절^{엡2:13~17}은 "평화"^{eirene}라는 단어를 네 번 사용하고 "둘이 하나가
될 것"이라는 개념도 네 번 사용한다.

> 이제는 전에 멀리 있던 너희가 그리스도 예수 안에서 그리스도의 피로 가까
> 워졌느니라 그는 우리의 **화평**이신지라 둘로 하나를 만드사 중간에 막힌 담
> 을 허시고 원수 된 것 곧 의문에 속한 계명의 율법을 자기 육체로 폐하셨으
> 니 이는 이 둘로 자기의 안에서 한 새 사람을 지어 **화평**하게 하시고 또 십자
> 가로 이 둘을 한 몸으로 하나님과 화목하게 하려 하심이라 원수 된 것을 십
> 자가로 소멸하시고 또 오셔서 먼 데 있는 너희에게 **평안**을 전하고 가까운
> 데 있는 자들에게 **평안**을 전하셨으니^{강조는 추가함}

복음의 본질적인 메시지는 전에는 소원했던 민족들^{유대인과 이방인} 사이에
평화를 만드는 것으로 이해되어지는 여기에 있다. 밀러는 이 자각과 선포
는 구약의 샬롬 이해를 넘어간다는 것을 관찰했다. 그것은 이미 모든 것을
능가하는 하나님과의 관계를 포함하여 삶이나 조건들의 상태와 관계 모두
에서의 개인적 사회적 차원의 총체적인 더 넓은 영역의 이해를 망라한다.
그러나 여기에서 더 앞으로 나아가야 한다.

> 메시아로서의 예수에 의해 설립된 평화는 이와 같이 하나님의 백성과 하나
> 님과 그 백성 사이의 사회적 관계를 포함하는 히브리인의 샬롬의 이해를 유
> 지하고 그 이상으로 나아가야 한다. 그것은 인간의 노력에 의해서는 획득할
> 수 없는, 그러므로 유토피아적인 미래 세대를 밀어내는 화해와 공동체의 이
> 해를 포함한다. 유토피아적인 것으로 여겨지던 것들이 지금 십자가를 통해
> 현재의 실제가 되었다.[13]

바울은 연합된 신자들을 "한 새 사람"엡2:15b으로 간주하였다. 그와 같은 현재의 이상적 희망에 대한 이해는 로마 제국이 주장하고 제도화하는 정반대의 사회적·경제적·정치적 삶의 질서를 전복시킨다. 이 새로운 질서는 로마의 소위 말하는 Pax Romana의 가면을 벗겨내고 대조에 의해 그것의 억압적인 사회의 구조와 질서를 보여준다. 골맨Gorman은 그것을 적절하게 묘사한다.

> 제국이 주도하는 평화는 억압당하는 수많은 다른 이들에게 부당한 폭력에 지나지 않았다. 제국의 권력은 반대자를 으스러뜨리고 국경을 확장하고 식민지화하고 노예로 만들고 그리고 십자가에 매달아 죽이는 폭력을 의미했다. 그렇다면 그것은 의심할 여지없이 제국의 권력에 대항하는 적들을 성장시키고 때로는 66~70년의 유대인 전쟁과 135년의 폭동과 같은 노골적인 반란으로 표출되기도 했다.14)

억압을 통한 평화인 Pax Romana의 정황에서 바울은 다른 사람을 지배하기를 거부하는 평화막10:42~45를 보라와 다양한 배경을 가진 사람들을 평화의 예수라는 접착제로 하나로 묶는 반대의 평화를 선포했다. 그것은 계층에 따른 사회구조들을 극복하고 신자들에게 그리스도 안에서 형제와 자매로 서로를 환영하도록 촉구하였다. 이 새로운 질서의 증거는 예루살렘의 가난한 자들을 도우려고 부유한 새로 설립된 교회에서 화폐 자원들을 모으는 바울의 선교 전략 안에서 확장되었다. 이것은 바울의 대안적 평화 복음이며, 제국 안에서의 체제전복적인 힘이며, 사회의 새로운 질서의 막을 여는 것이고, 새로운 사회경제적, 정치적 창조를 낳는 것이다.주15

이사야 52장 7절을 인용한 두 번째 중요한 구절은 사도행전 10장 34~39a절이다.

베드로가 입을 열어 가로되 내가 참으로 하나님은 사람의 외모를 취하지 아니하시고 각 나라 중 하나님을 경외하며 의를 행하는 사람은 하나님이 받으시는 줄 깨달았도다 **만유의 주 되신 예수 그리스도로 말미암아 화평의 복음을 전하사** 이스라엘 자손들에게 보내신 말씀 곧 요한이 그 세례를 반포한 후에 갈릴리에서 시작되어 온 유대에 두루 전파된 그것을 너희도 알거니와 하나님이 나사렛 예수에게 성령과 능력을 기름붓듯 하셨으매 저가 두루 다니시며 착한 일을 행하시고 마귀에게 눌린 모든 자를 고치셨으니 이는 하나님이 함께 하셨음이라 우리는 유대인의 땅과 예루살렘에서 그의 행하신 모든 일에 증인이라"^{강조는 추가함}

이 설교에서 베드로는 고넬료의 선교가 새로운 방식의 언약 공동체 안으로 들어온 경우에 대해 "화평의 복음을 전하사"라는 말로서 예수의 메시지를 요약하고 있다. 이사야 52장 7절⁷⁰인 역의 이 인용 "화평의 복음을 전하사"euangelizomenos eirene는 여기서 "예수 그리스도로 말미암아"dia Iesou Christou 행 10:36와 연결되고 있다. 다시 "평화"는 "복음을 전할"euangelizomenos 목적으로 사용되었다. 유대인과 이방인의 한 메시아적 단체로의 합류는 평화이다. 수세기 동안 드리워졌던 경계들은 경쟁 관계에 있던 민족적 분열들을 다양한 민족들을 공동의 믿음 안으로 참여시킴으로 묶어 하나로 만듦으로써 극복되어졌다. 이것은 민족성이 폐지되었다는 것을 의미하지 않는다. 그보다는 새롭고 더 힘 있는 실제가 그 차이들을 초월하여 민족적 다양성이 풍부하게 공헌할 수 있는 하나의 새로운 메시아적 정체성을 만들어냈다는 것을 의미한다. 전에는 나뉘고 소원했던 민족들 간의 평화는 복음 선포의 열매이다. 이것은 사도행전 1장 6절에서 제자들이 질문했고 1장 8절에서 대답한 하나님나라의 오심이다.

세 번째로, 이 새로운 실제는 "만유의 주 되신"houtos estin panton kyrios 예수 그리스도를 통하여 양육되어져 왔다. 2장 36절에서 선포된 예수 그리스도의 주되심은 유대인들이 믿음의 공동체 안으로 이방인들이 들어오는 것을 환영하는 이 지점에서 이제 명확하게 재확인된다. 이 세상 나라들 안에서의 삶에서 일어나는 분열, 인종과 부족들을 극복하는 것은 예수 그리스도의 주 되심을 입증하는 것이다. 우리는 고넬료가 유대인들의 존경을 받는 일반적인 사람이 아니라 제국의 대표라는 사실을 간과해서는 안 된다. 모든 사회학적 정치적 의미와 더불어 로마를 상징하는 고넬료의 회심이라는 이 발전은 그들이 찾는 팍스 로마나와 함께 예수 그리스도의 주 되심에 무릎을 꿇게 하였다. 솔로몬이나 로마 제국보다도 더 위대한 그 무엇이 역사의 실존 속으로 들어왔다.

이사야 52장 7절의 세 번째 인용구는 특별히 사람이 아니라 열강들과 권세들이라는 악에 대항하여 싸우는 그리스도인에 관한 신약의 주목할 만한 구절들[6:10~17] 한 가운데 있는 에베소서 6장 15절이다. 무기들은 대부분 혼돈과 악에 대항하여 싸우는 하나님의 전쟁을 이전에 묘사한 이사야서에서 끌어오거나 채택한 것이다.

엡 6:14	허리에 두른 진리의 띠	사 11:5a
14절	의의 흉배	59:17
15절	평안의 복음의 예비한 신	52:7
16절	믿음의 방패	7:9b
17절	구원의 투구	59:17
17절	성령의 검	11:4
	하나님의 말씀	사 42:9

에베소서 6장 15절의 핵심 구절은 특별히 "전하는 자의 발"hypodesamenoi

tous podas과 "평화의 복음"euangeliou tes eirenes에 의해 이사야 52장 7절을 연결한다. 가장 충격적인 것은 더 큰 본문의 전쟁 은유가 이 "무기"의 특별한 부분과 병치되고 실제로 "평화의 복음"이라는 확정적인 표현에 의해 전복된다. 그것은 우리에게 그 본문의 진정한 의미를 로마 병사의 군사적 장비가 아니라 진리, 의, 평화의 복음, 믿음, 구원, 하나님의 말씀과 같은 하나님과 신자의 도덕적 특징으로 보라고 손짓한다. 이것들은 신자들이 악의 계략을 견뎌내게 해주고 "악한 날"사단의 공격이 강한 때에 굳건히 설 수 있도록 해주는 힘을 부여해주는 자원들이다.

간단히 옮기면 외관상 모순 어법으로 전쟁은 평화를 실천하는 것이다. 그러나 전쟁과 평화를 섞는 이미지는 "평강의 하나님께서 속히 사탄을 너희 발 아래서 상하게 하시리라"는 로마서 16장 20절에도 발생한다.[16] 메시아적 평화는 성서 이야기의 핵심에 놓여 있는 악에 대항하는 하나님의 전쟁을 확장한다. 그러나 그것은 결코 인간의 군사적 전쟁이 아니고 하나님의 승리를 위한 방어이다. 그것은 문자적 전쟁의 결과를 기대하는 것이 아니고 예언의 말씀의 힘을 통한 악에 "대항하여 견디는" 것이다. 무기의 도덕적 특징들은 평화의 수단이다. 세례를 통해 정말로[17] 신자들은 평화를 실천하는 전쟁에 입대하는 것이다.

참으로 이것은 군사적 전쟁이 아니다. 만일 그렇다면 예수 그리스도의 복음은 선교의 복음이 되지 못했을 것이다. 너무 자주 사람들은 교회의 선교를 왜곡해왔고 복음을 국가적 제국주의의 어떤 유형과 동일시함으로써 그것을 부정했다. 그러나 이 신성한 특징들은 그렇다기보다는 하나님의 통치권에 도전하거나 부정하는 모든 권세에 대항하는 전능한 힘이다. 전체에 스며들어 있는 이 구절은 핵심적인 강조들로 시작한다. "종말로 너희가 주 안에서와 그 힘의 능력으로 강건하여지고 마귀의 궤계를 능히 대적하기 위하여 하나님의 전신갑주를 입으라"엡6:10~11, 강조는 추가함 가장 중요한 것은 그것이 신자들이 입대한 하나님의 전쟁이라는 것이다. 그러나 우리는 언제나 하나님의 승리를 믿는다. 왜냐하면 그것은 하나님의 무기이기 때문이다. 우리가 하나님의 **전신갑주**를 입음으로만 우리는 전쟁에서 견딜 수 있다. "우리의 씨름은 혈과 육에 대한 것이 아니요 정사와 권세와 이 어둠의 세상 주관자들과 하늘에 있는 악의 영들에게 대함이라 그러므로 하나님의 전신갑주를 취하라 이는 악한 날에 너희가 능히 대적하고 모든 일을 행한 후에 서기 위함이라"6:12~13

적들에 대한 이 묘사는 이것이 한 무리의 민족이 전쟁을 통해 다른 무리국가. 민족적 그룹 혹은 이데올로기에 의해 무리 지어진 군대에 대한 지배권을 행사하게 되는 군사적 전쟁이 아니라는 점을 분명하게 가리킨다. 클링튼 아놀드Clinton Arnold는 이 영적 전쟁 본문을 그 모든 것 안에 악마의 힘에 대한 큰 공포가 주요한 역할을 하는 다양한 형태의 마술과 점성술과 다른 신비 숭배와 같은 에베소 신자들의 과거 아르테미스 숭배의 종교적 충성의 정황 안에 놓는다.[18] 때때로 그리스도의 승리는 이러한 권세들을 정복하는 것이다. 신자들은 신성한 무기로 그것들에 대항하여 서도록 부름을 받았다. "권세들에 대한 승리는 하나님의 권능의 전용과 분리하여 장담할 수 없다. 저항의 실패는 마귀에게 그의 지배를 재주장하도록 허락하는 것이다."[19]

이 본문은 바울의 권세들을 능가하는 그리스도의 승리의 더 큰 강조 안에 놓지 않고 신약의 하나님나라의 평화의 복음에서 절정을 이루는 구약의 신성한 전쟁 신학에 의해 이해되지 않는다면 총체적으로 잘못된 이해가 되기 쉽다.[20] 그렇게 할 때에만 우리는 하나님의 전신갑주를 입는다는 것의 의미를 제대로 이해할 수 있다. 종종 해설자들은 성령의 검을 제외한 모든 무기들이 방어적이라는 사실에 주목한다. 이 점은 이 본문을 그리스도인 십자군으로의 부름으로 잘못 이해하는 것에 대항하여 방어하기에 적합하다. 이 견해에서 하나님의 말씀인 검 역시 방어적이다. 왜냐하면 그것은

사람들을 악의 결박에서 구하고 그리스도의 나라로 그들을 모으는 복음의 수단이기 때문이다.[21]

그러나 이 견해는 조심스러운 재고의 여지가 있다. 검을 제외한 무기의 다른 부분들이 근본적으로 방어적이지만 그들이 표시한 영적 특징들은 그들에게 공격적인 부분과 방어적인 부분이 모두 있기 때문이다.[22] 이와 같은 어떤 긴장감이 대의와 은유 사이에 존재한다.끈, 흉배, 신 등 그리고 그것은 그리스도인의 미덕이나 행동을 의미 있게 해준다. 진리, 의, 구원, 평화의 복음, 믿음은 적들에게 맞서고 그들을 무장해제하는데 있어 강력하다. 그리스도인의 삶에 있어 공격적이고 방어적인 면은 함께 섞여야한다. 신자들이 악과의 전투에서 하나님의 성품에서 도출된 이러한 특징들을 부여받을 때 그들은 악한 것들을 견딜 수 있다. 단지 방어적인 자세만을 강조하는 것의 위험은 요더 뉴펠드가 교회가 악에 맞서기보다 자신에 틀어박히는 것으로 묘사한 가치관에 있다. "교회의 진정한 존재는 진리, 정의, 평화, 인간 관계에 있어서의 너그러움으로 이루어진 복음의 활동적이고 대담한 실천으로 이루어진다."[23] 에베소서 2장 13~17절에서 그토록 분명히 밝히고 있는 평화실천을 향한 활동적인 부름을 잃어버려서는 안 된다. 대신 무장할 것을 권하는 이 부름에서 신자들에게 이러한 평화를 만드는 미덕들로 오직 신성한 무기들을 장착하고 악에 대항하여 맞서는 힘을 부여하는 것이 되어야 한다.

복음과 하나님나라를 향한 평화와 관련한 완벽한 논의와 관련한 다른 구절들[24]은 마태복음 5장 9절의 "화평케 하는 자는 복이 있나니"와 누가 복음의 메시아적 복음이 세상에 가져온 복음의 통합적인 표현으로서의 평화에 관한 폭넓은 강조이다.[2:10~14] 이러한 점들은 나의 책 『평화의 언약』 Covenant of Peace 3장과 5장에서 다루어지고 있다. 그 연구에서 나는 부록 I에 많은 신약 신학과 윤리학들이 신약 기자들의 이해에 있어 필수적인 이 핵심 강조에 대해 등한시해왔음을 목격하고 기록하였다. 이런 태만은 그것이 선교로의 부름이 필수적으로 예수 그리스도의 평화의 선포이기도 하다는 사실을 파악하지 못한 채 신약 신학을 해석하도록 한다. 복음은 이와 같이 왜곡되어 수포로 돌아가고 만다. 이런 부족한 이해가 주어지기 때문에 선교에 있어 새로운 교회들이 민족적 분산과 전쟁을 극복할 수 있게 해주는 교회의 비전이 결핍되게 되는 것이다. 나는 2004년도에 수정된 "다양한 사회 안에서의 복음화를 위한 기독론적 기초"에 관한 윌버트 쉥크의 강연 안에 있는 논지 14를 인용한다. "예수 그리스도에 대한 그러한 이해가 정형화될 때 교회의 증언은 물리적이건 심리학적이건 사회적이건 정치적이건 간에 언제나 강요가 없을 것이며 서로에 대한 공감어린 사랑에서 벗어나는 일 또한 없을 것이다."[25]

다른 종교적 전통을 가진 사람들에 대한 생활과 말을 우리가 목격할 때 우리는 그들의 역사적 집단적 기억들과 마주치게 될 것이다. 대부분의 무슬림들의 마음에는 아랍에서 팔레스타인의 통제권을 장악하려고 시도되었던 11세기부터 14세기까지 이어진 유럽의 그리스도인들에 의한 무력 운동인 십자군 전쟁의 역사가 지워지지 않고 아로새겨져 있다. 오늘날 그 지역에 살고 있는 대부분의 무슬림들은 결코 십자군과 직접적으로 접촉하지 않음에도 천 년 전의 이 "그리스도인들"의 행동은 계속해서 그리스도인 증인들을 방해하고 있다. 최근의 이라크 전쟁은 서방 세계와 연합한 기독교를 향한 이슬람의 적대감을 깊게 하고 있다. 마찬가지로 수세기 동안 계속된 그리스도인들의 유대인들에 대한 잘못된 대우도 그리스도인 증인들에 대한 거대한 장애물이 되고 있다. 이와 같은 역사적 사건들은 예수 그리스도에 대한 우리의 증언을 깊게 불신하도록 만든다. 다른 민족도 끔찍하게 고통을 받는다. 특히 백인 부족들이 북미를 정복할 당시의 미국 원주민들의 경우 그것은 현저하다. 이처럼 부끄러운 역사는 우리가 하나님에게서 받은 책임을 저버려서는 안 된다는 것을 말해준다. 우리는 성령의 권능 안에서 화해와 평화 만들기를 권하는 예수 그리스도의 복음을 반영하는 진정한 증인들로 새롭게 헌신해야 할 것이다.

평화의 왕자; 메노 시몬스의 어록들에 기초한 노래*

제임스 클레멘스 작곡

그리스도 안에 우리가 가진 이 본보기

만일 우리가 성령과 우리 주님의 말씀의 도우심으로 우리 이웃들의 영혼을 구하기를 원한다면, 만일 우리가 주님의 말씀에 인도되어 위험이나 빈곤에 처한 우리의 이웃들을 본다면, 우리는 그들을 향한 우리의 문들을 닫아서는 안 된다.

우리는 그들을 우리의 집으로 받아들여 우리의 음식을 나누고 그들을 도와야만 할 것이다. 그들이 어려울 때 그들을 위로하고 도와야 한다.

우리가 우리들 자신의 삶을 지불하게 될 것이라는 사실을 사전에 안다할지라도 우리는 우리의 형제들을 위해 삶의 위험을 무릅써야 한다.

이것은 그리스도 안에서 우리가 가지고 있는 본보기이다. 그분은 우리를 위하여 그분 자신을 아끼지 않으셨다. 우리가 그분을 통해 살 수 있도록 기꺼이 당신의 삶을 포기하셨다.

복음을 신뢰하라

복음을 신뢰하라. 그것은 예수 그리스도를 통해 하늘의 은총인 기쁜 소식을 믿는 것이다. 죄 짓기를 중단하라. 너의 과거의 삶을 회개했음을 보이라. 주님의 뜻과 말씀에 공손히 굴복하라.

만일 당신들이 성령에 따라 걷고 있고 육체를 따라 걷지 않는다면 당신들은 새로운 하늘의 예루살렘의 친구들이 될 것이며 시민들이 될 것이며 아이들과 상속자들이 될 것입니다.

진정한 그리스도인의 믿음

진정한 그리스도인의 믿음은 게으를 수 없다. 하지만 그것은 점점 더 변화시키고, 새롭게 하고, 정화시키고, 성화시킨다. 그것은 평화와 기쁨을 선사한다. 행복은 그것을 가지고 그것을 끝까지 지키는 자의 것이다.

평화의 왕자

평화의 왕자는 예수 그리스도이다.

전에는 아무것도 아니었고 평화에 대해 무지했던 우리가 지금은 평화의 교회가 되라고 부름을 받았다.

진정한 그리스도인은 복수를 알지 못한다. 그들은 평화의 어린아이들이다. 그들의 심장은 평화로 넘쳐흐른다. 그들의 입은 평화를 말하고 그들은 평화의 길을 따라 걷는다.

그리스도의 영광

우리는 낮에도 밤에도, 집에 있을 때나 외국에 나가서도, 감옥에서나 지하 감옥에서도, 물이나 불 속에서도, 교수대 위에서나 바퀴 위에서도, 군주들 앞에서도 왕자들 앞에서도 입과 펜을 통하여 재물들과 피로, 삶과 죽음으로 가능한 많이 설교한다.

우리는 이것을 그토록 오래도록 해왔다. 그리고 우리는 그리스도의 영광의 복음을 부끄러워하지 않았다.

---

* 메노 시몬스에서 여기 선택된 가사들은 "Meno Simons: Image & Art"(켄사스 주 뉴톤에 카우프만 박물관에 의해 만들어지고 전시된)를 위한 것으로 얀 글리스틴에 의해 수집되고 영어로 번역되었다. 그 전시는 1996년 1월 16부터 2월 16까지 고센대학 엄블 센터에서 열렸다. 얀 글리스틴에게게 허락을 받아 사용하였다. 고센 대학에서의 예배를 기념하여 제임스 E. 클레멘스는 이 가사의 음악 제목을 "평화의 왕자: 메노 시몬스의 말에서 시작된 노래"라고 붙였고 제임스 E. 클레멘스와 데이빗 라이트 (Table round Press, 2007)에 의해 A field of Voices: 예배를 위한 찬양에 게재되었다.

10장
예배로 가능해지는 평화실천과 선교

평화가 없으면 선교도 없으며, 선교가 없으면 평화가 없다.
예배가 없으면 선교도 없고 평화도 없다.
– 윌러드 스워틀리 –

열한 제자가 갈릴리에 가서 예수께서 지시하신 산에 이르러 **예수를** 뵈옵고 **경배하나** 아직도 의심하는 사람들이 있더라 예수께서 나아와 말씀하여 이르시되 하늘과 땅의 모든 권세를 내게 주셨으니 그러므로 너희는 가서 모든 민족을 제자로 삼아 아버지와 아들과 성령의 이름으로 세례를 베풀고 내가 너희에게 분부한 모든 것을 가르쳐 지키게 하라 볼지어다 내가 세상 끝날까지 너희와 항상 함께 있으리라 하시니라마28:16~20, 강조는 추가함

이 장에서 나는 이 책과 『평화의 언약』*Covenant of Peace*에서의 평화와 평화실천에 대한 연구를 도입했다. 이는 래리 우르타도Larry Hurtado 1)의 독창적이며 뛰어나고 중요한 연구와도 교차한다. 우르타도는 예수에 대한 경배가 신약에서 두드러진 것을 보았다. 나아가 우르타도는 예수에 대한 헌신을 나타내는 예배 관습이 기독교 신앙의 가장 이른 시기에 있었다고 설득력 있게 주장한다. 우르타도의 주장은 이교 숭배 영향을 받은 헬레니즘 기독교 안에서 이런 강조가 대두했다는 W. 부세[Bousset]의 20세기 초 주장을 반박한다

나의 글은 다음과 같은 중요한 두 질문을 다루는 지점에서 우르타도가 공헌한 바와 연결된다. 즉 "도대체 어떻게 예수는 하나님이 되었는가? 초

대 기독교 예수 경배에 대한 접근" 그리고 "예수를 위해 사느냐 죽느냐: 초대 기독교에서의 예수 경배가 초래한 사회적·정치적 결과."[2] 연합 메노나이트 성서 신학대학원Associated Mennonite Biblical Seminary에서의 2004년 신학강좌또한 우르타도의 책『주 예수 그리스도』Lord Jesus Christ에도 적용된다에서 우르타도를 비판한 내용 가운데 하나는 다음과 같다. 최소한 1세기 다섯 로마 황제가 "하나님의 아들"이라는 신 명칭을 주장했다는 맥락을 고려할 때, 예수를 주로 경배하는 정치적 의미에 대해 우르타도가 침묵했다는 점이다. 이 "하나님의 아들" 황제들은 자신의 시민과 신하들에게 경배를 요구했다. 우르타도는 한 책에서 모든 것을 할 수는 없다고 반응했다. 게다가 이 문제는 자신의 다음 책에서 다뤘다고 반응했고, 이 책은 다음에 이미 출판됐다.[3]

나는 이번 장 후반부에서 우리의 교차점으로 다시 돌아올 것이다. 이번 장의 필자의 주요 목적은 정경 형태로 되어 있는 신약에서 추출한 핵심 내용에 이 문제가 얼마나 중요한지를 보이려는 본문 연구를 추구하는 것이다. 마태복음에서 시작한다.

마태복음

마태복음은 평화를 만들 것을 요구하며, 하나님이 보낸 예수의 복음이 모든 사람들을 위한 것이라고 선포한다는 점에서 유명하다. 또한 하나님 나라를 여는 대위임령으로 마무리한다. 이 사명을 예수는 모든 사람들에게 선포했다. 이 대위임령의 강조점은 예수 탄생 후 동방박사들이 동쪽에서 찾아온 첫 복음서 이야기와 연결된다. 이 두 짧은 사건은 함께 모든 사람들을 위한 복음의 주제에 대해 인클루지오동심원적 구조에 근거한 문학적 장치로 비슷한 자료를 처음과 끝에 두어 틀을 이루는 구조-역자 주를 이룬다.

비록 많은 사람들이 마태복음은 네 복음서 가운데 유대인을 위한 복음서라고 이해하지만, 사실 마태복음은 두 가지 측면이 있다. 유대인을 위한 것이기도, 이방인을 위한 것이기도 하다. 그러므로 마태복음은 진정으로 모든 사람들을 위한 것이다. 다음 두 본문이 이 사실을 분명히 한다.

> 예수께서 온 갈릴리에 두루 다니사 그들의 회당에서 가르치시며 천국 복음을 전파하시며 백성 중의 모든 병과 모든 약한 것을 고치시니 그의 소문이 온 수리아에 퍼진지라 사람들이 모든 앓는 자 곧 각종 병에 걸려서 고통 당하는 자, 귀신 들린 자, 간질하는 자, 중풍병자들을 데려오니 그들을 고치시더라 갈릴리와 데가볼리와 예루살렘과 유대와 요단 강 건너편에서 수많은 무리가 따르니라마4:23~25

> 많은 사람이 따르는지라 예수께서 그들의 병을 다 고치시고 자기를 나타내지 말라 경고하셨으니 이는 예언자 이사야를 통하여 말씀하신 바 보라 내가 택한 종 곧 내 마음에 기뻐하는 바 내가 사랑하는 자로다 내가 내 영을 그에게 줄 터이니 그가 심판을 이방에 알게 하리라 그는 다투지도 아니하며 들레지도 아니하리니 아무도 길에서 그 소리를 듣지 못하리라 상한 갈대를 꺾지 아니하며 꺼져가는 심지를 끄지 아니하기를 심판하여 이길 때까지 하리니 또한 이방들이 그의 이름을 바라리라 함을 이루려 하심이니라마12:15b~21

4장 23~25절에서 세 지명 즉 수리아, 데가볼리, "요단 강 건너편"은 이방 지역을 가리킨다. 갈릴리도 유대인뿐만 아니라 많은 유대인의 고향이었다. 예수의 사역이 미친 영향의 범위를 마태복음 초반에 묘사한다. 이는 아마도 독자들이 이어질 내용에서 듣게 될 것을 미리 보여주는 것이다. 그래서 다음과 같은 내용도 곳곳에서 나온다. 백부장의 아들을 고쳐주는 내용이 8장 5~13절에 나오며, 10절에서는 "이스라엘 중 아무에게서도" 이만한 믿음을 발견하지 못했다고 칭찬했다. 가나안 여인의 귀신 들린 딸을 두로와 시돈 지역에서 고쳐준다.[15:21~28] "그러므로 내가 너희에게 이르노니 하나님나라를 너희는 빼앗기고 그 나라의 열매 맺는 백성이 받으리라"[21:43]라고 하는 도발적인 심판이 있다.

마태복음 12장은 두 번이나 이방인들이 이사야 42장 1~4절의 종 예언 본문을 이루는 예수의 종 사역을 계승한다고 구체적으로 언급한다. 그러나 마태복음 10장 5b~6절은 예수가 열두 제자를 이스라엘에 보내는 것으로 제한한다. "이방인의 길로도 가지 말고 사마리아인의 고을에도 들어가지 말고 오히려 이스라엘 집의 잃어버린 양에게로 가라." 도로시 진 위버 Dorothy Jean Weaver [4]와 다른 학자들이 보여줬듯이, 10장 23b절과 함께 이 제한하는 본문은 복음서의 마지막 이야기인 온 민족에 대한 대위임령을 통해 모아져야 한다. 내가 마태복음의 이야기를 읽을 때, 12장에서 이사야 본문을 인용한 것에서 두 번 이방인을 언급해 이미 이 제한을 깨뜨린다. 이렇게 이방인을 포함한다는 점을 위에서 인용한 4장 23~25절에서 실제로 알려준다.

하나님의 복음 사명이 마태복음에서 널리 인정받는 주제이듯이, 예수가 평화 만들기로 초대하는 것도 마찬가지다. "화평하게 하는 자는 복이 있나니 그들이 하나님의 아들이라 일컬음을 받을 것임이요."[5:9] 내가 『평화의 언약』에서 보여줬듯이,[5] 이 절은 5장 43~48절의 "네 원수를 사랑"하는 것과 연결된다. 5장 43~48절에서는 또한 이 사랑을 실천하고 "너희를 박해하는 자를 위하여 기도"하는 자들과 "너희 아버지의 아들"과 동일시한다.[5:44-45] 다른 곳에서 나는 마태복음의 평화실천 주제를 발전시키며, 다음의 사실들을 보여줬다. 산상수훈의 더 큰 강조점 가운데 평화실천 주제가 있으며, 복음서에서 예수에 대해 기독론 면에서 묘사하는 것에 평화실천 주제가 영향을 미쳤으며, 수난사건 특히 승리의 입성[21:1~16] 그리고 마지막 만찬과 겟세마네 장면[26:26~56]에서 평화실천 주제가 두드러졌다.[6]

마태복음 안의 이 선교와 평화 주제에 우리는 경배 그리고 아마도 다소 충격적이게도 예수의 경배를 추가해야 한다. 이 강조점은 마태복음이 두 수준에서 이방인을 포함하는 사실과 관련된다. 첫째, 복음서의 마지막 "모든 민족"에 대한 대위임령28:16~20과 동방박사가 예수를 방문한 사건2:1~12에서 예수의 경배를 언급한다. 다음으로 중요하게도 예수의 경배는 예수가 이 세상에 올 때와 떠날 때를 표시하는 인클루지오에 나온다.

> 헤롯 왕 때에 예수께서 유대 베들레헴에서 나시매 동방으로부터 박사들이 예루살렘에 이르러 말하되 유대인의 왕으로 나신 이가 어디 계시냐 우리가 동방에서 그의 별을 보고 그에게 **경배하러** 왔노라 하니…
> 헤롯이 베들레헴으로 보내며 이르되 가서 아기에 대하여 자세히 알아보고 찾거든 내게 고하여 나도 가서 그에게 **경배하게** 하라…
> 그들이 별을 보고 매우 크게 기뻐하고 기뻐하더라 집에 들어가 아기와 그의 어머니 마리아가 함께 있는 것을 보고 엎드려 아기께 **경배하고** 보배합을 열어 황금과 유향과 몰약을 예물로 드리니라.마2:1~2,8,10~11, 강조는 추가함

이 모든 경우2:2,8,11, 28:17를 가리키는 헬라어 단어는 똑같은 용어프로스키네오이며,[7] 문자 그대로 경배하거나 예배할 때 "무릎을 구부리는 것"을 의미한다. 이런 강조점이 복음서 초반과 끝에 나온다는 것은 우연이 아니다. 마태가 이를 의도했다. 즉 이는 하나님의 복음 선포다. 동방박사 이야기에서 기적적인 안내하는 별이 이 "동방에서 온 박사"를 예수에게 엎드려 경배하도록 인도했다. 이 행위는 헤롯이 조롱하는 투로 "경배"를 사용한 것과는 대조를 이룬다. 구유에서 면류관까지, 취약한 아기 예수에서부터특히 헤롯의 악한 의도에 비춰볼 때 부활하고 하나님의 아들로 산에서 높임을 받는 예수까지[8] 예수는 경배 받았다. 이 강조점은 마태복음 도처에 있는 왕 기독론

과 일치한다. 곧 유대인들이 기대하는 정치적 메시아를 변형시킨 기독론이다.[9]

다른 면에서 복음서는 간접적으로 즉 예수가 이름을 짓는 것에서 그리고 요셉의 꿈에서[1:20~23] 예수에 대한 경배를 묘사한다. 새로 태어난 아이를 "예수"라 부른다. "이는 그가 자기 백성을 그들의 죄에서 구원할 자이심이라." 뿐만 아니라 "그의 이름을 임마누엘이라 하리라." 이는 "하나님이 우리와 함께 계시다"를 의미한다. 죄에서 구원하는 것은 하나님의 특권이며, 임마누엘이 이를 분명하게 알려준다. 예수는 놀랍게도 지상의 아버지 없이 태어난 왕족 아기[a royal baby] 안에 계신 하나님인데 마리아에게 임한 성령, 즉 아버지로서 하나님이신 성령으로 잉태되어 태어났다.[10]

이를 복음서의 마지막 장면과 나란히 두라. 제자들에게 무엇을 해야 할 것인지 지시한 후, 예수의 마지막 말씀은 약속이다. "내가 세상 끝날까지 너희와 항상 함께 있으리라."[28:20b] 하나님의 현존이 그들과 함께 할 것이다. 어떻게 또는 왜 예수는 경배 받을 가치가 있는가? 천사가 꿈에 요셉에게 말하는 것에서부터 예수가 함께 할 것이라는 약속까지 이 모든 말씀에서 예수는 하나님의 복음의 겉모습이다.

그러므로 나의 논제는 예수를 경배하는 것이 예수를 따르는 자들에게 부여한 온 민족에게 복음을 전하라는 사명과 하나님의 자녀로서의 새로운 정체성에 따라 살라는 화해의 요청을 가능하게 한다는 것이다. 경배함으로 예수의 발아래 엎드리면 인간적으로 불가능한 일을 할 수 있는 겸손과 힘을 준다. 즉 원수를 사랑하고 모든 사람과 복음을 나눌 수 있다.

테레사 수녀는 이 점을 모범으로 보였다. 테레사의 헌신이 자신의 삶을 가난한 사람과 겸손하게 나눌 수 있게 했다고 나는 믿는다. 테레사는 몸소 그리고 행동으로 복음을 선포하며 정말로 모든 사람과 평화하며, 복음을 체화했다. 테레사는 마태복음이 예수의 충실한 제자로서 우리에게 하도록 요구하는 것을 한 대표적인 인물이다.

　예수의 경배가 여전히 의심스럽다면 복음서에서 남녀 모든 제자들이 예수를 경배하는 다른 두 장면을 보라. 첫 장면은 예수는 물 위를 걷고 베드로는 물 위를 걸으려는 시도에서 실패하는 것으로 마태의 이야기의 절정을 이루며 정확하게 복음서의 중간 지점에 있다.14:22~33 마태는 그 이야기를 이와 같이 마무리한다. "배에 있는 사람들이 예수께 절하며 이르되 진실로 하나님의 아들이로소이다 하더라."33절 이전에 인용한 본문에서처럼 똑같은 헬라어 동사proskineo를 여기서 사용한다.

　두 번째 제자의 반응은 부활절 아침 무덤에 온 여인들의 반응이다. 여인들은 지진에 놀라고 다음으로 천사에 놀랐다.28:1~2 여인들이 남자 제자들에게 예수가 그들을 갈릴리에서 만날 것이라고 가서 전하라는 사명을 받은 후, 예수가 여인들에게 나타나 "평안하냐"라고 말한다. 이때 여인들은 다음과 같이 반응한다. "여자들이 나아가 그 발을 붙잡고 경배하니 이에 예수께서 이르시되 무서워하지 말라 가서 내 형제들에게 갈릴리로 가라 하라 거기서 나를 보리라 하시니라."28:9b~10, 강조는 추가함

　예수의 경배를 강조하는 것은 기독론에 필수적이다. 황제 숭배 맥락에서 볼 때, 이 복음서는 우리에게 충성을 택일하라고 요구한다. 하나님은 예수를 하나님의 참된 아들로 보냈다. 예수를 믿고 예언자, 구세주, 메시아로 받아들이라는 것은 예수를 진정으로 하나님의 아들로 인정하는 것이다.11) 하나님의 아들은 우리 경배를 받을 가치가 있다. 가이사도 사탄도 아니고12) 예수는 예수의 따르는 자들이 경배하는 신적인 존재다. 민족들에게 나아가 예수가 참된 왕인 하나님의 아들이라고 선포하는 것은 황제가 신이라는 주장을 반박하는 것이며 폭로하는 것이다. 예수가 자신을 따르는 자들에게 실천하도록 요구하는 평화 만들기는 로마의 평화가 지니는 허구를 반박하고 폭로한다. 이와 같이 예수를 경배하는 것은 평화 만들기와 선

교에 불을 붙인다. 평화 만들기와 선교를 위한 열정이 시들해질 때, 우리는 다시 예수의 발아래 엎드리고 이 경배를 통해 재충전하고 사명을 감당하고 화해를 이루는 사람들이 될 수 있는 힘을 얻는다.[13]

마가복음

『평화의 언약』의 마가복음에 대한 장에서 나는 구약의 메시아 희망을 좌초시키고 예수를 평화를 성취하는 메시아로 묘사하는 마가의 독특한 이야기 기술을 발전시켰다. 예수는 길을 가는 도중en tē hodō 8:27 제자들에게 예루살렘뿐만 아니라 하나님나라에 이르는 평화의 길을 설명하며 가르친다. 예수는 따르는 자들에게 서로 화평하라고 요구한다.9:50 이는 그 나라에서 누가 최고 자리를 차지할 것인지 서로 다투는 것과 대조를 이룬다.9:33~34, 10:35~37 [14]

마가의 선교에 대한 강조들은 예수가 성전을 정화할 때 한 말 "내 집은 만민이 기도하는 집이라 칭함을 받으리라"고 한 것에서도 독특하게 발전하고 있다.11:17; 복음서 가운데 마가복음에서만 마지막 세 단어가 예수가 인용한 사56:7에 나온다 비슷한 구절이 13장 10절에 나온다. "또 복음이 먼저 만국에 전파되어야 할 것이니라." 그리고 다시 "좋은 일"을 행한 여인에 대해서 기념할 만하게도 다음과 같이 나온다. "내가 진실로 너희에게 이르노니 온 천하에 어디서든지 복음이 전파되는 곳에는 이 여자가 행한 일도 말하여 그를 기억하리라 하시니라."14:9

마가는 여러 곳에서 분명하게 "외부인"을 포함시킨다.5:1~20, 7:24~30 그러나 복음서 이야기에서는 "만국을 위한 복음"을 더욱 미묘하게 강조한다. 복음서의 중대한 지점에서 베드로는 예수를 메시아로 고백한다.8:27~30 이곳이 메시아를 드러내는 순간이다. 처음으로 예수를 따르는 자들이 이 진리를 파악한다. 무리를 먹이는 사건에 이어서 메시아를 드러내는 일이 일어난다. 이 먹이는 사건은 메시아를 드러내는 표징으로 의도했으며, 먹이는 사건의 목적을 이와 같이 이룬다.[15]

예수는 예루살렘이 아니라 이스라엘과 만국의 경계인 갈릴리 북쪽에서 메시아에 대한 고백을 이끌어낸다. 마가의 중심적인 강조점을 드러내기 때문에 장소가 중요하다. 바다의 양측유대인과 이방인에서 이중으로 떡을 먹인 것이 이미 의미하듯이 예수는 모든 사람들을 위한 메시아다. 우리는 그리스도가 없으면 선교도 없다고 들었다. 그러나 마가의 핵심은 훨씬 더 놀랍다. 예수를 메시아라고 고백하기 전, 이방인을 하나님의 만나 곧 축복을 받는 자로 포함함으로써 마가복음은 선교가 없으면 그리스도가 없다고 말한다.

인자가 고난을 당하고 죽어야 한다는 하나님의 계시와 예수의 가르침의 장소는 대중적인 유대인의 메시아 이해와 충돌한다. 군사적 정복자에 대한 희망을 근본적으로 바꿔야 한다. 고난당하는 메시아는 많은모두는 아니지만 유대인이 메시아에 대해 기대하는 것과 달라 예수가 사역하는 동안 자신의 정체성을 비밀로 가렸다. 유대 지도자들이 거부한 것을 이방인들은 받아들였다는 것을 더 심도 있게 보여줌으로써 마가는 이 점을 강화한다. 복음서가 15장 38절과 39절에서 제시하는 이중적인 절정이 이 점을 주장한다. 예수가 자신의 마지막 숨을 쉰 직후 성전의 휘장이 둘로 찢어졌다. 그리고 이방인 백부장은 예수를 하나님의 아들로 인정했다.

38절은 성전 운명에 대한 마가의 마지막 말이다. 무엇을 의미하는가? 휘장은 성소와 지성소 사이에 있는 휘장인가? 아니면 성전 입구에 있는 휘장인가? 주석가는 이에 대해 의견이 다양하지만, 최종 결과는 똑같다. 마가는 하나님의 현존에 계층별로 접근하도록 통제한 구분을 제거했다고 말한다. 성전 기능이 종결됐다. 이제 이방인을 포함해서 모든 사람들이 예수를 인정하고 하나님을 경배하도록 초대한다. 예수는 세상과 만국을 위한 메시아다.

13장에서 복음이 "만국에"[13:10] 전파될 때에야 성전이 종결된다. 그러나 여기 15장 38절에서 성전의 기능 종결은 예수의 죽음에서 그리고 죽음을 통해 선언한다. 어떻게 이 두 점이 모두 사실인가? 마가는 조심스럽게 성전을 가리키는 다른 두 단어를 사용한다. 11~13장에서 마가는 '히에론' hieron을 사용한다. 이는 물리적 구조 즉 건물을 지칭한다. 14~15장에서는 '나오스' naos를 사용한다. 이는 하나님과 인간이 만나는 곳 성소를 지칭한다.[14:58, 15:29,38, 11~13장에서 배경을 언급하는 14:49를 제외하고] 이때 예수의 죽음은 옛 성소인 '나오스'의 종결이다. 그러나 건물인 '히에론'은 복음이 만국에 계속해서 전파되는 동안 마가 당시 지속됐다.[13:10]

그러나 성소인 '나오스'는 파괴되고 다시는 일어나지 못하는가? 14장 58절과 15장 29절은 어떤가? "다른 성전을 사흘 동안에 지으리라." 요한복음 2:20에서 "일으키겠느냐."[강조는 추가함] 마가복음에 따르면 "사흘 동안에" 그밖의 무슨 일이 일어나겠는가? 당신은 기억하는가? 당신은 이해하는가? 수난 예고는 또한 부활 예고다. "사흘 만에 내가 다시 일어나리라." "사흘 만에" 일어날 사건을 연결시킴으로써 마가는 미묘하지만 강력하게 부활한 예수가 다시 지은 성전이라고 선언한다. 그러나 어디에 위치하는가?[16]

"그러나 내가 살아난 후에 너희보다 먼저 갈릴리로 가리라."[14:28] 그리고 이제 마가복음의 두 번째 마지막 절에서[17] "가서 그의 제자들과 베드로에게 이르기를 예수께서 너희보다 먼저 갈릴리로 가시나니 전에 너희에게 말씀하신 대로 너희가 거기서 뵈오리라 하라 하는지라."[16:7] 갈릴리의 의미는 무엇인가? 마태복음 4장 15절은 이사야 9장 1절을 인용함으로써 갈릴리를 만국에 연결시킨다. 그리고 마가도 똑같은 것을 추론한다. 이는 손으로 짓지 않는 성전이 만국의 경배를 환영할 것이라는 것을 가리키는 실마리를 제공한다.[18]

마가복음에서 갈릴리는 세상의 만국에 대해 팔레스타인이 문을 여는 것을 나타낸다.[19] 마가가 암시하는 대로 마태복음은 세계선교에 대한 소명을 공개적으로 선포한다.[28:16~20]

마가는 복음서의 주요 주제를 예수의 선교에 대한 소명과 서로 연결시키는 데 독특하게 공헌한다.

1. 예수는 유대인뿐만 아니라 이방인을 메시아의 떡으로 먹일 때만 나라의 메시아로 고백되어진다. 오직 이때 비밀은 드러난다. 민족주의적인 소망으로 보호되던 진리와 함께 비밀은 열리고 하나님나라로 이어지는 십자가의 길 즉 만국을 위한 하나의 길이 닻을 내린다.

2. 사흘 만에 성전을 다시 지을 것이며[14:58], 십자가에 못 박힌 메시아가 다시 일으켜질 것이라는 사실은 중요하다. 나아가 부활한 예수는 갈릴리에서 제자들을 만날 것이다. 그러므로 갈릴리에 온 자들을 만날 예수, 즉 '나오스' 성전을 통해서 경배[20]가 있을 것이다. 갈릴리는 만국에 열린 문이다. 이에 의해 마가는 만국을 제자 삼으라는 요청을 알린다. 새로운 성전 공동체가 예수를 메시아로 인정하는 만국 가운데 건설될 것이다.

3. 예수는 메시아로서 십자가에서 죽었으며, 많은 유대인의 정치적 희망을 실망시키고 오직 달콤한 예수만을 원하는 지금이나 당시의 제자들의 마음을 상하게 했다. 정치적 범죄자의 죽음을 통해 이방인 병사는 예수가 고난과 죽음까지 순종하는 것에서 예수가 진정으로 하나님의 아들임을 인정한다.[15:39][21] 얼마나 수치스러운 일인가? 하나님이 십자가에서 드러난다. 이것은 유대인과 이방인이 나라에 들어갈 통로인 복음에 대한 모욕이다. 하지만 이것이 선교의 도덕적 원동력이다. 십자가 역시 우리가 경배하는 예수 그리스도 안에서 하

나님의 지혜다. "하나님의 아들"이라는 신성을 주장하는 황제는 경배를 요구했다. 이 최고의 고백이 예수를 최고로 여기도록 독자들을 초대한다.

오라…옛 것에 대해 죽으라
예배하라…새 것을 통해
선포하라…만국에!

누가―행전

『평화의 언약』 4장과 5장에서 나는 누가가 평화eirene에 대해 민감하게 관심을 가지고 발전시킨 것을 상세하게 설명했다. 평화가 누가복음에서 14번 그리고 사도행전에서 7번 나온다. 이렇게 많이 구별되게 사용하는 것대부분은 마가복음과 마태복음에서는 발견되지 않는다은 분명하게 의도적이다. 그래서 누가는 평화 신학을 제시한다. 나는 여기서 『평화의 언약』 내용을 반복하지 않겠지만 선교를 강조하는 개요와 함께 수정한 요약만 인용하겠다. 위의 8장도 누가가 사명을 강조한 것을 설명한다.

누가가 평화를 제시하는 것은 우리가 세상 권력과 세상의 평화 수사학과 관련해 복음을 이해하는 새로운 범주를 찾도록 도전한다. 강력한 해방론자와 변화 강조가 두 책에 스며들었다. 누가의 평화 성명서는 복음 자체의 의제에서부터 그리고 복음이 다양한 민족들과 만나는 것에서 일관되게 나온다. 복음과 정치의 지배적인 어떤 모델도 누가―행전의 실재와 일치하지 않는다. 그러므로 팔레스타인과 로마 세계에 예수의 복음의 "퍼지는 불꽃"[22]을 제시할 때, 우리는 누가의 이야기의 실재를 이해하도록 개념의 전환이 필요하다. "참된 의/정의와 평화를 참신하게 메시아적으로 확립하는 것"과 동일시할 수 있는가? 아마도 누가는 참된 의와 평화^{사11; 곳곳에}에 대한 유대 메시아적 희망과 평화의 천년왕국 시대를 위한 그리스-로마의 가득한 희망을 성취하는 것으로 예수를 제시하려고 의도하는 것 같다. 이 희망은 베르길리우스Virgil의 『제4목가』*Fourth Eclogue*가 기대하는 대로, 왕의 아들의 기적적인 탄생으로 시작될 것이다.[23]

이제 예수 그리스도 안에서 오는 것으로 공표된 이 다가오는 시대에, 샬롬이 성령의 새로운 '라오스' 공동체에서 표현된다. 그리고 이 공동체 안에서 가치의 근본적인 전환이 이루어져 공동체는 예수의 이름으로 담대하게 증거하게 된다. 공동체는 복음을 세상 끝까지 선포하며, 정치 당국^{유대인이나 로마}이 위협하지 못한다. 폭력을 통해서가 아니라 평화의 나라 복음을 담대하게 공적으로 선포함으로 세상을 뒤집으려 한다고 비난을 받는다.^{유대 적대자들의 선동에 의한 데살로니가의 불량한 사람들에게서, 행17:6b} 이 방식의 공동체는 또한 모든 면에서 서로 돌본다.

복음이 세상에 퍼지는 것을 설명하는 누가 이야기는 또한 당시의 마술^{8:9~24}의 시몬, 13:6~12의 엘루마[바예수], 16:16~18의 점치는 귀신들린 여종과 우상숭배에서의 귀신^{17:16~31의 아덴, 19:23~41의 에베소}과도 만난다. 이런 사건은 평화의 복음이 마술과 우상 숭배의 관습과 다수의 신들과 여신들이 있는 철학적 세계관에 의존하는 경제 제도에 도전하는 것으로 묘사한다. 19장에서 데메드리오의 우상 사업을 훼손시킨 것이 바울 설교에서도 분명하게 드러나듯이, 이런 관습과 세계관은 정치구조와 연결된다. 바울과 실라가 빌립보 감옥에 투옥된 것과 에베소에서의 군중 소동은 유대인이 반대를 선동한 것과는 관계가 없다. 오히려 예수 그리스도의 주권 아래 새로운 삶의 질서를 요청하기 때문에 이 복음 선포는 팍스 로마나의 질서 가운데 있는 로마의 지역 시민을 위협한다. 경제적으로, 문화적으로, 정치적으로 복음은 나무나 진흙으로 신 형상을 만드는 것을 "멈추고" 십자가에 못 박히고 부활한 예수 그리스도를 하나님 자신의 계시로 받아들이며, 심판의 날이 다가온다는 진리를 인정하는 것을 의미한다.

이 복음의 평화는 혁명적이다. 한 세계를 끝내고 다른 세계를 시작한다. 더 이상 민족적 정체성이 경쟁으로 이끌지 않는다.

더 이상 경제적 생활이 마술과 우상에 의존하지 않는다.

더 이상 공동체는 가이사를 주로 인정하지 않는다.

거룩한 자로 인정받은 예수가 구세주이며 주님인 곳에서, 성령이 옛 바벨을 오순절의 다민족 우정으로 바꾸는 곳에서 그리고 새로운 나라─평화─복음이 모든 것을 뒤집는 곳에서 새로운 세계가 시작한다. 곧 내적·외적 갈등을 극복하고 폭력적인 사울을 복음의 평화의 일꾼으로 바꾸며, 고넬료를 공동체에 받아들이며, 이전에는 서로 적대적인 사람들을 주의 만찬의 식탁에 앉힌다.[24]

누가는 복음서에서 세 번만 경배를 언급한다. 첫 두 번은 유혹 이야기에 나온다.[4:4~8; 마4:9~10과 병행] 단 한번만 예수에 대한 경배가 예수가 사명을 부여한 직후 마지막 절들에 나온다.[24:48~49] 이 두 강조점이 있는 본문은 다음과 같다.

이에 그들의 마음을 열어 성서를 깨닫게 하시고 또 이르시되 이같이 그리스도가 고난을 받고 제 삼일에 죽은 자 가운데서 살아날 것과 또 그의 이름으로 죄 사함을 받게 하는 회개가 예루살렘에서 시작하여 모든 족속에게 전파될 것이 기록되었으니 너희는 이 모든 일의 증인이라 볼지어다 내가 내 아버지께서 약속하신 것을 너희에게 보내리니 너희는 위로부터 능력으로 입혀질 때까지 이 성에 머물라 하시니라

예수께서 그들을 데리고 베다니 앞까지 나가사 손을 들어 그들에게 축복하

시더니 축복하실 때에 그들을 떠나 [하늘로 올려지시니] 그들이 [그에게 경배하고] 큰 기쁨으로 예루살렘에 돌아가 늘 성전에서 하나님을 찬송하니라 눅 24:45~53, 강조는 추가함

오직 여기서만 누가는 제자들이 예수를 경배하는 것24:52을 묘사하려고 '프로스키네오'proskyneo를 사용한다. 여기서 하늘에 올려진 절정에 달한 예수를 묘사한다. 승천이 암시되는 이 장면에서행1:9~11을 보라 누가는 예수의 경배와 예수의 하나님의 오른편으로 승천과 연결시키는 것 같다. 똑같은 요점이 사도행전에 베드로가 오순절 설교하는 절정에서 다시 나온다. "그런즉 이스라엘 온 집은 확실히 알지니 너희가 십자가에 못 박은 이 예수를 하나님이 주와 그리스도가 되게 하셨느니라 하니라."2:36

두 가지 다른 특징이 누가가 예수의 경배를 강조하는 것을 보충한다. 누가복음은 경배에 속하는 단어를 반복적으로 사용하는 어조를 띤다.

- "칭찬"aineo: 4번2:13,20, 19:37, 24:53.
- "영광을 돌린다"doxazo: 9번. 2:20, 4:15, 5:25,26, 7:16, 13:13, 17:15, 18:43, 23:47
- 명사 영광doxa는 10번 나온다.2:9,14,32, 9:31,32, 12:27, 14:10, 17:18, 19:38, 24:46
- "축복"eulogeo: 13번.1:28,42,64, 2:28,34, 6:28, 9:16, 13:35, 19:38, 24:30,50,51,53

하나님은 찬양, 영광, 경배를 받지만, 예수, 예수의 출생, 권능의 행동, 가르침은 찬양, 영광, 축복, 경배를 자극한다.

둘째, 누가가 예수에 대한 많은 명칭메시아—그리스도, 인자, 하나님의 아들, 심지어 구세주 여러 번을 사용하지만, 가장 독특한 칭호는 하나님33번에 대해 그리고 예수누가복음에 42번 그리고 사도행전에 50번에 대해 사용한 주님이다. 이는 누가가 예수의 높아진 위치, 경배할만한 가치가 있는 자로 얼마나 충분히 보는지

를 말한다. 주님Lord은 히브리 성서에 오랜 역사를 가진다. 70인경헬라어의 '큐리오스'를 번역한 것이며, 이는 거룩한 네 글자 이름을 가리킨다. 출애굽기 3장 13~17절로 거슬러 올라간다. 많은 것을 말할 수 있겠지만,[25] 상황은 분명하다. 즉 주님으로서의 예수는 우리 경배를 환영한다. 이와 같이 우리는 예수의 이름으로 사도의 사역을 계속한다.행 3~4을 보라 선교와 평화 실천은 하나님의 소명에 본질적으로 것으로 따라온다.

요한복음

요한복음에서 평화와 선교 주제를 나의 책『평화의 언약』11장에서 논의했다.[26] 여기서는 반복할 필요가 없다. 평화/평화실천 그리고 선교는 예수와 사마리아 여인 이야기동사 '프로스키네오'는 9번 나온다. 요 4:20,22,23,24에서 각각 두 번 그리고 21절에 한 번 나오다. 그리고 명사는 23절에 한 번 나온다 그리고 나의 연구에 핵심 본문인 요한복음 20장 19~23절, 28절에서 예배와 연결된다.

예수가 요한복음 4장에서 사마리아 여인을 만난 것은 예수의 첫 제자와 오늘날 우리에게 평화실천, 선교 그리고 예배를 위한 모범적인 이야기다. 20장 19~31절에서 평화, 선교 그리고 예배는 도마의 고백, "나의 주님이시요 나의 하나님이시니이다"와 어우러져 있다. 이 고백은 의심을 극복하고 예수와의 만남에서 절정에 다다른다.

나의 글에서는 다루지 않았지만 복음서의 중간에 다른 요점이 다시 대두한다. 이 요점에 대해, 복음서의 중심 내용인 "내 때가 아직 이르지 아니하였나이다"12:4에서처럼는 "내 때가 이제 이르렀다"참고, 12:23로 변한다. 헬라인들이 예루살렘에 경배하러 온다.12:20 그리고 빌립에게 "선생이여, 우리가 예수를 뵈옵고자 하나이다"라고 말한다.12:21 예수에게 보고된 이 질문은 알람시계처럼 예수가 영광을 받을 시간을 울린다. 마가복음에서처럼 여기서는 헬라인으로 대표되는 이방인들이 메시아의 축복을 받을 때만, 예수의 삶의 목적이 충분하게 드러나고, 상대적으로 빠르게 요한복음에서 말하는 십자가에 달리는 것과 아들로뿐만 아니라 하나님으로 높여지는 영광을 향해 나아간다. 즉 요한복음 1장 1,18절[27] 그리고 20장 28절은 복음서의 기독론적 인클루지오를 이룬다.

요한이 영광을 받는 것을 "올려지는 것"의 견해로 강조하는 것은 우리에게 선교와 평화실천이 모두 하나님을 참되게 예배하는 것을 위한 것이라는 사실을 상기시킨다. 요한복음 4장의 화해 사건의 교차대구적 구조는 24절 "영과 진리로 예배할지니라"를 교차의 중앙에 둔다. 하나님의 마음에서 보내어 예수가 "원수"의 땅으로 반드시[dei] 갈 수 있게 된 것은 사마리아 여인이 주변 사마리아 사람들에게 예수는 생수를 주는 메시아라고 증거 한 것에서 절정을 이룬다. 이때 마을 사람들은 예수가 세상의 구세주라고 고백한다. 이는 참으로 예배하며 하나님을 영광스럽게 하는 문을 연다. 이 예배에서는 예루살렘도 그리심도 규정하지 않는다. 이 이야기는 선교, 평화 만들기, 경배로 가득하다. 즉 하나님의 성탄절 선물은 예수 안에서 온다. 예수, 생명의 말씀, 빛은 예배 전쟁을 끝낸다. 그리고 "영과 진리로"를 참된 경배를 위한 수단과 범주로 삼는다.

또한 요한복음 20장 19~28절은 심란한 제자들에게 주는 예수의 선물로 평화, 선교 그리고 경배를 함께 묶는다. "너희에게 평강이 있을지어다"라는 인사[19,21,26절] 끝에는 제자들의 정신적 압박을 풀어주고 소망을 새롭게 하며 미래를 열어준다. 예수는 다음과 같이 제자들에게 위임한다. "아버지께서 나를 보내신 것 같이 나도 너희를 보내노라." 다음으로 예수는 제자들에게 숨을 내쉬며 말한다. "성령을 받으라. 너희가 누구의 죄든지 사하면 사하여질 것이요, 누구의 죄든지 그대로 두면 그대로 있으리라." 도마는 이 만남을 놓쳤다. 일주일 후 도마도 "너희에게 평강이 있을지어다"라는 인사를 듣는다. 그리고 도마의 의심과 절망을 특별한 방법으로 해결한다. 즉 예수의 손에 못 자국과 옆구리에 창 자국을 만진다. 그의 반응은? "나의 주님이시요, 나의 하나님이시니이다"라는 복음서에서 예배의 절정이 막달라 마리아가 "내가 주를 보았다"[20:18]라고 제자들에게 알리는 것과 연결되고 확장된다.

요한복음에서 예수를 예배하는 다른 핵심 본문은 9장 38절이다. 소경으로 태어난 사람이 자신을 고친 예수가 정말로 "인자"였다는 것을 인식하게 될 때, 예수의 발아래 엎드려 예수를 예배한다. 요한복음의 특징이 되는 상징적 신학에서 빛을 보는 것과 예수를 예배하는 것이 같은 의미로 이어진다는 것을 놓칠 수 없다.

바울

바울은 다른 맥락에서 "평화"라는 단어를 44번 사용한다. 그리고 최소한 네 차원, 즉 하나님과의 관계적 평화, 동료 인간과의 관계적 평화, 내적 평화 그리고 로마의 평화와는 대조되는 공동의 사회정치적 평화를 가리키려고 사용한다. 가장 중요한 용법은 바울이 만든 "평화의 하나님"이라는 칭호다. 이 칭호를 바울은 7번 사용한다.위의 3장 도표를 보라 이 칭호는 "사랑의 하나님""평화의 하나님"과 함께 고후 13:11에서만 사용한다 또는 "진리의 하나님"과 같은 비슷한 묘사와도 구분된다. 평화는 바울 서신 곳곳에 스며들고 분명하게 전체로서의 바울 신학을 위한 열쇠다. 이는 신약 신학과 윤리학에서 학문적 연구에서 소홀히 여겨졌던 점이다.

선교 역시 바울 서신의 핵심에 있다. 바울의 "회심" 소명은 이방인의 사도가 되기 위한 것이다. 바울은 예수를 메시아로 여기는 그의 모든 삶을 유대인과 이방인 모두에게서 그리스도를 위하는 사람들을 찾으려고 보낸다. 그는 예루살렘에 보내는 구제 선물을 가져감으로써 예수 그리스도 안에서 이방인과 유대인 신자들의 공동체롬15:25~27간의 물질 원조를 보여주고 결국 그 일로 자신의 생명을 내어주게 된다. 즉 한 교회, 한 믿음 그리고 한 주님을 입증하는 일로 그의 생애를 마감한다.

이렇게 평화실천과 선교를 강력하게 강조하면서, 바울은 또한 예수 그리스도 예배를 격려한다. 두 유명한 학자, 리처드 보캄Richard Bauckham과 래리 우르타도는 가장 이른 시기의 신약 자료에서 예수가 하나님의 정체성을 공유하는 것으로 보며세인트 루이스의 보캄, 가장 초기의 그리스도인들이 예수를 예배했다는 것에딘버러의 우르타도을 보이려고, 지난 십여 년간 많은 일을 했다. 바울의 공헌을 평가하려고 나는 보캄의 연구에서 많은 것을 취할 것이다.28) 보캄의 접근은 이스라엘의 한 하나님 특징을 확인하며 두 특징 즉 창조주와 통치자를 묘사한다. 지극히 높으신 하나님의 구약에서의 활동은 이 두 범주 즉 창조와 통치에 들어간다. 이는 구속, 언약 맺기, 토라 수여, 명령 그리고 약속을 포함한다.

나는 다음과 같은 핵심 질문을 던짐으로써 이 강조점을 소개한다. "누구든지 주의 이름을 부르는 자는 구원을 받으리라"는 무엇을 의미하는가? 로마서 10장 13절은 이 구절을 구약욜2:32에서 인용한다. 베드로도 예수의 죽음과 부활에 대해 자세히 설명하는 것과 함께 이 본문을 사도행전 2장 21절에서 인용한다. 우리가 위의 누가복음에서도 보았듯이, 이 설교는 "그런즉 이스라엘 온 집은 확실히 알지니 너희가 십자가에 못 박은 이 예수를 하나님이 주와 그리스도가 되게 하셨느니라 하니라"2:36에서 절정에 이른다. 하나님은 주님이고, 예수도 주님이다. 그리고 "주는 영이시니."고후3:17보캄의 제대로 주장한 논제는 이것이다. "'성부, 성자, 성령'은 복음서가 말한 예수의 이야기에서 계시된 하나님의 새롭게 드러난 정체성을 **명명한다.**"강조는 추가함 29)

부활 후 예수에 대해 가장 이른 고찰은 "고등 기독론""어떻게 예수가 하나님이 됐는가?"에 대해 당황한 자들에 대한 반대 의견을 제시하고 주장한다. 이것은 일관된 묘사이다. 현명하게 선택한 보캄의 접근은 기능과 존재론^{현대 서구의 도입} 면에서가 아니라 정체적 면에서 생각하는 것이다. 이것은 구약의 하나님/주님^{YHWH}의 정체성 특징이 또한 신약의 예수의 정체성 특징이 된다는 것을 의미한다. 이스라엘의 성서와 신약에서의 하나님의 정체성과 일치하는 용어로 예수의 정체성을 묘사한다.

다섯 가지 보완적인 강조점을 통해 나는 이 고등 기독론은 온전히 일신론적이라는 보캄과 우르타도의 주장의 핵심 요점을 제시한다. 그리고 2번과 3번은 필자인 나의 표현으로 제시한다. 예수에 대한 주장은 예수를 경쟁이나 독립적인 "하나님"의 입장으로 보지 않는다. 오히려 다음과 같다.

1. 하나님은 창조주이며, 예수는 창조 행위자이다. 신약의 여섯 본문은 예수를 이렇게 묘사한다. 요한복음 1장 1~5절, 골로새서 1장 15~17절, 고린도전서 8장 6절, 히브리서 1장 2~3절, 요한계시록 3장 14절.^{여기서 예수 그리스도는 창조의 기원이다} 골로새서 본문은 인용할 가치가 있다.^{나는 18~20절이 선교와 평화를 말하기 때문에 포함시켰다}

> 그는 보이지 아니하는 하나님의 형상이시요 모든 피조물보다 먼저 나신 이시니 만물이 그에게서 창조되되 하늘과 땅에서 보이는 것들과 보이지 않는 것들과 혹은 왕권들이나 주권들이나 통치자들이나 권세들이나 만물이 다 그로 말미암고 그를 위하여 창조되었고 또한 그가 만물보다 먼저 계시고 만물이 그 안에 함께 섰느니라 그는 몸인 교회의 머리시라 그가 근본이시요 죽은 자들 가운데서 먼저 나신 이시니 이는 친히 만물의 으뜸이 되려 하심이요 아버지께서는 모든 충만으로 예수 안에 거하게 하시고 그의 십자가의 피로 화평을 이루사 만물 곧 땅에 있는 것들이나 하늘에 있는 것들이 그로 말미암아 자기와 화목하게 되기를 기뻐하심이라

이 본문이 분명하게 예수를 예배하는 것을 언급하지는 않지만, 하나님이 한 일과 일치하는 예수의 정체성의 특징들을 제시한다. 예수는 하나님의 창조 일에 참여한다.[30] 예수는 이 본문에서 창조와 구원에서 하나님과 하나다. 그리고 이것 때문에 예배할 가치가 있다.

고린도전서 8장 6절은 창조주 하나님과 창조주 예수 사이의 신중하게 진술된 병행구조를 보여주기 때문에 특별히 충격적이다.

> 그러나 우리에게는 한 하나님 곧 아버지가 계시니
> 만물이 그에게서 났고 우리도 그를 위하여 있고
> 또한 한 주 예수 그리스도께서 계시니
> 만물이 그로 말미암고 우리도 그로 말미암아 있느니라

바울은 우상에게 바친 고기를 먹고 이교의 사원 축제에 참여하는 고린도 교회 신자의 상황에 대해 대답한다. 바울의 대답은 로마서 11장 36절 "만물이 주에게서 나오고 주로 말미암고 주에게로 돌아감이라"의 형태와 합친 그리스도로 채운 쉐마다. 이 절은 잘 알려진 쉐마를 반복한다. "이스라엘아 들으라 우리 하나님 여호와는 오직 유일한 여호와이시니."신6:4

보캄은 바울이 성부 하나님과 주 예수 그리스도가 하나라는 것을 긍정하도록 하기 위한 방식으로 여기 단어들을 배열했다고 주장한다. 또한 보캄은 바울이 세상이 창조되기 전 처음부터 한 하나님 여호와와 예수 그리스도가 동일한 것으로 깊이 이해한 것에서 그리스도를 말씀 또는 지혜라고 암묵적으로 언급한 것을 지적한다.[31] 바울이 예수처럼 최소한 하루에 두 번 쉐마를 반복한 충실한 유대인이라는 것을 기억하라.

쉐마의 일신론과 한 하나님의 정체성에 포함된 예수 그리스도의 정체성이 서로 연결된 것은 신약의 관점을 보여준다. 예수는 하나님과 하나며, 하

나님-예수는 하나다. 예수의 신적 정체성은 강력한 일신론과는 어쨌든 조화를 이루지 못한다. 예수를 창조주로서 하나님의 정체성에 포함시키는 것은 예수를 하나님의 우주적 주권에 포함시킨다는 것을 의미한다. 나아가 우리는 이렇게 예수 그리스도를 창조주의 신적 정체성에 포함시키는 것은 암묵적으로 예수의 선재先在를 확언하는 것이다. 이는 요한복음 1장 1~4절에 분명하게 드러난 요점이다.

2. 하나님이 구원하고 예수가 구원한다. 이는 나의 핵심 질문에 답한다. "누구든지 주의 이름을 부르는 자는 구원을 받으리라"는 무엇을 의미하는가? "구원받기 위해 주의 이름을 부르는 것"은 하나님이 구원하고 예수가 구원한다고 간단하게 표현할 수 있다. "주님"을 특별히 모세에게 계시한 하나님을 가리키는 데 사용한다.출3:13~15, 6:2b 여호와와 예수의 정체성[32]에서 "주님"은 구세주, 구속자, 구원자 그리고 악으로부터의 보호자다. 또한 "치료자"도 이 구원하는 행위를 묘사한다.

구약 전체에서 하나님을 묘사할 때, 주로 이스라엘을 구원하는 하나님의 행위를 다룬다. 이것이 구원사의 핵심이다. 예수는 악의 세력에서 우리를 구원한다. 예수는 귀신을 쫓아낸다. 예수는 불쌍히 여김과 용서신적 정체성의 표시를 통해 우리 죄에서 구원한다. 그리고 하나님과의 바른 관계로 우리를 회복한다. 바울의 사명은 구원의 이 복음을 전 세계에 선포하는 것이다.롬1:15~17

마찬가지로 요한복음 5, 7, 8장의 담화에서 예수의 일을 하나님의 일로 묘사한다. 요한복음 17장의 예수의 기도도 예수와 하나님의 분리할 수 없는 정체성을 보여준다. 사랑으로 서로 의존하며 상호적인 성격을 지니는 것이 요한복음에서 성부와 성자 하나님의 특징이다. 나아가 이 관계는 "상호 거주"의 관계다. 즉 성부는 성자에게 그리고 성자는 성부에게 거주한다. 예수는 신자들도 이런 상호 신적인 거주로 부른다. 그래서 예수와 아버지가 하나인 것처럼 신자들도 하나가 되도록 하기 위해서다.[17:21,23] 신적인 사랑은 세상의 생명을 위해 십자가에서 자신을 내어준 성자와 성부에게서 흘러나온다.[6:51]

3. 평화의 하나님이며, 예수 그리스도는 우리의 평화다. 내게 배우는 한 학생이 나의 책 『평화의 언약』 연구에서 다음과 같은 점에 주목했다. 바울은 하나님을 "평화의 하나님"으로 7번 확인하고 예수 그리스도를 우리의 평화[엡 2:14~18에 여러 번 그리고 다른 곳에 간접적으로]로 확인하는 데 기여했다. 이렇게 바울이 기여한 것은 예수를 하나님의 정체성에 포함시키는 묘사에 대해 또 다른 중요한 역할을 했다는 점에 주목했다.[각주 31번을 보라] 사도행전 10장 36절은 예수의 일을 "화평의 복음을 전하"는 것으로 요약한다. 이 구절은 이사야 52장 7절[참고, 나 1:15]에서 왔다. "화평"의 복된 소식을 전하는 "자의 산을 넘는 발이 어찌 그리 아름다운가."[사52:7에 대해 위의 9장을 보라] 예수의 일곱 번째 복인 "화평하게 하는 자는 복이 있나니 그들이 하나님의 아들이라 일컬음을 받을 것임이요"는 정체성에서 하나님과 예수를 똑같이 연결한다. 이는 마태복음 5장 45절에서 다시 확증된다. 5장 45절에서 원수를 사랑하라는 예수의 명령에 순종하는 자들은 하나님의 자녀로서의 자신들의 정체성을 보인다고 했다.

4. 굴욕과 높임은 하나님/여호와와 예수의 구원하는 수단을 특징짓는다. 보캄은 빌립보서 2장 6~11절과 이사야 52장 13~53절, 45장 22~23절 본문을 나란히 놓는다. 바울 본문과 이사야 본문[주의 종은 자신을 비운다]에서 굴욕과 높임 두 단계를 주목하라.[33)]

요한복음에서 지적하듯이, 이 두 단계는 "올리다"의 이중 의미에서 융합된다. 즉 예수가 십자가에서의 고난과 세상의 생명을 위해 자신의 생명을 주는 것을 통해 영광 받는 것이 융합된다. 예수의 정체성이 영광 받는/높여지는 측면은 요한복음에서 "나는~이다"를 자주 사용하는 것을 통해 하나님이 이사야 40~55장에서 다음과 같이 자기 주장하는 것과 나란히 연결되는 것으로 여긴다. 즉 "나는 하나님/주님이다. 그러므로 다른 이는 없다." "나는…이다."최소한 사 40~55장에서 7번 그리고 요한복음에서 9번

본문의 증거

빌 2:6~11	사 52~53, 45장
(예수 그리스도) 그는 근본 하나님의 본체시나 하나님과 동등됨을 취할 것으로 여기지 아니하시고 오히려 자기를 비워 종의 형체를 가지사 사람들과 같이 되셨고	
사람의 모양으로 나타나사 자기를 낮추시고 죽기까지 복종하셨으니 곧 십자가에 죽으심이라	53:12 그가 자기 영혼을 버려… (52:14, 53:2 모양…풍채) (53:7 그가 곤욕을 당하여) 53:12 사망에 이르게 하며
이러므로 하나님이 그를 지극히 높여 모든 이름 위에 뛰어난 이름을 주사 하늘에 있는 자들과 땅에 있는 자들과 땅 아래에 있는 자들로 모든 무릎을 예수의 이름에 꿇게 하시고 모든 입으로 예수 그리스도를 주라 시인하여 하나님 아버지께 영광을 돌리게 하셨느니라	53:12 그러므로…52:13 내 종이 형통하리니 받들어 높이 들려서 지극히 존귀하게 되리라 45:22~23 땅의 모든 끝이여 내게로 돌이켜 구원을 받으라 나는 하나님이라 다른 이가 없느니라 내가 나를 두고 맹세하기를 내 입에서 공의로운 말이 나갔은즉 돌아오지 아니하나니 내게 모든 무릎이 꿇겠고 모든 혀가 맹세하리라 하였노라 [34]

요한계시록에서 비슷한 병행구가 두드러진다. 예언자의 시야가 굴욕과 즉위를 한 형상에 포착한다. 죽임 당한 "양"의 형상으로서의 "굴욕"사53:7/계5:6, "양"은 요한계시록에서 28번 예수를 가리킨다 그리고 보좌에 오른 "양"5:13 "알파와 오메가"를 하나님1:8과 예수2:13에게 나란히 사용하는 것도 놀랍다. 따라서,

5. 하나님과 예수는 경배할 가치가 있다. 보캄은 이 점을 언급하지만 발전시키지는 않는다. 여기서 예수에 대한 경배가 분명하게 드러나는 마태복음의 인클루지오를 떠올려라. 동방박사가 나오는 초반 장면 그리고 나중에 처음에는 여성[35] 그리고 다음으로 남성[28장] 제자들이 나온다. 마태복음, 누가복음, 요한복음 그리고 바울에 따르면, 초대 기독교인은 예수를 경배했다.[36] 요한계시록에서 하나님과 양 모두 보좌를 공유하며 경배 받는다. 게다가 예수에 대한 예배는 이른 시기에 시작했다. 이는 빌립보서 2장 6~11절에서의 바울 이전의 찬양과 보존된 아람어 '마라나타,' "우리 주님 오시옵소서"[고전16:22b; 참고, 계22:20]에서도 입증된다. 이 아람어는 이렇게 예수를 부르는 호칭, 기도의 외침이 아마도 팔레스타인의 아람어 사용 기독교인에서 유래했다는 것을 입증한다.

이와 같이 5중으로 예수의 정체성을 묘사한 것은 예수가 하나님의 정체성에 포함된 것을 보는 도구가 된다. 즉 "'성부, 성자, 성령'이 복음서가 말한 예수 그리스도의 이야기에 계시된 하나님에 대해 새롭게 드러낸 정체성을 가리킨다."[37]

우르타도의 접근은 "예수에 대한 헌신"을 강조하며, 예배의 대상자로서의 예수와 초기 그리스도인들이 헌신의 관습에 참여했다는 그의 핵심 요점을 강화하려고 기독론 명칭에 호소한다. 우르타도는 여섯 가지를 상세히 설명한다.

1) 초대 기독교 예배의 일부로 노래한 예수에 대한 찬양, 2) 예수를 "통한" 그리고 예수의 이름으로 하나님에게 하는 기도와 심지어 예수 자신에게 직접적으로 하는 기도, 특히 공동체의 예배 배경에서 예수를 부르는 행위, 3) 특히 기독교 침례와 치유와 귀신 쫓기에서 "예수의 이름을 부르는 것," 4) 모인 공동체의 "주님"으로서 부활한 예수가 관장하는 거룩한 식사로 행하

는 기독교 공동 식사, 5) 기독교 예배 맥락에서 예수를 "고백하는" 관습 그리고 6) 부활한 예수와 예수의 영으로 이해되는 예언의 성령의 말씀으로서의 기독교 예언.[38)

황제가 신이라고 주장하고 모든 시민과 노예에 대한 주권을 주장하는 상황에서 예수를 주님이라고 간주하는 정치적 결과에 대해 우르타도는 간략하게 언급하지만,[39) 이 갈등은 거의 모든 신약에 널리 스며있다. 이에 대해『평화의 언약』에서 필자는 마태복음, 마가복음, 누가행전, 바울, 목회서신서, 요한, 베드로전서, 요한계시록의 내용을 강조했다.[40)

이런 점에서 초대 교회의 선교, 평화실천과 예수에 대한 경배가 깊게 얽혀있다. 예수를 위해 사는 것은 가이사에게 절하는 것이 아니라 담대하게 당국 앞에서 증거하며, 지배를 받지만 반드시 순종하지는 않고, 우리의 희망을 제국이 아니라 예수의 주권이 드러날 하늘의 시민권에 두는 지혜와 힘을 찾는 것을 의미한다. 예수를 위해 죽는다는 것은 순교의 위험을 무릅쓰고 순교를 경험하고, 피터 데이빗[Peter David]이 표현하듯이 "황제에게 경배하려고 약간의 향"도 주기를 거부하는 것을 의미한다.[41)

윌리엄 R. 파머[William R. Farmer]는 정경이 된 책들은 고난 가운데 그리스도인들을 양육하고 힘을 줬기 때문에 정경이 됐다고 옳게 제안한다. 이 주제가 거의 모든 신약 책에 얼마나 두드러지는가가 놀랍다.[42) 파머는 대두하는 책들 목록과 여러 초기 "정경 유형"의 목록에 나오는 박해 사이의 상관관계를 주목하면서, 다음과 같이 결론 내린다. "초대 교회 그리스도인의 순교 현실과 기독교 저술을 신약 정경으로 선택하는 일이 서로 중대한 관계가 있다는 사실은 복잡한 역사적 질문에 대해 추측할 수 있을 만큼 매우 확실하다."[43) 요한계시록다음 장을 보라이 좋은 예다.

결론

"주의 이름을 부르는" 것은 무엇을 의미하는가? 주님, 곧 하나님, 그렇다. 그리고 예수 그리스도를 예배하는 것을 의미한다. 예수는 예언자—종, 메시아, 구세주, 인자, 하나님의 아들, 주님이기 때문이다. 포르투갈어 찬양인 "오, 주께 노래하라"는 이 점을 잘 지적한다. 네 연의 각각은 찬양의 한 측면을 말하고 각각은 세 번 반복한다. "오 주께 노래하라, 오 하나님께 새로운 노래로 노래하라, 오 주께 노래하라." 다음으로 "그의 거룩한 능력으로 주는 놀라운 일들을 행하셨다." 셋째, "그래서 주를 위해 춤을 추고 모든 나팔을 불라." 그리고 넷째, "오 우리에게 성령을 허락한 주께 소리쳐라." 다섯째 연은 "예수가 주님이기 때문이다. 아멘! 할렐루야!"라고 한다. 나는 최근에 기쁨으로 이 찬양을 불렀다. 이 노래는 예수를 주님으로 확증하기 때문이다. 우리는 예배에서 주님을 찬양한다. 하나님께 감사를!

그리스도인의 충성 서약

나는 예수 그리스도께

그리고 그리스도가 위하여 죽으신 하나님나라에 충성을 서약한다.

하나님나라는 곧 한 성령으로 인도함을 받는 세상 사람들이

평화, 선교, 하나님을 예배하는 것에 초대 받는다

영과 진리로,

나뉘지 않고

모두를 위한 사랑과 정의로

예수 그리스도에게 서약한다.*

---

* 이번 장의 강조를 더하려고 나는 넬슨 크레이빌과 준 알리만 요더, (The Mennonite, August 3, 2004,11)가 제안한 서약에 몇 줄을 추가했다.

11장

요한계시록으로 드리는 평화와 선교의 예배

순교자의 피는 교회의 씨앗이다.
– 터툴리안, 변증 50 –

요한계시록 1장 10절 "주의 날"에 받은 환상은 예배를 위한 풍부한 자료이다. 이 예배에서 많은 찬송들은 존경스런 심판의 환상을 절정으로 이끈다. 이 예배에서 그것들은 찬양의 "합창"이다. 요한계시록은 박해와 박해의 정치적 상황 속에서 쓰였다. "평화"라는 단어는 두 번 쓰였는데, 첫 번째는 입당송과 인사말이다.[1:4] 두 번째 사용은 6장 4절 묵시적 환상이 시작되는 곳인데 평화는 땅에서 얻는다. 공동체는 전능하신 하나님과 양을 예배하며 인내와 열정을 통해 믿음으로 견딘다. 이것은 교회의 제국의 신 숭배라는 우상숭배에 대한 믿음의 저항이다. 믿음의 공동체는 완전한 의미에 있어서의 샬롬을 현재로 경험하지 않는다. 그러나 계시록의 환상에 간간이 끼어 있는 예배의 위대한 찬양들은 하나님의 샬롬의 승리를 선언한다. 이 승리는 교회 선교의 완성이기도 한데 모든 부족과 나라에서 온 사람들이 악에 대한 승리를 보여주는 하나님과 양의 장엄한 찬양에 참여한다. 노래하는 성자들은 보좌에 앉으신 하나님과 양을 경배한다! "보좌"는 46번 사용되고, "양"은 28번 나타나는데 그것들은 계시록에서 예수의 정체성에 대한 가장 중요한 표시이다.[1]

아래의 예배 자료들은 계시록에서 직접 취한 것이다. 그것은 45분에서 한 시간 가량의 공연으로서 적절할 것이다. 그것은 예배의 복사본과 함께 요한의 역할을 수행하는 예배 인도자를 도울 여덟 사람을 필요로 한다. 그들은 해설자 한 사람과 천사의 목소리를 위한 두 사람^{남성과 여성}, 장로의 목소리 두 사람^{남성과 여성}, 예수의 목소리, 하나님의 목소리 그리고 단순히 목소리 혹은 큰 소리로 지정된 목소리이다. 가능하다면 트럼펫 주자가 드라마의 몇 곳의 결정적인 장면에서 연주할 수도 있다. 두 장로들과 두 천사들은 본문이 지시하는 곳에서 엎드려 경배한다. 회중들의 찬양을 인도할 사람을 선택하라.

요한은 이 예배 드라마 전체를 이끄는 인도자이다. 회중들은 앉아 있는 장소 혹은 선택된 역할에 따라 생물들, 장로들 혹은 천사들로 나눌 수 있다. 인도자인 요한은 손이나 손가락 수로 신호를 보낸다. 하나는 생물, 둘은 장로들, 셋은 천사들, 다섯^{손을 펼친}은 적절한 때에 그가 말하는 것을 "되풀이"할 때 사용한다. 예배 인도자인 요한이 펼친 손을 올리면 생물들, 장로들. 천사들 은 함께 화답한다. 반응의 형태는 따라하는 것이다. 인도자가 간단한 구절을 말하면 각각의 그룹들은 인도자를 따라 그것을 즉시 반복한다. 예배 인도자인 요한이 먼저 간단한 구절을 읽고 ^{각자는/ 멈춤을 의미} 각각의 그룹들은 왼쪽 여백의 숫자를 보고 그것을 즉시 반복한다. 인도자는 억양과 활력을 제공한다.

이 예배는 회중들과 함께 정규적으로 수행될 수 있고 동시에 교회력 안에서 주어진 사건들을 경축하도록 매년 열릴 수도 있다. 이 예배는 부활절이나 미국 신자들이 예수에 대한 충성을 엄숙하게 재확인하는 독립 기념^{주칠월 넷째 주}를 경축하기에 적합하다.

예배 의식

요한계시록의 구절들은 NRSV를 기본으로 경우에 따라 RSV, NIV, 혹은 필자의 번역을 따른다.번역에서는 한글 개역을 사용—역주

해설자: 예수 그리스도의 요한계시록은 곧 생겨날 하나님의 종들에게 보여주려고 요한에게 주신 것입니다. 하나님께서는 하나님의 세상을 증언하고 예수 그리스도와 그가 본 모든 것을 증거하려는 하나님의 종 요한에게 한 천사를 보내 알게 하셨습니다.

이 예언의 말씀들을 크게 읽는 자는 복이 있을 것입니다.1:1~3

요한 혹은 여덟의 합창: 행진곡풍으로[그들이 앞으로 나올 때 회중들의 찬양에 맞추어]

은총이 여러분에게, 이제도 계시고 전에도 계시고 장차 오실 하나님의 평화가 여러분에게,

"나는 알파와 오메가라," 주 하나님께서 말씀하십니다.

이제도 있고 전에도 있었고 장차 올 자요 전능한 자라!1:4b, 8

요한: 나 요한은 너희 형제요 예수의 환난과 나라와 참음에 동참하는 자라 하나님의 말씀과 예수의 증거를 인하여 밧모라 하는 섬에 있었더니 주의 날에 내가 성령에 감동하여 내 뒤에서 나는 나팔 소리 같은 큰 음성을 들으니,1:9~10

목소리: "너 보는 것을 책에 써서 일곱 교회에 보내라."1:11a

요한: 몸을 돌이켜 나더러 말한 음성을 알아보려고 하여 돌이킬 때에 일곱 금촛대를 보았는데 촛대 사이에 인자 같은 이가 발에 끌리는 옷을 입고 가슴에 금띠를 띠고 그 머리와 털의 희기가 흰 양털 같고 눈 같으며 그의 눈은 불꽃 같고 그의 발은 풀무에 단련한 빛난 주석 같고 그의 음성은 맑은 물

소리와 같으며 그 오른손에 일곱 별이 있고 그 입에서 좌우에 날선 검이 나오고 그 얼굴은 해가 힘있게 비취는 것 같더라 내가 볼 때에 그 발 앞에 엎드러져 죽은 자같이 되매 그가 오른손을 내게 얹고 가라사대,1:12~17b

예수의 목소리: 두려워 말라 나는 처음이요 나중이니 곧 산 자라

내가 전에 죽었었노라 볼지어다 이제 세세토록 살아 있어 사망과 음부의 열쇠를 가졌노니 그러므로 네 본 것과 이제 있는 일과 장차 될 일을 기록하라 네 본 것은 내 오른손에 일곱 별의 비밀과 일곱 금촛대라 일곱 별은 일곱 교회의 사자요 일곱 촛대는 일곱 교회니라 1:17c-20

1막

[예배를 45분에 맞추려고 나는 일곱 교회의 이름을 생략했다. 예배를 더 길게 늘이기를 원한다면 성서대로 버가모, 두아디라, 사데와 같은 이름을 더할 수도 있다. 그럴 경우 다른 사람에게 교회의 이름을 읽을 수 있도록 할 것을 권한다.]

해설자: 1막에서 영화로워지신 예수는 일곱 교회에게 연설하신다.2~3장 유배된 사도는 계시의 예수에게서 일곱 교회를 향한 메시지를 듣는다. 각각의 메시지는 믿음에 있어 충실하고 인내하라는 부르심이다. 각각의 부르심은 약속과 함께 경고로 끝난다.

요한: 에베소교회의 사자에게 편지하기를 내가 네 행위와 수고와 네 인내를 알고 또 악한 자들을 용납지 아니한 것과 자칭 사도라 하되 아닌 자들을 시험하여 그 거짓된 것을 네가 드러낸 것과 또 네가 참고 내 이름을 위하여 견디고 게으르지 아니한 것을 아노라. 그러나 너를 책망할 것이 있나니 너의 처음 사랑을 버렸느니라. 그러므로 어디서 떨어진 것을 생각하고 회개하여 처음 행위를 가지라. 만일 그리하지 아니하고 회개치 아니하면 내가 네게 임하여 네 촛대를 그 자리에서 옮기리라. 오직 네게 이것이 있으니 네가 니골라당의 행위를 미워하는도다. 나도 이것을 미워하노라. 귀 있는 자는

성령이 교회들에게 하시는 말씀을 들을지어다. 이기는 그에게는 내가 하나님의 낙원에 있는 생명나무의 과실을 주어 먹게 하리라. 2:2~7

서머나 교회의 사자에게 편지하기를 내가 네 환난과 궁핍을 아노니 실상은 네가 부요한 자니라. 자칭 유대인이라 하는 자들의 훼방도 아노니 실상은 유대인이 아니요 사탄의 회라. 네가 장차 받을 고난을 두려워 말라. 볼지어다 마귀가 장차 너희 가운데서 몇 사람을 옥에 던져 시험을 받게 하리니 너희가 십 일 동안 환난을 받으리라. 네가 죽도록 충성하라. 그리하면 내가 생명의 면류관을 네게 주리라. 귀 있는 자는 성령이 교회들에게 하시는 말씀을 들을지어다. 이기는 자는 둘째 사망의 해를 받지 아니하리라.2:9~11

빌라델비아 교회의 사자에게 편지하기를 볼지어다 내가 네 앞에 열린 문을 두었으되 능히 닫을 사람이 없으리라. 내가 네 행위를 아노니 네가 적은 능력을 가지고도 내 말을 지키며 내 이름을 배반치 아니하였도다. 보라 사탄의 회 곧 자칭 유대인이라 하나 그렇지 않고 거짓말 하는 자들 중에서 몇을 네게 주어 저희로 와서 네 발 앞에 절하게 하고 내가 너를 사랑하는 줄을 알게 하리라. 네가 나의 인내의 말씀을 지켰은즉 내가 또한 너를 지키어 시험의 때를 면하게 하리니 이는 장차 온 세상에 임하여 땅에 거하는 자들을 시험할 때라. 내가 속히 임하리니 네가 가진 것을 굳게 잡아 아무나 네 면류관을 빼앗지 못하게 하라. 이기는 자는 내 하나님 성전에 기둥이 되게 하리니 그가 결코 다시 나가지 아니하리라. 내가 하나님의 이름과 하나님의 성 곧 하늘에서 내 하나님께로부터 내려오는 새 예루살렘의 이름과 나의 새 이름을 그이 위에 기록하리라. 귀 있는 자는 성령이 교회들에게 하시는 말씀을 들을지어다.3:7~13

라오디게아 교회의 사자에게 편지하기를 내가 네 행위를 아노니 네가 차지도 아니하고 더웁지도 아니하도다. 네가 차든지 더웁든지 하기를 원하노

라. 네가 이같이 미지근하여 더웁지도 아니하고 차지도 아니하니 내 입에서 너를 토하여 내치리라. 네가 말하기를 나는 부자라 부요하여 부족한 것이 없다 하나 네 곤고한 것과 가련한 것과 가난한 것과 눈먼 것과 벌거 벗은 것을 알지 못하도다. 내가 너를 권하노니 내게서 불로 연단한 금을 사서 부요하게 하고 흰 옷을 사서 입어 벌거벗은 수치를 보이지 않게 하고 안약을 사서 눈에 발라 보게 하라. 무릇 내가 사랑하는 자를 책망하여 징계하노니 그러므로 네가 열심을 내라 회개하라. 볼지어다 내가 문 밖에 서서 두드리노니 누구든지 내 음성을 듣고 문을 열면 내가 그에게로 들어가 그로 더불어 먹고 그는 나로 더불어 먹으리라. 이기는 그에게는 내가 내 보좌에 함께 앉게 하여 주기를 내가 이기고 아버지 보좌에 함께 앉은 것과 같이 하리라. 귀 있는 자는 성령이 교회들에게 하시는 말씀을 들을지어다. 3:14~22

[4장으로 들어가기 전에 잠시 멈춤]

이 일 후에 내가 보니 하늘에 열린 문이 있는데 내가 들은 바 처음에 내게 말하던 나팔 소리 같은 그 음성이 가로되 4:1a

목소리: 이리로 올라오라 이후에 마땅히 될 일을 내가 네게 보이리라. 4:1b

트럼펫:

요한: 내가 곧 성령에 감동하였더니 보라 하늘에 보좌를 베풀었고 그 보좌 위에 앉으신 이가 있는데 앉으신 이의 모양이 벽옥과 홍보석 같고 또 무지개가 있어 보좌에 둘렸는데 그 모양 이 녹보석 같더라. 또 보좌에 둘려 이십사 보좌들이 있고 그 보좌들 위에 이십사 장로들이 흰 옷을 입고 머리에 금면류관을 쓰고 앉았더라. 보좌로부터 번개와 음성과 뇌성이 나고 보좌 앞에 일곱 등불 켠 것이 있으니 이는 하나님의 일곱 영이라. 보좌 앞에 수정과 같은 유리 바다가 있고 보좌 가운데와 보좌 주위에 네 생물이 있는데 앞뒤에 눈이 가득하더라. 그 첫째 생물은 사자 같고 그 둘째 생물은

송아지 같고 그 셋째 생물은 얼굴이 사람 같고 그 넷째 생물은 날아가는 독수리 같은데 네 생물이 각각 여섯 날개가 있고 그 안과 주위에 눈이 가득하더라 그들이 밤낮 쉬지 않고 이르기를,[4:2~8a]

1: "거룩하다, 거룩하다, 거룩하다, / 주 하나님 곧 전능하신 이여 / 전에도 계셨고 이제도 계시고 / 장차 오실 자라!"[4:8b]

요한: 그 생물들이 영광과 존귀와 감사를 보좌에 앉으사 세세토록 사시는 이에게 돌릴 때에 이십 사 장로들이 보좌에 앉으신 이 앞에 엎드려 세세토록 사시는 이에게 경배하고 자기의 면류관을 보좌 앞에 던지며 가로되,[4:9~10]

2: "우리 주 하나님이여 /

영광과 존귀와 능력을 받으시는 것이 합당하오니, /

주께서 만물을 지으신지라 만물이

주의 뜻대로 있었고 또 지으심을 받았나이다."[4:11]

2막

해설자: 2막에서는 죽임을 당하신 어린 양이 역사의 운명을 가지신 분으로 등장합니다.[5:1~14]

이제 우리는 보좌에 앉으신 이의 오른 손에서 취하신 책을 펼치실 자격이 있으신 그분을 경배합니다.

요한: 내가 보매 보좌에 앉으신 이의 오른손에 책이 있으니 안팎으로 썼고 일곱 인으로 봉하였더라. 또 보매 힘있는 천사가 큰 음성으로 외치기를 [5:1~2a]

천사: "누가 책을 펴며 그 인을 떼기에 합당하냐?"[5:2b]

요한: 하늘 위에나 땅 위에나 땅 아래에 능히 책을 펴거나 보거나 할 이가 없더라. 이 책을 펴거나 보거나 하기에 합당한 자가 보이지 않기로 내가 크게 울었더니,

장로 중에 하나가 내게 말하되,5:3~5a

장로: "울지 말라. 유대 지파의 사자 다윗의 뿌리가 이기었으니,

이 책과 그 일곱 인을 떼시리라."5:5b

요한: 내가 또 보니 보좌와 네 생물과 장로들 사이에 어린 양이 섰는데 일찍 죽임을 당한 것 같더라. 일곱 뿔과 일곱 눈이 있으니 이 눈은 온 땅에 보내심을 입은 하나님의 일곱 영이더라. 어린 양이 나아와서 보좌에 앉으신 이의 오른손에서 책을 취하시니라. 책을 취하시매 네 생물과 이십사 장로들이 어린 양 앞에 엎드려 각각 거문고와 향이 가득한 금대접을 가졌으니 이 향은 성도의 기도들이라. 새 노래를 노래하여 가로되5:6~9a

1과 2: "책을 가지시고 /

그 인봉을 떼기에 합당하시도다, /

일찍 죽임을 당하사 /

각 족속과 방언과 /

백성과 나라 가운데서 /

사람들을 피로 사서 /

하나님께 드리시고 /

저희로 우리 하나님 앞에서 나라와 제사장을 삼으셨으니 /

저희가 땅에서 왕 노릇 하리로다."5:9b,10

요한: 내가 또 보고 들으매 보좌와 생물들과 장로들을 둘러선 많은 천사의 음성이 있으니 그 수가 만만이요 천천이라. 큰 음성으로 가로되,5:11~12a

3: "죽임을 당하신 어린 양이 /

능력과 / 부와 지혜와 힘과 /

존귀와 영광과 찬송을 받으시기에 합당하도다!"5:12b

요한: 내가 또 들으니 하늘 위에와 땅 위에와 땅 아래와 바다 위에와 또 그 가운데 모든 만물이 가로되,5:13a

5: "보좌에 앉으신 이와 /

어린 양에게 /

찬송과 존귀와 영광과 능력을 /

세세토록 돌릴지어다!"5:13b

요한: 네 생물이 가로되,5:13b

1: "아멘!"

요한: 장로들은 엎드려 경배하더라.5:14a

회중들의 찬양: "모든 피조물들은 외치라." HWB# 51, 1절

혹은 메시아 중, "죽임 당하신 어린양"53곡–역자주

3막

해설자: 3막에서 순교자들은 역사의 의미가 가려져 있다.6~7장

일곱 인이 열릴 때, 각 인은 역사 속의 하나님의 성자들과 순교자들의 양상을 묘사한다. 다섯 인을 뗄 때 제단 아래 있는 죽임을 당한 영혼들의 큰 외침이 있다.

두 장로: 거룩하고 참되신 대주재여 땅에 거하는 자들을 심판하여 우리 피를 신원하여 주지 아니하시기를 어느 때까지 하시려나이까?6:10

요한: 각각 저희에게 흰 두루마기를 주시며 가라사대 아직 잠시 동안 쉬되 저희 동무 종들과 형제들도 자기처럼 죽임을 받아 그 수가 차기까지 하라 하시더라.

내가 보니 여섯째 인을 떼실 때에 큰 지진이 나며 해가 총담같이 검어지고 온 달이 피같이 되며 하늘의 별들이 무화과나무가 대풍에 흔들려 선 과실이 떨어지는 것같이 땅에 떨어지며 하늘은 종이 축이 말리는 것같이 떠나가고 각 산과 섬이 제 자리에서 옮기우매 땅의 임금들과 왕족들과 장군들과 부자들과 강한 자들과 각 종과 자주자가 굴과 산 바위 틈에 숨어 산

과 바위에게 이르되 우리 위에 떨어져 보좌에 앉으신 이의 낯에서와 어린 양의 진노에서 우리를 가리우라. 그들의 진노의 큰 날이 이르렀으니 누가 능히 서리요 하더라. 이 일 후에 내가 네 천사가 땅 네 모퉁이에 선 것을 보니 땅의 사방의 바람을 붙잡아 바람으로 하여금 땅에나 바다에나 각종 나무에 불지 못하게 하더라. 또 보매 다른 천사가 살아 계신 하나님의 인을 가지고 해 돋는 데로부터 올라와서 땅과 바다를 해롭게 할 권세를 얻은 네 천사를 향하여 큰 소리로 외쳐 가로되, ^{6:11~7:3a}

천사: 우리가 우리 하나님의 종들의 이마에 인치기까지 땅이나 바다나 나무나 해하지 말라 하더라.^{7:3}

요한: 내가 인 맞은 자의 수를 들으니 이스라엘 자손의 각 지파 중에서 인 맞은 자들이 십사만 사천이니^{7:4}

[잠시 멈춤]

요한: 이 일 후에 내가 보니 각 나라와 족속과 백성과 방언에서 아무라도 능히 셀 수 없는 큰 무리가 흰 옷을 입고 손에 종려가지를 들고 보좌 앞과 어린 양 앞에 서서 큰 소리로 외쳐 가로되,^{7:9~10a}

2: "구원하심이 / 보좌에 앉으신 /

우리 하나님과 어린 양에게 있도다!"^{7:10b}

요한: 모든 천사가 보좌와 장로들과 네 생물의 주위에 섰다가 보좌 앞에 엎드려 얼굴을 대고 하나님께 경배하여 가로되,^{7:11}

3: "아멘! / 찬송과 영광과 지혜와 / 감사와 존귀와 /

능력과 힘이 / 우리 하나님께 세세토록 있을지로다! 아멘."

요한: 장로 중에 하나가 응답하여 내게 이르되,^{7:13a}

장로^{남성}**:** "이 흰 옷 입은 자들이 누구며 또 어디서 왔느뇨?"^{7:13b}

요한: "내 주여 당신이 알리이다."^{7:14a}

장로: "이는 큰 환난에서 나오는 자들인데

어린 양의 피에 그 옷을 씻어 희게 하였느니라.

그러므로 그들이 하나님의 보좌 앞에 있고

또 그의 성전에서 밤낮 하나님을 섬기매

보좌에 앉으신 이가 그들 위에 장막을 치시리니

저희가 다시 주리지도 아니하며

목마르지도 아니하고

해나 아무 뜨거운 기운에 상하지 아니할지니

이는 보좌 가운데 계신 어린 양이 저희의 목자가 되사

생명수 샘으로 인도하시고

하나님께서 저희 눈에서 모든 눈물을 씻어 주실 것임이러라."[7:14b~17]

4막

해설자: 4막에서 하나님께서는 역사에서 승리를 거두시며 일곱 천사가 일곱 나팔을 분다.[8~11장]

요한: 일곱째 인을 떼실 때에 하늘이 반시 동안쯤 고요하더니

침묵[1~3분]

일곱 나팔이 일곱 천사에게 주어진다.

6 나팔소리: 트럼펫이 하나씩 울리면서 하나님의 악의 폭력에 대한 전투는 점점 더 맹렬해지고 승리의 나팔소리는 강해진다. 일곱 번째 나팔이 울리면서 승리의 외침은 최고조로 강하게 울려 퍼진다.

7번째 소리: 일곱째 천사가 나팔을 불매 하늘에 큰 음성들이 나서 가로되,[11:15a]

3: "세상 나라가 / 우리 주와 그 그리스도의 / 나라가 되어 /

그가 세세토록 왕 노릇 하시리로다."[11:15b]

요한: 하나님 앞에 자기 보좌에 앉은 이십사 장로들이 엎드려 얼굴을 대

고 하나님께 경배하여가로되[11:16,17a]

2: "감사하옵나니 옛적에도 계셨고 지금도 계신 주 하나님 /

곧 전능하신 이여 /

친히 큰 권능을 잡으시고 /

왕 노릇 하시도다. /

이방들이 분노하매 주의 진노가 임하여 /

죽은 자를 심판하시며 /

종 예언자들과 성도들과 /또 무론 대소하고 /

주의 이름을 경외하는 자들에게 상주시며 /

또 땅을 망하게 하는 자들을 멸망시키실 때로소이다."[11:17~18]

요한: 이에 하늘에 있는 하나님의 성전이 열리니 성전 안에 하나님의 언약궤가 보이며 또 번개와 음성들과 뇌성과 지진과 큰 우박이 있더라.

5막

해설자: 5장에서 투쟁은 역사 속에서 계속된다. 하나님은 성자들을 구하신다.[12~14장과 15:2~4] 하나님의 또 다른 악의 폭력과의 전투가 이어진다.

요한: 용이 죽이고자 찾고 있는 아이를 밴 해를 입은 한 여자가 있다. 하늘에서 전쟁이 있은 후에 용은 지구로 내려왔고 하늘에 큰 음성이 있어 가로되,

큰 소리: "이제 우리 하나님의 구원과 능력과 나라와

또 그의 그리스도의 권세가 이루었으니

우리 형제들을 참소하던 자

곧 우리 하나님 앞에서 밤낮 참소하던 자가 쫓겨났고

또 여러 형제가 어린 양의 피와

자기의 증거하는 말을 인하여 저를 이기었으니

그들은 죽기까지 자기 생명을 아끼지 아니하였도다.

그러므로 하늘과 그 가운데 거하는 자들은 즐거워하라!

그러나 땅과 바다는 화 있을진저

이는 마귀가 자기의 때가 얼마 못된 줄을 알므로

크게 분내어 너희에게 내려갔음이라." 12:10~12

해설자: 그 후에 용이 짐승들을 통해 성도들과 전쟁을 벌이며 남은 자손을 향한지라. 짐승들과 그 형상을 정복한 신실한 자들이 구원을 받는다. 인자와 같은 이가 추수할 곡식을 모으고 하나님의 진노의 포도주에 던질 포도를 모으기 위해 그 손에 낫을 들고 나타나신다. 일곱 천사가 하나님의 진노를 마칠 일곱 재앙을 제공했을 때, 짐승과 그의 이름의 수를 이기고 하나님의 계명을 지킨 성도들이 유리 바닷가에 하나님의 거문고를 손에 가지고 서서, 12:13~15:2

요한: 하나님의 종 모세의 노래, 어린 양의 노래를 불러 가로되,

2: "주 하나님 곧 전능하신 이시여 /

하시는 일이 크고 기이하시도다. /

만국의 왕이시여 /

주의 길이 의롭고 참되시도다. /

주여 누가 주의 이름을 두려워하지 아니하며 /

영화롭게 하지 아니하오리이까 /

오직 주만 거룩하시니이다 /

주의 의로우신 일이 나타났으매 /

만국이 와서 주께 경배하리이다." 15:3b,4

6막

해설자: 6막에서 하나님께서 악을 심판하시고 분노의 일곱 대접이 부어

진다.

요한: 하나님의 분노는 일곱 개의 뿔 위에 있는 땅의 음녀들과 가증한 것들의 어미인 큰 음녀에게 부어졌다. 물을 차지한 천사는 하나님의 심판의 정의로움에 대해 증언한다.

물을 차지한 천사:

"전에도 계셨고 지금도 계신 /

거룩하신 이여 /

이렇게 심판하시니 의로우시도다. /

저희가 성도들과 예언자들의 피를 흘렸으므로 /

저희로 피를 마시게 하신 것이 /

합당하니이다!"16:5b~6

요한: 또 내가 들으니 제단이 말하기를16:7a

2: "그러하다 주 하나님 곧 전능하신 이시여 /

심판하시는 것이 참되시고 의로우시도다!"16:7

요한: 또 내가 보매 개구리 같은 세 더러운 영이 용의 입과 짐승의 입과 거짓 예언자의 입에서 나오니 저희는 귀신의 영이라 이적을 행하여 온 천하 임금들에게 가서 하나님 곧 전능하신 이의 큰 날에 전쟁을 위하여 아마겟돈이라 하는 곳으로 그들을 모으더라.16:12~16

일곱째가 그 대접을 공기 가운데 쏟으매 큰 음성이 성전에서 보좌로부터 나서 가로되,16:17a

목소리: "되었다!"16:17b

요한: 번개와 음성들과 뇌성이 있고 또 큰 지진이 있어 어찌 큰지 사람이 땅에 있어 옴으로 이같이 큰 지진이 없었더라.16:18

[잠시 멈춤]

요한: 또 일곱 대접을 가진 일곱 천사 중 하나가 와서 내게 말하여 가로

되 그 이마에 이름이 기록되었으니 비밀이라, 큰 바벨론이라, 땅의 음녀들과 가증한 것들의 어미라 하였더라. 그녀 안에서 바벨론/로마는, 성도들의 피요 예수의 증인들의 피였다.^{17:1~6}

그 천사가 내게 그 여자에 대해 알려주니 일곱 왕들과 더불어 바벨론-로마는 어린양과 전쟁할 것이며 어린양은 그들을 정복할 것이다. 왜냐하면 그는 주님의 주님이시오 왕들의 왕이시기 때문이다. 그와 함께 하는 자들은 부르심을 입고 빼내심을 얻고 진실한 자들이라 불릴 것이다.^{17:7,14}

이 일 후에 다른 천사가 하늘에서 내려오는 것을 보니 큰 권세를 가졌는데 그의 영광으로 땅이 환하여지더라.^{18:1}

5: "무너졌도다 무너졌도다 큰 성 바벨론이여!" /

"화 있도다 화 있도다 큰 성, /

견고한 성 바벨론이여 /

일시간에 네 심판이 이르렀다."^{18:2b,10b}

"하늘과 성도들과 사도들과 예언자들아 /

그를 인하여 즐거워하라 /

하나님이 너희를 신원하시는 심판을 그에게 하셨음이라!"^{18:20}

요한: "예언자들과 성도들과 및 땅 위에서 죽임을 당한 모든 자의 피가 /

이 성중에서 보였느니라."^{18:24}

7막

해설자: 7막에서는 하나님의 승리의 목적이 드러난다. 새 하늘과 새 땅이 나타나 하나님의 거하시는 곳에 하나님의 백성들이 함께 있다.^{19~22장}

요한: 이 일 후에 내가 들으니 하늘에 허다한 무리의 큰 음성 같은 것이 있어 가로되,^{19:1a}

5: "할렐루야! / 구원과 영광과 능력이 /

우리 하나님께 있도다. /

그의 심판은 참되고 의로운지라. /

음행으로 땅을 더럽게 한 /

큰 음녀를 심판하사 /

자기 종들의 피를 그의 손에 갚으셨도다.”[19:1b~2]

요한: 두 번째 가로되,

5: “할렐루야! / 하더니 그 연기가 세세토록 올라가더라.”[19:3]

요한: 또 이십사 장로와 네 생물이 엎드려 보좌에 앉으신 하나님께 경배하여 가로되,

1과 2: “아멘 할렐루야!”[19:4]

요한: 보좌에서 음성이 나서 가로되,

천사의 소리: “하나님의 종들 곧 그를 경외하는 너희들아

무론 대소하고 다 우리 하나님께 찬송하라.”

요한: 또 내가 들으니 허다한 무리의 음성도 같고

많은 물 소리도 같고 큰 뇌성도 같아서 가로되[19:6a]

5: “할렐루야! / 주 우리 하나님 곧 전능하신 이가 통치하시도다. /

우리가 즐거워하고 크게 기뻐하여 /

그에게 영광을 돌리세 /

어린 양의 혼인 기약이 이르렀고 /

그 아내가 예비하였으니”[19:6b~7]

천사의 소리: “기록하라 어린 양의 혼인 잔치에 청함을 입은 자들이 복이 있도다.”[19:9]

성찬식을 시작 [예배를 길게 할 경우에만]

회중의 찬양: HWB #121, “거룩하신 하나님, 우리가 당신을 찬양하나이다.”HWB #285, “모두 주의 이름의 능력을 높이세”

요한: 어린 양의 혼인 잔치에 우리를 청한 천사가 내게 말하기를

천사: "이것은 하나님의 참되신 말씀이라."

요한: 내가 그 발 앞에 엎드려 경배하려 하니 그가 나더러 말하기를.

천사: "그가 나더러 말하기를 나는 너와 및 예수의 증거를 받은 네 형제들과 같이 된 종이니 삼가 그리하지 말고 오직 하나님께 경배하라 예수의 증거는 대언의 영이라 하더라."¹⁹:¹⁰

큰 소리: "보라 하나님의 장막이 사람들과 함께 있으매

하나님이 저희와 함께 거하시리니

저희는 하나님의 백성이 되고

하나님은 친히 저희와 함께 계셔서

모든 눈물을 그 눈에서 씻기시매

다시 사망이 없고 애통하는 것이나

곡하는 것이나 아픈 것이 다시 있지 아니하리니

처음 것들이 다 지나갔음이러라."²¹:³ᵇ~⁴

요한: 보좌에 앉으신 이가 가라사대

하나님의 소리: "보라 내가 만물을 새롭게 하노라."

요한: 또 내게 말씀하시되

하나님의 소리: "이루었도다! 나는 알파와 오메가요 처음과 나중이라. 내가 생명수 샘물로 목마른 자에게 값없이 주리니 이기는 자는 이것들을 유업으로 얻으리라. 나는 저의 하나님이 되고 그는 내 아들이 되리라. 그러나 두려워하는 자들과 믿지 아니하는 자들과 흉악한 자들과 살인자들과 행음자들과 술객들과 우상 숭배자들과 모든 거짓말하는 자들은 불과 유황으로 타는 못에 참예하리니 이것이 둘째 사망이라."²¹:⁶~⁸

요한: 성 안에 성전을 내가 보지 못하였으니 이는 주 하나님 곧 전능하신 이와 및 어린 양이 그 성전이심이라. 그 성은 해나 달의 비침이 쓸데없으니

이는 하나님의 영광이 비취고 어린양이 그 등이 되심이라. 만국이 그 빛 가운데로 다니고 땅의 왕들이 자기 영광을 가지고 그리로 들어오리라. 성문들을 낮에 도무지 닫지 아니하리니 거기는 밤이 없음이라. 사람들이 만국의 영광과 존귀를 가지고 그리로 들어오겠고 무엇이든지 속된 것이나 가증한 일 또는 거짓말하는 자는 결코 그리로 들어오지 못하되 오직 어린 양의 생명책에 기록된 자들뿐이라.

또 저가 수정같이 맑은 생명수의 강을 내게 보이니 하나님과 및 어린 양의 보좌로부터 나서 길 가운데로 흐르더라. 강 좌우에 생명나무가 있어 열두 가지 실과를 맺히되 달마다 그 실과를 맺히고 그 나무 잎사귀들은 만국을 소성하기 위하여 있더라. 다시 저주가 없으며 하나님과 그 어린 양의 보좌가 그 가운데 있으리니 그의 종들이 그를 섬기며 그의 얼굴을 볼 터이요 그의 이름도 저희 이마에 있으리라. 다시 밤이 없겠고 등불과 햇빛이 쓸데없으니 이는 주 하나님이 저희에게 비취심이라 저희가 세세토록 왕노릇 하리로다. 21:22~22:5

또 그가 내게 말하기를

천사들: "이 말은 신실하고 참된지라 주 곧 예언자들의 영의 하나님이 그의 종들에게 결코 속히 될 일을 보이시려고 그의 천사를 보내셨도다." 22:6

예수의 소리: "보라 내가 속히 오리니"

천사의 소리: "이 책의 예언의 말씀을 지키는 자가 복이 있으리라"

요한: "이것들을 보고 들은 자는 나 요한이니 내가 듣고 볼 때에 이 일을 내게 보이던 천사의 발 앞에 경배하려고 엎드렸더니 저가 내게 말하기를. 22:8~9a

천사의 소리: "나는 너와 네 형제 예언자들과 또 이 책의 말을 지키는 자들과 함께 된 종이니 그리하지 말고 오직 하나님께 경배하라."

요한: 또 내게 말하되.

천사의 소리: "이 책의 예언의 말씀을 인봉하지 말라 때가 가까우니라. 불의를 하는 자는 그대로 불의를 하고 더러운 자는 그대로 더럽고 의로운 자는 그대로 의를 행하고 거룩한 자는 그대로 거룩되게 하라."22:10

예수: 보라 내가 속히 오리니 내가 줄 상이 내게 있어 각 사람에게 그가 행한 대로 갚아 주리라. 나는 알파와 오메가요 처음과 마지막이요. 시작과 마침이라.22:12,13

요한: 성령과 신부가 말씀하시기를 오라 하시는도다.

듣는 자도 오라 할 것이요. 목마른 자도 올 것이요.

또 원하는 자는 값없이 생명수를 받으라.22:17

예수: "내가 진실로 속히 오리라."

회중의 응답: 아멘 주 예수여 오시옵소서.

요한: 주 예수의 은혜가 모든 자들에게 있을지어다.

회중의 응답: 아멘.

퇴장[출연자들의 퇴장, 송영 혹은 찬송]

요한 혹은 여덟의 합창: "나는 알파와 오메가요

처음과 나중이요 시작과 끝이라."22:13

마무리

당신의 빛과 진리를 비추사
나를 인도하소서
나를 이끌어 당신의 거룩한 동산 당신의 성소로 이끄소서.
나의 가장 큰 기쁨이신 당신을 향해
당신의 제단으로 나아가
하프를 치며 당신을 찬양하리이다.
오 하나님, 나의 하나님.

결론

평화와 선교의 결합은 이 책의 모든 장들에서 분명하다. 두 주제는 본질적으로 성서적 구원 이해에 있어 서로 결합되어 있다. 페리 요더Perry Yoder는 샬롬에 대한 성서적 이해가 구원과 평화와 정의에 대한 자신의 견해에 따라 통합적으로 연결되어 있다는 점을 보여주었다.[1] 성서적으로도, 아브라함이 만국의 복이 될 것이라는 하나님의 약속과 되풀이 되고 있는 예언과 모든 사람들이 주님의 이름을 알려고 올 것이라는 시편의 주제에 비추어 볼 때 선교 역시 상호 연결되어 있다. 9장에서 살펴본 바와 같이 이사야 52장 7~10절은 구원이라는 단어와 함께 샬롬–평화와 선교를 함께 연결한다. 이것이 복음으로 선포되어진다. 마지막 세기의 교회는 이러한 강조점들이 나뉘었기 때문에 자신의 위기를 초래하였다.

예배 역시 10장과 11장에서 보여주듯이 평화와 선교와 엮여 있다. 10장에서 나는 모든 중요한 신약 저자들에게서의 이 삼각 주제의 관련성을 보여주었다. 요한계시록에서의 교회의 선교는 황제를 신적인 존재로 인정하고 경배하라는 로마제국의 요청을 거부하고 주님의 통치권에 대해 예배를 드리는 것이었다.

21세기 교회가 직면한 도전은 평화와 선교와 예배가 상호적으로 서로를 지지하며 연결되어 있음을 인지하고 그것의 가치를 깨달아 거룩한 복음을 선포하고 그것을 살아내는 것이다. 만일 이러한 일이 이루어지지 않는다면 교회는 미국에서 제국주의를 포함하는 이 시대의 지배적 이데올로기와 동맹을 맺는 셈이 될 것이다. 그렇게 된다면 선교는 쇠퇴하고 있는 서구 문화를 무심결에 확장하게 될 것이다. 예배는 하나님의 권능과 나라의 군사력과의 동맹이 경배와 찬양이 되는 민간 종교^{어떤 특정한 종교와 관계없이 특정 국가를 신성시} 하고 국가의 정책을 절대화 혹은 정당화하려는 일종의 사회학적 용어 -역자 주의 발판이 되고 말 것이다. 비록 나라의 군사력을 함께 예배하고 있다는 것을 인지하지 못하더라도 이런 시나 리오에서는 다른 종교를 가진 사람들, 특히 자신의 다양한 문화와 국가적인 면모를 가지고 있는 이슬람은 제국적인 서구를 점점 더 증오할 것이며 간접 적으로는 기독교를 증오할 것이다.

하나님과 가이사를 혼합해온 교회들은 반드시 회개하게 될 것이며 혼합 적인 예배를 중단해야 할 것이다. 이 회개에서 우리는 우리가 예배하는 하 나님과 어린양을 분명하게 보여줄 수 있는 평화실천의 가치를 깨닫게 될 것이다. 또한 하나님이 보내신 성령의 권능을 부여받고 예배가 밑바탕이 된 선교를 수행하게 될 것이다. 평화, 선교 그리고 예배는 상호의존적이기 때문에 우리는 주일마다 드려지는 예배 안에서 선교와 평화실천의 사명을 거듭 부여받게 될 것이다.

이제 우리는 우리의 주님이신 예수 그리스도를 통해 공언하는 구원이 복 음의 삼각대를 구성하는 평화실천, 선교 그리고 예배 안에서 진정한 복음의 열매를 맺는 것임을 분명히 깨닫게 될 것이다.

파송

절망에 빠져 살고 있는 이들에게 치유와 희망을 가져오는

귀 있는 자에게 하시는 말씀을 듣고

하나님의 구원하시는 사랑을 전하고자 하는

불타는 열망을 가지고 세상으로 나가

당신을 기뻐하는 피조물에게 생명을 주시는 하나님

당신의 꿈에 생명을 주시는 예수 그리스도,

그리고 당신을 타오르게 하고 권능을 부여하시는 성령께서

평화, 선교 그리고 예배에 대한 열망을 가지고

성령의 권능으로 나아가 주님을 사랑하고 섬기게 하소서.*

---

* leader: Eqipping the Missional Church에서.

부록

미카엘 자틀러 Michael Sattler, **그의 재판과 순교의 기록에서, 행정 당국에 대한 논의**1527

여덟 번째로, 만일 트루크인이 온다면 우리는 그들에게 저항하지 말아야 한다. 왜냐하면 살인하지 말라고 쓰여 있기 때문이다. 출20:13; 마5:21 우리는 트루크인이나 우리를 박해하는 다른 사람들에 대항하여 우리를 방어해서는 안 되지만, 그들을 격퇴하고 그들에게 저항하려고 하나님께 간절히 기도해야 할 것이다. 만일 전쟁이 올바른 것이라면 나는 트루크족에 대항하기보다는 차라리 소위 그리스도인이라고 하는 사람들이 경건한 그리스도인들을 박해하고 체포하고 죽이는 것에 대항 할 것이다. 그 이유는 다음과 같다. 트루크족은 기독교 믿음에 대해 전혀 알지 못하고 육체를 따라 사는 사람들이기 때문이다. 그리고 그리스도인이 되고자 하면서도 경건한 그리스도의 증인들을 박해하는 것을 자랑하는 당신들은 성령을 좇는 트루크인들이기 때문이다.

결론적으로 하나님의 사자로서 나는 하나님께서 악을 벌하고 경건한 사람들을 방어하고 지키는 일롬13:3~6에 대해 당신을 지적하실 마지막 심판을 생각하라고 당신에게 충고한다. 반면에 우리는 하나님과 복음에 대해 역행한 적이 없으며 나나 나의 형제들과 자매들 역시 말이나 행동으로 어떤 행정 당국에 해를 끼친 적이 없다는 것을 당신은 알게 될 것이다.

－ 영적인 아나밥티스트 작가들1) 141에게서

메노 시몬스 Meno Simons**, 메노 시몬스의 완전한 작품들**The Complete Writings of Meno Simons (주2)**에서**

그리스도인 교리의 기초Foundation of Christian Doctrine, 1539 3부. "관용에 대한 호소." A 파트. "치안 판사에 대한 간곡한 권고"

그러므로, 친애하는 귀하, 주의를 기울여주십시오, 이것은 당신의 해야 할 업무입니다. 명목상으로는 하나님의 진정한 분노 안에서 공정함과 그리스도인의 신중함으로 꾸짖고 벌주고, 도둑질, 살인, 동성애, 간음, 유혹, 마술, 폭력, 노상강도, 강도 등과 같은 범죄들을 드러내는 것입니다. 당신의 업무는 사람과 그의 이웃 사이의 정의를 행하고 압제자의 손에서 압제받는 자들을 구하는 것입니다. 또한 독재와 유혈사태가 없는 합법적인 수단으로 그러한 범죄들을 억제하고, 수십만의 도움을 받을 길이 없는 가난한 영혼들을 끔찍하게 파멸로 이끄는 사기꾼들을 드러내는 것입니다. 그 사기꾼들이 사제이건, 수도승이건, 설교자건, 침례를 받았건 안 받았건 간에 그들이 더는 하나님의 전능하신 위엄과 우리의 유일하고 영원한 구원자이신 예수 그리스도와 성령과 은혜의 말씀의 권능을 더는 손상시키지 않도록 그들을 제한하는 것이 당신의 업무입니다. 또 그러한 어리석은 남용과 지금까지 이어지고 있는 겉모습만 진리인 우상숭배를 인정하지 않는 것입니다. 이런 방식으로 모두가 사랑 안에서 폭력과 파괴와 피 흘림 없이 너그러운 동의와 관용과 현명한 상담과 경건하고 비난받을 일 없는 삶 등으로 하나님나라를 보호하고 확장해야 합니다.

그리스도의 말씀을 믿고, 하나님의 분노를 두려워하고, 의를 사랑하는, 높고 유명하신 고귀한 주여, 미망인과 고아들에게 정의를 행하고, 사람과 이웃 간에 바르게 판결을 내리고, 그 어떤 높은 사람도 두려워하지 않고, 그 어떤 사람의 비천함도 무시하지 않고, 하나님의 말씀을 자유롭게 배울 수 있도록 허용하고, 누구도 진리의 길을 가는 것을 방해받지 않고, 당신을 불러 이 높은 봉사를 하게 하신 왕권에 절하십시오. 그러면 당신의 보위가 영원히 설 것입니다.[193]

나의 친애하는 귀하, 도대체 무엇을 하고 계십니까? 세상에 당신이 그토록 자랑스럽게 여기는 당신에게 주어지고 위탁된 정의의 검이 어디 있습니까? 당신은 그것을 칼집에 넣어야 하며 정의의 검 대신에 부정의 검을 뽑아들고 있다는 사실을 알아야만 합니다. 그렇습니다. 귀하, 사람들은 예언자들이 나의 왕자들은 반역자들이고 도둑들의 친구들이라고 쓰고 선포한 것처럼 그렇게 임무를 수행하고 있습니다. 모든 이들이 선물을 좋아하고 보상을 추구합니다. 그들은 아비 없는 자들을 심판하지 않습니다. 미망인이라는 이유로 자신들에게 오게 하지 않습니다. 그러므로 주인들의 주님이시요, 이스라엘의 전능하신 이가 말씀하시길 내가 장차 내 대적에게 보응하며 내 원수에게 복수하겠다고[사1:23~24] 말씀하셨습니다.[196]

그러므로 친애하는 귀하, 하나님의 뜻에 따라 당신의 책임과 위험한 일인 사형에 처하는 일에 현명하고 바르게 주의를 기울이십시오. 왜냐하면 당신들 중에 많은 이들이 그것에 아주 약간의 주의만을 기울이고 있다는 사실이 두렵기 때문입니다. 그 결과 적그리스도들이 그들의 사악함과 함께 칭찬을 받고 그리스도인들이 그의 의로움과 함께 거부되기 때문입니다. 단 한 번만이라도 어떤 것이 쓰여 있는가를 숙고하십시오. 그리고 거짓 일을 멀리 하십시오. 그러면 당신은 무고한 자들과 의로운 자들을 죽이지 않을 것입니다. 왜냐하면 나는 악인을 의롭다 하지 아니하겠노라고 주님이 말씀하셨기 때문입니다.[출23:7 197]

오 걸출하고 고귀한 주시요, 왕자시여, 사랑과 겸손 안에서 검소하고 단순한 삶을 받아들이는 것을 기뻐하십시오. 그러나 당신의 불쌍한 하인들에게 명령하는 것은 결코 진실이 아닙니다. 내가 그토록 철저하고 의미심장하게 당신의 고귀한 가치에 대해 권고한 것을 무시하지 마십시오.

자신의 약함과 무식함에 안주하지 말고 그리스도와 그의 말씀과 영과 내가 여기에서 제시하고 나의 작은 은사를 따라 당신과 모든 사람에게 가르친 좋은 믿음의 본보기를 열심히 바라보십시오.

하나님께서 받으실만하도록 신실하게 회개 하십시오. 다윗처럼 통곡하며 우십시오. 머리에 재를 뿌리십시오. 니느웨의 왕처럼 겸손하십시오. 므낫세와 같이 당신의 죄를 고백하십시오. 당신의 야망 넘치는 육체와 자부심을 죽이십시오. 당신의 힘을 다해 주님이신 당신의 하나님을 두려워하십시오. 두려움과 떨림으로 모든 지혜를 다해 판단하십시오. 눌린 자들을 돕고, 고통 받는 자들을 슬프게 만들지 마십시오. 미망인들과 고아들의 소청을 그들의 권리 안에서 개선해 주십시오. 선을 보호하고, 그리스도인의 방식으로 악을 벌하십시오, 하나님에게서 받은 당신의 의무들을 정확히 수행하고 영원히 지속될 그 나라를 구하십시오. 이 땅 위에서 아무리 많은 영광을 가지고 있다 해도 당신은 낯선 땅에 있는 한낱 나그네요 순례자임을 기억하십시오.

듣고, 믿고, 두려워하고, 사랑하고, 봉사하고 그리고 당신의 구원자이시며 주님이신 예수 그리스도를 따르십시오. 왜냐하면 하나님의 영원한 말씀, 지혜, 진리 그리고 아들이신 그분 앞에 모두가 무릎을 꿇고 절하게 될 것이기 때문입니다. 그분의 영광을 구하고 당신의 모든 생각과 말과 행동으로 그분을 찬양하십시오. 그러면 당신은 영원히 통치하게 될 것입니다.[206]

B 부분에서. "학식 있는 사람들에게"

나는 이것을 주님 안에 있는 모든 영주들과 왕자들과 모든 치안판사들과 그 아래 있는 관리자들에게 남깁니다.

진정한 그리스도인 믿음 The True Christian Faith, 대략 1541에서

장교, 기사, 보병 그리고 그들과 같은 피 흘리게 하는 이들은 비록 이런 일들이 결코 그들을 해롭게 하지 않으며 사악한 세계도 주지 않는 것이라고 하여도 소유를 얻으려고 위험을 무릅쓰고, 그들이 시민들과 주민들을 얻고 그들의 소유들을 취하고 죽이려고 도시들과 나라들을 기꺼이 파괴함에 있어 자신들이 최고라는 맹세를 합니다. 오, 하나님 이 얼마나 저주스럽고 사악한 혐오스러운 거래입니까? 더구나 그들은 그것을 나라와 국민을 보호하고 정의를 수행하는 것이라고 주장하기까지 합니다.368

모든 치안 판사에 대한 애절한 탄원A Pathetic Supplication to All Magistrate에서1552

하나님께서 귀하에게 요구하는 것에 무엇이냐에 대해 깊이 생각하는 것을 기쁘게 생각합니다. 그것은 당신이 편견을 가지지 않고 사람과 이웃 사이의 판결을 내리고, 비록 주님께서 폭력에 대항하여 사형 판결과 정의와 도움을 선포하시지만 곤경에 처하게 한 이에게서 곤경을 당한 이를 보호하고, 강도당한 이를 보호하는 것입니다. 당신의 지배하에 있거나 가정에 속해 있거나 은혜로운 보호 안에 있는 무시당하는 노예들과 불행한 이들이 사자의 입에서 피할 수 있도록 하려고 이방인과 과부와 고아들에게 권력을 남용하지 말고, 어떤 사람도 폭행하지 말고 죄 없는 피를 흘리게 하지 마십시오. 침묵과 평화 안에서 주님을 섬기고 성서가 요구하는 것처럼 경건하게 그들의 먹을 것을 예비하십시오.526

존귀한 귀하, 우리는 농담을 하고 있는 것이 아닙니다. 말장난을 하

고 있는 것도 아닙니다. 우리가 쓴 것은 우리의 통탄할 재판, 무거운 쇠사슬에 대해 목숨을 걸고 증거하고 선포한 것으로 우리의 진심에서 우러나온 것입니다.

주의 주시요 왕의 왕이신 위대하고 자비로우신 주 그리스도시여 당신의 고귀한 각하와 존경스러운 뛰어난 분에게 진리를 알게 하시고, 신실하게 그 길을 걷게 하시고 행복한 평화 안에서 경건하게 당신의 도시들과 지역들을 다스리게 하셔서 당신의 하나님을 찬양하고 많은 영혼들을 구원하게 하소서. 우리의 온 마음으로 이것을 바라이다. 아멘.

긍휼히 여기는 자는 복이 있나니 저희가 긍휼히 여김을 받을 것임이요. 마5:7 하늘에 계신 아버지의 자비하심 같이 자비하라.

내가 진실로 너희에게 이르노니 너희가 여기 내 형제 중에 지극히 작은 자 하나에게 한 것이 곧 내게 한 것이니라. 마25:40

존귀하신 각하 그리고 존경스런 뛰어난 분의 성실하고 순복하는 자들은 은혜를 통해 하나님의 뜻으로 인도함을 받을 것입니다. 530~31

마틴 미크론에게 보내는 서한 Epistle to Martin Micron, 1556: **통치자들과 그들의 권위에 대한 하나님이 주신 한계에 대해 말하는 으뜸가는 벌에 관한 메노의 말**

일곱. 적지 않은 당신의 글에 의해서도 당신이 부끄러워하지 않는 삶을 사는 통치자들을 고무하고 강화하고 있다는 것 역시 분명하다. 통치자들은 보통 아주 완고하고, 거만하고, 야심 있으며, 교만하고, 자만하며, 잰 체 하고, 이기적이고, 세속적이며, 음탕하며, 종종 피에 굶주린듯 하다. 게다가 비록 내가 통치자들이나 그들의 관리와 하인들에 대항하여 모욕적인 언사를 한 적이 한 번도 없지만 당신은 그 불쌍한 사람인 나와 함께 그들의 호의와 칭찬을 얻을수록 구경거리와 조롱거리인 눈멀고 감옥에 갇힌 삼손처럼 될 것이다.

　나는 내 글에서 그들의 영혼의 파괴에 대항하여 내 영혼에서의 신실하고 순수한 진리 안에서 처음부터 형제로서 그들에게 경고해왔다. 경건한 참회의 그리스도인의 삶을 살라고 꾸짖고 성서의 완전한 영, 말씀, 계율, 금지, 조례와 그리스도의 본보기로 그들을 지적하였다. 그리고 당신이 치안판사에 관하여 바리새인과 헤롯과 같은 질문을 던졌을 때 피를 흘리게 만드는 참된 그리스도인 통치자가 될 수 없다는 것 외에는 아무 말도 하지 않았다. 이유인즉슨 만일 죄인이 진정으로 하나님 앞에서 회개하고 거듭난다면 그도 역시 선택받은 성도와 하나님의 자녀가 되고, 은혜를 함께 나눈 자가 되고, 그분의 거룩한 영의 기름 부음과 보혈의 피 뿌림으로 주님의 몸의 영적 지체가 되어 그리스도의 산 떡을 먹고 영원한 생명의 상속자가 되기 때문이다. 또한 다른 그리스도인에 의해 교수대에 달리고, 바퀴에 매달리고, 화형을 당하거나 그 밖의 다른 방법으로 신체나 재산의 해를 입은 사람은 그분이 그의 선택하신 자녀들이 따라야 할 본보기로 명하신 긍휼, 자비, 친절함, 기질, 영, 온유한 양이신 그리스도의 본보기의 빛 안에서 무언가 낯선 다른 것을 보게 될 것이다.

　다시 말해 만일 그가 부끄러운 상태 그대로 그의 삶을 살아간다면 우리는 무자비하게 그에게서 회개의 시간을 강탈하는 것이고 그럴 경우 그는 자신의 삶을 구할 기회가 남아 있음에도 그의 삶을 낭비하게 될 것이다. 그것은 그가 영원히 고통당하고 꺼지지 않는 강렬하게 타는 불의 고문을 참아야 하는 영원한 고통, 저주, 죽음을 갖게 하는 지옥의 악마에게 그처럼 귀한 보물을 팔아버린 불쌍한 영혼에게 포악한 제안을 하는 무자비한 일이 될 것이다. 내게 배우라, 내가 너희에게 보였나니, 나를 따르라, 나는 영혼을 파괴하기 위해 온 것이 아니라 구원하기 위해

왔노라와 같은 인자의 하신 말씀들을 결코 간과해서는 안 될 것이다.

치안 판사의 직무는 하나님과 그분의 임명에 의한 것이라는 사실을 나는 자유롭게 받아들인다. 그러나 그가 그리스도인이거나 그리스도인이 되고자 하는 사람임에도 그의 왕자, 머리 그리고 지도자이신 그리스도를 따르지 않는다면 그는 치안 판사라는 이름으로 내가 증오하는 불의, 사악함, 거만과 자만, 탐욕, 약탈 그리고 독재의 덮개와 옷을 입은 것이다. 왜냐하면 그리스도인이라면 그가 황제건 왕이건 아니면 그가 무엇이든 간에 성령과 말씀과 그리스도의 본을 따라야 하기 때문이다. 이런 책망들을 따르는 사람은 모두가 똑같이 '이 마음을 품으로 곧 그리스도 마음이니' 빌2:5라는 말씀과 '저 안에 거한다 하는 자는 그의 행하시는 대로 자기도 행할지니라.' 요일 2:6라는 말씀을 따라야 한다.920~22

다른 곳에서1043 메노는1555년에 어떤 범죄들은 사형을 받아야 마땅하다는 것을 인정했지만 그는 특별히 그리스도인임을 고백하는 치안 판사에 의해서는 그것이 정당화될 수 없다고 하였다.

결론

나는 아나뱁티스트들이 그리스도인 증인의 개인적 사회적 차원 사이의 분열에 대해 생각한 적이 있다는 것에 대해 의심한다. 나는 그들이 복음과 사회적 관심을 따로 분리하여 생각했다고 믿지 않는다. 만일 우리가 이것을 둘로 나누기를 원한다면 그것은 복음에 대한 오해이며 그리스도인 믿음의 가장 중요한 선포를 부정하는 것이다.

예수는 모두의 주님이시다.

후주

서문

1. 인디아나주 쿠츠에 있는 호프웰 메노나이트 교회의 목사인 빌벡(Bill Beck)의 이야기 역시 유익하다. 그가 기본적인 훈련을 쉬고 있는 동안 그의 메노나이트 여자 친구인 쉐리의 노래를 듣기 위해 그 교회를 방문했을 때, 그를 환영하는 전통적인 메노나이트 교회의 선교적 측면을 강조한다. 그의 교파가 낙태에 관하여 애매한 태도를 취했던 몇 년 후 그는 그 메노나이트들을 기억했다. 그가 이전에 그들의 약점으로 간주했던 것을 이제 "그들의 (지역) 공동체의 구성원들로부터 냉소적이고 어리석은 것으로 여겨지는 것을 이겨낼 수 있도록" 용기를 주는 그들의 강점으로 보게 되었다. 그가 예수의 가르침과 예수의 본보기(고전 11:1)를 연구하자, 그는 그가 "전투복을 입은" 예수를 상상할 수 없다는 것을 깨달았다. 그는 "원수를 사랑하라" "다른 쪽 뺨을 돌려대라"는 명령이 의미하는 바를 깊이 생각하게 되었다. 최종적으로 그는 "나는 '진짜' 메노나이트가 되기로 결정했다. 나는 의도적으로 예수의 길- 제자도의 길과 평화를 선택했다."고 말한다. Gospel Evangel: 2000년 1월/2월 인디아나주 미시건 메노나이트 총회의 편지 4~5.를 보라.

1. 샬롬 – 희년: 평화실천을 위한 성서의 소명

1. 클라우스 웨스터만(Claus Westerman), "구약에서의 평화(샬롬)", 페리 B. 요더와 윌라드 M. 스와틀리『평화의 의미』,개정. 출판(Elkhart, IN: IMS, 2001) 49. 좀 더 광범위한 구약에서의 샬롬의 의미에 관한 취급을 보기 원한다면 윌라드 스와틀리의『평화의 복음: 신약 신학과 윤리 안에서의 실종된 평화』(Grand Rapids: Eldermans, 2006), 28~34.를 보라.

2. P. 요더와 W. 스와틀리의『평화의 의미』, 21~35. 안의 크레머(Kremer), 제이콥(Jacob). "평화– 하나님의 선물: 성서적 신학적 고찰"

3. 이러한 정의/의에 관한 상황적 의미를 위해, 크리스 마샬(Chris marshall), 『성서적 정의에 대한 소책자』, (Intercourse, PA: Good Books, 2005), 10~21. 나는 "종말론적 희망"과 "속죄"의 하위 요점들을 덧붙였다.

4. 이러한 강조들은 존 하워드 요더의 『예수의 정치학』개정판. (Grand Rapids: Eldermans, 1994), 60~76. 안에 나타난다. 나는 이것들을 나의 『평화의 복음』, 137~40. 안의 누가복음 연구에서 확장하였다.

5. 메리 에블린(Mary Evelyn)과 브루노 마노(Bruno Manno)에 의해 출간된 『땅은 하나님의 것』안에 있는 윌라드 M. 스와틀리의 "집사의 책무에 관한 성서적 자료들"을 보라.

6. 존 이글슨(John Eagleson)에 의해 번역된 호세 미란다(Jose Miranda)의 『마르크스와 성서: 억압의 철학에 대한 비평』(Maryknoll, NY: Orbis Books, 1974), 93~95.

7. 아브라함 J. 헤셸, 『예언자들』(삼인 역간, 2004)

8. 조셉 A. 그라씨에 의한 누가복음 안에서의 정의에 관한 유용한 취급을 보라. 『땅의 평화: 누가복음으로부터의 뿌리와 실천』(Collegeville, MN: Liturgical Press, 2004): W. 스와틀리, 『평화의 복음』123~44.

9. 토론을 위하여 W. 스와틀리의 『평화의 복음』41~42.를 보라.

10. 히브리어로 샬롬이고 그리스어 에이레네인 "평화"에 관한 더 완전한 취급을 위해 W. 스와틀리의 『평화의 복음』27~52. (2장)과 도날드 E. 고완(Donald E. Gowan)에 의해 출판된 『성서의 웨스터민스터 신학 단어집』(Louisville: Westminster John Knox, 2003), 354~60. 안에 있는 "평화"에 관한 나의 논문

11. 메노나이트 교회 총회의 위원회와 메노나이트 교회 위원회에 의해 승인된, 『메노나이트 관점 안에서의 믿음의 고백』(Scodale, PA: Herald Press, 1995).

2. 예수와 평화, 폭력

1. 나의 공관복음서의 형성과 구조에 관한 연구를 보라: 윌라드 M 스와틀리, 『이슬라엘의 성서 전통과 공관복음서: 역사가 역사를 형성한다』(Peabody, MA: Hwndrickson, 1994).

2. 내 판단으로 설득력 있는 소수의 관점을 제공하는, 윌리엄 R. 파머는 고통 가운데서의 격려는 정경 안으로 받아들여진 책들의 특징이라는 것을 제안한다. 이 주제는 사실상 모든 신약 책들 안에 나타난다: 『예수와 복음: 전통, 성서, 그리고 정경』(Philadelpia: Fortress, 1982), 177~221. 받아들여진 책들의 드

러난 목록들과 박해 사이의 상호관계를 보이면서, 파머는 "초기 교회 안에서의 기독교 박해의 실제와 서로를 향한 어떤 활력적인 관계 안에 서 있는 신약 정경을 위한 기독교 작품들의 선택은 이 복잡한 역사적 문제에 관해 추측되어질 수 있는 어떤 것만큼 확실하다."라고 결론짓는다. (221) 파머와 데니스 M. 패커스펠비(Fakasfalvy)의 『신약 정경의 형성: 보편적 접근』(New York: Paulist, 1983) 7~95.도 보라.

3. W. 스와틀리의 『평화의 복음』은 이 점을 더 확실하게 만든다.

4. 도널드 B. 크레이빌의 『예수가 바라본 하나님나라』(복 있는 사람 역간, 2010) 개정 3판 (Scodale, PA: Herald Press, 2003).

5. 이 사람들은 마태복음 16: 16~19에서 "교회"(ekklesia)로 불린다. 지역적 도시 (polis)도 같은 이름으로 불렸다. 예수의 새로운 공동체는 이와 같이 여러 가지 방법으로 세상 분화 안에서 지배적인 사회 공동체에 대조되는 대안 사회이다.

6. 마태복음 5: 43절의 "네 원수를 미워하라는 것을…너희가 들었으나"라는 진술은 그 점을 만드는 유대 성서 어느 곳도 없다는 점에서 논란의 여지가 있다. 그것은 사해 사본 안에서 발견된다. 그리고 그것은 시편 139:19~22 안에서와 같이 원수들을 미워하는 것에 관해 말하는 시편의 어떤 실제적인 구절일 수도 있다.

7. 울리히 마우서(Ulich Mauser)의 『평화의 복음』(Louisvile: Westminster/John Knox, 1992), 36.

8. 이 때문에 잘 알려진 예수 세미나 그룹 안의 비판적인 학자들의 분해에서조차 그것은 분명하게 실제 예수의 말이다.

9. 그것을 부각시키기 위해 "그를 체포하려는 사람의 생명을 구한 더크 빌렘즈 (Dirk Willems)"라는 제목이 붙은 책 p.72를 보라.

10. 『예수의 새로운 길』(Newton, KS: Faith & Life Press, 1980) 100~104, 특별히 110. 안에 있는 윌리엄 클라센의 "예수의 사랑 명령 안의 기발한 요소"

11. 같은 책, 111.

12. 데이비드 플루써(David Flusser), 『예수』(Jerusalem: Magness Press, 1998), 88.

13. 문학은 일반적으로 사랑의 명령에 관해 광대하다. 빅토르 폴 퍼니쉬(Victor Paul Furnish)의 좋은 연구, 『신약 안의 사랑의 계명』(Nashville: Avingdon, 1972).

14. 마리우스 라이저(Marius Reiser), "고대의 상항 안에서의 원수사랑", NTS 47 (2001): 411~27.

15. 고든 제베(Gordon Zerbe), 『초기 유대인들과 신약 성서 본문 안에서의 복수의

거부: 사회적 본문 안에서의 윤리적 주제들』, 위서 연구를 위한 정기간행물: 증보 시리즈 13 (Sheffield: JSOT Press, 1993), 171~172. 더 충실한 이 유용한 작업의 보도와 분해를 위해 나의 리뷰, 『비평적 리뷰』(1995): 328~30; 혹은 MQR 69(1995 7월): 410~12. 위의 플루쎄의 입장은 라이저와 제베에 동의한다.

16. 알란 커크(Alan Kirk), "너의 원수를 사랑하라, 황금률, 그리고 고대 호혜주의" JBL 122 92003): 677~86.

17. 몇몇 평화 이야기들의 수집물은 적들을 향한 확신 있는 행동에서 어떻게 저항하지 않는 사랑을 표현하는지, 어떻게 예수의 평화의 자녀들이 그들의 소명을 살아낼 수 있는지를 보여준다. 엘리자베스 허쉬버거 바우만(Elizabeth Hershberger Bauman), 『불의 석탄』(Scottdale, PA: Herald Press, 1954); 코넬리아 렌(Cornelia Lehn), 『평화가 함께 하기를』(Newton. KS: Faith & Kife Press, 1980). 어린이들을 위해 쓰인 두 이야기들의 모음집은 어른들에게도 유익하다. 폭넓은 일련의 이야기들과 경우들은 에일린 이건(Eileen Egan)에 의해 더욱 최근에 『평화가 함께 하기를: 전쟁의 정당화 혹은 비폭력의 길』(Maryknoll, NY: Orbis Books, 1999)로 발표되었다.

18. 폴 피치(Paul Peachey)에 의해 출판된 『성서적 현실주의 국가에 직면하다』 (Scottdale, PA: Herald Press 교회 평화 사역/교제를 위한 공헌 출판, 1963), 162~68. 안에 있는 클라센의 "너의 원수를 사랑하라: 원수에 맞서는 것에 대한 신약성서의 가르침에 대한 연구" 클라쎈은 바울이 로마서 12~13장 안에서 이 가르침을 크리스천의 정치적 권력에 대한 관계에 어떻게 적용했는가도 보여준다. 사랑과 선의 주제들은 "친밀하게 엮여 있다." "아가페의 사랑은 그것의 악의 거절과 그것의 선과의 제휴 안에서 투명하다.(선, 12:9)" 이 관점은 그것 안에서 권세의 기능이 선으로 입증하기 위한 주장을 이끈다.(170~71)

19. 존 퍼거슨(John Ferguson), 『사랑의 정치학: 신약과 비폭력 혁명』(Greenwood, SC: Attic Press. n.d.), 4~5. 구 AMBS 교수이자 산상수훈 연구에 관한 전문가인 클레런스 바우만(Clarence Bauman) 역시 그리스어 원문의 더 나은 번역으로 "악으로 대항하지 말라"고 제안한다. 윌라드 M.스와틀리에 의해 출간된 『제자도와 정치 안에서의 제자도: 메노나이트 학자들과의 대화 안에서의 위르겐 몰트만의 강의들』(Eugene, OR: Cascade Books/ Wipf& Stock, 2006) 88~89. 안에 있는 크레런스 바우만의 "몰트만의 두 나라의 루터교의 원칙과 오늘날 그것의 사용"을 보라. 이 번역 제안은 악에 대한 수동적인 반응을 지지하는 신약의 본질적 기초의 핵심을 배제하기 때문에 의미심장하다.

20. 가이 F. 허쉬버거(Guy Hershberger), 『전쟁, 평화, 무저항』(대장간 역간,

2012) 존 E. 랩의 안내 책자, 『무저항에 관한 연구: 연구와 참고를 위한 견해』 (Scodale, PA: 메노나 총회의 평화 문제 위원회, 1948) 역시 이 점을 예증한다. 도날드 F. 던바(Durnbaugh)의 『땅의 평화에 관하여: 1935~1975 친구들, 메노나이트, 형제단, 그리고 유럽 교회들 사이의 전쟁/평화 주제에 관한 토론』 (Elgin, IL: Brethren Press, 1978), 50. 안에 있는 메노나이트의 진술도 보라.

21. 월터 윙크, "수동적이지도 폭력적이지도 않은: 예수의 제3의 길" SBL 1988 세미나 논문 (Atlanta: Scholars Press, 1978), 24. 윌라드 M.스와틀리에 의해 출간된 이 논문의 수정판, 『원수 사랑과 신약 성서 안에서의 보복의 단념』 (Louisville: Westminster/John Knox, 1992), 107.

22. 윙크, W. 스와틀리의 『원수 사랑』104~11. 안에 있는 "수동적이지도 폭력적이지도 않은"

23. 윙크에 대한 더 나은 평가를 위해, 스와틀리의 『평화의 복음』 64.를 보라.

24. W. 스와틀리의 『원수 사랑』 223~57, 특별히 232. 안에 있는, 루이스 스코트롭 (Louis Schottroff), "'가이사의 것은 가이사에게 하나님의 것은 하나님에게': 사회적 정치적 환경에 대한 초기 기독교 교회의 신학적 대응" 그녀는 이 가르침과 "하나님의 분노에 맡기라: 로마서 12:14~21"는 주제하의 로마서 안에 있는 바울의 가르침을 관련시키고, 로마서 13:1~7에 관한 연구를 시작한다. 그녀는 마태복음 5:38~48과 로마서 12~13장이 전적으로 초기 크리스천의 악에 대한 반응 (베드로전서에 똑같이 강조하고 있는)의 지속적인 유형과 비교될 수 있고 대표하는 설득적인 경우를 제시한다.

25. 존 폴 레더락(John Paul Lederach), 『평화실천을 향한 여정』(Scodale, PA: Herald Press, 1999), 25~44.

26. 존 하워드 요더, 존 A. 랩에 의해 출간된 『깨진 세상 안에 있는 피스메이커』 (Scodale, PA: Herald Press, 1969), 116~18. 안에 있는 "피스메이커의 길". 퍼거슨은 그리스어 단어 'teleios'는 (1) "완전", (2) "포괄적인", (3) "절대적인", 그리고/혹은 (4)"성숙"을 의미할 수 있다고 말한다. 모든 의미의 음영들이 여기에 포함되어야 한다. (『사랑의 정치학』, 5~6)

27. 로날드 J. 사이더, 『그리스도와 폭력』(대장간 역간, 2012)

28. 같은 책, 27, 32 이후를 참조할 것.

29. C. H. C. 맥그리거(McGregor), 『기독교 평화주의에 관한 신약성서의 기초』 (Nyack NY: Fellowship Publication, 1954), 32~33. 그의 사랑 윤리학에 관한 구절들의 수집을 위해 p. 108을 보라. 컬버트 G. 루텐버(Culbert G. Rutenber)의 『단검과 십자가: 평화주의의 실험』(Nyack, NY: Fellowship Publications, 1950)

도 마찬가지로 그리스도 안에 있는 하나님의 사랑의 명령을 연결한다. "이 사랑은 결코 단순히 모호한 선한 의지 혹은 해롭게 하려는 의지 없는 것이 될 수 없다…이것은 무기력한 굴복의 수동적 원칙이 아니라 원수의 선을 찾음에 의한 신적 사랑을 표현하기 위한 노력이다."(37~38)

30. 『무저항과 책임, 그리고 다른 메노나이트 논문들』(Newton, KS: Faith & Life Press, 1979), 64~78. 특히 65. 안에 있는 고든 D. 카우프만의 "무저항과 책임". 그 책 안의 다음 논문, "크리스천의 결정방법"에서 카우프만은 사람이 어떻게 전쟁의 참여자로서 그 문제에 관해 결정하는지를 알려주는 네 가지 고려 점들을 제안한다. 그것들은 정의, 약속, 그리고 사회에서의 역할과 함께 우리가 행하는 헌신, 죄인들에 대한 구속적 사랑, 그리고 죄인으로서의 자신에 대한 인식이다.(86~91) 정의가 구속적 사랑과 갈등을 빚을 수 있다는 것을 관찰한 후에 카우프만은 전쟁에 참여하지 않는다는 자신들의 입장을 고수하는 소사회인 "신자들의 교회"로서의 메노나이트들의 도덕적 종교적 권리에 대하여 논쟁한다.(91~98)

31. 어느 곳에서나 나는 이 부분에 관하여 더욱 강렬하게 써왔다. 즉 『마가복음: 모든 나라들을 위한 길』(Eugene, OR: Cascade Books/Wipf & Stock, 2000), 7~8장. 그와 똑같이, 『이스라엘의 성서적 전통』, 98~102, 111~15. 그리고 윌라드 M. 스와틀리에 의해 출간된 『폭력의 단념: 르네 지라르, 성서적 연구와 평화실천』(Telford, PA: Pandora Press; Scottdale, PA: Herald Press, 2000), 230~34. 안에 있는 "제자도와 모방"

32. 요한복음 6:15에서 예수가 5,000명의 무리들을 먹이자 무리들은 예수를 강제로 임금 삼으려 했지만 그는 그들로부터 피했다.

33. 리차드 B. 헤이스(Hays), 『신약의 윤리적 비전』(IVP 역간, 2002), 333. 헤이스는 신약 안에 있는 예수의 성전 청결과 군사들과 같은 종종 폭력을 지지하기 위해 사용된 다른 본문들에 관하여 언급했다. 그는 어떤 규범적인 도덕적 지침도 제공하지 않는다고 바르게 주장한다. (346~36)

34. 장, 라쎄르(Jean Lasserre), 『전쟁과 복음』 올리버 코번 번역(Scottdale, PA: Herald Press, 1962), 65~66.

35. 예수는 세 번의 유혹을 극복했고(마4:8~10), 베드로의 메시아에 대한 견해를 거절했고(막 8:27~33), 사마리아인들에게 불을 내리라는 요청을 거부했고(눅 9:51~55), 나귀 새끼를 타고 예루살렘에 입성했으며(마21:10~11), 베드로에게 검을 도로 집어넣으라고 명령했으며(요 18:10~11), 계시록 13:10은 같은 요점을 만들고 있다. 퍼거슨의 『사랑의 정치학』 24~26을 보라.

36. 같은 책 26.

37. 루텐버, 『단검과 십자가』 47.

38. 예수의 성전청결 기사는 전쟁에서의 크리스천의 폭력 사용을 지지하는 성서적 주장으로 종종 오용된다. 예수의 행동은 말씀의 권위에 의존한 전적으로 예언적인 것이었다. 비록 요한복음 2:15절의 어떤 번역은 예수가 사람에 대하여 줄을 휘두른 것처럼 묘사하고 있지만 대안적인 주해 (NIV, NEB, GNB 안에 반영된)는 예수가 채찍으로 몰아낸 모든 것의 설명으로 "양들과 소들에게"라는 구절을 더하고 있다. 16절은 그것들을 모두 몰아낸 후 비둘기를 팔고 있었던 사람에게 예수가 했던 말에서 이 해석을 지지한다.

39. 대안적인 주해를 위해 스와틀리의 『평화의 복음』 112, 주 44를 보라.

40. 도날드 시니어(Donald Senior), 『마태복음』, Abingdon 신약 주석(Nashville: Abingdon, 1998), 31.

41. 이 문제에 관한 더 깊은 연구를 원한다면, W. 스와틀리의 『평화의 복음』, 68~72, 특히 주(note) 52를 보라. 폭력의 인과응보의 비유적 묘사와 함께 최후의 심판을 묘사하는 마태복음 안에서 예수의 비유들 역시 의심스럽다. 이것은 5:45 안에서 하나님의 자비에 대한 그의 묘사를 손상시키는가? 인간들로서 우리는 하나님에 대한 판단을 그만두어야만 한다. 왜냐하면 하나님만이 정의와 자비가 요구하는 것 모두를 하실 수 있기 때문이다. 이 어려운 문제를 학구적으로 다루기 원한다면, 데이비드 J. 네빌(Neville)의 "평화의 목적을 향하여: 마태복음의 폭력적 종말론 논쟁" JSNT 70 (2007) 근간.

42. 용서를 위한 탄원과 함께 탁월한 "회개의 탄원"은 HWB 안의 691번이다. 그 탄원은 폴 H. 보우만에 의해 출간된 『모험적 미래』(Elgin, IL: Brethren Press, 1959)로부터 나왔다.

43. E. 모리스 사이더(Morris Sider)와 룩 키퍼(Luke Keefer) Jr.에 의해 출간된 『평화 독자, A Peace Reader』(Nappanee, IN: Evengel Press, 2002) 37. 안에 있는 "예수의 정치학" J. R. 버크홀더(Burkholder)는 이곳에서 존 하워드 요더의 『예수의 정치학』에 관해 곰곰이 생각한다. 사이더와 키퍼의 책은 평화주의자 관점을 잘 묘사한다. 그것은 구약에 관해 2장, 신약에 관해 4장, 그리고 역사적 교회와 현대의 실제적 관점들에 관한 수많은 장들을 포함한다. 최근에 출판된, 마찬가지로 중요한 다른 두 책은 데일 W. 브라운의 『성서적 평화주의』 수정판(Nappanee, IN: Evangel Publishing House: Scottdale, PA: Herald Press, 2003)과 존 D. 로스(Roth)의 『전쟁에 반하는 선택: 크리스천의 견해; 우리의 두려움보다 강한 사랑』(Intercourse, PA: Good Books, 2002)이다.

3. 평화와 폭력 그리고 바울

1. 클라우스 벵스트(Klaus Wengst)와 게하르트 사쓰(Gehard Sass)에 의해 출간된『'네'와 '아니요': 이스라엘과 대면한 기독교 신학』(FS Wolfgang Schrage) (Neukirchen-Vluyn: Neukirchner Verlag, 1998), 195~207. 안에 있는 윌리엄 클라센의 "평화 추구: 구체적인 윤리적 명령(로마서 12:18~21)," 허락을 받고 도표 사용.

2. 이 호칭의 이입에 대한 토론을 위하여 W. 스와틀리의『평화의 복음』208~11. 과, 이 토론을 위해 도움이 되는 주 52를 보라. 이곳에서 나는 마우저(Mauser)의『평화의 복음』105~9.만을 언급한다.

3. 이곳에서 그 구절은 "너희 각자가 이웃에 대하여 분명하게 진리를 말하고 분노와 문제를 만드는 일에 빠지지 말고 평화의 하나님을 붙잡고 평화하라. 이와 같이 다툼이 너희를 사로잡지 못하게 하라."라고 읽힌다.

4. 히브리서 13:20에서 발생하는 것은 축복에서도 발생한다.

5. 마우저,『평화의 복음』105. 그의 책(133)의 원고 안에서, 마우저는 "주/하나님의 지혜" (에녹 1서 63:2, 요세푸스,『유대 상고사』11.64(11.6.11))와 "주/ 하나님의 의" (1QM 18.8; Tob 13:6) 역시 밝힌다.

6. 민수기 6:24~26을 보라. 바울은 그의 인사말 안에서 "평화"와 함께 "은혜"라는 말을 빈번하게 사용한다. 그것의 기원에 관한 논의를 위해, 마우저의『평화의 복음』107~8을 보라. 존 E. 토우즈(Toews)는『로마서』, BCBC (Scottdale, PA: Herald Press, 2004) 42.에서 "은혜와 평화"라는 인사말을 "특별히 바울의 창작물"로 간주한다.

7. 마우저,『평화의 복음』, 106.

8. 그 구절을 "평화를 소유하다" (명시적) 혹은 "평화를 소유하자" (격려의 가정)로 읽건 간에, 문맥적 변형을 고려하는 것은 P. 요더와 W. 스와틀리의『평화의 의미』, 99~101 (Westminster/John Knox, 1992판 182~83. 참조) 안에 있는 에릭 딩클렛(Eric Dinklet)의 "평화(Eirene) - 초기 크리스천의 평화의 개념"에 의해 잘 그리고 풍성하게 논의되었다.

9. 크리스터 스텐달(Krister Stendahl),『유대인과 이방인 가운데 바울』 (Philadelphia: Fortress, 1976), 1~40.

10. J. H. 요더,『예수의 정치학』(IVP 역간, 2007), 231~32, 수정판 (1994), 226.

11. 페리 B. 요더,『샬롬: 구원을 위한 성서의 단어, 평화와 정의』(Newton, KS: Faith & Life Press, 1988; 증쇄, Napanee, IN: Evangel Press, 1997), 71~84. 이 관점 안에서 그의 견해는 J. G. D. 던(Dunn)의 견해와 같다. 그는 두 유형들은

J. S. 슬랜더즈(Slanders)가 인식하는 것보다 더 유사하다고 주장한다. 『예수, 바울 그리고 율법』(Louisville: Westminster/John Knox, 1990), 183~215 안에 있는 던의 "바울에 관한 새로운 관점"을 보라.

12. 존 E. 토우즈는 아브라함의 믿음을 핵심 강조로서가 아니라 하나님을 신뢰하는 그의 믿음으로 여겼는데, 그것은 바울로 하여금 예수 자신의 믿음과 일치하는 아브라함에게 호소하도록 이끌었다.(『로마서』, 120~24, 375~80.)

13. 사이더, 『그리스도와 폭력』(대장간 역간, 2012)

14. 조지 쉴링톤(George Shillington)의 『고린도후서』, BCBC (Scottdale, PA: Herald Press, 1999), 127. 안에 있는 이 같은 교차대구법을 보라. 쉴링톤은 그것을 더 넓은 서신의 정황 안에 놓음으로써 이 구절에 대한 탁월한 논증을 하였다.

15. J. H. 요더, 『예수의 정치학』, 122~30. (1994: 120~27)

16. 같은 책, 134. (1994:131.)

17. 버나드 엘러(Vernard Eller), 『창세기부터 계시록까지의 전쟁과 평화』 (Scottdale, PA: Herald Press, 1981), 140~43.

18. 같은 책, 145~52.

19. 같은 책, 168~72. 퍼거슨의 그의 추종자들을 위한 "그리스도의 길"에 대한 묘사는 똑같이 사랑, 십자가, 그리고 예수 안에서의 크리스천의 삶에 초점을 맞춘다. "그리스도는 우리에게 새로운 길, 새로운 삶의 방식, 세상을 바꾸는 방식을 보여주었다. 그것은 정치적으로 적절하다. 그것은 그 자신의 고유한 방식인 비폭력, 진정한 힘인, 영혼의 힘인 사랑의 힘의 방식이다. 그는 우리 안에서 그것의 성취를 찾는다." (『사랑의 정치학』, 115.) 계시록의 "양의 종말론"-그리스도를 충실히 따르는- 에 대한 더 풍부한 취급을 위해서 스와틀리의 『평화의 복음』, 330~39를 보라.

20. J. H. 요더, 『예수의 정치학』(IVP 역간, 2007)

21. 같은 책, 153(1994:150), p. 155에 요더는 교회의 독특한 과업을 설명하기 위해 1948년 WCC 암스테르담 총회에서 행한 J. H. 올드햄(Oldham) 의 진술을 인용한다. "교회는 근본적으로 진정한 사회적 삶을 재창조하는 과업과 연관되어 있다…그것의 삶은 예배하는 공동체로서…그것 안에서 작은 그룹들이 이 새로운 경험 안으로 함께 들어가서 세속적 영역 안에서 크리스천의 삶과 행동에 대하여 서로에게 상호 지지를 해주는 중심 장소가 되는 것보다 교회가 사회를 위해서 할 수 있는 위대한 것은 없다."

22. 같은 책, 161. (1994:157.)

23. 어네스트 D. 마틴(Ernest D. Martin), 『골로새서와 빌레몬서』BCBC (Scottdale,

PA: Herald Press, 1993), 113.

24. 클라우스 벵스트(Klaus Wengst), 『팍스 로마나와 예수 그리스도의 평화』 존 보덴 번역 (Philadelphia: Fortress, 1987), 17.

25. 벵스트, 『팍스 로마나』 52, 타키투스의 『아그리콜라』(타키투스의 장인이며 책 이름이기도 한 −역자 주), 30, 3~31, 2.

26. 이 책들 안에서 평화의 이론을 다루기 위해, W. 스와틀리의 『평화의 복음』, 254~75와 아래 11장을 보라.

27. 헤이스, 『신약의 윤리적 비전』(IVP 역간, 2002) .

28. 글렌 H. 스타센, "산상수훈의 열네 개의 3전략들" JBL 122 (2003); 267~308 (296에 있는 도표), 스타센과 P. 구쉬(Gushee), 『하나님의 통치와 예수따름의 윤리』(대장간 역간, 2012), 126. 스타센 안의 논쟁, 『단순한 피스메이킹: 정의와 평화를 위한 주도권 바꾸기』(Louisville: Westminster/ John Knox, 1992), 36~38. (44~45에 있는 도표)과 『평화의 복음』 65~66 안에서의 이것에 대한 나의 취급을 보라.

29. 벵거의 『완전한 작품들』에 있는 "간단하고 분명한 고백, 1544," p. 423.

30. 벵거의 『완전한 작품들』에 있는 "성인들의 십자가, ca. 1554," p. 603.

31. 벵거의 『완전한 작품들』에 있는 "서신들과 다른 작품들," PP. 1034~35.

4. 평화운동가: 땅의 소금과 세상의 빛

1. 이곳에서 『로마서』 안에서의 이 구절들에 대한 토우즈의 뛰어난 취급을 보라.

2. 소설 장르 안에서 월터 웽거린 Jr.는 소설 『예수』(Grand Rapids: Zondervan, 2005), 71~74.에서 이 요점을 기억하기 쉽게 만들었다.

3. 필립 얀시, "평행인 우주를 탐험하기", 『Christianity Today』 2005년 11월호, 128.

4. D. 크레이빌, 『예수가 바라본 하나님나라』(복있는 사람 역간, 2010) 크레이빌은 이러한 유혹들을 현대의 문화적 실제들 안에 유용하게 놓았다. 당시의 정치적 격변기 안에서 예수에게 메시아적 군대 통치자가 되라는 사탄의 초대, 성전 숭배의 경건 안에서 거룩한 종교적 영웅이 되라는 유혹, 가난하게 살고 있는 소작농 대중의 정황 안에서 무수히 많은 빵의 유혹.

5. 제프리 B. 깁슨(Jeffrey B. Gibson), 『초기 기독교 안에서 예수의 유혹들』, JSNTSup 112 (Sheffield Academic Press, 1995), 특별히 110과 모든 장의 요약들. 이혼 논쟁과 연결된 "그 시험"까지도 같은 문제를 포함한다. 왜냐하면 이혼에 반대되는 말을 하는 것은 헤롯이 금지들을 악명 높게 깨트려 왔기 때문에 헤롯

의 정치적 지배 하에서 예수의 안전을 위태롭게 하기 때문이다.

6. 조지 쉴링톤(George Shillington), "땅의 소금? (마 5:13/눅 14:30f.)," Expository Times 112, no. 4 (2001 1월호): 120~21. 알란 크라이더(Alan Kreider)는 더 일 찍 같은 해석을 제안하였다. "소금과 빛,"『제3의 길』11 (1988 9월): 14~16; "빛" 의 속편 (1988 10월): 14~16; 크라이더의 " 소금 제자도,"도 보라. The Other Side 25 (1989 3~4월); 그리고『신성을 향한 여행』(Scottdale, PA: Herald Press), 222~24, 238, 주 1. 19세기 농부들의 백과사전의 연구를 통하여, 크라이더는 그 당시 영국에서는 농부들이 예수 당시와 마찬가지로 (맛을 잃은 소금을)비료로 서 소금을 제한된 양을 사용했다는 것을 배웠다.

7. 마크 A. 놀(Mark A. Noll)은 교회들이 정치적 영역에 들어갈 때 십자가와 그것 의 윤리적 고통을 너무 자주 한쪽으로 밀어놓고, 정의와 의무를 강조하는 모습 을 보고 한탄했다.『왕관에 십자가를 더하기: 그리스도의 열정의 정치적 의미』 (Grand Rapids: Baker Books, 1996), 27.

8. 존 H. 요더에 의해 번역되고 출간된『미카엘 자틀러의 유산』(Scodale, PA: Herald Press, 1973), 121~25. 안에 있는 미카엘 자틀러(Michael Sattler)의 "두 가지 종류의 복종" 자틀러의 특징은 요한복음 15:14~15에 나오는 "종"과 "친 구" 사이의 예수의 특징 가운데 하나를 생각나게 한다.

9. 마틴 루터의 두 가지 나라 원칙의 대조는, 그것 안에서 크리스천은 "그리스도 의 사람"과 "세상의 사람"의 두 유형으로서 살고 행동하게 한다. W. 스와틀리 에 의해 출간된『제자도의 정치학』3~18 안에 있는 "두 나라의 루터교의 원칙 과 오늘날 그것의 용도"와 그의 비평 17~18, 그리고 그의 장, "핵전쟁 시대의 예수 따르기", 51~57.『제자도의 정치학』88~91 안에 있는 클래런스 바우만의 "몰트만의 '두 나라'에 대한 반응"도 보라.

10. 또 다른 의미 있는 구약적 사고의 흐름은 이방에 대한 예언자들의 신탁이다. 대부분의 경우 이 신탁들은 이방을 향한 심판의 유형들 안에 있다. 그것들이 그 나라의 집권자들에게 보내지거나 전달되었는지는 분명하지 않다. 그러나 한 가지 예언자들이 모든 나라들의 도덕적 책임과 관련된다는 점은 분명하다. 이사야와 예레미야 그리고 에스겔서의 수많은 장들이 이방을 향해 선포된 신 탁들로 구성되어 있다. 이것은 어떠한 권세도 사람들을 위한 하나님의 도덕적 의지를 향한 책임의 바깥에 있을 수 없다는 것을 가리킨다.

11. 윌라드 M. 스와틀리에 의해 출간된 종종 논문집 3이라 불리는 논문 모음집『성 서와 율법』(Elkhart, IN: IMS, 1983)과 토우즈의『로마서』194~216.과 특별히 그의 "율법"에 관한 논문 389~94.

12. 마이론 아우구스버거(Myron Augusberger), "칼을 쳐서 보습으로", Christianity today 20 (1975,11월호 21.)

13. 폴 호스테틀러(Paul Hostetler)에 의해 출간된『완전한 사랑과 전쟁』(Nappanee, IN: Evangel Press, 1974), 15. 안에 있는 마이론 아우그스버거의 "문제에 직면하기"

14. 아우구스버거, "철을 쳐서" 197

15. 로버트 L. 램제이어(Robert L. Ramseyer)에 의해 출간된『선교와 평화 증언』(Scottdale, PA: Herald Press, 1979) 안의 다양한 논문들을 보라, 특별히 램제이어의 "메노나이트 선교와 크리스천 평화 증언" 114~34.와 사무엘 에스코바(Samuel Escobar)와 존 드라이버의『크리스천 선교와 사회적 정의』(Scottdale, PA: Herald Press, 1978)

16. 듀에인 프리센(Duane Friesen)과 제랄드 슐라바흐(Gerald Schlabach)에 의해 출간된『평안과 담대함』(Scottdale, PA: Herald Press, 2005), 241~59, 특별히 252. 안에 있는 페르난도 엔즈(Fernando Enns)의 "보편적 대화 안에서의 공공의 평화, 정의, 그리고 질서"

17. 스타센과 구쉬,『하나님의 통치와 예수따름의 윤리』(대장간 역간, 2012)

18. 윌라드 M. 스와틀리와 도날드 B. 크레이빌에 의해 출간된『공감의 공동체 만들기: 이론과 실제에 있어서의 메노나이트의 상호 도움』(Scottdale, PA: Herald Press, 1998) 안의 W. 스와틀리의 "예수에 기초한 상호 도움"

19. 같은 책과 나의『평화의 복음』7장 안에 있는 충실한 상호 도움 실천에 관한 나의 묘사를 보라.

20. 톰 올리버와 마찬가지로 폴 알렉산더는 확장된 성서 연구를 통해 전쟁에 참여하는 것을 거절하고 피스메이커가 되는 이 헌신에 도달했다. 알렉산더의 이야기를 위해 준 크레빌(June Krehbiel)의 "예수에게 주목하기: 산 호세 메노나이트 대회의 연합 예배를 위한 오순절 평화주의자 이야기",『메노나이트』2007년 5월 15일자, 14~15.를 보라. http://www.menoniteusa.org/news/april-june0704~13~07.htm

5. 모든 권세 위에 뛰어난 그리스도의 주되심에 대한 그리스도인의 증거

1. 이사야서의 두 경우 안에서- 24:23c, "만군의 여호와께서 왕이 되시고"와 31:4e, "만군의 여호와가 강림하여"- 예수가 즐겨 사용했던 아람어 번역은 그것을 "하나님나라가 드러날 것이다."로 만든다. 이 요점과 예수의 복음 선포를 위한 그

것의 의미에 대해서는 아래 9장을 보라.

2. 이사야서 6:3, "거룩하다 거룩하다 거룩하다 만군의 여호와여" 안에서 만군(sabaoth)은 그리스어로 옮겨질 때 번역되지 않았다. 이와 같이 그것의 특별한 의미는 거룩과의 관련 안에 있다.

3. 만군의 여호와는 분명하게 법궤(처음으로 실로)와 그 다음으로는 성전과 관련된다. 그곳은 야훼의 왕권과 통치권이 시온에 의해 신학적 상징으로 표시된다. "시온"은 하나님의 안전과 언약 백성의 보호를 상징한다. 시온으로부터 보호하고 방어하시기 위해 오시는 하나님은 수많은 시편들과 (20: 48; 50:1~6; 76) 이사야서에 스며들어 있다. 이사야서 1~6장 안에서 "만군의 여호와"가 열 번 나오고 "시온"은 8번이 나온다. 1:24과 27은 병행구절이고 37:32와 51:15~16은 두 용어들이 함께 나타난다. "거룩하신 분"과 "시온"으로서의 하나님은 5:16, 24; 6:3; 54:5 안에서 연결된다. 시온 본문들의 많은 것들이 혼돈으로부터 보호하고 무기들과 적들을 부서뜨리는 안전과 하나님/여호와의 적들을 물리치심을 강조한다. 시편과 이사야서 안에서의 주요 본문들을 다루는 벤 C. 올렌버거(Ben C. Ollenberger)의 『시온, 위대한 왕의 도성: 예루살렘 숭배의 신학적 상징』(Sheffield: Sheffield Academic Press, 1987), 특별히 46~48, 107~29, 144~62.를 보라.

4. 다니엘서 안의 이 구절들을 위해, 나는 70인 역의 개역판 데오도티안 혹은 고대 그리스어 역을 사용하고 있다.

5. 한 측면은 이곳에서 발전되지 않았지만 아래 10장에 하나님과 연관된 예수의 정체성이 있다. 이와 같이 초기 크리스천들은 그를 경배했다. 이 상호관계의 수많은 측면들은 이 연구의 한계를 넘어가지만 10장은 그 시작이다.

6. W. 스와틀리의 『평화의 복음』(239~41)에서 나는 정부의 권력을 부정적으로, 긍정적으로, 그리고 내가 규범적으로 권세들을 능가하는 그리스도의 승리라고 하는 세 가지 칼럼들 안에서 여섯 구절 넘게 나열한다.

7. 월터 필그림(Walter Pilgrim), 『편하지 않은 이웃들: 신약 안의 교회와 국가』(Mineapolis: Foptress, 1999), 7~36. 그의 주 1번 안에 있는 성서의 첫 번째 칼럼은 정부를 부정적으로 보는 일곱 구절을 밝힌다.

8. 평화 교회 안의 신자들이 공공의 질서와 안전과 관련하여 목격하게 되는 가치들에 관한 최근의 생각을 위해 프리센과 슐라바흐의 『평안과 담대함』안에 있는 논문들을 보라. 듀에인 프리센(Duane Friesen)의 "안전을 찾아서: 신학과 평화의 윤리와 공공 법규," 37~82, 특히 68~75; "1부에 대한 부록: 평화 신학: 이야기 해설과 함께 시각적 유형," 153~64, 153의 도표; 페르난도 엔즈, "보편적

견해 안에서의 공적 평화, 정의, 그리고 질서," 특히 b, c 단락과 253~53의 d 단락; 제랄드 슐라바흐, "비폭력에 대한 치안과 크리스천 소명," 405~21;그리고 데릴 바일러(Daryl Byler)와 리사 쉴치(Lisa Schilch)에 의한 두 논문, 179~94, 423~44.

9. 이와 같은 강조가 베드로전서에 나타난다. 3:8~17에서 "악"(kakos) (9절(두 번), 10, 11, 12, 13, 17)일곱 번 등장하고, "선"(agathos) (10, 11, 13, 16,(두 번), 17), 여섯 번 등장, 사이의 지배적인 대조가 때로는 동사형으로 나타난다. 2:14~15, 18~25에 같은 대조가 나타난다. 다시, 사랑을 따르고(3:8~9), 평화를 찾고(3:11), 그리고 선한 양심을 가지고(3:16)는 상호의존 관계에 있는 윤리적 지시이다. 데살로니가전서 5:15도 보라. 로마서 13장의 정부의 권위를 위한 신적 기초는 베드로전서 2: 13 안에 있는 "인간에 세운" (anthropine ktisei)이라는 구절에 의해 보완된다. 디모데전서 2:1 안에서 왕들은 "모든 사람들"과 문법적 동치를 나타낸다.

10. 몰트만에 의해 제시된 정부를 향한 크리스천의 관계와 책임의 유형들 안에서, 이 견해는 위에서 주목했던 루터의 견해를 따른 두 사람이 아니라 아나뱁티스트 모델을 따르고 있다. W. 스와틀리의『제자도의 정치학』, 52~56 안에 있는 몰트만의 "핵전쟁 시대에 예수 그리스도 따르기"를 보라.

11. 사실 연속되는 폭력의 끝은 그 안에서 사람들과 환경이 모두 파괴되는 전 지구적 치명적인 폭력을 향해 여전히 더욱 확장되고 있다. 정당한 전쟁 입장의 지지자들은 올리버 오도노반(Oliver O'Donovan)의『전쟁에 대한 크리스천의 견해의 추구 안에서』(Bromcote, UK: Grove Books, 1977)에서 그러듯이, 무차별하고 불균형한 죽음의 받아들일 수 없는 극단 이하로 받아들일 수 있는 그들의 중재의 선을 그린다. 그러나 크리스천들은 모든 죽음을 받아들일 수 없는 극단으로 여겨야 한다.

12. 나는 이것을 나의『평화의 복음 』124~25 안의 누가복음에 관한 장에서 더 충실하게 논의한다.

13. 로마의 경제적 제국주의에 대한 계시록의 비평의 심도 있는 연구를 위하여 J. 넬슨 크레이빌의『요한계시록 안의 제국 숭배와 상업』, JSNTSup 132 (Sheffield: Sheffield Academic Press, 1996).

14. 나는 정부 공무원들에 대한 더욱 긴 부정적인 평가 리스트를『평화의 복음』8장, 228~34 안에 제공한다.

15. 위르겐 몰트만의 제안들 안에서 이 딜레마에 대한 루터와 개혁주의와 아나뱁티스트의 해법들을 보라. W. 스와틀리의『제자도의 정치학』1부, 1~4장.

16. 내가 『노예, 안식일, 전쟁, 그리고 여성: 성서적 해석 안에서의 문제』(Scottdale, PA: Herald Press, 1983), 112~49에서 이미 설명한 논쟁들을 보라.

17. 니버의 비평을 위하여, 존 하워드 요더의 『라인홀드 니버와 크리스천 평화주의』, Heerewegen 팜플렛 1 (Zeist, Netherlands: (메노나이트 총회와 평화 센터), 1954); rept. MQR 29 (April 1995): 101~17; 리차드 헤이스(Richard Hays), 『신약의 윤리적 비전』(IVP 역간, 2002)

18. 프리센과 슐라바흐에 의해 출간된 『평안과 담대함』, 117~52 안의 리디아 하더(Lydia Harder)의 "어리석음의 면전에서 지혜 찾기: 건전한 평화 신학을 향하여"

19. 이 사건들에 대한 묘사는 제이콥 스와틀리, 존과 막델리나의 아들로부터 랭카스터의 개혁적 메노나이트들의 주교 존 헤어(John Herr)에게 보낸 편지의 발간과 함께 최근에 빛을 보았다. (1819년 주교 존 헤어에게 보낸 편지, 펜실베이나 메노나이트 유산 30 (2001년 1월): 20~22) 야콥은 분명하게 프랑코니아 메노나이트의 입장과 반대로 대륙 총회와 입장을 같이 하고 혁명전쟁의 세금을 납부하는 "풍카이츠(Funkites)"에 속했다.

20. 존 L. 루스(Jonn L. Ruth), 『씨뿌리는 시기: 미국 혁명에 대한 메노나이트 견해』(Scottdale, PA: Herald Press, 1976), 40, 138. 루스가 말하듯이, "전쟁의 혼란 가운데에는 우정과 존경이 있다. 그리고 군인들은, 신혼자로서 국가의 번영에 취해, 신병으로서 많이 가지지 못한 채 떠난다."

21. 프리쎈과 슐라바흐, 『평안과 담대함』, 153~63 (153의 도표). 내 판단으로는 지혜 증언자들의 여섯 측면은 중요한 일곱 번째 측면이 부족하다. 메노나이트 중앙 위원회의 계속되는 경감과 발전 작업은, 그 자체로 팍스 아메리카가 얻을 수 없는 것을 팍스 기독교가 얻는 권세들의 시위 그 자체이다 (엡3:9~10 참조). 하지만 제국적 권세는 오히려 그것들로부터 회복되기 위해서는 수십 년이 걸리는 전쟁의 원인, 생명의 손실, 기근, 난민, 미망인, 고아, 그리고 광범위한 파괴를 행한다.

22. 그리스도인이라는 이유 때문에 그의 직업을 떠났던 전직 록히드사의 미사일 엔지니어의 증언을 위해, 크리스토퍼 그래니스(Christopher Grannis)에 의해 출간된 래핀(Laffin)과 엘린 쉐이드(Elin Schade)의 『십자가의 위험: 핵시대의 기독교 제자도』(New York: Seabury, 1981), 46~50. 안에 있는 로버트 C. 엘드리지(Aldrige)의 "시작할 수 있는 용기"를 보라.

23. 크리스 석든(Chris Sugden), 『다른 꿈: 실제적 정책으로서의 비폭력』(Bromcote, UK: Grove Books, 1976); 라차드 K. 테일러, 『봉쇄: 비폭력 중재에 관한 안내

서』(Maryknoll, NY: Orbis Books, 1977); 피터 D. 비숍(Peter D. Bishop),『사랑의 기술: 인디언과 기독교 전통 안에서의 비폭력』(London: SCM Press, 1981). 2차 세계 대전 기간 중에 프랑스 회중들이 어떻게 비폭력 저항을 통해 2,000명이 넘는 유대인들의 생명을 구했는지에 대한 생생한 이야기를 위해, 필립 할리(Philip Hallie)의『순수한 피가 흐르지 않도록』(New York: Harper & Row, 1979)을 보라.

24. 딤전 2:1~2를 보라; 짐 월리스(Jim Wallis), "기도자의 작업",『소저너스 8』(1979 3월): 3~5; 헨리 나우엔(Henri Nouwen), "모든 것들을 떠나보내기"『소저너스 8』(1979 3월): 5~6.

25. 우리 시대의 그와 같은 기적을 위해서, 사라 콜슨(Sarah Corson), "원수를 환영하기: 사랑으로 폭력과 싸우는 사역"『소저너스 12』(1983년 3월): 29~31 (http://www.sifat. or/about-us/True%20Stories/welcoming%20th%20enemy. htm).데이비드 잭슨(David Jackson),『번호 911: 평화로운 그리스도인들과 도시의 폭력』(Scottdale, PA: Herald Press, 1981); 그리고 존 하워드 요더,『당신이라면?』(대장간 역간, 2011)증보판 with 존 바에즈(Joan Baez), 톰 스킨너(Tom Skinner), 레오 톨스토이(Leo Toltoy), 그리고 다른 사람.

26. 일어나는 두 가지 특별한 문제는 아이들을 양육하고, 도둑 혹은 강간범을 규제할 때의 힘의 사용이다. 전자의 경우, 아이들의 유익과 아이들을 위한 사랑은 부모의 권위를 분명하게 표현할 것을 요구한다. 훈련하는 사람은 분노와 보복이 아니라 순수한 사랑과 아이들의 복지를 위한 관심에 의해 인도되어야만 한다.(엡6:1~4) 후자의 경우, 관심을 다른 곳으로 돌리게 하는 전술과 말로 꾸짖는 것이 우리의 으뜸가는 대응들이 되어야 한다. 그것이 적용되는 사람을 위한 관심의 표현으로서의 힘은 그것이 영구적인 육체적 해가 되지 않는다면 사용될 수도 있다. 그러나 우리는 힘은 더 큰 힘을 불러낸다는 것을 반드시 기억해야 할 필요가 있다. 그와 같은 상황에서의 비폭력 저항의 이야기들을 위해, E. H. 바우만의『불타는 석탄』; 렌의『평화가 그대에게』; A. 루스 프라이의『폭력이 없는 승리들』(London: Dennis Dobson, 1957); 그리고 이건(Egan)의『평화가 그대에게』.를 보라.

27. 진 마이클 호누스(Jean Michael Hornus),『싸움은 나에게 합법적이지 않다』앨런 크라이더와 올리버 코번 번역. (Scottdale, PA: Herald Press, 1980), 158, 163, 243.

28. 이것은 1981년 미국 인디아나 엘크하트에서 고등법원 판사 윌리엄 본트래거(William Bontrager)에게 발생했고 그것은 1981년 뉴스위크지 11월 2일자

1259~60에 보도되었다.

29. 존 하워드 요더,『국가에 대한 기독교의 증언』(대장간 역간, 2012)

30. 이곳에서 W. 스와틀리의『평화의 복음』, 60~61 안에 있는 3장을 보라. 그리고 같은 저자의『노예, 안식일, 전쟁, 그리고 여성』, 101 안의 논쟁도 보라. 그리고 지난 수세기 동안의 학문적 회피의 확장된 취급을 위해 클래런스 바우만의 『산상수훈: 그것의 의미에 대한 현대의 탐구』(Macon, GA: Mercer University Press, 1985)를 보라

31. 조지 D. 맥클레인[George D. McClain,『하나님을 위하여 모든 것들을 요구하기: 기도, 분별, 그리고 사회적 변화를 위한 의식』(Nashville: Avingdon, 1998),120~25.

32. 이러한 6주간으로 이끈 더 많은 정보의 배경과 더 긴 증언에 관한 역사적 견해를 위해, W. 스와틀리의『제자도의 정치학』, 8~14 안에 있는 위르겐 몰트만의 "서문"을 보라. 몰트만은 교인수가 300,000명이라고 보도한다. 그 앞선 주일들 동안 이 사람들 가운데 많은 이들이 독일의 통일을 위해 촛불을 들고 기도했음을 보여준다.

33. 로렌 L. 존즈(Loren L. Johns)와 제임스 R. 크레이빌에 의해 출간된『마귀까지 복종하는: 계속되는 예수의 구원 사역』(Elkhart, IN: IMS; Scottdale, PA: Herald Press, 2006) 안에 있는 위라드 M. 스와틀리의 "악한 영의 실제에 직면한 성서적 믿음," 38~39와 "구원 사역에 관한 생각들." 109~13.

34. 토마스 H. 맥알핀(Thomas H. McAlpine),『권세에 직면하기: 선택은 무엇인가?』(Monrovia, CA: MARC, 1991)

35. 이 범주에 관한 맥알핀의 묘사(같은 책)는 너무 제한적이다. 그것은 교회의 신비 안에서 더 광범위한 축사의 사용을 내포해야 한다. 지역적 권세들에 대한 피터 와그너의 이론과 전략은 학자들과 구원 사역의 실천자들 가운데 단지 하나의 강조이고, 문제이다. 악마적 통제로부터 자유로운 사회적 정치적 조직적 권세 축사를 위한 예식의 사용을 위해 클링튼 아놀드의『영적 전쟁에 대한 결정적인 질문들』(Grand Rapids: Baker Books, 1997); 같은 저자,『어둠의 권세들: 바울의 정사와 권세들에 관한 연구』(Grand Rapids: Zondervan, 1992). 맥알핀의『하나님을 위해 모든 것들을 요구하기』도 보라.

36. 레이 징거리히(Ray Gingerich)와 테드 그림스루드(Ted Grimsrud)에 의해 출간된『권세를 변혁하기: 평화, 정의 그리고 지배체제』(Mineapolis: Fortress, 2006), 96~112. 안에 있는 윌라드 M. 스와틀리의 "예수 그리스도, 악의 정복자"

37. 『마귀까지 복종하는』(위의 주 33) 안에 있는 나의 논문 "악한 영의 실제에 직면한 성서적 믿음," 24~40도 보라.

38. 그의 관습처럼, J. H. 요더는 논문 혹은 그가 생각한 파일들의 복사본들은 그 사람의 연구와 관심 분야의 관점에서 주어진 동료들에게 특별한 흥밋거리가 되곤 했다. 때때로, 1970년대 후반에 나는 존 R. 스코트와의 서신왕래 하는 그의 파일의 수취인이었다. 둘 모두 1976년 여름 리전트 칼리지에서 코스를 배웠지만 분리된 학기였다. 떠나자마자, 스코트는 권세에 관한 그의 작업에 관련하여 질문을 제기하는 주를 요더를 위하여 남겼다. 위에서 정의된 그 주요 요점들은 스코트의 관심 주에 대한 요더의 요약이다.

39. 나는 다양한 크리스천들이 그 자신을 오늘날 우리의 세상에서 보여주고 있는 악에 대항하여 폭로하고 증언하는 그들의 소명에 충실해질 수 있기 위한 다양한 방법들 사이에서 계속되고 있는 논쟁을 대표하는 논쟁 안에서 이러한 요점들을 분명히 하기 위하여 계속된 서신 왕래에서 이 주요 요점들을 요약해왔다. 이 요약은 요청하면 이용할 수 있다.

40. 이것에 관하여 윙크의 『있는 그대로의 권세들: 새 천년을 위한 신학』(New York: Doubleday, 1998), 13~16.에 있는 1장을 보라.

41. 윙크의 새로운 세계관 제안을 위하여 레이 징거리히와 테드 그림스루드에 의해 출간된 『권세들을 변혁하기: 평화, 정의 그리고 지배체제』(Mineapolis: FortressPress, 2006) 17~28 안에 있는 월터 윙크의 "새로운 세계관: 모든 것들의 근저에 있는 정신"을 보라.

42. 나의 초기 출판물들이 보여주고 있는 J. H. 요더의 해석학적 영향(내가 그의 학생이었던 1960~62)은 J. A. 랩(J. A. Lapp)의 『부서진 세상 안에서의 피스메이커』(1969), 85~100 (그곳으로부터 나는 위의 4장과 5장을 그렸다.) 안에 있는 "피스메이커: 땅의 소금"이다. 그리고 1975년 처음 제시되고 몇몇 교회들의 정책으로 사용될 수 있도록 배포하기 위해 1980년 수정된 나의 논문 "크리스천과 전쟁을 위한 세금 납부"

43. 레오 드리저(Leo Dridger)와 도날드 B. 크레이빌, 『피스메이킹: 정적주의로부터 행동주의까지』(Scottdale, PA: Herald Press, 1994), 62. 나에게 충격적인 것은 그의 『근원적 혁명』(대장간 역간, 2011) 55~90, 1954년 연설로 채택된, 3장 안의 무저항에 관한 존 하워드 요더의 지배적인 강조이다. 요더의 강조들 역시 변화인가? 나는 그렇다고 생각한다.

44. 마크 티센 네이션(Mark thiessen Nation)의 통찰력 있는 논문, "갈등 변혁을 위한 신학을 향하여: 존 하워드 요더로부터의 배움들," MQR 80 (2006)은 이 진

술이 자격이 있거나 아니면 고수될 수 없는 둘 중 하나임을 의미한다. 네이슨은 이론적으로 갈등 변혁에 대해 기초적인 요더 안에서 여섯 개의 유명한 강조점들을 밝힌다. 요더의 교회 안에서의 갈등을 해결하기 위한 가장 현저한 공헌은 본래 교회 갱신의 질문들을 위한 팜플렛 시리즈인『관심』14번 안에 있는 그의 논문 "결합과 해방"이다. (Scottdale, PA: (The Concern Group), 1967 2월), 2~32. 그것은 이제『교회, 그 몸의 정치학』(대장간 역간, 2011) 안의 요점을 전하는 유형 안에 나타난다. 요더의 부제는 이곳에서 교회가 의미를 가지는 것은 세상에 대해서도 그렇다는 것을 위한 개요를 제시한다.

45. 메노나이트 견해 안에서의 믿음의 고백, 85~88.

46. 징거리히와 그림스루드의『권세의 변혁』, 96~112. 안에 있는 윌라드 M. 스와틀리의 "예수 그리스도: 악의 정복자"도 보라.

47. 스콧에게 보내는 그의 세 번째 편지 안에서, J. H. 요더는 그 둘은 같지 않지만 더 이상 말하지 않는다고 주장한다.

48. 안소니 J. 탐바스코(Anthony J. Tombasco)에 의해 출간된『화평케 하는 자는 복이 있나니: 평화와 그것의 사회적 기초들에 관한 성서적 견해들』(New York: Paulist Press, 1989), 118~19. 안에 있는 안소니 J. 탐바스코의 "열강들, 권세들, 그리고 평화"; 월터 윙크,『권세들의 이름 짓기』(Philadelpia: Fortress, 1984), 22~35: 같은 저자,『권세들의 가면 벗기기: 인간의 존재를 결정하는 보이지 않는 힘들』(Philadelpia: Fortress, 1986), 9~107.

49. 윌라드 M. 스와틀리에 의해 출간된『영적 결합과 해방에 관한 논문들』, 우발적인 논문들 11 (Elkhart, IN: IMS, 1988), 10~38 안에 있는 윌라드 M. 스와틀리와 토마스 핑거의 "결합과 해방: 성서적 그리고 신학적 견해들"; 아놀드『어둠의 권세들』; 그렉 보이드(Gregory A. Boyd),『전쟁 중인 하나님: 성서와 영적 갈등』(Downers Grove, IL: InterVarsity, 1997) 구약 안에서의 전쟁에 관한 밀라드 린드의 작품은 비록 린드의『야훼는 전사이다』(Scottdale, PA: Herald Press, 1980) 에도 불구하고, J. H. 요더가 1960년대와 1970년대 AMBS 행정에 참여할 때 요더에 대한 성서 해석적 기초를 제공한다.

50. 토마스 요더 뉴펠드,『하나님의 전신갑주를 입으라: 아사야서로부터 에베소서까지의 하늘의 전사』, JSNTup 140 (Sheffield, UK:Sheffield Academic Press, 2002), 69~85, 87~88, 92~94, 151~54, 290~316.

51. 클링톤 E. 아놀드(Clington E. Arnold),『에베소서, 권세와 마술: 그것의 역사적 정착을 고려한 에베소서 안에서의 권세의 개념』, SNTSMS 63 (Cambridge: Cambridge University Press, 1989), 121

52. 레인저 리베스타드(Ranger Lievestad), 『정복자 예수: 신약의 갈등과 승리의 개념들』(London: SPCK, 1954), 160~63.

53. 게일 거버 쿤츠(Gayle Gerber Koonts)와 벤 C. 올렌버거(Ben C. Ollenberger)에 의해 출간된 『인내와 길들지 않은 마음: 신학, 윤리학, 그리고 피스메이킹에 대한 존 하워드 요더의 기고 작품 모음집 』(Telford, PA: Casadia Publishing House; Scottdale, PA: Herald Press, 2004), 288~301. 안에 있는 윌라드 M. 스와틀리의 "금의 정련: 존 H. 요더의 『예수의 정치학』 안의 예수와 희년"을 보라.

54. J. H. 요더, 『예수의 정치학』(IVP 역간, 2007)

55. 깁슨, 『예수의 유혹들』

56. 예를 들어, 『마가복음 안에서의 예수의 유혹들』(Grand Rapids: Eldermans, 1998) 안에서 수잔 R. 게렛(Garrett)은 예수의 유혹들을 더 넓은 유혹의 본성에 대한 성서적 정황 안에 놓았고, 이와 같이 예수가 마주쳤던 "시험들" 안에서의 투쟁의 다른 차원들을 본다.

57. 위에서 언급한 뉴펠드의 작품들을 보라. 핑거에 관해서는, 그의 두 권으로 된 작품, 『크리스천 신학: 종말론적 접근』(1권, Nashville: Thomas Nelson, 1985; repr. Scottdale, PA: Herald Press, 1987; 2권, Herald Press), 특히 1:322~33과 2권 7장을 보라. W. 스와틀리에 관해서는 C. J. 딕과 D. D. 마틴에 의해 출간된 『메노나이트 백과사전 』5권 (Scottdale, PA: Herald Press, 1990) 안에 있는 W. 스와틀리의 "축사"뿐만 아니라 W. 스와틀리와 핑거의 "결합과 해방"과 "사탄" (791~94)을 보라. 그리고 존즈와 크레이빌의 『마귀들까지도 복종하는』 안에 있는 같은 작가의 "악한 영의 실제에 직면한 성서적 믿음," 24~40과 "구원 사역에 관한 생각들," 108~14를 보라.

58. 스티븐 딘타맨(Stephen Dintaman), "아나뱁티스트 비전의 영적 가난,"『콘라드 그레벨 리뷰』10 (1992 봄): 205~8, 특히 207.『콘라드 그레벨 리뷰』13 (1995 겨울): 2~22 안에 있는 이 논문에 뒤 이은 글들도 보라.

6. 그리스도인과 전쟁을 위해 사용하는 세금의 납부

1. 클링톤 가드너(Clington Gardner), 『예언적 공동체로서의 교회』(Philadelpia: Westminater, 1967), 111~112.

2. 이것은 왕에 대한 이스라엘의 거부를 위한 기초이다. 삿 8:22~23; 삼상 8:4~9 참조

3. S. G. 브랜든(Brandon), 『예수와 열심당』(New York: Scribner, 1967)

4. 세 개의 유사한 칼럼들과 더 심도 있는 논쟁 안에서의 이러한 구절들을 위해, W. 스와틀리의『평화의 복음』, 229.를 보라.

5. 본질적인 이중적 차원에 관한 논의를 위해, 스와틀리의『원수 사랑과 복수하지 않기』223~57 안에 있는 루이스 스코트로프(Luise Scottroff)의 논문 "가이사에게 주어라"를 보라.

6. 요세푸스, 『유대 상고사』18.1.1; 유대 전쟁 2.8.1.

7. 그러나 어떤 학자들은 유다의 추종자들은 열심당원이 아니라 시카리(단검 소지자)라고 불렸다고 주장한다. 그들은 66년 메나헴이 성전의 방어를 위해 열심당의 우두머리가 되기 전까지 요세푸스가 열심당원이라는 용어를 사용하지 않았다고 주장한다. 이같은 견해를 위하여, 몰튼 스미스(Morton Smith)의 "열심당원과 시카리: 그들의 기원과 관계", 『하바드의 이론적 견해』64 (1971): 1~19.를 보라. 리차드 A. 호슬리(Richard A. Horsely)는 예수가 열심당에 대항했다는 견해에 반대하여 이 점을 높이 평가한다. 호슬리의『예수와 폭력의 나선형: 로마 팔레스타인에서의 유명한 유대인들의 저항』(San Francisco: Harper & Row, 1987). AD 6년 폭동의 본부는 나사렛으로부터 3마일 떨어진 세포리스였다. 그 당시 예수는 대략 열 살 정도였다.

8. 윌리엄 레인(William Lane), 『마가복음』(생명의 밀씀사 역간, 1983).

9. 에델버트 스타우퍼(Edelbert Stauffer), 『그리스도와 가이사』(London: SCM Press, 1955), 124.

10. 같은 책

11. 같은 책, 125.

12. 같은 책, 127.

13. C. 밀로 코닉(C. Milo Connick), 『예수: 인자, 사역, 그리고 말씀』개정판 (Englewood Cliffs, NJ: Prentice Hall, 1973), 335.

14. 그러나 마가복음 (12:7)은 서론 "그때"가 부족하다. 왜냐하면 이 해석은 거의 그것을 요구하기 때문이다. 누가복음 (20:25)은 예수의 대답 "그때"로 시작한다. 마태복음(22:21)은 예수의 대답 "가로되"로 시작한다. 누가복음 혹은 마태복음의 버전 중의 하나는 이 제안된 해석을 강화한다.

15. 마가복음 안에서의 이 부분에 관한 더 깊은 논의를 보라.『길』, 49~57.

16. 마가복음 12장의 더 깊은 분석을 위해 같은 책, 171~74.를 보라.

17. 도날드 카우프만, 『무엇이 가이사의 것인가? 전쟁을 위한 세금 납부에 대한 그리스도인의 반응에 관한 논쟁』(Scottdale, PA: Herald Press, 1969; 수정판

Eugene, OR: Wipf &Stock, 2006), 41~42. 카우프만의 이 다양한 구절들의 전반적으로 뛰어난 논쟁과 특별히 p.45의 그의 C. G. 루텐버(Rutenber)의 인용을을 더 심도 있게 보라.

18. 이 통찰에 관하여 나는 데릴 슈미트(Daryl Schumidt)의 누가복음 23장에 관한 유용한 논문에 빚지고 있다. 리차드 D. 캐시디(Richard D. Cassidy)와 필립 샤퍼(Philip Scharper)에 의해 출간된『누가복음과 사도행전 안의 정치적 쟁점』(Maryknoll, Ny: Orbis Press, 1983), 111~21. 안에 있는 "누가복음의 '죄 없는' 예수: 성서적 변증" 같은 책 안에 있는 나의 논문, "누가복음 안의 정치학과 평화(Eirene), 18~37도 많은 누가복음 학문들이 누가복음에서의 예수의 복음의 평화는 로마와의 정치적 조약이 아니고 유대주의와 제국의 정치학을 초월하는 새로운 사회적 실제라는 주장에 반대하는 그 견해를 지지한다. 마지막 분석에서 빌라도는 왕이라는 기준으로 판단하는데 집착한다. 왜냐하면 그는 예수를 이해할 수 없었기 때문이다 (특별히 요한복음 18~19장에서 강조된). "그를 십자가에 못 박으라!"고 외치는 유대 종교 지도자들과 마찬가지로, 빌라도는 비록 예수가 "무죄"라고 선언했지만 예수에 의해 판단되었다. 이와 같이 예수의 외침, "아버지여 저희를 사하여 주옵소서 자기의 하는 것을 알지 못함이니이다."는 두 사람들 모두 똑같이 이 우스꽝스러운 재판에 포함되는 것으로 확장된다.

19. 오스카 쿨만,『신약의 진술』(New York: Scribner, 1956), 48.

20. 빅터 폴 퍼니쉬(Victor Paul Furnish),『바울의 도덕적 가르침』(Nashville: Abingdon, 1979), 126.

21. 페리 B. 요더,『말씀에서 삶으로: 성선 연구의 기술에 대한 안내』(Scottdale, PA: Herald Press, 1982), 73~75.

22. 이 점에 있어서 로마서 13:1~7은 국가의 본질과 권위에 대한 논쟁 안에서 과도한 영향력을 가져왔다. 이것은 그리스도인들을 정부에 대하여 분간 없는 수동성과 복종으로 이끌어왔다. 바울은 정부의 권위에 대한 규범적인 이론을 설명하고 있는 것이 아니라 실제적 조언을 구체화하기 위해 전통적 믿음 (유대적 그리고 헬레니즘적)을 사용한 것이다.

23. 수에토니우스(Suetonius),『열 두 황제들의 전기』, 로엡 클래시컬 도서관(Loeb Classical Library) 안의 클라우디우스 5.25.4, 148권 (라틴 시리즈), 번역 J. C 롤프(Rolfe) (Cambridge, MA: Harvard University Press, 1959), 53. "그리스도인"(Chrestus)은 "그리스도인(Christus)"의 변형이다. 이것이 유대 그리스도인들을 언급하는 것인지 혹은 유대교인들과 그리스도인들 사이의 분쟁인지는 분명하

지 않다.

24. 『타키투스 연감 13』로엡 클래시컬 도서관, 153권 (라틴 시리즈) 번역 존 잭슨 (John Jackson) (Cambridge, MA: Harvard University Press, 1956), 89. 로마서 12~13의 뒤에 놓여 있는 이 사건의 역사적 복원에 관하여 특별히 세금 문제와 관련하여, J. 프리드리히(Friedrich), W. 폴만(Pohlman), 그리고 P. 스툴마허 (Stulmacher), "로마서 13:1~7의 역사적 상황과 목적에 관하여," 신학과 교회를 위한 정기간행물 73 (1967): 131~66.

25. 네로는 "수집자의 탐욕이 놓여 있고", "공적 점검을 위한 세금의 요율이 부착된" 수표를 요구하는 중개료 세금의 수집을 개혁하였다. 몇몇 수집자들은 잔인한 행위의 혐의가 있는 비난에 직면했지만, 황제에 의해 무죄를 선고 받았다. 타키투스, 연감 13. 로엡 153: 89,91.

26. 사도행전 5:29 안에 사용된 특별한 그리스어 동사 '순종하다'(peitharchein)가 사용되었는데 그것은 '주어진 지위를 향해 설득당하다'라는 의미를 전하는, 즉 이와 같이 각각의 권위의 원천에 유의하거나 복종한다는 의미이다. 동사 'Hypakaouo'는 말로 된 명령에 대한 복종의 반응을 묘사한다. 복종을 위한 단어(hypotasso)는 문자적으로 무엇 아래 매는 것을 의미한다. 이와 같이 사회적 질서 안에서 어떤 지위를 받아들이는 표시이다. J. H. 요더의 『예수의 정치학』 (1972), 174~75. (개정판 1994, 170~72)를 보라.

27. 리빙 바이블(the Living Bible)의 13:1에 대한 의역은 이 잘못된 견해로 이어지게 한다. "정부에 복종하라. 왜냐하면 하나님께서 그것을 거기에 놓으신 분이기 때문이다. 하나님께서 권세를 주시지 않은 정부란 없다." 이 무슨 해석인가!

28. J. H. 요더의 『예수의 정치학』, 207~9 (1994, 205~7).

29. 존 하워드 요더, "가이사의 것:(1부)," 『그리스도인의 삶』, 1960년 7월, C. J. 카독스(Cadoux)는 수많은 교부들이 그것 안에서 세금은 가이사에 대한 의무이고 영광은 하나님에 대한 의무라는 "이중 의무"의 견해를 가지고 있었다: 『초기 교회와 세상』(Edin burgh: T&T Clark, 1925), 258, 351, 369~70, 371, 539. 몇몇 현대 주석가들은 바울의 권고를 가이사와 하나님 모두에게 하라는 예수의 말을 따르는 것으로 제시하는, 같은 견해를 추종하여 왔다. 그러나 요더는 이 해석을 의심한다. 베드로전서 2:17은 황제에게 영광을 돌리라는 것이 아니다. 오히려 각각의 영역, 즉 세금, 수입, 존경, 영광에서 분별이 요구된다.

30. 윌마 베일리(Wilma Bailey), 『"죽이지 말지니" 혹은 "살인하지 말지니"? 성서 구절에 관한 비난』(collegeville, MN: Liturgical Press, 2005)

31. W. 스와틀리, 『평화의 복음』, 208~11, 258~59,를 보라.

32. 권세에 대한 예수의 승리의 구절들의 완벽한 목록을 위해, 같은 책 229, "규범적" 칼럼을 보라.

33. 전쟁을 위한 세금 납부에 반대하는 목소리들을 가져오는 유용하고 중요한 자료는 도날드 D. 카우프만의『세금 딜레마: 평화를 위한 기도, 전쟁을 위한 납부』(Scottdale, PA: Herald Press, 1978; 증쇄. Eugene, OR: Wipf&Stock, 2006)이다.

34. 만일 서기 55~58년의 로마의 상황에서 바울이 세금 납부에 관한 특별한 명령이 로마서 12~13 안에서 말하는 기초적인 도덕적 원칙과 맞물려 있지 않다면, 다음 두 가지 조건들이 따른다. 13:1~7은 후기의 바울이 아닌 사람의 삽입이거나, 바울이 실용적인 양보를 한 것이다.

35. 이 연구 안에서 해석학적 문제들의 심도 깊은 논의를 위해, 나는 나의 책『노예, 안식일, 전쟁, 그리고 여성』특히 1, 3장과 215~34, 그리고 나의 논문 "성서를 어떻게 해석할 것인가: 로마서 13:1~7의 사례 연구와 전쟁을 위한 세금의 납부,"『씨드 3』4권 (1984 7월): 28~31.을 독자들에게 권한다.

36. 베트남 전쟁 중이던 일찍이 우리는 우리가 모든 전쟁에 반대한다는 입장을 취하고 있었지만, 그 전쟁에 반대하는 우리의 입장을 표현하기 위해 전화세 납부를 거절하였다.(이 차이를 말하는 위의 5장을 보라) 정당한 전쟁 이론은 자기 이익을 위한 합리화가 된다.

37. 이전 수상인 나카소네의 군국주의의 상징인 야스쿠니 신사에 대한 전통적인 고수 차원에서 일본 수상 고이즈미의 신사 방문은 이 시적 반응을 촉진시켰다.

7. 성서와 이스라엘: 두 가지 해석과 더 많은 해석

1. 올렌버그의『시온, 위대한 왕의 도시를』참조하라.

2. 이 에드워드 어빙과 존 넬슨 다비의 세대주의 유형과 시오니즘의 발흥 사이의 관계는 이곳에서 다루는 범위를 넘어선다. 스티븐 시저(Stephen Sizer)의『시온의 그리스도인 군사들: 성서, 이스라엘, 그리고 교회』(Nottingham, UK: InterVarsity, 2007)를 보라.

3. 구약의 땅의 정복과 전쟁 선례들에 호소하는 합법적인 폭력적 정복에 대한 성서의 사용의 견해와 강한 타격을 주는 폭로와 콜럼부스의 신대륙 발견을 묘사하기 위해 이사야서 65:17과 계시록 21:1~2 "새 하늘과 새 땅"의 표상을 사용하기까지 하는 것을 위해, 마이클 프리오(Michael Prio)의『성서와 식민지주의: 도덕적 비판』(Sheffield, U. K.: Sheffield Academic Press, 1997), 53−그러나 4장의 "식민주주의와 팔레스타인"과 7장의 "성서의 도덕적 독서를 향하여"를 보라.

4. 바바라 R. 로싱(Babara R. Rossing), 『노출된 황홀감: 계시록 안에 있는 희망의 메시지』(Boulder, CO: Westview Press, 2004); 로렌 L. 존즈{Loren L. Johns], 『계시록의 양 신학: 그것의 기원과 수사적 힘 안으로의 탐구』(WUNT 167. Tubingen: Mohr Siebeck, 2003); 리차드 J. 보컴(Bauckham), 『예언의 절정: 계시록에 대한 연구들』(Edinburgh: T&T Clark, 1993). 『평화의 복음』, 12장 안에 있는 나의 계시록의 이론의 더 깊은 논의와 특별히 324쪽 주 1번 존즈와 로싱에 관한 언급을 보라.

5. 성서에서 "땅"의 문제에 관한 더 심도 있는 취급을 위해, 도날드 E. 고완(Donald E. Gowan)에 의해 출간된『성서의 웨스트민스터 신학적 단어집』(Louisville: Westminster John Knox, 2003), 281~84. 안에 있는 나의 논문을 보라.

6. 『선교 포커스』11 보완 (2003): 77~105. 안에 있는 윌라드 스와틀리, "보쉬와 그 너머: 선교 사역의 성서적 문제"를 보라.

7. 토우즈(Tows), 『로마서』, 254~56.

8. 베이비드 E. 홀베르다, 『예수와 이스라엘: 하나의 복음 혹은 둘?』(Grand Rapids: Eldermans, 1995), 2.

9. 토우즈, 『로마서』, 254~56.

10. 같은 책, 256.

11. 알란 F. 시걸(Alan F. Segal), 『회심한 바울: 바리새인 사울의 사도직과 배교』(New Heaven: Yale University Press, 1990), 160.

12. 시걸은 유대인들이 그리스도인이 되는 이 두 가지 방법을 요약한다. 같은 책, 11~12, 146, 214.

13. 2005년도 "바울과 회심"에 관한 성서 문예 사회 모임에서, 브루스 롱넥커(Bruce Longnecker)는 보야린을 포함하여 세 명의 유대인 학자들의 주장에 따라 바울의 중간적 (높고 낮은 기준에서) 회심을 지지한다. 그러나 더글라스 하링크(Douglas Harinck)는 창조에 있어 하나님의 목적이 방해된 이후에 이스라엘과 메시아적 공동체를 선택하셨기 때문에 "우리는 바울이 어떤 종류의 회심을 했다고 주장할 수 없다고" 주장한다. 용어 그 자체와 별도로, 결정적인 문제는 교회는 이스라엘의 대치로서 의도되지 않았다는 것이다. 그 대응으로 테렌스 도날드손(Terence Donaldson)과 클라우디아 셸처(Claudia Selzer)는 "교회 대 이스라엘"을 피하여 이스라엘과 관련된 메시아적 공동체를 묘사하기 위해 다른 술어를 사용할 것을 충고한다. 마이클 그린우드는 2차 세계 대전 전후의 이 주제를 다루는 것 사이의 민감성과 강조점 안에 극적인 변화를 관찰하였다.

14. 토우즈의 취급을 보라, 『로마서』, 288~90.

15. 홀베르다는 이 어려운 문제에 관한 다양한 입장의 취급을 유용하게 요약해왔다.『예수와 이스라엘』, 1~26. 그는 루터의 견해에 대해 한탄하고, 그것은 칼 바르트와 마르크스 바르트의 중요하고 현저한 공헌들에 의해 갖은 영향을 받았다. 그는 그것을 능숙하게 요약한다. 그는 주요 기독론적 신념들과 두 언약적 접근의 포용을 단념한 로즈마리 루에더(Rosemary Ruether)에 동의하지 않는다. 홀베르다는 성서와, 신약을 반영한 견해 사이의 언약 성취의 관계에 대해 주장한다. 그러나 이것이 어떤 형태의 "대치" 신학으로 빠지지 않도록 주의할 것을 요구한다. (147~76을 보라.) N. T. 라이트(Wright)의 공헌은 예수를 이스라엘과 하나로 제시하고 이스라엘의 개인적인 성취 그리고 예수의 소명인 메시아적 주장 안에서의 그것의 사명, 그리고 순종임을 제시하는데 매우 유용하다.『예수와 하나님의 승리』(Mineapolis: Fortress, 1996), 477~539. 그러나 라이트는 "대치" 적용으로부터 그의 논쟁을 충분히 방어하지 못한다.

16. 이곳에 관해 나는『도덕적 비전』, 407~43. 안에 있는 리차드 헤이의 뛰어난 취급, "반유대주의와 민족의 갈등."을 권한다. 그러나『평화의 복음』(68~70)에서 나는 마태가 반유대적이라는 그의 해석으로부터 갈라진다. 나는 적대적인 유대 지도자들과 에스겔 34장과 같이 하나님의 백성들을 회개로 부르는 구약의 예언적 비판의 전통 안에서 예수를 심판하는 진술을 할 때 "유대인들"에 대해 거친 비판을 하는 것을 볼 때, 마태의 견해가 더욱 긍정적이라고 간주한다.

17. W. 스와틀리,『평화의 복음』, 69~72, 281~82 (특히 주6), 300, 312.

18. 토우즈,『로마서』289~90.

19. 윌 헐버그(Will Herberg),『역사로 재현된 믿음: 성서 신학의 논문들』(Philadelpia: Westminster, 1976), 44~46.

20. 같은 책, 54.

21. 이것은 헐버그가 같은 책에서 주목했듯이 "자크 마르탱으로부터의 잊을 수 없는 구절"이다.

22. 같은 책, 90.

23. 마이클 C. 카트라이트와 피더 옥스에 의해 출간된『유대 그리스도인 분리 재고』(Grand Rapids: Eerdmans, 2003), 43~68. 안의 존 하워드 요더의 "그것은 그렇게 되어야만하지 않았다." 이 책은 이 주제에 관한 요더의 사고의 발전을 위한 두 의미 있는 정황으로서의 (유대인들과 팔레스타인인들 가운데) 중동 안에서의 메노나이트의 노력에 대한 53년의 역사 (1949~2002)를 이야기하는 긴 부록을 포함한다. 선교 위원회의 대표로서 요더 자신은 이 발전에 있어 중요한 역할을 하였다. 네덜란드의 메노나이트 이론가인 프리츠 카이퍼(Frits Kuiper)

에 의해 주도된 또 다른 노력은 이곳의 유대인 그리스도인들 증인들이 세상에 주어지기를 바라는 희망으로, "민족들을 상징하는" 네스 암민이라는 갈릴리의 그리스도인 키부츠를 시작하였다. 제이콥 엔즈(Jacob Ends), "유대주의와 유대인," 메노나이트 백과사전 5: 469.를 보라.

24. 프리센과 슐라바흐에 의해 출간된 『평안과 담대함』 안의 얼레인 엡 위버(Alain Epp Weaver), "디아스포라의 힘: 팔레스타인-이스라엘의 평화를 찾아서"

25. 같은 책.

26. 다니엘 보야린, 『경계선들: 유대 기독교의 분할』(Philadelpia: University of Pennsylvania Press, 2004), 2: "어떻게 그리고 왜 그 경계가 쓰였고, 누가 그것을 썼는가는 그 책을 이끄는 질문들이다."

27. 2006년 10월 메노 학자들에게 이야기할 때 , 보야린은 J. H. 요더의 작품들에 대한 그의 발견은 그에게 오랫동안 그의 마음속에서 진행 중이던 것을 출판할 용기를 주었다는 것을 인정했다. 그는 하나님의 좋은 의도로서의 하나님의 백성-유대인과 그리스도인 모두-을 위한 디아스포라의 존재 확신하면서 요더의 작품들에 대해 감탄하여 말했다. 그러나 요더와 달리 그는 불성실의 표현으로서, 생존을 위하여 땅을 소유하는 것을 필요로 하는 대안적인 견해에 대한 판단을 하지 않았다.

28. 다니엘 보야린, "자유 교회로서의 유대주의: 존 하워드 요더의 『유대 그리스도인 분리 재고』에 대한 각주," CrossCurrents 56(2007): 14.

29. 로라 L. 브렌느맨(Laura L. Brenneman), "바울, 요더, 그리고 보야린에 관한 그 이상의 주석," CrossCurrents 56(2007): 60~69, 특히 67.

30. 알란 웹 위버, "시오니즘, 요더, 그리고 보야린에 관한 그 이상의 주석," CrossCurrents 56(2007): 41~51. 엡 위버의 『넝쿨 아래 그리고 무화과나무: 땅과 팔레스타인-이스라엘의 갈등』(Telford, PA: Cascadia, 2007)도 보라.

31. 이 선언의 본문과 그것에 이르게 한 역사를 위해 나임 아틱(Naim Ateek), 체다 두에이비스(Cedar Duaybis) 그리고 마우린 토빈(Maurine Tobin)에 의해 출간된 『그리스도인 시오니즘에 도전하기: 신학, 정치학, 그리고 이스라엘-팔레스타인 갈등』 안의 스티븐 시저(Sthephen Sizer)의 "어빙에서 벨푸어까지의 그리스도인 시오니즘의 역사적 뿌리: 미국의 그리스도인 시오니즘"을 보라.

32. 여기서 두 논문들을 보라. 아틱 , 같은 저자, 32~34 안에 있는 도날드 와그너, "블래스톤에서 부쉬까지: 미국에서의 그리스도인 시오니즘 (1890~2004),"과 아틱, 같은 저자 45~49. 안에 있는 게리 버지(Gary Burge), "그리스도인시오니즘의 신학적 그리고 성서적 가정들"

33. 칼 E. 브라텐 (Carl E. Braaten)과 로버트 W. 젠슨(Robert W. Jenson)에 의해 출간된 『유대인과 그리스도인: 하나님의 백성』(Grand Rapids: Eerdmans, 2003) 안의 로버트 W. 윌슨, "유대주의의 기독교 신학을 향하여." 이 책 안에 있는 다른 논문들 역시 가장 주목할 만하다. 유대인의 입장에서, 데이비드 노박의 유용한 논문, "유대 기독교 대화 안에서의 대체주의로부터 평행주의까지," 같은 저자, 95~113.을 보라.

34. 이것은 특별히 리차드 존 뉴하우스에 의해, "구원은 유대인으로부터," 같은 저자, 71.

35. 헐스버그, 『역사로 재현된 믿음』, 90.

36. 같은 책 61.

8. 선교에 관한 성서적 관점

1. 브루스 M. 메츠거(Bruce M. Metzger), 『신약성서개설』(대한기독교서회 역간, 1990).

2. 어떤 학자들은 에라스도는 매우 일반적인 이름이었다는 점을 지적하며 그 관련을 의심한다. 예를 들면 저스틴 메깃(Justin Meggit), "에라스도의 사회적 지위(롬. 16:23)," 라틴어 신약성서 38 (1996): 218~23.

9. 평화의 복음으로서의 복음

1. 평화주의자 C. H. 다드는 그의 세미나 책, 『성서를 따라서: 신약 신학의 하부 구조』(London: Nisbet, 1952).에서 신약 신학을 형성하는 열다섯 개의 주요 구절들 안에 이 구절을 포함하는데 실패하였다.

2. 피터 스툴마허는 이 연관들을 보여주는 길을 포장하였다. 그가 편집한 그 책, 『복음과 복음들』(Grand Rapods: Eerdmans, 1991), 1~25에서 그의 논문을 보라. 초기 그리스도인들 작품들에 관한 이 구절의 영향을 보여주는 그 결정적인 작품은 『기독교로부터 예수에게』(FS Hoachim Gnilka), ed. 휴버트 프랑케뮐레 (Freiberg: Herder, 1989), 34~67. 안에 있는 휴버트 프랑케뮐레(Hubert Frankemolle)의 "복된 소식을 전하는 자로서의 예수? 이사야 52:7와 61:1과 신약에서, 예수와 탈굼을 통해"이다.

3. 복음의 삶이 예수의 희생을 대치한다는 의미에서가 아니라 사람들이 이 사역과 그의 십자가의 죽음 안에서 예수의 자기를 주는 행위들을 따르는 그들의 삶을

정형화한다는 의미에서 때때로 바른 강조는 희생적인 삶에 빠지게 한다.

4. 마태의 이 구절(42:1~2)의 인용은 "예수만을 위한 사역"(28:19)으로부터 "그러므로 가서 모든 족속으로 제자를 삼는"(28:19) 것으로 넓혀주는 문학적 단서를 제공한다. 왜냐하면 마태복음 안에 있는 이사야 구절이 나라들과 이방인들을 두 번 언급하기 때문이다.

5. 그 구절은 "솔로몬을 택하사 여호와의 나라 위에 앉혀 이스라엘을 다스리게 하려"는 주님의 말씀이 있는 역대상 28:5로부터 나왔다. (저자 강조) 솔로몬의 지혜서 10:10도 보라. 그곳에 "여호와의 나라"가 나타난다. 그러나 이 두 용법은 공관복음 안에서 그 주제의 지배적인 역할을 설명하기에 적절하지 않다. 어떤 다른 요소들이 이것에 영향을 미쳤음에 틀림없다. 그것에 대하여 계속하여 논의할 것이다. 그러나 주님의 왕권은 히브리 성서를 관통하는 지배적인 주제이다. (출: 15:18; 삼상 8:7; 시 24:7~10; 47; 48:1~2; 74:12~13; 84:3; 93; 95~99; 145:1, 11~13; 사43:15; 44:6). 출애굽기 19:3~5 (RSV)에서 하나님의 이스라엘의 언약이 이스라엘에게 그들의 나라 정체성을 준다. "너희가 내게 대하여 제사장 나라가 되며." 때때로 "하나님나라"라는 은유의 기본적인 구성요소는 실제로 구약 안에 나타난다.

6. 이 정보는 브루스 칠톤(Bruce Chilton)의 『갈릴리 랍비와 그의 성서: 예수의 그의 시대의 해석된 성서의 사용』(Wilmington, DE: Michael Glazier, 1984); 같은 저자, "하나님은 하나님나라," 『스코틀랜드 신학 저널 31』(1978): 261~70.

7. 올렌버거, 『시온, 위대한 왕의 도시』

8. 윌버트 R. 쉥크(Wilbert R. Shenk)에 의해 출간된 『선교의 변형』(Scottdale, PA: 1993), 83~105. 안에 있는 존 드라이버, "하나님나라: 메시아 사역의 목표." 변형 안에서의 쉥크의 논문의 요구는 부정확하다. 데이비드 쉥크의 논문 "메시아 예수: 선교의 메시아적 기초"(37~82)는 드라이버의 논문에 선행한다. 이 논문들을 소개하면서, 쉥크는 이러한 요소들이 "하나님의 선교, …메시아 예수 하나님의 기름 부은 자, 그들 안에서 하나님의 세상에 대한 통치가 시작되고 그들을 통해 통치가 온전히 설립된다는 사실을 이해하는 것이 필요하다고 바르게 말한다. 그들은 십자가의 보혈, 이전의 원수들과의 화해, 그리고 메시아적 공동체를 형성함에 의해 평화를 만든다." (31)

9. 드라이버, "하나님나라," 주 1. 브루스 칠톤, 『예수의 가르침 안에 나타난 하나님나라』(Philadelphia: Fortress, 1984), 126.으로부터.

10. 같은 책.

11. 『가스펠 헤럴드』76권, 35번 (1983년 8월 30일): 593~96.에 처음 나타난 마틴

E. 밀러의 논문, "그는 평화를 가르치기 위해 오셨다." 관련된 논문, 『미션 포커스』, 6권 1번 (1967. 9월) 1~5. 안에 있는 "평화의 복음." 두 논문 모두 밀러의 『교회의 신학』 안에서 이용가능하다. 말린 E. 밀러에 의해 쓰이고 리차드 A. 카우프만과 게일 거버 쿤츠에 의해 출간된 『텍스트 리더 시리즈』 7번 (Elkhart, IN: IMS, 1997): 3~20.

12. 존 하워드 요더의 책, 『선포된 평화』(대장간 역간, 2013)는 12개의 논문을 포함하고 있고 그 모두는 이 주제와 관련되어 있다.

13. 밀러, 『교회의 신학』, 7.

14. 마이클 J. 고어맨(Michael J. Gorman), 『십자가를 본받는 삶: 바울의 십자가 영성 이야기』(Grand Rapids: Eerdmans, 2001), 270. 클라우스 벵거에 관해 묘사하는, 팍스 로마나의 가혹한 전략들에 대한 더 철저한 묘사를 위해 W. 스와틀리의 『평화의 복음』, 38~40.을 보라.

15. 더 철저한 묘사를 위해, W. 스와틀리의 『평화의 복음』, 219~21.을 보라.

16. 이 구절의 취급을 위해 같은 책, 210~11.을 보라.

17. 요더 뉴펠드는 이 점을 강조한다. 침례는 이 새롭게 창조된 사랑과 평화실천 군대의 입대이다.

18. 아놀드, 『에베소서, 권세와 마술』, 14~41.

19. 같은 책, 121.

20. 예수의 축사는 악한 권세들에 대항하는 이 전쟁의 원형이다.

21. 아놀드는 『어둠의 권세들』, 154~58 안에서 이 견해를 잘 보여준다.

22. 같은 요점을 위해 요더 뉴펠트의 『에베소서』를 보라. 그는 그들이 "에베소교회보다 더 많이 교회의 투쟁의 방어적인 본성을 경시한다."고 말하며 H. 베르코프와 J. H. 요더 모두를 비평한다.

23. 같은 책, 315.

24. 사람들은 로마서 10:15를 이사야 52:7의 첫 두 구절을 완전하게 인용한 것으로 간주한다. 그러나 더 믿을만한 문서들은 "평화의"를 포함하지 않고, "좋은 소식"으로 끝난다. 전반적으로 바울의 신학 안에서 그가 복음을 평화의 복음으로 이해했지만 여기서 그의 강조는 복음에 부응하거나 거절하는 것으로 생각한다고 주장하는 것이 바르다. 그와 같은 대안적 대응이 가져오는 분할의 관점에서 (눅 12:51~53을 보라), 바울은 이곳에서 에베소에서 그랬던 것처럼 복음이 낳는 평화에 대해 강조하지 않는다.

25. 두 개의 강연 시리즈, "종교적으로 다원주의적인 세상 안에서의 그리스도인 증인," 11 (관련 메노나이트 신학교 도서관, Elkhart, Indiana 안에서 원고 이용가

능) 안에 있는 윌버트 R. 쉥크, "사회 안에서의 복음전도를 위한 기독론적 기초들"

10. 예배로 가능해지는 평화실천과 선교

1. 래리 W. 허타도(larry W. Hurtado), 『주 예수 그리스도: 초기 기독교의 예수신앙에 대한 역사적 탐구』(새물결플러스 역간, 2010).

2. 이 주제들은 래리 허타도의 후기 작품인 『어떻게 예수는 하나님이 되었는가? 예수에 대한 초기의 헌신에 관한 역사적 질문들』(Grand Rapids: Eerdmans, 2005) 안의 1장과 3장이다.

3. 같은 책.

4. 도로시 진 위버(Dorothy Jean Weaver), 『마태의 선교 강연: 문예 비평적 분석』, JSNTup 38 (Shekield: JSOT Press, 1990).

5. W. 스와틀리, 『평화의 복음』, 185~87.

6. 같은 책, 60~90, 179~81, 185~87.

7. 나는 예수와 관련하여 '예배(preskeneo)'를 사용하는 나의 분석에 제한을 둘 것이다. 예배뿐만 아니라 경의를 나타내는 다른 용어들의 사용을 위해 허타도의 『어떻게』, 135~91.을 보라.

8. 마태복음에는 일곱 개의 산들이 있다. 28장의 이 마지막 산은 왕권을 의미한다. 이 점에 관한 상세한 해설을 위해 W. 스와틀리, 『이스라엘의 성서 전통들』, 228~32.를 보라.

9. 나는 이것을 나의 『평화의 복음』, 77~90 안에서 상세하게 발전시킨다.

10. "나의 아버지(하늘에 계신)"로서의 하나님은 "너의 아버지(하늘에 계신)"의 보충으로 마태복음 안에 종종 나타난다. 같은 책, 81~84.를 보라.

11. 같은 책 안에서, 나는 다섯 명의 로마 황제들의/에 의해 사용되는 유형과 필적하는 하나님의 아들(theou huios)(14:33; 27:43, 54 안의)이라는 구절의 마태의 독특한 문법적 유형은 분명하게 제국적 세상에 대한 도전임을 보여주는 로버트 모우리(Robert Mowery)의 공헌을 논의한다.

12. '예배(preskeneo)'의 두 가지 부가적 사용은 예수에게 그에게 경배하도록 유혹하는 사탄의 책략과의 관련 안에서 발생한다.(4:9, 10) 사탄은 만일 예수가 엎드려 사탄을 경배한다면 예수에게 천하만국을 약속한다. 예수의 반응은 그의 요구를 비난한다. "주 너의 하나님께 경배하고 다만 그를 섬기라." 사탄의 유혹은 그 두 가지 대안 "하나님의 아들"(theou huios) 실제들과 유사하거나, 아마

도 그것을 나타낸다. 제국 혹은 예수 그리스도! 이 사탄과 제국이 주장하는 신성 사이의 병행은 마태의 다른 예배라는 단어의 사용 20:20 안에 반영된다. 그것에서 야고보와 요한의 어머니는 예수에게 그녀의 아들들에게 도래할 하나님 나라의 최고의 자리를 줄 것을 요구한다. 예수는 이방인의 집권자들이 그들을 지배하는 방식을 거부하는(25절), 자신의 대답을 통해 이 요구를 사탄의 유혹의 확장과 메시아적 기대의 변형으로 듣는다.

13. 아마도 이 삼자 관계에 치료가 더해져야 할 것이다. 왜냐하면 마태복음 8:2; 9:18; 그리고 15:25 안에서 치료를 요구하는 사람들-그리고 치료된 사람들-이 예수에게 와서 무릎을 꿇었기(proskyneo) 때문이다. 나머지 한 가지 용법은 18:26 안의 비유에 있다. 그곳에서 하인은 같은 방식으로 무릎을 꿇고 빚(죄 역시)의 면제를 애원한다. 이 모든 경우에 사람들은 그들의 삶을 바꿀 수 있는 신적 힘을 가진 사람으로서의 예수에게로 온다.

14. W. 스와틀리, 『평화의 복음』, 100~112.를 보라.

15. 그 느낌들의 더 자세한 설명과 마가의 예수의 정체성을 밝히는 특징적인 방식을 위해, 나의 책, 『모든 나라들을 위한 방식』, 110~26을 보라.

16. "성전의 재건축"을 그리스도인 공동체에 관한 언급으로 이해하는 주석가들의 목록을 위해 도날드 주얼(Donald Juel), 『메시아와 성전』(Missoula, MT: Society of Biblical Literature, 1977), 145.와 143~58의 그의 논쟁을 보라.

17. 더 이르고 더 신뢰할만한 사본들의 대부분에 의하면 마가의 복음은 16:8에서 끝난다.

18. 오직 그 다른 곳에만 마가가 갈릴리 바다 서쪽의 무리들이 메시아의 떡을 기다린 기간을 묘사하기 위한 "3일"이라는 용어의 사용이 8:2에 있다는 것은 이상하고 아마도 의도적이다. 그 바다의 서쪽에서 7개의 떡으로 4천 명에게 먹이고 일곱 광주리나 남은 것은 이방인 무리들에게 중요했다. 그러나 그 구절, "이미 사흘이매 먹을 것이 없도다." 는 몇몇 덜 신뢰가 가는 사본에서는 13:2 끝에 있고 원래의 구절의 부분으로 간주될 수 없다.

19. 갈릴리에서의 이방인들의 의미심장함에 관한 학적인 연구의 요약을 위해, G. H. 부비어(Boobyer), "성 마가의 복음 안에서의 갈릴리와 이방인," 존 라이랜즈 도서관 보고서 35 (1953): 334~38.을 보라. 그리고 『신비의 계시』(Ithaca, NY: Cornell Universty Press, 1963) , 252~57. 안에 있는 T. A. 버킬(Burkill)의 논문 "갈릴리와 예루살렘"을 보라.

20. 마가는 "예배"(proskyneo)라는 그리스 단어를 단 두 번 사용한다. 그의 사용을 이해하기 위해, 우리는 마가의 빈번한 반어법의 사용을 인식해야만 한다. 이

경우에 있어 예배라는 말을 하는 음성은 귀신 들리거나 신적인 것의 부정적인 측면으로부터의 소리이다. 마가의 프로스케네오(proskyneo)의 첫 사용은 5:6 안에서이다. 그곳에서 거라사 귀신은 예수를 보고 달려와 절하며 한탄하기를, "지극히 높으신 하나님의 아들 예수여 나와 당신과 무슨 상관이 있나이까 원컨대 하나님 앞에 맹세하고 나를 괴롭게 마옵소서!" 두 번째 사용은 15:18~19 이다. 그곳에서 군병들은 예수를 조롱한다. "유대인의 왕이여 평안할지어다!" 그런 후에 엎드려 예배하는 척 하였다. 악마들과 군병들이 말한 것은 반어적으로 진리였다! 1:24; 34; 3;11; 15:26, 29, 32. 참조

21. 만일 이방인 군병들의 "고백"이 혐오의 진술이었다면 (학자들에 의해 규범적으로 주장되는 않지만 불가능하지는 않다), 그것은 마가의 프로스케네오 (proskyneo)의 두 번의 사용과 같이 반어법적인 것으로 기능한다. 그 경우에, 그것은 마가의 복음의 견지에서 결코 진리가 아니다. 복음의 구원의 능력 안에서 이방인들을 포함하는 마가의 스며들어 있는 의미들이 주어질 때, 나는 십자가에서의 백부장의 말을 진정한 고백으로 간주한다.

22. 『퍼지는 불꽃』, F. F. 브루스(Bruce)의 사도행전과 성장하는 교회의 연구의 제목 (Grand Rapids: Eerdmans, 1953); 부제: 기독교의 발흥과 발전.

23. 그것 안에서 그가 이 그리스-로마의 희망: "희생양 예수" JBL. 111 (1992): 2~15.을 묘사한 헬무트 코에스터(Helmut Koester)의 1991 SBL. 연설을 보라. 특별히 11장 이 종말론적 의망의 비전은 버질(Virgil)의 『아에네이드』안에서 발전된다. 그리고 그것은 신약의 예수-하나님나라 보도인, 신적 아이의 출생과 "최초의 약속들과 의"의 성취와 관련하여 두 가지 현저한 특징을 포함한다.

24. 이 단락들은 나의 『평화의 복음』, 171~73.으로부터 약간 변형된 것이다.

25. 이 주제와 그곳에 인용된 자료들 (『이스라엘의 성서적 전통들』, 240~42와 더 많은 부분)에 대한 나의 광범위한 작업을 보라.

26. 그 논문은 메리 H. 셀츠(Mary H. Schertz)와 이반 프리센(Ivan Friesen)에 의해 출간된『아름다운 산들을 향하여: 선교, 평화, 그리고 하나님의 통치에 관한 성서적 논문들』(Elkhart, IN: IMS; Scottdale, PA: Herald Press, 2004), 161~82. 안에서도 발견된다.

27. 요한복음 1:18, "본래 하나님을 본 사람이 없으되…"는 외적 (사본적 증거)와 내적 고려점들 모두에 기초하여 나에게 가장 설득적으로 보인다.

28. 리차드 A. 보컴(Richard A. Bauckham), 『십자가에 달린 하나님: 신약성서의 일신론과 기독론』(Grand Rapids: Eerdmans, 1998).

29. 같은 책, 76.

30. 실라 클라쎈 비브(Sheila Klassen Wieve)가 골로새서 1:15~20(유니폼 시리즈: 『성인 성서 연구』, 겨울 2006~7 (Scottdale, PA: Faith &Life Resourses, 2006 12월 3일), 5)을 논의할 때 그것을 언급했듯이, "하나님의 형상인, 예수 그리스도는 우리에게 하나님을 보여준다…이 (첫 번째) 연 (골로새 찬송시의) 역시 계급과 시대에 있어 모든 피조물을 능가하는 예수의 우월성을 확정한다. 왜냐하면 그는 '모든 창조물보다 먼저 나신 자' (15절)고 '만물보다 먼저 계시'기 때문이다 (17절).

31. 이 구절과 세 성서의 종합 안에서, 역시 보컴의 『십자가에 달리신 하나님』 37~38.에 기초한 파울라 킬로(Paula Killough)의 논문, "예수는 하나님인가/이었나?" 2006년 12월 28(AMBS 도서관에서 이용가능)

32. 이곳에서 사용 중인 논문, 칼 E. 브라텐과 로버트 W. 젠슨에 의해 출간된 『예수와 그리스도인: 하나님의 백성』(Grand Rapids: Eerdmans, 2003) 14~40. 안에 있는 R. 켄달 소울렌(Kendall Soullen)의 "이름이 거룩히 여김을 받으시오며! 삼위일체 하나님의 이름"을 보라.

33. 『십자가에 달리신 하나님』안에 있는 이 구절에 대한 보컴의 논의에 더하여, 허타도의 『어떻게 땅에?』 83~107.을 보라.

34. 보컴, 『십자가에 달리신 하나님』 59.

35. 2006 가을 『신약 신학과 윤리학 강의』안에서 자넷 라스무쎈(Janet Rasmussen)에 의해 주목됨.

36. 래리 허타도, 『주 예수 그리스도』, 134~216.

37. 보컴, 『십자가에 달리신 하나님』, 76.

38. 래리 W. 허타도, 『어떻게 땅에?』28. 허타도가 빈번하게 사용하는 용어는 "이신예배"이다. 그는 그것을 "만왕의 왕이시오 만주의 주"(딤전6:15)와 같은 목회 서신 안의 증거 안에서 본다. 허타도의 『주 예수 그리스도』, 512~18.을 보라.

39. 허타도, 『어떻게 땅에?』 77~78.

40. 스와틀리, 『평화의 복음』, 83~88, 112~20, 133~34, 145~46, 164~73, 264~73, 284~89, 324~42.

41. 피터 데이비드, 『베드로전서』, NICNT (Grand Rapids: Eerdmans, 1990), 104.로부터 내가 자세히 인용한 것(같은 책, 272~73 안에 있는)을 보라.

42. 파머, 『예수와 복음』, 177~221.

43. 같은 책, 221. 파머와 파카스펠비(Farkasfalvy), 『신약 정경의 형성』, 7~95.도 보라.

11. 요한계시록으로 드리는 평화와 선교의 예배

1. 계시록 배경과 그것의 신학, 기독론, 그리고 윤리학의 더 철저한 분석을 위해, 나의 『평화의 복음』 12장을 보라. 그 장은 예배 자료와 삼십 분짜리 예배에 적합한 버전으로 끝난다.

결론

1. 페리 B. 요더, 『샬롬』

부록

1. 조지 헌스톤 위리엄즈(George Hunston Williams)와 엔젤 M. 미갈(Angel M. Mergal) 편집, 『영적인 아나뱁티스트 작가들: 후안 디 발데스(Juan de Valdes)에 의해 나타난 것으로서 급진적 개혁의 실증적 문서들과 복음적 보편주의』 (Philadelphia: Westminster, 1957).
2. J. C. 벵거(Wenger) 편집, 『메노 시몬스의 완전한 작품들, c. 1496~1561, 레오나르도 베르두인(Leonardo Verduin) 번역』(Scottdale, PA: Herald Press, 1956).

참고문헌

Aldridge, Robert C. "The Courage to Start." In Grannis, et al., *The Risk of the Cross*, 46-50.

Arnold, Clinton. *Crucial Questions About Spiritual Warfare*. Grand Rapids: Baker Books, 1997.

_____. *Ephesians, Power and Magic: The Concept of Power in Ephesians in Light of Its Historical Setting*. SNTSMS 63. Cambridge: Cambridge University Press, 1989.

_____. *Powers of Darkness: A Study in Principalities and Powers in Paul*. Grand Rapids: Zondervan, 1992.

Ateek, Naim, Cedar Duaybis and Maurine Tobin, eds. *Challenging Christian Zionism: Theology, Politics, and Israel-Palestine Conflict*. London: Melisende, 2005.

Augsburger, Myron. "Beating Swords into Plowshares." *Christianity Today* 21 (Nov. 21, 1975): 195-97.

_____. "Facing the Problem." In *Perfect Love and War*, ed. Paul Hostetler, 11-20. Nappanee, IN: Evangel Press, 1974.

Bailey, Wilma. *"You Shall Not Kill" or "You Shall Not Murder"? The Assault on a Biblical Text*. Collegeville, MN: Liturgical Press, 2005.

Bauckham, Richard. *God Crucified: Monotheism and Christology in the New Testament*. Grand Rapids: Eerdmans, 1998.

Bauckham, Richard J. *Climax of Prophecy: Studies on the Book of Revelation*. Edinburgh: T & T Clark, 1993.

Bauman, Clarence. *The Sermon on the Mount: The Modern Quest for Its Meaning*. Macon, GA: Mercer University Press, 1985.

Bauman, Elizabeth Hershberger. *Coals of Fire*. Scottdale, PA: Herald Press, 1954.

Bishop, Peter D. A *Technique for Loving: Non-Violence in Indian and Christian Traditions*. London: SCM Press, 1981.

Boobyer, G. H. "Galilee and Galileans in St. Mark's Gospel," *Bulletin of John Rylands Library* 35 (1953): 334-38.

Bonhoeffer, Dietrich. *A Testament to Freedom: The Essential Writings of Dietrich Bonhoeffer*. HarperSanFrancisco, 1990.

Boyarin, Daniel. *Borderlines: The Partition of Judeo-Christianity*. Philadelphia: University of Pennsylvania Press, 2004.

_____. *Dying for God: Martyrdom and the Making of Christianity and Judaism*.

Stanford, CA: Stanford University Press, 1999.

_____. "Judaism as a Free Church: Footnotes to John Howard Yoder's *The Jewish-Christian Schism Revisited.*" *CrossCurrents* 56 (2007): 6-21.

_____. *A Radical Jew: Paul and the Politics of Identity.* Berkeley: University of California Press, 1994.

Boyd, Gregory A. *God at War: The Bible and Spiritual Conflict.* Downers Grove, IL: InterVarsity Press, 1997.

Braaten Carl E. and Robert W. Jenson, eds. *Jews and Christians: People of God.* Grand Rapids: Eerdmans, 2003.

Brandon, S. G. F. *Jesus and the Zealots.* New York: Scribner, 1967.

Brenneman, Laura L. "Further Footnotes on Paul, Yoder, and Boyarin." *CrossCurrents* 56 (2007): 60-69.

Brown, Dale W. *Biblical Pacifism.* Rev. ed. Nappanee, IN: Evangel Publishing House; Scottdale, PA: Herald Press, 2003.

브루스, 프레드릭. 『예수와 기독교 기원』. 컨콜디아사, 1980.

Burkill, T. A. "Galilee and Jerusalem." In *Mysterious Revelation.* Ithaca, 252-57. NY: Cornell University Press, 1963.

Burkholder, J. R. "The Politics of Jesus." 32-37, in *A Peace Reader*, ed. E. Morris Sider and Luke Keefer Jr. Nappanee, IN: Evangel Publishing House, 2002.

Burge, Gary. "Theological and Biblical Assumptions of Christian Zionism." *In Challenging Christian Zionism*, ed. Ateek, et al., 45-58.

Byler, Daryl J., and Lisa Schirch. "Becoming Strategic Doves in a Land of Hawks: Alternative Security Through an Anabaptist Lens." In *At Peace and Unafraid,* ed. Friesen and Schlabach, 179-94.

Cadoux, C. J. *The Early Church and the World.* Edinburgh: T & T Clark, 1925.

Chilton, Bruce. *A Galilean Rabbi and His Bible: Jesus' Use of the Interpreted Scripture of His Time.* Wilmington, DE: Michael Glazier, 1984.

_____. *The Kingdom of God in the Teachings of Jesus.* Philadelphia: Fortress, 1984.

_____. "Regnum Dei Deus Est." *Scottish Journal of Theology* 31 (1978): 261-70.

Clemens, James E. "The Prince of Peace: A Song Cycle on the Words of Menno Simons." *A Field of Voices: Hymns for Worship*, by James E. Clemens and David Wright. Table Round Press, 2007.

Connick, C. Milo. *Jesus: The Man, the Mission, and the Message.* Rev. ed. Englewood Cliffs, NJ: Prentice-Hall, 1973.

Corson, Sarah. "Welcoming the Enemy: A Missionary Fights Violence with Love." *Sojourners* 12 (April 1983): 29-31 (http://www.sifat.org/about_us/True%20 Stories/welcoming%20the%20enemy.htm).

Cullmann, Oscar. *The State in the New Testament.* New York: Scribner, 1956.

Davids, Peter. *The First Epistle of Peter*, NICNT. Grand Rapids: Eerdmans, 1990.

Dinkler, Erich. "Eirēnē-the Early Christian Concept of Peace." In *The Meaning of Peace*, ed. P. B. Yoder and W. M. Swartley, 99-101.

Dintaman, Stephen. "The Spiritual Poverty of the Anabaptist Vision." *Conrad Grebel Review* 10 (Spring 1992): 205-8. Cf. follow-up essays in CGR 13 (Winter 1995) 2-22.

Dodd, C. H. *According to the Scriptures: The Sub-Structure of New Testament Theology.* London: Nisbet, 1952.

Driedger, Leo, and Donald B. Kraybill. *Mennonite Peacemaking: From Quietism to Activism.* Scottdale, PA: Herald Press, 1994.

Driver, John. "The Kingdom of God: Goal of Messianic Mission." In *The Transfiguration of Mission*, ed. Wilbert R. Shenk, 83-105. Scottdale, PA: Herald Press, 1993.

Dunn, James D. G. "The New Perspective on Paul." In *Jesus, Paul, and the Law*, 183-215. Louisville: Westminster John Knox, 1990.

Durnbaugh, Donald F., ed. *On Earth Peace: Discussions on War/Peace Issues Between Friends, Mennonites, Brethren, and European Churches*, 1935-1975. Elgin, IL: Brethren Press, 1978.

Egan, Eileen. *Peace Be with You: Justified Warfare or the Way of Nonviolence.* Maryknoll, N.Y.: Orbis Books, 1999.

Eller, Vernard. *War and Peace from Genesis to Revelation: King Jesus' Manual of Arms for the 'Armless.* Scottdale, PA: Herald Press, 1981.

Enns, Fernando. "Public Peace, Justice, and Order in Ecumenical Conversation." In *At Peace and Unafraid*, ed. Duane Friesen and Gerald Schlabach, 241-59. Scottdale, PA: Herald Press, 2005.

Enz, Jacob. "Judaism and Jews." In *Mennonite Encyclopedia*, vol. 5, ed. C. J. Dyck and D. D. Martin, 469. Scottdale, PA: Herald Press, 1990.

Epp Weaver, Alain. "Further Footnotes on Zionism, Yoder, and Boyarin." *CrossCurrents* 56 (2007): 41-51.

_____. "The Power of Diaspora: Seeking the Peace of Palestine-Israel." In *At Peace and Unafraid*, ed. Friesen and Schlabach, 275-89.

_____, ed. *Under Vine and Fig Tree: Biblical Theologies of Land and the Palestinian-Israeli Conflict.* Forthcoming.

Farmer, William R. *Jesus and the Gospel: Tradition, Scripture, and Canon.* Philadelphia: Fortress, 1982.

Farmer, William R., and Denis M. Farkasfalvy. *The Formation of the New Testament Canon: An Ecumenical Approach.* New York: Paulist Press, 1983.

Ferguson, John. *The Politics of Love: The New Testament and Nonviolent Revolution.* Cambridge: James Clarke, 1970; Nyack, NY: Fellowship Publications, 1979;

Greenwood, SC: Attic Press. n.d.

Finger, Thomas N. *Christian Theology: An Eschatological Approach*. Vol. 1, Nashville: Thomas Nelson, 1985. Vol. 2, Scottdale, PA: Herald Press, 1989.

Flusser, David. *Jesus*. Jerusalem: Magnes Press, 1998.

Frankemölle, Hubert. "Jesus als deuterojesajanische Freudenbote? Zur Rezeption von Jes 52,7 und 61,1 im Neuen Testament, durch Jesus und in den Targumim." In *Vom Christentum zu Jesus* (FS Joachim Gnilka), ed. Hubert Frankemölle, 34-67. Freiberg: Herder, 1989.

Friedrich, J., W. Pohlmann, and P. Stuhlmacher. "Zur historischen Situation and Intention von Rom 13.1-7." *Zeitschrift für Theologie and Kirche* 73 (1967): 131-66.

Friesen, Duane. "In Search of Security: A Theology and Ethic of Peace and Public Order." In *At Peace and Unafraid*, ed. Friesen and Schlabach, 37-82.

Friesen, Duane, and Gerald Schlabach, ed. *At Peace and Unafraid: Public Order, Security and the Wisdom of the Cross*. Scottdale, PA: Herald Press, 2005.

Fry, A. Ruth. *Victories Without Violence*. London: Dennis Dobson, 1957.

Furnish, Victor Paul. *The Moral Teaching of Paul*. Nashville: Abingdon, 1979.

Gardner, Clinton. *The Church as a Prophetic Community*. Philadelphia: Westminster, 1967.

Garrett, Susan. R. *The Temptations of Jesus in Mark's Gospel*. Grand Rapids: Eerdmans, 1998.

Gibson, Jeffrey B. "Jesus' Wilderness Temptation According to Mark." *JSNT* 53 (1994): 3-34.

_____. *The Temptations of Jesus in Early Christianity*. JSNTSup 112; Sheffield: Sheffield Academic Press, 1995.

Gingerich, Ray, and Ted Grimsrud, ed. *Transforming the Powers: Peace, Justice, and the Domination System*. Minneapolis: Fortress, 2006.

Gorman, Michael J. *Cruciformity: Paul's Narrative Spirituality of the Cross*. Grand Rapids: Eerdmans, 2001.

Gowan, Donald E., ed. *The Westminster Theological Wordbook of the Bible*. Louisville: Westminster John Knox, 2003.

Grannis, Christopher, Arthur Laffin, and Elin Schade. *The Risk of the Cross: Christian Discipleship in the Nuclear Age*. New York: Seabury, 1981.

Grassi, Joseph A. *Informing the Future: Social Justice in the New Testament*. New York: Paulist Press, 2003.

_____. *Peace on Earth: Roots and Practices from Luke's Gospel*. Collegeville, MN: Liturgical Press, 2004.

Hallie, Philip. *Lest Innocent Blood Be Shed*. New York: Harper & Row, 1979.

Harder, Lydia. "Seeking Wisdom in the Face of Foolishness: Toward a Robust Peace

Theology." In *At Peace and Unafraid*, ed. Friesen and Schlabach, 117-52.

Hays, Richard B. "Anti-Judaism and Ethnic Conflict." In The Moral Vision, 407-43.

헤이스, 리차드. 『신약의 윤리적 비전』. IVP, 2002.

Herberg, Will. *Faith Enacted as History: Essays in Biblical Theology*. Philadelphia: Westminster, 1976.

허쉬버거, 가이 F. 『전쟁, 평화, 무저항』. 대장간, 2012.

헤셀, 아브라함 J. 『예언자들』. 삼인, 2004.

Holwerda, David E. *Jesus and Israel*: One Covenant or Two? Grand Rapids: Eerdmans, 1995.

Hornus, Jean-Michel. *It Is Not Lawful for Me to Fight*. Translated by Alan Kreider and Oliver Coburn. Scottdale, PA: Herald Press, 1980.

Horsley, Richard A. *Jesus and the Spiral of Violence: Popular Jewish Resistance in Roman Palestine*. San Francisco: Harper & Row, 1987.

Hurtado, Larry W. *How on Earth Did Jesus Become a God? Historical Questions About Earliest Devotion to Jesus*. Grand Rapids: Eerdmans, 2005.

———. *Lord Jesus Christ: Devotion to Jesus in Earliest Christianity*. Grand Rapids: Eerdmans, 2003.

Jackson, David. *Dial 911: Peaceful Christians and Urban Violence*. Scottdale, PA: Herald Press, 1981.

Jenson, Robert W. "Toward a Christian Theology of Judaism," 1-13, *in Jews and Christians: People of God*, ed. by Carl E. Braaten and Robert W. Jenson. Grand Rapids: Eerdmans, 2003.

Jeschke, Marlin. *Rethinking Holy Land: A Study in Salvation Geography*. Scottdale, PA: Herald Press, 2005.

Johns, Loren L. *The Lamb Christology of the Book of Revelation: An Investigation into Its Origins and Rhetorical Force*. WUNT[2] 167. Tübingen: Mohr Siebeck, 2003.

Johns, Loren L., and James R. Kranbill, eds. *Even the Demons Submit: Continuing Jesus' Ministry of Deliverance*. Elkhart, IN: Institute of Mennonite Studies; Scottdale, PA: Herald Press, 2006.

Juel, Donald. *Messiah and Temple*. Missoula, MT: Society of Biblical Literature, 1977.

Kaufman, Donald D. *The Tax Dilemma: Praying for Peace, Paying for War*. Scottdale, PA: Herald Press, 1978. Rev. ed., Eugene, OR: Wipf & Stock, 2006.

———. *What belongs to Caesar? A Discussion on the Christian Response to Payment of War Taxes*. Scottdale, PA: Herald Press, 1969. Rev. ed., Eugene, OR: Wipf & Stock, 2006.

Kaufman, Gordon, D. *Nonresistance and Responsibility and Other Mennonite Essays*. Newton, KS: Faith & Life Press, 1979.

Kirk, Alan. "'Love Your Enemies,' the Golden Rule, and Ancient Reciprocity." *JBL* 122

(2003): 677-86.

Klassen, William. "'Love Your Enemies,': Some Reflections on the Current Status of Research," In *The Love of Enemy and Nonretaliation*, edited by W. M. Swartley, 1-31.

_____. "Love Your Enemy: A study of New Testament Teaching on Coping with an Enemy." *Biblical Realism Confronts the Nation: Ten Christian Scholars Summon the Church to the Discipleship of Peace,* edited by Paul Peachey, 153-83. Scottdale, PA: Herald Press distributing for Church Peace Mission / Fellowship Publications, 1963.

_____. "The Novel Element in the Love Commandment of Jesus." In *The New Way of Jesus: Essays Presented to Howard Charles*, edited by William Klassen, 100-114. Newton, KS: Faith & Life Resources, 1980.

Klassen Wiebe, Sheila. Uniform Series: *Adult Bible Study*, December 3, Winter 2006-7. Scottdale, PA: Faith & Life Resources, 2006.

Koester, Helmut, "Jesus the Victim," *JBL* 111 (1992): 2-15.

Krabill, James R., Walter Sawatsky, and Charles E. Van Engen, eds. *Evangelical, Ecumenical, and Anabaptist Missiologies in Conversation: In Honor of Wilbert R. Shenk*. Maryknoll, NY: Orbis Press, 2006.

크레이빌, 도널드 B. 『예수가 바라본 하나님나라』. 복있는 사람, 2010.

Kraybill, J. Nelson. *Imperial Cult and Commerce in John's Apocalypse*. JSNTup 132. Sheffield: Sheffield Academic Press, 1996.

Krehbiel, June. "Focus on Jesus: Pentecostal Pacifist to Speak for Joint Worship at San José Mennonite Convention." *The Mennonite*, May 15, 2007, 14-15.

Kreider, Alan. *Journey Toward Holiness: A Way of Living for God's Nation*. Scottdale, PA: Herald Press, 1987.

_____. "Light." *The Third Way* 11 (October 1988): 14-16.

_____. "Pacifist Christianity." See W. M. Swartley and A. Kreider.

_____. "Salt and Light." *The Third Way* 11 (September 1988): 14-16

_____. "Salty Discipleship." *The Other Side* 25 (March-April 1989): 34-37.

Kreider, Roy. *The Land of Revelation: A Reconciling Presence in Israel*. Scottdale, PA: Herald Press, 2004.

Kremer, Jacob. "Peace-God's Gift: Biblical-Theological Considerations." *In The Meaning of Peace*, edited by P. B. Yoder and W. M. Swartley, 21-35.

레인, 윌리암. 『마가복음』. 생명의 말씀사, 1983.

Lapp, John A., ed. *Peacemakers in a Broken World*. Scottdale, PA: Herald Press, 1969.

Lapp, John E. *Studies in Nonresistance: An Outline for Study and Reference*. Scottdale, PA: Peace Problems Committee of the Mennonite General Conference, 1948.

Lehn, Cornelia. *Peace Be with You*. Newton, KS: Faith & Life Press, 1980.

Leivestad, Ragner. *Christ the Conqueror: Idea of Conflict and Victory in the New Testament.* London: SPCK, 1954.

Lind, Millard. *Yahweh Is a Warrior.* Scottdale, PA: Herald Press, 1980.

Marshall, Chris. *The Little Book of Biblical Justice.* Intercourse, PA: Good Books, 2005.

Martin, Ernest D. *Colossians and Philemon.* BCBC. Scottdale, PA: Herald Press, 1993.

Mauser, Ulrich. *The Gospel of Peace: A Scriptural Message for Today's World.* SPS 1. Louisville: Westminster/John Knox, 1992.

McAlpine, Thomas H. *Facing the Powers: What Are the Options?* Menrovia, CA: MARC, 1991.

McClain, George. *Claiming All Things for God.* Nashville: Abingdon, 1998.

Meier, John P. *The Vision Of Matthew: Christ, Church, And Morality In The First Gospel.* New York: Paulist Press, 1979.

Meggitt, Justin J. "The Social Status of Erastus (Rom 16:23)." *Novum Testamentum* 38 (1996): 218-23.

Miller, Marlin E. "Gospel of Peace." Mission Focus 6 (September 1977): 1-5. See next entry.

_____. "He Came Preaching Peace." *Gospel Herald* 76 (August 30, 1983): 593-96. "Gospel of Peace" and "He Came Preaching Peace" reprinted in *Theology of the Church: Writings by Marlin E. Miller,* edited by Richard A. Kauffman and Gayle Gerber Koontz, 3-20. Text-Reader Series no. 7. Elkhart, IN: Institute of Mennonite Studies, 1997.

Miranda, José. *Marx and the Bible: A Critique of the Philosophy of Oppression.* Translated by John Eagleson. Maryknoll, NY: Orbis Books, 1974.

Nation, Mark Thiessen. "Toward a Theology for Conflict Transformation: Learnings from John Howard Yoder." *MQR* 80 (2006): 43-60.

Neuhaus, Richard John. "Salvation Is from the Jews." In *Jews and Christians: People of God,* edited by Carl E. Braaten and Robert W. Jenson, 65-77. Grand Rapids: Eerdmans, 2003.

Neville, David J. "Toward a Teleology of Peace: Contesting Matthew's Violent Eschatology." *JSNT* 70 (2007), forthcoming.

Nouwen, Henri. "Letting Go of All Things." *Sojourners* 8 (March 1979): 5-6.

Novak, David. "From Supersessionism to Parallelism in Jewish-Christian Dialogue," In *Jews and Christians,* ed. Braaten and Jenson, 95-113.

O'Donocan, Oliver. *In Pursuit of a Christian View on War,* Bramcote, UK: Grove Books, 1977.

Ollenburger, Ben C. *Zion, City of the Great King: A Theological Symbol of the Jerusalem Cult.* Sheffield: Sheffield Academic Press, 1987.

Pilgrim, Walter. *Uneasy Neighbors: Church and State in the New Testament.* Minneapolis:

Fortress, 1999.

Prior, Michael. *The Bible and Colonialism: A Moral Critique.* Sheffield, UK: Sheffield Academic Press, 1997.

Rossing, Barbara R. *The Rapture Exposed: The Message of Hope in the Book of Revelation.* Boulder, CO: Westview Press, 2004.

Roth, John D. *Choosing Against War: A Christian View; A Love Stronger Than Our Fears.* Intercourse, PA: Good Books, 2002.

Rutenber, Culbert G. *The Dagger and the Cross: An Examination of Pacifism.* Nyack, NY: Fellowship Publications, 1950.

Ruth John L. *'Twas Seeding Time: A Mennonite View of the American Revolution.* Scottdale, PA: Herald Press, 1976.

Sattler, Michael. "On Two Kinds of Obedience." In *The Legacy of Michael Sattler*, trans. And ed. John H. Yoder, 121-25. Classics of the Radical Reformation Series 1. Scottdale, PA: Herald Press, 1973.

Schertz, Mary H., and Ivan Friesen, eds. *Beautiful Upon the Mountains: Biblical Essays on Mission, Peace, and the Reign of God.* Elkhart, IN: Institute of Mennonite Studies; Scottdale, PA: Herald Press, 2004.

Schirch, Lisa, and Daryl J. Byler. "Effective and Faithful Security Strategies." In *At Peace and Unafraid*, ed. Friesen and Schlabach, 423-44.

Schlabach, Gerald. "Just Policing and the Christian Call to Nonviolence." In *At Peace and Unafraid*, ed. Friesen and Schlabach, 405-21.

Schmidt, Daryl. "Luke's 'Innocent' Jesus: A Scriptural Apologetic." In Political Issues in *Luke-Acts*, edited by Richard J. Cassidy and Philip Scharper, 111-21. Maryknoll, NY: Orbis Press, 1983.

Schottroff, Luise. "'Give to Caesar What Belongs to Caesar and to God What Belongs to God': A Theological Response on the Early Christian Church to Its Social and Political Environment." In *Love of Enemy and Nonretaliation*, ed. W. M. Swartley, 223-57.

Segal, Alan F. *Paul the Convert: The Apostolate and Apostasy of Saul the Pharisee.* New Haven: Yale University Press, 1990.

Shank, David A. "Jesus the Messiah: Messianic Foundation of Mission." In *The Transfiguration of Mission*, ed. Shenk, 83-105.

Shenk Wilbert R. ed. *The Transfiguration of Mission.* Scottdale, PA: Herald Press, 1993.

Shillington, George. *2 Corinthians.* BCBC. Scottsdale, PA: Herald Press, 1999.

사이더, 로날드 J. 『그리스도와 폭력』. 대장간, 2012.

Sizer, Stephen. "The Historical Roots of Christian Zionism from Irving to Balfour: Christian Zionism in the United Kingdom (1820-1918)." In *Challenging Christian Zionism*, ed. Ateek. *et al.*, 20-31.

_____. *Zion's Christian Soldiers: The Bible, Israel, and the Church*. Nottingham, UK: InterVaristy Press, 2007.

Smith, Morton. "Zealots and Sicarii: Their Origins and Relation." *Harvard Theological Review* 64 (1971): 1-19.

Stassen, Glen H. "The Fourteen Triads of the Sermon on the Mount." *JBL* 122 (2003): 267-308.

_____. *Just Peacemaking: Transforming Initiatives for Justice and Peace*. Louisville: Westminster/John Knox, 1992.

스타센, 글렌 H., 데이비드 P. 구쉬. 『하나님의 통치와 예수 따름의 윤리』. 대장간, 2012.

Stauffer, Ethelbert. *Christ and the Caesars*. London: SCM Press, 1955.

Stendahl, Krister. *Paul Among Jew and Gentile*. Philadelphia: Fortress, 1976.

Stuhlmacher, Perter. *The Gospel and the Gospels*. Grand Rapids: Eerdmans, 1991.

Sugden, Chris. A *Different Dream: Non-violence as Practical Politics*. Bramcote, UK: Grove Books, 1976.

Swartley, Jacob. "Letter to Bishop John Herr in 1819." *Pennsylvania Mennonite Heritage* 30 (January 2007): 20-22.

Swartley, Willard M. "Biblical Faith Confronts Evil Spiritual Realities," 24-40, and "Reflections on Deliverance Ministry," 108-13. In *Even the Demons Submit: Continuing Jesus' Ministry of Deliverance*, edited by Loren L. Johns and James R. Krabill. Elkhart, IN: Institute of Mennonite Studies; Scottdale, PA: Herald Press, 2006.

_____. "Biblical Sources of Stewardship." In *The Earth Is the Lord's: Essays on Stewardship*, edited by Mary Evelyn Jegen and Bruno Manno, 22-43. New York: Paulist Press, 1978.

_____. " Bosch and Beyond: Biblical Issues in Mission," *Mission Focus* 11 Supplement (2003): 77-105.

_____. *Covenant of Peace: The Missing Peace in New Testament Theology and Ethics*. Grand Rapids: Eerdmans, 2006.

_____. "Exorcism," 285-87, and "Satan," 791-94. In *The Mennonite Encyclopedia*, vol. 5, edited by C. J. Dyck and D. D. Martin. Scottdale, PA: Herald Press, 1990.

_____. "How to Interpret the Bible: A Case Study of Romans 13:1-7 and the Payment of Taxes Used for War." *Seeds* 3, no. 4 (June 1984): 28-31.

_____. *Israel's Scripture Traditions and the Synoptic Gospels: Story Shaping Story*. Peabody, MA: Hendrickson, 1994.

_____. "Jesus Christ, Victor Over Evil." In *Transforming the Powers: Peace, Justice, and the Domination System: Engaging Walter Wink*, edited by Ray C. Gingerich and Teodore C. Grimsrud, 96-112. Minneapolis: Fortress, 2006.

_____. "Land." In *The Westminster Theological Wordbook of the Bible*, edited by Donald E. Gowan, 281-84. Louisville: Westminster John Knox, 2003.

_____. *Mark: The Way for All Nations*. Scottdale, PA: Herald Press, 1981. Reprint, Eugene, OR: Wipf & Stock, 1999.

_____. "Mutual Aid Based in Jesus and Early Christianity." In *Building Communities of Compassion*, edited by Donald B. Kraybill and Willard M. Swartley, 21-39. Scottdale, PA: Herald Press, 1998.

_____. "Peace." In *The Westminster Theological Wordbook of the Bible*, edited by Donald E. Gowan, 354-60. Louisville: Westminster John Knox, 2003.

_____. "Peace and Mission in John's Gospel: Jesus and the Samaritan Woman (John 4)." In *Beautiful Upon the Mountains*, edited by Schertz and Friesen, 161-82.

_____. "Peacemakers: The Salt of the Earth." In *Peacemakers in a Broken World*, ed. John A. Lapp, 85-100.

_____. "Politics and Peace (*Eirene*) in Luke's Gospel." In *Political Issues in Luke-Acts*, edited by Richard J. Cassidy and Philip J. Scharper, 18-37. Maryknoll, NY: Orbis Books, 1983.

_____. *Slavery, Sabbath, War, and Women: Case Issues in Biblical Interpretation*. Scottdale, PA: Herald Press, 1983.

_____. "Smelting for Gold: Jesus and Jubilee in John H. Yoder's Politics of Jesus." In *A Mind Patient and Untamed: Assessing John Howard Yoder's Contributions to Theology, Ethics, and Peacemaking*, edited by Gayle Gerber Koontz and Ben C. Ollenburger, 288-301. Telford, PA: Cascadia Publishing House; Scottdale, PA: Herald Press, 2004.

_____. ed. *The Love of Enemy and Nonretaliation in the New Testament*. Chap. 10 trans. by Gerhard Reimer. Louisville: Westminster/John Knox, 1992.

_____. ed. *The Meaning of Peace*. See Yoder, Perry B., and Willard M. Swartley.

_____. ed. *Politics of Discipleship and Discipleship in Politics: Jürgen Moltmann Lectures in Dialogue with Mennonite Scholars*. Eugene, OR: Cascade Books / Wipf & Stock, 2006.

Swartley, Willard M., and Alan Kreider. "Pacifist Christianity: The Kingdom Way." In *War and Pacifism: When Christians Disagree*, edited by Oliver Barclay, 38-60. Leicester, UK: Inter-Varsity Press, 1984.

Swartley, Willard M., and Thomas Finger. "Bondage and Deliverance: Biblical and Theological Perspectives." In *Essays on Spiritual Bondage and Deliverance*, edited by Willard M. Swartley, 10-38. Occasional Papers 11. Elkhart, IN: Institute of Mennonite Studies, 1988.

Tambasco, Anthony J. "Principalities, Powers, and Peace." In *Blessed Are the Peacemakers: Biblical Perspectives on Peace and Its Social Foundations*, edited by Anthony J. Tambasco, 116-33. New York: Paulist Press, 1989.

Taylor, Richard K. *Blockade: A Guide to Non-Violent Intervention*. Maryknoll, NY: Orbis Books, 1977.

Toews, John E. *Romans*. BCBC. Scottdale, PA: Herald Press, 2004.

Van Braght, Thieleman J., compiler. *Martyrs Mirror*. 1660. Translated from the original Dutch by Joseph F. Sohm. 2nd English ed., Elkhart, IN, 1886. Reprint, Scottdale, PA: Mennonite Publishing House, 1950.

Von Rad, Gerhard. "שלם in the Old Testament." *TDNT* 2: 402-6

Wagner, Donald. "From Blackstone to Bush: Christian Zionism in the United Stated (1890-2004)." In *Challenging Christian Zionism*, Ateek *et al.*, ed., 32-44.

Wallis, Jim. "The Work of Prayer." *Sojourners* 8 (March 1979): 3-5.

Weaver, Dorothy Jean. *Matthew's Missionary Discourse: A Literary-Critical Analysis*. JSNTSup 38. Sheffield: JSOT Press, 1990.

Williams, George Hunston, and Angel M. Mergal, eds. *Spiritual and Anabaptist Writers: Documents Illustrative of the Radical Reformation and Evangelical Catholicism as Represented by Juan de Valdés*. Philadelphia: Westminster Press, 1957.

윌리몬, 윌리엄과 스탠리 하우어워스. 『주여 기도를 가르쳐 주소서』. 복있는 사람, 2006.

잉크, 월터(Wink, Walter). 『사탄의 체제와 예수의 비폭력』. 한국기독교연구소, 2004.

_____. *Naming the Powers*. Philadelphia: Fortress, 1984.

_____. "Neither Passivity nor Violence: Jesus' Third Way." In *SBL Seminar Papers*, 210-24. Atlanta: Scholars Press, 1988. Revised, in *Love of Enemy and Nonretaliation*, edited by W. M. Swartley, 102-25.

_____. 『사탄의 가면을 벗겨라』. 한국기독교연구소, 2005.

_____. *When the Powers Fall: Reconciliation in the Healing of the Nations*. Minneapolis: Fortress, 1998.

Westermann, Claus. "Peace [Shalom] in the Old Testament." In *The Meaning of Peace*, edited by Perry B. Yoder and Willard M. Swartley, 37-70.

라이트, N. T. 『예수와 하나님의 승리』, 크리스찬다이제스트, 2014.

Yaguchi, Yorifumi. *The Poetry of Yorifumi Yaguchi: A Japanese Voice in English*. Edited by Wilbur J. Birky. Intercourse, PA: Good Books, 2006.

Yancey, Philip. "Exploring a Parallel Universe." *Christianity Today*, November 2005, 128.

요더, 존 하워드(Yoder, John Howard). 『교회, 그 몸의 정치학』. 대장간, 2011.

_____. 『국가에 대한 기독교의 증언』. 대장간, 2012.

_____. 『선포된 평화』. 대장간, 2013.

_____. "'It did Not Have to Be.'" In *The Jewish-Christian Schism Revisited*, edited by Michael C. Cartwright and Peter Ochs, 43-68. Grand Rapids: Eerdmans, 2003.

_____. 『근원적 혁명』. 대장간, 2011.

_____. 『예수의 정치학』. IVP, 2007.

_____. *Reinhold Niebuhr and Christian Pacifism*. Heerewegen Pamphlet 1. Zeist, Netherlands: [Mennonite Conference and Peace Center], 1954. Reprint as article, *MQR* 29 (April 1955): 101-17. Reprint as booklet, Scottdale, PA: Herald Press, 1968.

_____. 『당신이라면?』. 대장간, 2011.

Yoder Neufeld, Thomas. *Ephesians*. BCBC. Scottdale, PA: Herald Press, 2002. 『에베소서 주석』(대장간, 2016 출판예정)

_____. *"Put on the Armour of God": The Divine Warrior from Isaiah to Ephesians*. JSNTSup 140. Sheffield: Sheffield Academic Press, 1997.

Yoder, Perry B. *From Word to Life: A Guide to the Art of Bible Study*. Scottdale, PA: Herald Press, 1982.

_____. *Shalom: The Bible's Word for Salvation, Peace, and Justice*. Newton, KS: Faith & Life Press, 1988. Reprint, Nappanee, IN: Evangel Press, 1997.

_____. "Shalom Revisited." AMBS Library: Unpublished manuscript, 1984.

Yoder, Perry B., and Willard M. Swartley, eds. *The Meaning of Peace: Biblical Studies*. Translated by Walter Sawatsky. SPS 2. Louisville: Westminster/John Knox, 1992. Rev. ed., Elkhart, IN: Institute of Mennonite Studies, 2001.

제어, 하워드. 『회복적 정의란 무엇인가?』. KAP, 2011.

인명색인

ㄱ

고돈 제르베 51
고돈 카우프만 56
그레고리 바움 192
글렌 스타센 95

ㄷ

다니엘 보야린 192
다이아나 버틀러 배스 63
더크 빌렘스 49 77
도날드 시니어 61
도날드 카우프만 150
도닐드 B. 크레이빌 46
도로시 진 위버 237
드와이트 무디 194

ㄹ

래리 우르타도 234 252
로날드 사이더 56 70 132
로드 밸푸어 194
로드 샤프츠베리 194
로라 브렌느맨 193
로버트 젠슨 195
로이 에크하르트 192
로이 크라이더 169 193 197

로젠즈빅 192
루디아 하더 121 123
루이스 셔트로프 54
리베스타드 135
리처드 A. 카우프만 16
리처드 보캄 252
리처드 헤이스 76

ㅁ

마이론 아우구스버거 92
마틴 미크론 291
멀린 E. 밀러 221
메노 시몬스 77 91 126 231 233
          287
모서 68
미카엘 자틀러 90 126 286
밀라드 C. 린드 15

ㅂ

벤 C. 올렌버거 15
벤 올렌버거 220
브랜돈 142
브루스 메츠거 202
브루스 칠튼 219
빅터 폴 퍼니쉬 154

빌름 A. 비서트 후프　93

ㅅ

수에토니우스　155
스탠리 그린　19
스티븐 딘터만　136
스티븐 스위하트(　169

ㅇ

아메드 알 카티브　198
아브라함 헤셀　35
알란 커크　51
알레인 앱 위버　192
앨런 시걸　188
앨런 크라이더　16
오스카 쿨만　152
올리버 바클리　16
월터 윙크　53 132
월터 필그림　108 110
월라드 스와틀리　13 215 294
윌리암 클라센　50 65
윌리엄 R. 파머　259
윌리엄 블랙스톤　194
윌마 베일리　161
윌버트 솅크　16 229
윌 헐버그　190
윙글리스 빅토리　208

ㅈ

제리 B. 젠킨스　173
제리 폴웰　195
제프리 깁슨　136

조셉 H. 올덤　127
조지 H. W. 부시　19
조지 맥클레인　129
존 A. 랩　16
존 C. 베넷　127
존 E. 토우즈　169 185
존 K. 스토너　77
존 넬슨 다비　173
존 드라이버　220
존 루스　122
존 폴 레더락　54 128 298
존 하워드 요더　46 69 72 126
　　　132 158 191 192 221
존 허거슨　52

ㅊ

찰스 칼 로버츠　62
찰스 해롤드 도드　216
체드 마이어즈　132

ㅋ

칼가쿠스　75
칼 브라텐　195
크레이빌과 드리저　133
크로스 커런츠　192
클라우스 벵스트　75
클링턴 가드너　140
클링턴 아놀드　135
클링튼 아놀드　227

ㅌ

타키투스　75 156 303

토마스 맥알핀　131
토마스 핑거　136
톰 올리브　98
톰 요더 뉴펠트　135　136
팀 라하예　173

ㅍ

페르난도 엔스　93
페리 요더　69　154　283
피터 데이빗　259

ㅎ

할 린드세이　173
호세 미란다　34